어떤 사람들은 죽어야 합니다

어떤 사람들은 죽어야 합니다

대중이 동조한 내 국가의 살인 기록

파트리시아 에방헬리스타
김정아 옮김

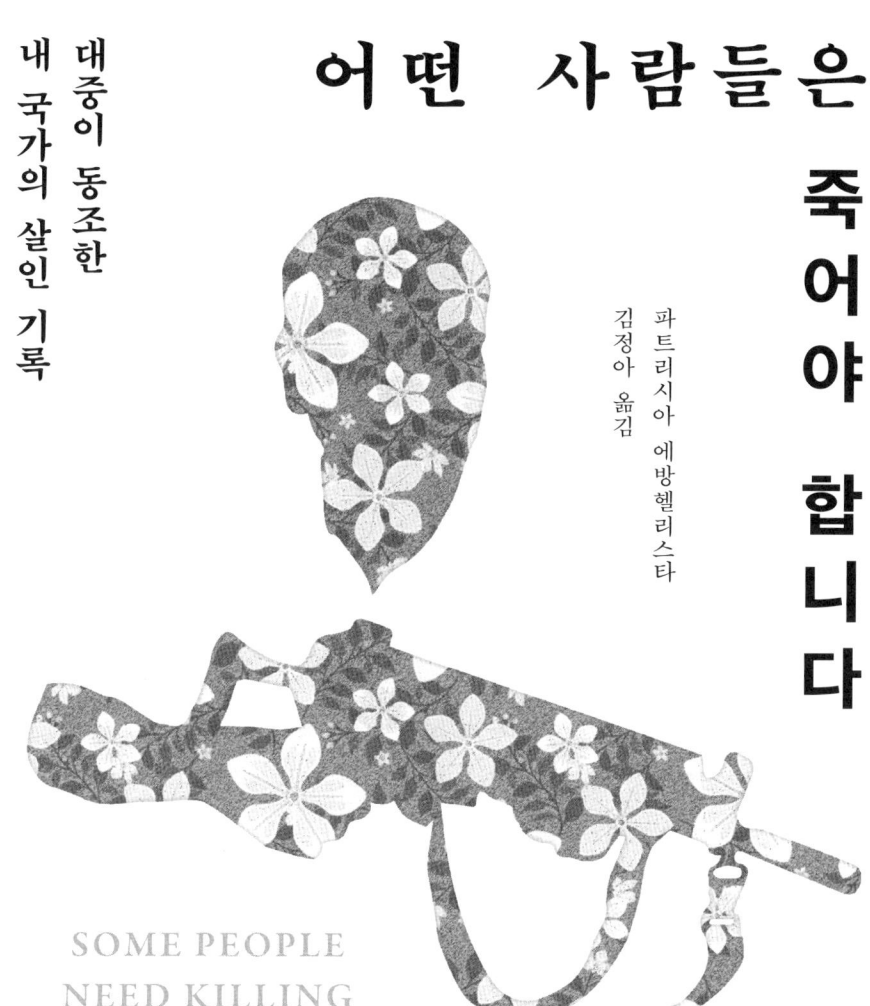

SOME PEOPLE
NEED KILLING

바다출판사

SOME PEOPLE NEED KILLING

Copyright © 2023 by Patricia Evangelista
All rights reserved including the right of reproduction in whole or in part in any form.
No part of this book may be used or reproduced in any manner for the purpose of training artificial intelligence technologies or systems.
This edition published by arrangement with Random House,
an imprint and division of Penguin Random House, LLC
Korean Translation Copyright © 2025 by Bada Publishing Co.
Korean edition is published by arrangement with Random House, a division of Penguin Random House LLC.
through Imprima Korea Agency

이 책의 한국어판 저작권은 Imprima Korea Agency를 통해
Random House, a division of Penguin Random House LLC.와의 독점계약으로 (주)바다출판사에 있습니다.
저작권법에 의해 한국 내에서 보호를 받는 저작물이므로
무단전재와 무단복제를 금합니다.

당시 일을 증언하기로 마음먹은
마약과의 전쟁 생존자들에게 이 책을 바친다.
책에 이름이 언급되었든 되지 않았든,
이들의 용기가 없었다면 이 기록은 세상에 나오지 못했을 것이다.

내가 바라는 것은 공포를 퍼트리는 것이다.
— 로드리고 로아 두테르테 다바오 시장

목차

프롤로그 11

1부 기억들

그들이 인간이기는 합니까 21
옛날 옛적, 우리는 영웅이었다 39
시작은 칼럼 하나였다 62
징벌자의 등장 91
우리 시장은 우리가 지킨다 129

2부 대학살

처치, 일상이 되다 171
이 땅을 망치려는 자들에게 194
중독자를 죽이는 법 212
내 친구 도밍고 서장 254
어떤 사람들은 죽어야 합니다 295
오직 하나뿐인 자스틴 330
우리 아빠는 경, 찰, 이거든! 365

3부 진혼곡

이것이 우리의 참회입니다 405

에필로그 417
감사의 말 433
필리핀 약사 439
참고 문헌 442

일러두기

- 본문의 각주는 모두 옮긴이 주이다.
- 볼드 처리된 단어와 문장은 원서의 강조를 그대로 옮긴 것이다.
- 필리핀 인명과 지명을 표기함에 있어 스페인어와 영어가 혼용되는 현지 특성을 고려하여, 국립국어원의 외래어 표기법을 원칙으로 삼되 널리 통용되거나 관습적인 발음을 따르기도 하였다.

프롤로그

2016년 7월부터 칠 개월 남짓한 시기, 《필리핀 데일리 인콰이어러》는 하루도 빠짐없이 '피살자 명단Kill List'을 정리했다. 필리핀 전역에서 통신원들이 보낸 기사를 바탕으로 명단을 작성해 주 2회씩 공개했다. 피살 정보는 간략했다. 사망자마다 시간순으로 번호를 매기고 피살 시각을 적었다. 장소는 상세한 주소 없이 주, 시, 자치구만 기록했다. 이름이 확인되었을 때는 이름을 적고, 신원 확인이 어려울 때는 번호를 붙였다.

예컨대 로드리고 두테르테 정권이 출범한 7월 1일 이른 새벽, "마약 밀매 용의자인 신원 미확인자 1번"이 피살되었고, 같은 날 아침 케손주 티아옹시의 지명 수배 5번인 마약 밀매업자 지미 레포르마도가 "정체불명의 암살자들"에게 총살당했다. 다음 날인 7월 2일 새벽, 케손주 룩반 자치구의 지명 수배 1번인 마약 밀매업자 빅토리오 아부탈이 "아내가 보는 앞에서 정체불명의 암살자들에게 피살"되었다. 한 시간 십 분 뒤에는 지명 수배 2번 마빈 쿠아드라가 살해되었고, 열네 시간이 지나지 않아 지명 수배 7번 콘스탄시오 포브즈가 복권 판매점 앞에서 근거리 총격에 피살되었다. 하루 뒤인 7월 3일, 케손주 산안토니오 자치구의 지명 수배 1번인 마약 밀매업자 아넬 가파카스판이 "집에 들이닥친 정체불명의 암살자들"에 살해되었고, 정확히 같은 시각에 케손주 돌로레스 자치구의 지명 수배 10번 오를란 운탈란이 "몸 곳곳에 총알구멍이 난 채 숨진 모습으로 배수로에서 발견되었다."

"정체불명의 암살자들"이라는 상투적 문구를 썼지만, 피해자들의 특징—마약 밀매 용의자, 마약 판매 용의자, 미검거 마약 용의자, 지자체의 마약 관련 지명 수배자—으로 보아 연쇄 암살은 마구잡이 암살과 거리가 멀었다. 연쇄 암살은 두테르테 대통령이 공약했던 대로 "조국을 망치려는 자들"을 겨냥한 표적 살해였다.

살해 및 시체 처리 방식은 암살자에 따라 다양했다. 한 남성은 "집에서 납치된 뒤 숨진 채 발견되었다." 세 명은 "손발이 묶이고 눈이 가려진 상태로 숨진 채 수로에서 발견되었다." "침대에서 머리에 총을 맞은" 사람, 아침 일곱 시에 "딸이 다니는 초등학교 앞에서" 살해된 사람도 있었다. 하루 사망자가 두 자릿수까지 늘어난 날도 있었다. 이를테면 7월 9일로 넘어가는 자정, 거물 마약 판매상의 측근으로 지목된 다닐로 에노피아 모르시키요가 여자 친구와 잠든 상태에서 총에 맞았다. 그날 암살자들에게 살해된 나머지 열두 명도 저마다 다른 방식으로 살해되고 처리되었다. 한때 해외 노동자였던 남성은 고속도로에서 차를 몰던 중 총에 맞았다. 두 사람은 목이 졸려 숨졌는데, 시체 위에 범죄자라고 적힌 골판지가 놓여 있었다. 세 사람은 "포장용 테이프로 입이 막힌 채 머리에 총상"을 입고 숨져 있었다. 나머지 마약 관련 용의자들은 "정체불명의 암살자들에게 살해되었다."

공식적으로는 이들 누구도 경찰의 손에 목숨을 잃지 않았다. 정부 발표를 그대로 믿는다면, 연쇄 암살은 자기를 밀고할 것 같은 사람의 입을 막고 싶은 마약 조직원이나 마약 사용자가 범죄와의 전쟁을 구실 삼아 저지른 일이었다.

살인이 엄청난 속도로 급증했으므로 명칭이 필요했다. 마약 관련 사망. 불법 살해. 표적 암살, 처치salvaging*, 시체 유기, 차량을 이용한 총격. "두테르테 행정부의 범죄와의 전쟁으로 인한 희생자." 방송국 ABS-CBN은 피살자를 "비참하게 목숨을 잃은 이들"이라 불렀다. 정·관계 인사들조차 다른 용어를 썼다. 한 상원의원은 이 사건을 "약식 살해"라 불렀다. 내무지방자치부(이하 내무부) 장관은 "자경단 방식의 마약 사범 살해"라 불렀다.

이런 현상을 가리키는 용어가 있다. 비사법 살해extrajudicial killing. 거리와 텔레비전에서 이 단어가 흔해졌다. 사방에서 이 말이 들리자, 상원이 "최근 만연한 범죄자 약식 처형과 비사법 살해"를 회기 중 조사하라고 요구하는 결의안을 채택했다. 비사법 살해가 자주 사용되자 EJK라는 줄임말이 등장했다. 언론은 EJK를 수식어로 사용했다. 피해자 가족은 동사로 썼다. 비평가들은 비난용으로 썼다.

두테르테 정권이 출범한 뒤로 이런 죽음을 기록하는 것이 내 일이 되었다. 마닐라에서 인터넷 언론 '래플러'의 현장 취재 기자로 일하는 나는 두테르테 대통령의 공약, 즉 자신이나 경찰, 자경단원이 보기에 마약 사용자나 판매자로 의심되는 사람이라면 누구

---

* 필리핀에서 salvage를 어떤 뜻으로 사용하는지는 2부의 '처치, 일상이 되다'를 참조하라.

든 기소나 재판 없이 소탕하겠다는 약속이 낳은 결과를 취재했다. 책임을 나 몰라라 하는 권력자가 통치하는 국가에서 권력자를 취재하는 것이 감당하기 버거운 일이듯, 당시 두테르테 때문에 목숨을 잃은 사람의 숫자도 감당하기 버거운 수준이었다.

전쟁이 중반에 다다랐을 때, 나는 몸을 피했다.

당시 나는 수도 마닐라에서 연쇄 암살을 탐사 취재했다. 취재는 진척이 더뎠다. 나는 부지런히 목격자들을 찾아다니고, 정부 측 공식 보고서를 종합해 정리했다. 윗선의 지시를 받고 이웃을 죽인 사람들을 만나 자세한 살해 방식을 듣고, 이들이 지목한 경찰관들에게 인터뷰를 요청했다. 래플러는 내가 계속 마닐라에 머문다면 신변이 위험해지리라고 판단했다. 내 생각도 마찬가지였다. 자경단원이 나를 찾아내 총을 쏜들 무슨 이익이 있겠냐고 생각하는 것은 위험천만이었다. 편집장은 내가 탄 비행기가 활주로를 뜬 뒤에야 기사를 내보냈다.

2018년 10월 나는 그렇게 태평양을 건넜다. 마음씨 좋은 로건 논픽션 장학 재단 사람들이 내가 무언가를 집필할 수 있다고 믿는다면, 나는 기꺼이 그런 척할 수 있었다. 일정은 석 달이고, 장소는 뉴욕주 북부의 숲이 우거진 곳이었다. 마음이 놓여야 할 상황이었지만, 국가가 승인한 학살을 여러 해 동안 취재하다 보면 정신이 이상해진다. 취재를 진행하는 동안 나는 모든 진술이 맞는지 확인하고 인터뷰 사본을 발코니에서 태워 버려야 한다는 것을 깨달았다. 쉼표 하나만 잘못 찍어도 명예훼손죄의 요건이 될 수 있다는 생각이 떠나지 않아 밤잠을 설쳤다. 나처럼 과도한 상상에 사로잡히기 쉬운 사람일 때는 마약과의 전쟁을 취재하는 기자에게 필요한 노련한 경계가 판단력을 거의 마비시키는 피해망상으로 바뀌었다. 모든 것이 의심스러워. 죄다 거짓말을 하고 있어. 셀카봉을 든 저 남자는 경찰 끄나풀이거나 암살자야. 아니면 두테르테의 광적인 지지자라서 내가 취재원을 만나는 모습을 찍어 트위터에 올릴 거야.

이따금 이런 의심이 맞아떨어져 망상에 기름을 부었다. 의심스러운 것이 한둘이 아니었다. 흰색 밴, 번쩍이는 불빛, 스팸 메일, 오토바이를 탄 남자들, 신용카드 자동 결제, 커피숍 점원, 청구서 주소를 묻는 호텔 직원, 계속 울리는 전화기, 통화 중 끊기는 전화, 초인종. 나는 목격자의 목숨을 앗아갈 수 있는 오류를 놓쳤을지 모른다는 생각에 사로잡힌 채 원고를 읽고 또 읽으며 빈틈이 없는지 꼼꼼히 살피고 문장 구성을 고민했다. 작성하지 않은 입국 신고서를 들고 JFK 공항에 섰을 때는 내 이름을 제대로 기억해 적을 수 있다는 확신조차 들지 않았다. 나는 여권을 보고 철자를 확인했다. 또 다른 근거를 찾아봐야 한다고 느꼈던 강박이 지금도 생생히 떠오른다. 나는 출생증명서에서 이름을 재차 확인했다.

올버니의 시골은 아기자기했다. 담배 한 갑이 무려 13달러고 추웠지만, 인심이 좋았다. 디저트로 초콜릿 무스가 나왔고, 가끔은 산딸기류도 나왔다. 처음 몇 주는 대부분 애거사 크리스티와 〈스타트렉〉에 파묻혀 만사를 잊으려 했지만, 입주 조건을 지키려면 성실하게 집필 제안서를 작성해야 했다. 나는 그렇게 제안서를 작성했다. 내가 어떤 사람인지, 어디 출신인지, 새벽 두 시에 시신을 내려다보는 것이 어떤 느낌인지를 적었다.

일정이 막바지에 다다른 어느 아침, 유리 칸막이가 쳐진 회의실에서 한 출판사와 출판 계약을 맺었다. 필리핀에서 일어난 마약과의 전쟁을 일인칭 시점에서 기술하는 조건이었다. 계약은 눈 깜짝할 새 이뤄졌다. 거짓을 말할 생각은 없었다. 직접 보고 들은 이야기를 쓰겠다는 약속은 한참 먼일이었다. 충격이 난무하는 무더운 마닐라는 만 킬로미터 넘게 떨어져 있었다.

나는 귀국했고, 책을 쓰기 시작했다. 초안은 모든 사망자의 살해 정황을 꼼꼼히 자세하게 설명한 7만 3000단어 분량의 글이었는데, 범행 장면과 설명이 너무 많아 어떤 것이 누구 이야기인지 구분하기가 어려웠다. 글은 감정을 배제한 채 엄격히 사실만 전달한 르포르타주였다. 내가 어떤 사람인지, 어디 출신인지, 새벽 두 시에 시신을 내려다보는 것이 어떤 느낌인지는 한 줄도 쓰지 않았다.

언론인은 자신이 기사의 주인공이 되어서는 안 된다고 배운다. 실제로 내 기자 생활이 길어질수록 박학다식한 전문가의 목소리 뒤에 숨는 것이, 모든 곳에 속하면서 어디에도 속하지 않은 채 물음만 던질 뿐 어떤 답도 하지 않는 것이 더 편해졌다. 보도한 모든 결론은 두 곳 이상의 출처에서 사실을 확인하고 하이퍼링크를 걸었다. 제목 아래 내 이름이 적혔을지라도, 내가 쓴 기사는 나와 다른 곳에 사는 이들, 내 슬픔과 고통이 무색할 만큼 지독한 슬픔과 고통에 시달리는 유족들의 것이었다.

이 모든 이야기는 사실이다. 또 다른 사실은 내가 두려움에 시달렸다는 것이다. 내가 글을 쓸 때 침착하지 못했던 까닭은 객관성에 집착한 오판 때문만은 아니었다. 용기를 내지 못했기 때문이었다.

이 책은 죽은 자들, 그리고 남겨진 자들에 대한 이야기다. 또 조국이라 인정할 수 없는 나라의 시민으로서, 내가 내 목소리로 쓴 개인사이기도 하다. 마약과의 전쟁에서 목숨을 잃은 수천 명은 필리핀 국민의 용인 아래 살해당했다. 나는 이를 용인하기를 거부한다. 그러므로 이 책을 쓴다.

— 2023년 6월, 마닐라에서

1부
기억들

그들이
인간이기는 합니까

　　내 이름은 레이디 러브예요.
　　소녀는 열한 살이었다. 나이에 비해 체구가 작고, 깡마른 다리는 까무잡잡하고, 커다란 눈은 까맸다. 레이디 러브는 학교에서만 쓰는 이름일 뿐 다른 곳에서는 쓰지 않았다. 이름을 지어 준 사람은 할머니였다. 다른 사람들은 아이를 러브-러브라고 불렀다. 엄마도 마찬가지였다. 러브-러브, 시장에 좀 다녀와. 러브-러브, 아이들한테 옷 좀 입혀. 러브-러브, 내가 카드 칠 때는 성가시게 하지 마. 러브-러브, 나한테 잔소리하지 마.
　　누구도 아이를 레이디라 부르지 않았다. 그리고 한 사람, 디는 아이를 그냥 러브라고만 불렀다.
　　러브, 디 좀 안아 줄래.
　　디는 대디의 줄임말이었다. 러브-러브는 디라는 호칭이 때로 어색했다. 디가 꼭 안아 주곤 해 포옹은 어색하지 않았지만, 아버지를 디라고 부르는 것은 달랐다. 부잣집 아이들만 아버지를 대디라 불렀기 때문이다. 마닐라 빈민가에 사는 아이에게는 파Pa가 적당한 말이었다. 그래도 그곳에서 디와 러브, 러브와 디는 이른 저녁 함께 거리를 거닐곤 했다. 자그마한 러브가 깡마른 팔을 뻗어 건장한 디의 허리를 감쌌다.

러브-러브는 원래 8남매 중 셋째였지만, 첫째는 광견병으로 죽고, 둘째는 거의 집에 붙어 있지 않았다. 그래서 엄마에게 술을 끊으라고, 아빠에게 담배를 끊으라고 말하는 역할이 러브-러브의 몫이 되었다. 엄마는 또 취하셨네요, 라고 말하는 러브-러브를 저리 가, 라고 밀어내곤 했다.

러브-러브는 부모님이 아플까 봐 속을 태웠다. 아버지가 마약을 한다는 소문도 걱정이었다. 누구든 경찰의 끄나풀이 될 수 있는 곳에 사는 것도 불안했다.

엄마 아빠는 다 괜찮다고 했다. 아빠는 운전 면허증을 다시 땄다. 엄마는 네일숍에서 일해 돈을 벌었다. 두 사람 모두 새로 들어선 정부에 두 손 들고 다시는 마약에 손대지 않겠다고 약속했다.

러브-러브는 아빠에게 우리 이사해요, 라고 부탁했다. 아빠는 웃어넘겼다.

엄마에게도 이사하자고 말했지만, 엄마는 어린 동생들이 학교에 다녀야 해서 안 된다고 답했다. 러브-러브는 학교는 어디서든 갈 수 있다고 졸랐다.

엄마는 고개를 가로저었다. 이사하려면 돈을 모아야 해. 너무 걱정하지 마.

러브-러브는 걱정을 지울 수 없었다. 그리고 러브-러브가 옳았다. 8월 어느 밤, 아버지가 말했다. 러브.

총알이 머리에 박히기 직전, 아버지가 말했다. 러브.

나는 러브-러브의 친척 집에서 이 아이를 만났다. 러브-러브는 낡은 일인용 소파에 앉아 있었다. 나는 러브-러브 앞에 쪼그려 앉아 손을 내밀어 악수했다. 엄밀히 말해 인터뷰는 교환이다. 상대의 이름을 알려면, 먼저 내 이름을 알려줘야 한다.

내 이름은 팻이야. 기자로 일해.

나는 1985년에 태어났다. 다섯 달 뒤인 1986년 2월 한 도로에서 혁명이 일어나 필리핀에 민주정이 회복되었다. 내가 태어난 해 중산층 산모들이 딸아이의 이름을 모두 파트리시아로 지은 것 같다. 성씨인 에방헬리스타는 필리핀에서 흔한 것으로, 어원인 그리스어 euangelos는 '좋은 소식을 전하는 사람'이라는 뜻이다. 나는 이 얄궂은 운명에 자주 부조화를 느낀다.

내 일은 사람들이 죽은 곳을 찾아가는 것이다. 가방을 꾸리고, 생존자와 이야기를 나누고, 기사를 쓴다. 그리고 집으로 돌아와 다음 참사를 기다린다. 기다림은 그리 길지 않다.

나는 죽음이 발생한 장소를 잘 안다. 지난 십 년 동안 그런 곳이 많았다. 태풍이 강타한 해안가 바랑가이*에서는 시신 운반용 가방이 동나 갓난아이들의 시신을 배낭에 수습했다. 남부 지역 산비탈에서는 차와 시신이 뒤엉킨 곳에 언론인들이 산 채로 파묻혔다. 반

---

* 필리핀의 최소 행정 단위다.

군 지역인 옥수수밭, 잿더미가 된 바랑가이의 외곽에 만들어진 텐트촌, 절망에 잠겨 낙태할 수밖에 없었던 여성들이 떠나보낸 아이를 나지막한 목소리로 이야기하던 뒷방.

내 분야에서는 어휘를 적게 쓰는 것이 편리하다. 먼저 이름을 적고, 다음은 사상자 수를 적는다. 설명을 깔끔하게 정리하는 데는 색깔이 유용하다. 산비탈은 푸른빛이다. 하늘은 먹빛이다. 배낭은 자줏빛이고, 여인의 왼쪽 뺨에 생긴 멍도 자줏빛이다.

적게 쓴 어휘는 정밀하다. 정확히 그 단어의 뜻을 나타낼뿐더러, 배터리가 부족할 때 더 빠르게 타이핑할 수 있다.

나는 동사를 가장 좋아한다. 동사는 이야기를 논리적 움직임으로 분해한다. 방아쇠를 손가락으로, 칼을 창자로 이동시킨다. **웅크리다, 달리다, 주먹질하다, 익사시키다, 총살하다, 찢다, 터지다, 폭파하다.**

로드리고 로아 두테르테 대통령 각하가 당선된 뒤로 여러 해 동안, 나는 단어 몇 개를 새로 수집했다. 이 단어들이 장소를 바꿔가며 강렬하게 반복된다.

죽이다kill를 예로 들어보자. 이것은 우리 대통령이 자주 사용하는 단어다. 취임 뒤 일 년 동안 두테르테는 여러 상황에서 다양한 적을 겨냥해 이 단어를 적어도 1254번 사용했다. 네 살짜리 보이스카우트들 앞에서 아이들의 미래에 방해되는 자들은 누구든 죽여버리겠다고 약속했다. 사우디아라비아에서 일자리를 잃고 귀국한 노동자들에게 국내 마약 중독자를 죽이는 일자리가 있다고 큰소리쳤다. 마약 매매 혐의가 있는 자치 단체장들에게 죄를 뉘우치고 사퇴하지 않으면 죽이겠다고 윽박질렀다. 마약 문제가 악화하면 인권 활동가들을 죽이겠다고 위협했다. 경찰에게 마약 용의자를 죽이면 훈장을 주겠다고 부추겼다. 언론인들에게 합법적 암살 대상이 될 수 있다고 협박했다.

2016년 대선 운동 때 두테르테는 선언했다. "농담이 아닙니다. 내가 대통령이 되면 군과 경찰에 이렇게 지시할 겁니다. '명령이다. 이 자들을 찾아내 죽여라. 이상.'"

사망자 중 내가 이름을 아는 사람은 채 몇십 명이 되지 않는다. 대통령에게는 이들의 이름이 중요하지 않았을 것이다. 두테르테에게는 이들을 부를 명칭이 이미 충분했다. 이들은 중독자, 마약 밀매업자, 마약 사용자, 마약 판매상, 괴물, 미치광이였다.

러브-러브에게도 사망자 중 둘을 부르는 명칭이 있었다. 바로 아빠와 엄마였다.

복도 아래쪽에서 문을 세게 차는 소리가 들렸다. 엉뚱한 집을 찾은 모양이었다. 떠들썩한 소리, 나무문 두드리는 소리, 세입자들이 항의하는 소리, 문이 잇달아 쾅쾅 닫히는 소리. 마지막은 한 남자의 목소리였다.

"불일치." "불일치." "불일치." "불일치."

얼마 뒤 남성이 러브-러브네 집 문 앞에서 소리쳤다. "문 열어."

러브-러브는 엄마 옆에 웅크리고 있었다. 새벽 세 시였다. 아빠는 갓난아이를 가슴팍에 안고 드러누워 깊이 잠들어 있었다. 다른 동생들도 방안 여기저기 흩어져 자고 있었다. 남자가 문을 걷어찼다.

러브-러브의 머릿속에 엄마와 아빠가 이렇게 죽겠구나, 라는 생각이 들었다.

엄마가 문을 열었다. 그러지 않으면 밖에 있는 남자들이 유리창을 부수고 총알 세례를 퍼부어 가족을 몰살할 것 같았다. 남자 두 명이 거칠게 방으로 들어왔다. 둘 다 눈, 코, 입 쪽에 구멍이 뚫린 복면을 쓰고 있었다.

남자 하나가 러브-러브의 아빠를 내려다보고 말했다. "일치." 그 남자가 아빠에게 명령했다. "일어나."

아빠가 화들짝 놀라 깼다. 일어나 앉으려는데, 가슴팍에 엎드려 자는 갓난아이 때문에 다시 뒤로 넘어갔다.

아빠가 러브를 부른 순간, 남자 하나가 총을 쐈다. 총알이 아빠의 오른쪽 관자놀이를 관통했다. 갓난아이의 몸 위로 피가 튀었다.

"아빠!" 러브-러브가 비명을 질렀다.

갓난아이가 울음을 터트렸다. 엄마는 흐느꼈다. 그러다 남편을 죽인 남자에게 눈물을 흘리며 서류 뭉치를 내밀었다. 여기, 우리가 손을 씻었다는 증거가 있어요.

엄마가 무릎을 꿇고 애원했다. 러브-러브가 엄마를 일으켜 세웠다. 그리고 총을 겨눈 남자와 엄마 사이를 몸으로 가로막았다. 총구가 러브-러브의 이마에서 겨우 10센티 남짓 떨어져 있었다. 깡마르고 까무잡잡한 다리, 커다란 눈동자로 러브-러브가 총을 든 남자에게 욕을 퍼붓고 차라리 자기를 쏘라고 외쳤다.

나를 죽여. 우리 엄마는 안 돼.

총을 든 다른 남자가 러브-러브 앞에 있는 남자를 말렸다. 쏘지 마. 아직 어린애잖아.

두 사람은 떠났다. 그리고 곧 되돌아왔다. 총을 쏘려 했던 그 남자가 엄마에게 다시 총구를 겨눴다.

남자는 "우리가 두테르테다"라고 말한 뒤 방아쇠를 당겼다.

엄마는 무릎을 꿇은 채 죽었다.

러브-러브는 두 암살자에게 욕설을 퍼부었다. 이 씨발놈들, 아빠를 죽인 것도 모자라 이제 엄마까지 쐈어.

남자가 총구를 돌려 러브-러브의 얼굴을 겨눴다.

입 다물어. 안 그러면 너도 쏴 죽여 버릴 테니까.

두 남자가 떠난 뒤 살펴보니 엄마의 머리에 구멍이 나 있었다.

러브-러브의 손가락 사이로 피가 솟구쳤다. 아빠는 뒤로 쓰러진 그대로 누워 있었다. 두 눈이 뒤집혀 있었다. 아빠를 안아 보고 싶었지만, 겁이 났다. 러브-러브가 알던 아빠 같지가 않았다.

러브라 불렸던 소녀는 물었다. "아빠. 이제 나를 떠나는 거야?"

1945년 9월, 오스트레일리아 출신 기자 윌프레드 버쳇이 히로시마 상공에서 핵탄두가 폭발했다는 소식을 영국 《데일리 익스프레스》에 전했다. 권총 한 자루, 타자기 하나, 일본어 기본 회화집 한 권을 들고 히로시마로 달려간 버쳇은 "4년 동안 이어진 태평양 전쟁에서 가장 끔찍하고 공포스러운 초토화" 현장을 취재했다. 기사에서 버쳇은 "이 실상이 세상에 경고가 되기를 바라며 감정을 최대한 배제한 채 사실을 기록한다"고 적었다.

나도 버쳇과 같은 기자다. 하지만 버쳇과 달리 나는 외신 기자가 아니다. 지난 10년 동안 쑥대밭이 된 도시로 날아가고 시신 운반용 가방의 숫자를 세고 자연재해든 인재든 재난을 보도했지만, 이는 모두 내 조국을 괴롭힌 사건들이었다. 그리고 지난 6년 동안 나는 로드리고 두테르테 대통령 정권이 저지른 살육을 기록했다.

내가 필리핀에 사는 필리핀인이라는 사실은 취재 현장을 떠날 길이 없다는 뜻이다. 귀국용 비행기표를 들고 일정이 연장될지도 모를 한 주짜리 취재를 떠나는 일은 없다. 하루하루 더 많은 시신이 생겨날 뿐이다. 나는 한 남성이 형제의 시신 앞에서 외친 **푸탕이나**putang ina가 '개자식'이 아니라 '씨발놈'인 것을 통역 없이도 안다. 관이 여러 주째 거실에 놓여 있는 까닭을 이해하고, 시신의 부패를 막을 20달러짜리 포르말린 처리조차 감당할 형편이 안 될 만큼 찢어지게 가난한 과부가 장례식장에서 샌드위치를 대접할 때 여러 구실로 거절할 줄 안다.

살육이 극에 달했을 때는 매일 밤 시신이 발생했다. 일곱 명, 열두 명, 스물여섯 명. 사태의 잔혹성은 한 문단, 때로는 달랑 문장 하나로 축약되었다. 시신이 늘수록 언어가 제구실을 하지 못했다. 영어 **blood**나 **bleed**에는 동의어가 없다. 내가 범죄 현장에 들어설 즈음이면 피가 콸콸 쏟아지지 않는다. 줄줄 새지도, 빠르게 솟구치지도 않는다. 출입문 아래 흥건히 고여 있거나, 편의점 앞에서 지프니* 손님을 모으다 총에 맞은 호객꾼이 그랬듯 입에서 시냇물처럼 주르륵 흘러나온다.

두테르테 정권 때는 **사망자**가 언론인에게 유용한 단어였다. 사망자는 협상하지 않는다. 딱히 입증할 필요도 없다. 사망자는 명확하다. 뼈와 피부와 살이 있고, 만지고 보고 사진을 찍고 방송 화면에 흐릿하게 내보낼 수 있다. 사망자 수가 44든 58이든 2만 7000이든 1이든, 이들은 죽은 상태다.

---

* 지프를 개조한 대중교통 수단이다.

나는 이런 사실들을 되도록 그대로 기록하지만, 글을 써 내려갈 때 감정을 배제하기가 쉽지는 않다. 내가 필리핀인이라는 사실은 식민지 필리핀에서 자란 가톨릭 신자만이 느낄 수 있는 복잡한 죄책감을 이해한다는 뜻이기도 하다. 나는 어느 아버지가 왜 장판 바닥에 무릎을 꿇고 연신 나지막한 목소리로 미안하다고 중얼거리며 아들의 피를 씻어 내는지를 안다. 그는 서른 살 아들의 이마와 가슴, 양쪽 어깨를 관통한 총알 네 발을 막지 못한 것이 자기 탓이라 여긴다. 그의 눈에는 총알 네 발이 십자가처럼 보인다. 성부와 성자와 성령의 이름으로, 아멘. 내가 이 모든 상황을 잘 아는 까닭은 나도 아버지의 딸이기 때문이다. 그리고 내가 운 좋게도 살아남는 특혜를 누리고 있다지만 내 아버지 역시 나를 위해 기도하는 현실을 이해하기 때문이다.

두테르테 대통령이 마약 중독자를 죽이라고 지시하자, 중독자들이 죽었다. 부패한 자치 단체장들을 죽이라고 지시하자, 지자체장들이 죽었다. 인권 변호사들을 죽이라고 지시하자, 인권 변호사들이 죽었다. 피살자가 마약 범죄자, 부패한 자치 단체장, 인권 변호사가 아닌 경우도 있었다. 아이들이 목숨을 잃기도 했다. 이유야 어쨌든 아이들이 살해되었는데도, 두테르테는 부수적 피해라고 일축했다.

마약과의 전쟁 초반 몇 달 동안, 나는 어린 소녀를 많이 보았다. 그중에는 죽음을 피하지 못한 아이도 있었다. 러브-러브의 부모가 살해된 주간에도 다니카 메이라는 다섯 살 소녀가 할아버지를 쏘려던 총에 맞아 숨졌다.

다니카의 할아버지를 만난 곳은 시멘트로 마감된 비좁은 방이었다. 벽걸이 달력에 그려진 예수가 온화하게 우리를 내려다보았다. 노인의 이름은 막시모였다. 막시모는 손녀의 장례식에 참석하지 못했다. 가족들이 오지 말라고 말렸기 때문이다. 딸들이 휴대전화로 동영상을 찍겠다고 약속했다. 페이스북에 영상을 올릴 테니 기다려요. 장례식 영상을 올릴게요. 꼭 보실 수 있게 할게요. 막시모는 왜 자신이 참석하면 안 되는지, 왜 가족들이 병원에서 퇴원한 자기를 결혼 생활 대부분을 보낸 집과 멀리 떨어진 이곳으로 데려왔는지 잘 알았다. 복면을 썼던 남자들이 집에 다시 찾아와 그날 일을 마무리 지으려 할 위험이 있었다. 누구도 다니카 메이의 장례식에 참석하려 하지 않았다. 막시모는 장례식에 많은 사람이 찾아와 애도하기를 바랐다. 다니카는 애도 받아 마땅했다. 아니, 그것만으로는 부족했다.

막시모는 대통령 후보 두테르테를 지지했다. 나와 인터뷰할 때도 빨간색과 파란색 바탕에 하얀색으로 두테르테의 이름이 찍힌 손목 밴드를 차고 있었다. 막시모는 두테르테가 강력한 지도자라서 그에게 투표했다. 막시모 자신이 마약을 했었다는 사실은 중요하지 않았다. 두테르테가 대통령이 되지 않았더라면 다니카가 죽지 않았을지도 모르지만, 그건 모를 일이다. 막시모가 아는 바는 많은 사람이 죽었고, 그중 적잖은 사람이 막시모와 같이 제거 명단에 올랐다는 것이다. 명단은 막시모를 마약 판매상으로 지목했다.

"죽일 수 있으면 와서 죽이라고 해요. 나는 신께 맡기기로 했어요. 신은 누가 죄인인지, 누가 진실을 말하는지 아시니까요."

그래서 큰 덩치에 배가 불룩 나오고 눈가가 빨간 이 남성은 홀로 기다렸다. 눈물을 조금 흘렸고, 기도를 조금 하고, 손이 닿는 곳의 총상을 닦아 냈다. 막시모는 다니카의 부모에게 전화해, 관에 몸을 기울여 할아버지가 사랑한다고 속삭여 달라 부탁했다.

너를 위해 멀찍이 머물고 있다고 말해 달라고.

두테르테 대통령이 당선되기 전까지만 해도, 나는 내가 아주 현실적인 냉소자라고 생각했다. 나는 선한 사람들에게도 끔찍한 일이 일어난다는 것을 잘 알았다. 내가 특수 직종인 기자에 속한다는 사실에 병적인 자부심을 느꼈다. 기자는 시신을 살펴볼 수 있다. 물에 잠긴 시신을 보고 얼굴 쪽 피부와 살은 없어졌어도 빛바랜 노란색 셔츠 아래로 젖가슴이 남아 있는 것으로 보아 필시 여성이라고 적을 수 있다.

내가 기자 활동에서 중시하는 도덕적 위계가 있다면, 가장 중요한 덕목은 인명 손실이야말로 무엇보다 끔찍한 일이므로 어떤 경우에라도 피해야 한다는 것이었다. 이것은 획기적 개념이 아니었다. 나는 동남아시아에서 가장 오래된 민주국가의 시민으로 자랐고, 내 세대 대다수가 그랬듯 표현의 자유, 인권, 정부에 책임을 물어야 하는 의무를 신봉했다. 2009년 정치 테러로 언론인 32명을 포함해 58명이 학살된 사건을 보도할 때도 민주정을 신봉했다. 2013년 반군의 잠보앙가시* 폭격을 취재할 때도 민주정을 신봉했다. 2015년 정부의 무모한 판단을 그대로 믿고 민다나오섬** 마마사파

---

* 잠보앙가시를 포함한 잠보앙가반도는 대한민국 외교부가 지정한 여행 금지(흑색경보) 지역이다.
** 민다나오섬은 다바오와 카가얀데오로를 제외하면 모두 대한민국 외교부가 지정한

노의 반군 지역에 들어간 경찰 특공대 44명이 몰살당한 사건을 보도할 때도 민주정을 신봉했다. 짧은 문장과 적은 어휘를 신봉했듯이 민주정을 신봉했다.

민주정은 **살인**murder만큼이나 단순한 단어다. 내게 민주정이란 보편적 악에 반대되는 보편적 선이었다. 내가 말하는 민주정이란 선출된 행정부가 아니었다. 정부는 어떤 정부든 곧잘 실패했고, 곧잘 부정부패에 연루되었고, 대체로 무능하고 위선적이고 현실과 동떨어져 있었다. 내가 신봉한 민주정은 국가였다. 잔혹 행위는 용납할 수 없는 일탈이므로 필요할 때마다 강력하게 비난해야 한다고 여기는 수많은 사람의 공동체였다.

두테르테 대통령 때문에 목숨을 잃은 사람들을 집계할 때도 나는 민주정을 신봉했다. 내 기자 생활의 토대인 민주정이 나를 포함해 소수에게만 국한한다는 것을 이해하지 못했다. 필리핀 다른 곳에서는 사람들이 죽거나 굶주리거나 남편을 잃거나 부모를 잃거나 무시당했다. 로드리고 두테르테가 생각한 세계에서 이런 필리핀은 멍청이와 얼간이 천지인 곳, 사기꾼과 악한이 날뛰는 곳이었다. 두테르테가 보기에 필리핀은 악이 난무하는 곳이었다. 평화가 깨져 시민 누구도 안전하지 않은 곳이었다. 모든 중독자가 무장한 채 거리낌 없이 사람을 죽이려 드는 곳이었다.

저 두테르테가 여러분 뒤에 있습니다. 싸움은 오늘, 여기서 끝날 것입니다. 입만 열면 착한 척하는 인간들은 관료제와 함께 지옥

출국 권고(적색경보) 지역이다. 다바오와 카가얀데오로를 포함한 나머지 필리핀 지역은 대부분 여행 자제(황색경보) 지역이다. 수빅, 보라카이, 보홀, 세부 막탄은 여행 유의(남색경보) 지역이다.

으로 보내 버립시다. 용서는 없을 것입니다. 두 번 다시 기회를 주지 않겠습니다. 선이 그어지고, 그 선의 한 편에 제가 장전된 총을 들고 서겠습니다.

정말로 그랬다가는 법이 임의로 적용되고 악한들이 제멋대로 권력을 휘두를 수 있지만, 두테르테는 뜻한 대로 말하고 말한 대로 되게 하는 사람이었다. 경고를 날린 뒤 곧장 하나, 둘, 셋, 카운트다운에 들어갈 사람이었다.

이것이 후보 시절 로드리고 두테르테가 구하겠다고 약속한 필리핀공화국이었다. 내게 여섯 달만 주면 범죄와 부정부패를 끝장내겠습니다. 여섯 달만 주면 마약을 뿌리 뽑겠습니다.

사람들은 두테르테를 칭찬하고 찬양했다. 그리고 마침내 대통령으로 뽑았다.

"히틀러는 유대인 300만 명을 학살했습니다. 지금 필리핀에는 마약 중독자 300만 명이 있습니다. 나는 기꺼이 그들을 도살하겠습니다."

마약과의 전쟁이 다섯 달째로 접어든 12월, 또 다른 소녀가 아버지의 죽음을 목격했다. 이름은 크리스틴, 나이는 열네 살이었다.

8월 어느 날 경찰이 크리스틴의 아버지를 찾아왔다. 아버지는 집에 없었다. 경찰은 크리스틴의 어머니를 보고 중독자라 판단했다. 어머니는 임신 여덟 달째였다. 경찰은 어머니를 하얀 밴에 태워 데려갔다. 그날 밤늦게 아버지가 집에 오자, 모든 이웃이 도망치라고 충고했다. 이웃들은 경찰이 아버지를 발견하면 죽일 것이라고 설득했다.

넉 달 뒤인 12월 어느 늦은 밤 아버지가 집에 돌아왔다. 아버지는 너희들이 보고팠다고 말했다. 스파게티를 만들고 노래를 불렀다. 작은 아이들에게 손수 스파게티를 먹여 주고, 크리스틴에게는 커피 반 잔을 나눠 주었다. 식구들에게 사랑한다고, 하지만 한동안 오지 못할 것이라고 말했다.

그때 집 밖에서 고함치는 소리가 들렸다. 창밖으로 총 세 자루가 나타났다. 총구가 햇빛에 반짝였다. 문이 벌컥 열렸다. 경찰 다섯 명이 우르르 안으로 들어왔다. 경찰은 아버지를 일인용 소파에 무릎 꿇린 뒤, 얼굴을 등받이 쿠션에 짓눌렀다. 아버지는 손에 신분증을 움켜쥐고 있었다. 자기는 결백하다고 말했다.

제발, 죽이지 말고 체포해 주세요. 애들이 너무 어려요.

경찰이 아이들에게 밖으로 나가라고 명령했다. 크리스틴이 팔로 아버지를 감쌌다. 경찰 한 명이 크리스틴을 벽으로 밀쳤다.

나가.

크리스틴만 밖으로 나가지 못했다. 적어도 제때 나가지는 못했다. 그래서 경찰이 아버지의 뒤통수와 가슴에 총을 쐈을 때 크리스틴도 거기 있었다. 경찰은 아주 가까이서 총을 쐈다. 이튿날 크리스틴의 남동생이 소파 등받이에 난 구멍에 손가락을 집어넣어 총알을 파낼 수 있을 정도였다.

경찰은 크리스틴의 아버지가 반격했다고 주장했다. 상대가 마약상이었다고, 정당방위로 죽였다고 강조했다.

크리스틴은 아버지가 죽은 뒤로 오랫동안 말문을 닫았다. 처음 꺼낸 말은 **미안해요,** 였다. 할머니에게도 미안했고, 형제자매에게도 미안했다. 아버지가 살해되던 아침, 아버지를 놓친 것이 미안했다. 아버지를 더 꽉 붙잡았더라면, 더 꽉 껴안았더라면, 아버지가 살아 있을 것 같았다.

내가 일하는 언론사 '래플러'는 뜻이 재미있다. 내 상사인 창립자들은 시끌벅적하게 토론한다는 뜻인 rap과 파문을 일으킨다는 뜻인 ripple을 합쳐 이름을 지었다. 여름에 홍수로 물에 잠긴 거리를 내려다보는 건물 3층에서 채용되던 날, 상사들이 작명 과정을 설명해 줬다. 원래는 리플러로 지으려 했는데, 누군가가 **니플**nipple, **젖꼭지**처럼 들린다고 지적하지 않았더라면 그대로 리플러가 될 뻔했다는 이야기였다. 나도 모르게 웃음이 나왔다. 처음 몇 달 동안 현장 인터뷰를 시작할 때마다, 나는 익숙한 방송국 이름이 아니라서 어리둥절해하는 취재원에게 회사 이름을 거듭 알려줘야 했다. "래뿔러라고요? 래퍼? 라펠러?" 그때마다 나는 래플러요, 라고 답했다. 맞아요, 래플러. 유튜브를 찾아보면 나와요. 아뇨, 유튜브에서 일하는 건 아니고요. 그러다 결국 체념한 채 회사 이름을 빠르게 말하고, 취재원의 십 대 조카들 페이스북을 태그하겠다고 말했다.

나는 2011년 늦여름 래플러에 합류했다. 당시 스물여섯 살이었고, 래플러와 달리 소셜미디어가 세상을 더 나은 곳으로 만들 거라고 믿지는 않았지만, 우리가 분발한다면 언론 활동이 어느 정도 진전하리라고는 믿었다. 래플러는 디지털 시대에 적합한 새로운 기자를 배출할 수 있다고, 인터넷 동글과 삼각대에 꽂은 아이폰 하나만 있으면 여성 1인으로 구성된 뉴스 제작진이 경쟁사보다 앞서 사진과 동영상을 찍고, 질문을 던지고, 실시간으로 트윗을 올리고, 기사를 쓰고, 카메라 앞에서 뉴스를 전하리라고 생각했다. 이 실험은 실패할 것이 뻔했다. 적어도 내가 보기에는 그랬다. 나는 사무실 가는 길을 잃어버리고, 문장 하나를 쓰는 데 무려 30분이나 걸리는 기자였다. 단어 수 제한, 편집 소프트웨어, 회사 로고에 들어간 오렌지색을 놓고 벌어진 논쟁은 기억을 되살리는 차원에서 글로 쓸 수 있다. 책상 아래에서 자는 기자가 수두룩하다는 사실을 안 편집자들이 결국 소파를 샀던 어느 오후를 글로 쓸 수 있다. 장차 노벨평화상을 받을 사람*이 내게 크게 실망해 고함치던 날을 글로 쓸 수 있다. 물론 내 잘못이었지만, 지금도 나는 그녀가 먼저 시작했다고 말한다.

이 이야기들은 모두 사실이다. 하지만 래플러가 나를 평범한 일상이 땅바닥에 놓인 시체로 끝나는 곳에 자주 파견한 것도 사실이다. 누가 내게 래플러에 대해 이야기해 달라고 한다면, 나는 래플러에 대한 이야기는 모두 자기 사연을 들려준 사람들에 대한 이야기이기도 하다고 말할 것이다. 나는 트라우마 전문 기자다. 나 같은 사람은 현실과 당위 사이의 불편한 공간에서 일한다. 내가 쓴 이야기들은 해법도, 구원도 제시하지 않았다. 나는 희망을 팔지 않았다. 때로 운이 좋으면 독자가 관 값을 후원하거나, 폭풍우에 이발소를 잃은 기완 지역 이발사에게 새 이발 의자를 사주기도 했다.

모든 이야기는 평범한 일상으로 시작했다. 그래야 그다음에 일어난 일이 강조되었다. 파란 하늘 다음은 넘쳐나는 시신이었다. 작별 인사 다음은 총알 세례였다. 초강력 태풍 하이옌이 항구 도시 타클로반을 쑥대밭으로 만들었을 때 내 카메라 앞에 선 남자가 아

---

* '래플러' 창립자 마리아 레사가 2021년 노벨평화상을 받았다.

들에게 메시지를 보내도 되겠냐고 물었다. 나는 카메라 초점을 맞추고 녹화 버튼을 눌렀다. 에드가르도가 입을 열었다. 제발 집에 와라. 아버지가 크리스마스 만찬 때 쓸 스파게티를 만들고 있어. 에드가르도의 아들은 사라졌다. 아마 익사했을 것이다. 그래도 에드가르도는 평범한 일상이 아들을 집으로 데려올지 모른다는 생각에 어떻게든 아들에게 소식을 전하려 했다.

나는 끔찍한 일들을 기사로 썼다. 일어나지 말았어야 하는 일이었고, 다시는 일어나서도 안 되는 일이었기 때문이다. 그런 어느 날, 장차 대통령이 될 사람이 시민을 죽이겠다고 공약했다. 우레 같은 박수 속에, 끔찍한 참상이 일상이 되었다.

밤마다 빈민가에 총성이 울려 퍼졌다. 이 이야기들도 평범한 일상으로 시작했다. 누군가의 연인이 말했다. 일어났더니 옆에 그 사람이 없었어요. 누군가의 어머니가 말했다. 목욕을 하는데 비명이 들렸어요. 누군가의 딸이 말했다. 집에 있는데 경찰이 문을 박차고 들어와 아버지를 쐈어요. 나는 내가 쓸 수 있는 기사를 썼다. 이들의 죽음을 애도하는 사람도 많았지만, 사망자의 사연을 읽고서 죽어야 할 인간이 더 많다고 말하는 사람도 많았다.

두테르테가 대통령에 당선되었을 때 래플러는 겨우 창간 네 돌을 지났을 뿐이었다. 직원은 손으로 꼽을 만큼 적었지만, 우리는 부정부패, 권력 남용, 그리고 마약과의 전쟁을 최선을 다해 보도했다. 두테르테 대통령은 래플러에 다른 이름을 붙였다. 우리를 가짜 뉴스라 불렀다. 돈에 팔린 삼류 언론이라 했다. 우리는 탈세, 사이버 명예훼손, 소유권 위반으로 기소되었다. 언론사 면허가 취소되어 지금도 항소가 진행 중이다. 우리 회사 기자들은 대통령 취재를 금지당했다. 소셜미디어에서 날마다 협박당했다. 우리 구성원이 여자이므로, 강간하겠다는 협박도 있었다.

나는 많은 기사를 보도했다. 모든 기사의 중심은 "신원 미확인 시신 4번"이라고 적었을지언정 한때 이름이 있던 시신이었다. 나는 다섯 살 소녀 다니카가 새로 산 분홍색 비옷을 입어 보지도 못하고 총에 맞은 사실을 적었다. 제이로드가 어머니가 가장 아끼는 아들이었다고 적었다. 앤젤이 살해되던 밤 동생에게 선물할 바비인형을 갖고 있었다는 이야기를 썼다. 나는 자세한 내용을 층층이 쌓았다. 신발 색깔, 비명의 높이, 길거리에서 사람들이 죽은 남자의 옷을 벗겼을 때 빨간색과 흰색이 섞인 삼각팬티를 입고 있었다는 사실을 모두 적었다.

두테르테는 물었다. "솔직히 말하겠습니다. 그들이 인간입니까? 여러분은 인간을 어떻게 정의합니까?"

여기 막시모의 손녀 다니카 메이 가르시아가 있다.

여기 크리스틴의 아버지 콘스탄티노 데 후안이 있다.

여기 러브-러브의 아빠와 엄마가 있다.

여기 이들을 죽인 남자가 있다.

복면을 쓴 남자가 외쳤다. "우리가 두테르테다."

나는 필리핀이 민주정을 회복하기 다섯 달 전 태어났다. 그리고 이제 필리핀 민주정의 죽음을 알리고자 한다.

옛날 옛적,
우리는 영웅이었다

　할아버지가 들려준 이야기에 따르면, 필리핀에 최초로 발을 디딘 백인들은 군함 다섯 척으로 구성된 함대를 몰고 왔다. 기함은 트리니다드호였다.
　때는 1521년, 함대가 일 년 넘게 선상 반란과 고초를 겪은 뒤였다. 트리니다드호를 이끈 함장이자 턱수염이 덥수룩한 모험가 페르디난드 마젤란은 숲이 우거진 섬이 수평선을 가로질러 길게 펼쳐진 것을 보았다. 선원들은 무릎을 꿇고 하느님을 찬양했고, 바닥난 럼주 대신 일본산 바야리스 오렌지 소다에 필리핀산 시옥통 쌀 증류주를 섞어 마시고 완전히 취해 버렸다.
　마젤란은 닻을 내렸다. 그리고 지나가는 원주민들을 불러 세웠다.
　"악의가 없다는 것을 보여 주고자, 마젤란은 사무장을 시켜 빨간색 야구 모자, 망원경, 빗, 종, 16세기에 유행한 화려한 남성복을 가져오게 했다. 그리고 이것들을 원주민 족장에게 건넸다. '이런 물건들은 시어스 로벅의 카탈로그에서도 찾아보지 못할 걸세. 쫙 빼입는 헤드헌터가 걸칠 만한 최신 복장이거든. 우리 왕과 내가 주는 선물로 받아 주게. 그런데 혹시 남아도는 골드바는 없나?'"

할아버지 마리오 P. 창코의 이 이야기는 사실 내가 아니라, 1951년 필리핀출판에서 펴낸 책을 통해 독자에게 들려준 것이다. 책의 한 장인 '페르디난드 마젤란의 뺄짓'은 할아버지가 언론인으로 활동하는 동안 발표한 수많은 민담 중 하나였다. 할아버지의 한 친구가 애정 어린 마음으로 적었듯이, 할아버지는 "특히 진지한 저술에 저속한 여담과 경망스러운 발언을 지나치게 자주 즐겨 썼다."

할아버지의 상상 속 마젤란은 더 깊숙이 배를 몰아 나중에 필리핀제도가 될 주변 섬들로 들어갔다. 여러 원주민을 만나 자기가 가져온 화물을 금, 향신료와 교환했고, 마침내 막탄섬의 난폭한 족장 라푸라푸를 만났다. 라푸라푸는 스페인 왕에게 충성을 맹세하는 것도, 조공을 바치겠다는 서약도 거부했다.

"당연하게도 마젤란은 기분이 상했다. 자기 군주의 호의와 축복을 전파하는 목적이 세계 곳곳의 이교도를 계몽하고 이롭게 하려는 건 아니었잖은가? 머스킷 총을 들이대고 호의를 전한들 그게 무슨 대수겠는가? 결과는 마찬가지인데."

콩키스타도르들은 "막탄섬 모래사장에 엄청난 사격을 퍼부은" 뒤 바닷가에 발을 디뎠다. 이들을 맞이한 것은 "복수심에 불타는 악마처럼 창을 들고 덮치는" 막탄 사람들이었다. 마젤란은 날카로운 죽창에 목숨을 잃었다. 부하들은 배를 몰고 달아났다. 전열이 무너진 콩키스타도르는 위풍당당했던 함대 중 간신히 함선 두 척만을 건졌다.

"마젤란으로 말하자면 막탄섬이 그를 거둔 곳에 그대로 남았다. 이 이야기의 교훈은 이것이다. 다음에 무언가를 부탁할 때는 예의를 갖춰라."

할아버지를 역사가로 오해할 사람은 없겠지만, 스페인 콩키스타도르들이 처음 필리핀에 배를 몰고 온 때를 설명하는 할아버지의 이야기는 이 시대의 실상을 맛보기만 알려 줄 뿐이다. 막탄섬 족장 라푸라푸의 전사들이 페르디난드 마젤란에게 독침을 쏜 덕분에 스페인의 필리핀 침공이 거의 반세기나 늦춰졌다. 1544년 루이 로페스 데 비얄로보스가 다시 필리핀을 식민지로 삼으려 했지만 실패했다. 비얄로보스가 성공한 것이라고는 자신을 몰아낸 군도에 나중에 펠리페 2세가 되는 왕세자에 대한 경의로 라스 이슬라스 필리피나스Las Islas Filipinas(필리핀제도)라는 이름을 남겼다는 것뿐이다.

필리핀제도는 1565년 미겔 로페스 데 레가스피가 도착하고서야 비로소 스페인제국의 지배를 받게 되었다. 그 뒤로 수십 년 동안 스페인 범선이 병사, 총독, 탁발 수도사들을 쏟아냈다. 우리는 가톨릭 신 앞에 무릎 꿇고 속세의 사절단에 시달리는 고난을 견뎌야 했다. 그러나 머잖아 스페인은 동남아시아에 확보한 새로운 식민지가 오랜 세월에 걸친 강간과 전도에 굴복할 생각이 없다는 것을 깨달았다. 비밀 결사대와 무장봉기, 조용한 반란, 공개 처형이 일어났다. 막바지에는 스페인이 강압과 회유를 동시에 시도해, 한쪽에서는 문인을 처형하고 한쪽에서는 혁명 지도자를 추방했다.

19세기 후반 들어 필리핀뿐 아니라 다른 식민지도 본국인 스페인에 반기를 들었다. 자국 국경을 확장하려는 미 해군부 차관보 시어도어 루스벨트의 선동으로 멕시코, 푸에르토리코, 쿠바에서도 저항이 일었다. 1898년 미국이 쿠바 내 자국의 이익을 보호하고자 스페인에 전쟁을 선포했다. 쇠락하는 스페인제국의 변방까지 독립전쟁이 퍼져 나갔다.

여기서 미국의 '명백한 운명'*이 확실해졌다. 미국은 의용군 12만 5000명을 산티아고데쿠바에 배치했다. 루스벨트가 이끈 의용대 러프라이더가 라스과시마스와 산후안힐로 진격했다. 그리고 아시아전대를 이끄는 함대를 스페인이 아시아에 마련한 교두보의 수도로 파견했다. 바로 마닐라였다.

우리는 스페인과의 전쟁에 승리하지 못했다. 미국이 단독으로 승리를 선언했기 때문이다.

마닐라만 전투는 스페인의 완패였다. 많은 전함이 격침당했고, 그나마 남은 전함은 나포되었다. 미군 사상자는 열 손가락으로 꼽을 정도였다.

그러므로 바다를 장악한 사람은 미 해군 제독 조지 듀이였다. 하지만 육상 전투에서 수천 명을 희생한 끝에 차례로 도시를 해방한 전력은 필리핀인들이었다. 이 싸움은 오랜 세월에 걸친 무장 혁명의 마무리였다. 홍콩에 망명했다가 돌아온 에밀리오 아기날도 사령관이 부하들에게 어디든 미국 국기가 휘날리는 곳에 집결하라고 지시했다. 아기날도는 "인류를 위해, 그리고 박해받는 수많은

---

* manifest destiny. 19세기 서부 개척 시대 미국의 영토 팽창을 정당화한 표현. 트럼프 대통령도 2025년 1월 취임사에서 이 표현을 사용했다.

사람의 애통함을 위해" 봉사하는 미국이 "우리 사랑하는 조국에까지 보호의 망토를 펼쳤다"고 주장했다.

필리핀 무장 민병대는 미국과 동맹을 맺었다. 아기날도 사령관은 독립을 선언하고 대통령이 되었다. 스페인은 필리핀인들에게 백기를 들고 싶은 마음이 없었고, 미국은 흐뭇하게 여기에 동조했다. 은밀하게 협상에 나선 미국과 스페인은 필리핀 민병대의 발을 묶어 둘 셈으로 짜고 치는 가짜 전투를 치렀다. 스페인 국기가 내려온 자리에 미국 국기가 나부꼈다. 마닐라를 포위한 필리핀군은 동맹국에 막혀 입성하지 못했다.

넉 달 뒤 윌리엄 매킨리 대통령이 필리핀인들에게 "미국의 군사점령과 군정을 인정"하라고 요구했다. 그리고 파리에서 스페인 왕국과 조약을 체결해, 스페인 식민지 전체를 헐값인 2000만 달러에 넘겨받기로 했다.

바다 건너 영국에서 작가 러디어드 키플링이 새로운 아메리카 제국의 신사들에게 "백인의 짐을 지라"고 응원하는 시를 썼다.

그대의 아들들에게 의무를 지우라
국외를 떠돌며 그대의 포로들을 돕는 의무를.
막중한 책임을 안고 섬기라
겁에 질려 동요하는 저 미개한 족속을.
그대들이 새로 손에 넣은 음산한 자들,
반은 악마 반은 어린아이인 자들을.

짧게 존속한 필리핀 제1공화국의 국민, 반은 악마 반은 어린아이인 필리핀인들은 '자유의 아들들'*이 약속한 해방을 요구했다. 미국은 철권통치로 답했다. 반군을 학살하고, 크고 작은 마을들을 파괴했다. 윌리엄 하워드 태프트 대통령은 필리핀인들을 "자그마한 갈색 형제"라 불렀지만, 전장에서 진군하는 병사들은 다른 노래를 불렀다. 필리핀인들의 주장에 동의해 이탈하는 병력도 있었다. 탈영한 아프리카계 미국인은 원칙에 따라 처형되었다.

그렇게 신세계의 백인 대통령이 구세계의 백인 왕한테서 식민지를 사들인 끝에, 새로운 아메리카제국의 통치가 시작되었다.

우리는 스페인이었다. 그리고 사십팔 년 동안, 우리는 미국이었다.

할아버지는 필리핀이 미국에 점령된 지 이십사 년 뒤인 1922년에 태어났다. 할아버지의 고조할아버지는 19세기 중반에 마닐라로 건너와 필리핀 여성과 결혼해 정착한 중국 상인 산 창 코였다. 그 증손인 대학교 행정직 관료와 백화점 상속녀 사이에서 할아버지가 태어났을 때는 성이 창코로 바뀌었다. 산 창 코의 후손들은 미국 식민지에서 영어로 말하는 신민으로 태어났다.

마리오 창코는 일곱 남매 중 여섯째였다. 가족은 산안토니오 거리의 널찍한 집에서 묵직한 가구와 책장에 둘러싸여 살았다. 증조부모는 자녀 교육에 재산을 쏟아부었다. 할아버지의 형제자매는 집에서는 스페인어를, 학교에서는 영어를, 다른 곳에서는 필리핀어**를 배웠다.

---

* Sons of Liberty. 영국 식민지 시절 자치권을 요구하며 미국 13개 주에서 결성된 정치 단체. 이들의 저항이 결국 미국 독립 전쟁으로 발전한다.
** 타갈로그어.

할아버지가 열두 살이던 1934년, 미국 73대 연방 의회가 과도기를 두고 필리핀을 독립 국가로 전환할 것을 지시하는 타이딩스-맥더피 법을 통과시켰다. 십 년 뒤인 1944년 주권을 회복한다는 약속과 함께, 필리핀은 식민지에서 자치령으로 바뀌었다.

그런데 제2차 세계대전이 터졌다. 할아버지의 학업도, 필리핀 자치령의 후반기도 중단되었다. 대학교에서 일하던 증조할아버지는 일자리를 잃었다. 웨스트포인트를 졸업하고 미 육군 대령으로 91공병대대 대대장이 된 형이 일본군의 진군을 늦추려고 다리를 폭파하고 있다는 사실이 발각되었기 때문이다. 가족 몇몇은 마닐라에 머물며 남은 땅을 팔고 불법 권투 경기의 표를 팔아 생계를 유지했다. 다른 가족들은 뿔뿔이 흩어졌다.

할아버지 가족은 살아남았다. 하지만 그렇지 못한 가족이 많았다. 10만 명 넘는 사람이 목숨을 잃었다. 1945년 2월 15일, 마닐라에 주둔한 미 육군 소령이 작성한 '학살 보고서'는 일본군이 항복하기 전 몇 달 동안 저지른 잔혹 행위를 생생히 보여 준다. 소령과 휘하 장병들은 마닐라 교외 주택에서 방치되어 썩어 가는 시신 여덟 구를 발견했다. 여성 둘을 포함한 성인 다섯은 손이 등 뒤로 묶인 채 처형당했다. 한 갓난아이는 총검에 찔려 죽었다. 미군은 인근 주민을 조사하다 "사망자들의 이웃인 필리핀인 마리오 창코와 인터뷰하게 되었다." 보고서에 따르면 창코는 신문기자였다.

할아버지는 미군에게 이렇게 설명했다. "우리는 일본군이 그 집에 들어가는 걸 지켜봤습니다. 얼마 뒤 총소리가 다섯 번 들렸어요. 그 뒷일은 모릅니다. 다른 목격자들과 함께 도망쳤거든요."

그 무렵 일본군은 퇴각 중이었다. 할아버지의 형은 죽음의 바탄 행진*에서 살아남아 돌아온 뒤 게릴라 투쟁에 나섰다.

일본이 항복한 직후, 미국이 '자비로운 동화'**라 부른 '고귀한 사명'을 끝냈다. 거의 사백 년에 이르는 식민 통치 끝에, 필리핀 공화국은 "미국 헌법을 충실히 모방"했다는 평가와 함께 "자유 민주정의 모범 사례"를 배출한 헌법을 갖춘 자유 국가로 선포되었다. 이 무렵 미국은 수고롭게 필리핀제도 전체를 관리하지 않아도 국제 사회의 패권을 쥐는 데 지장이 없다는 것을 깨달았다. 까탈스럽고 고분고분하지 않은 시민들로 구성된 국가가 기꺼이 특혜 무역과 군사 기지를 제공하겠다니 더욱 그랬다.

할아버지가 스물네 살이던 해, 미국이 필리핀의 식민 통치를 접었다. 할아버지는 대학교로 돌아가 학업을 이어 가는 대신 언론 활동에 집중했다. 필리핀과 미국의 경제 관계, 미국 자동차 회사 스튜드베이커가 후원한 라디오 뮤지컬 방송, "신형 자동차, 남성복과 여성복의 최신 패션, 열두 가지 색상의 립스틱, 각양각색의 다양한 옷감"이 몰려온다는 기사를 작성했다. 라디오 프로그램도 진행했는데, 중국어 억양이 묻어나는 영어로 정치인들에게 익살스러운 질문을 던져 '마오'라는 별명을 얻었다. 산안토니오 거리의 집 일층에서 지역 신문을 발행했고, 남는 시간에는 소설을 썼다. 시청 출입 기자로 활동하며 관공서 사람들과 인맥을 쌓았는데, 그중에는 "미소가 매력적인 날씬한 젊은 아가씨"도 있었다. 할아버지의 문체

---

* 1942년 일본군이 바탄반도에서 사로잡은 미군·필리핀군 전쟁포로를 100킬로미터 이상 떨어진 내륙의 수용소까지 행군 방식으로 이동시키는 동안 학대하고 학살한 사건이다. 포로 약 7~8만 명 중 5000~1만 8000명이 사망했다.
** benevolent assimilation. 미국이 필리핀에서 독립운동을 탄압한 뒤 내건 유화 정책이다.

―나로서는 부사를 무분별하게 남발했다고 인정하지 않을 수 없다―는 "믿기지 않게 가볍다" "남사스럽게 익살스럽다"는 평가를 받았다. 할아버지는 내셔널 프레스 클럽의 창립 회원이었고, 〈미트 더 프레스〉의 첫 진행자를 맡아 "재치 있게 놀림을 뒤섞은 여담으로 정치인의 거만함을 최소화했다"는 평가를 받았다. 신문과 잡지를 가리지 않고 《필리핀 헤럴드》《디스 위크》《선데이 타임스》《리터러리 송-무비》《위민스 매거진》에 글을 실었고, 마침내 필리핀 최대 영어 신문인 《마닐라 데일리 불레틴》의 기자가 되었다.

할아버지를 기억하는 사람들은 누구나, 할아버지가 대체로 유쾌한 사람이었다고 말했다. 역사가 카르멘 게레로 낙필은 이렇게 적었다. "창코는 늘 쾌활하고 성실했다. 비장하거나 성마르지 않았고, 여느 익살꾼과 달리 남의 속을 긁지도 않았다. 마닐라의 신문사 거리 뒷골목에 사는 길고양이에게 다정했고, 멋지고 젊은 여성에게 상냥했고, 편집자들을 존중했다. 꾸준히 파코성당에 나갔고, 교구를 위해 종교 색채가 옅고 상류층 사교 클럽의 성격이 가미된 출판물 《파코 호외》를 편집했다. 옷차림은 해방 후 필리핀 남성이라면 피할 수 없던 화려한 패션이었다. 진취적인 젊은이였고, 앞서 나가려 했고, 늘 자그맣게나마 과감하게 출간 사업을 벌여 보겠다는 대담한 꿈을 품고 살았다."

1955년 할아버지는 그해 '언론계에서 가장 뛰어난 젊은이'로 뽑혔다. 미국에서 풀브라이트 장학금을 받았고, 《오리엔트》라는 잡지를 발간했다. 시청 취재 중 만난 "날씬한 젊은 아가씨"와 결혼해 네 아이를 낳았다. 할아버지는 칼럼에 할머니를 언급할 때마다 '아름다운 아내'라고 강조했다.

'언론계에서 가장 뛰어난 젊은이' 기사를 쓴 기자는 할아버지를 이렇게 평가했다. "창코는 할리우드의 영향으로 사람들이 신문기자 하면 떠올리는 모습에 가장 가까운 기자다. 명랑하고 활기차고 대책 없이 외향적이다. 어떤 질문이든 재기 넘치게 잘 받아치고, 여느 기자가 그렇듯 입담이 좋아 말장난이 대단하다. 두 손이 바쁘게 타자기를 두드리지 않을 때는 누군가에게 진심으로 반갑게 손을 흔들거나 무언가를 지적하고 있는데, 대개는 정부의 검은 꿍꿍이다."

이후로 수십 년 동안, 할아버지는 매일 아침 네 시간 동안 IBM 셀렉트릭 타자기를 두드려 농담 삼아 "불후의 산문"이라 부른 것을 찍어 냈다. 직접 인쇄기를 돌려 낡은 바지 뒷주머니에 딱 맞는 크기의 노트를 만들었다. 식사 뒤에는 로스만스를, 로스만스가 없으면 던힐을 피웠지만, 글을 쓸 때는 늘 말보로 레드 한 갑을 열어 놓고 재떨이에 손이 닿지 않으면 아무 데나 담뱃재를 털었다. 맏이인 내 어머니가 기억하기로 할아버지는 자녀들을 대체로 풍족하게 키웠다. 내가 들은 바에 따르면 그것은 간호사 면허증이 있는 '아름다운 아내'의 진취적인 생활력 덕분이었다. 할아버지에게 할머니는 정신없이 돌아가는 세상의 중심축이었다. 할머니는 땅에 투자하고, 다양한 사업을 굴리고, 할아버지가 집에 우르르 데려오는 친구들을 대접했다. 언론인, 정치인, 환경운동가가 뒤섞인 손님 중에는 베니그노 아키노 2세라는 전직 종군 기자도 있었다.

1965년 자칭 "필리핀에서 무공훈장을 가장 많이 받은 전쟁 영웅"이라는 상원의원이 제10대 필리핀 대통령으로 선출되었다. 이름은 페르디난드 에드랄린 마르코스였다. 마르코스는 무공훈장 수여자도 전쟁 영웅도 아니었지만, 이 주장이 거짓인 것은 시간이 한참 흐른 뒤에야 밝혀졌다. 헌법이 허용한 두 번째 임기가 끝날 즈음인 1972년 9월*, 마르코스는 폭력이 만연하고 공산주의가 국가를 위협한다는 구실로 계엄령을 선포했다. 새 헌법을 공포해 사실상 종신 대통령이 되었고, 비판적인 언론인과 언론의 자유에 제도적으로 재갈을 물렸다.

페르디난드 마르코스와 이멜다 마르코스의 '부부 공동 독재 정권'**은 미국의 흔쾌한 지원 속에 십사 년 동안 이어졌다. 이멜다는 로널드 레이건 대통령과 함께 춤췄고, 265밀리미터인 스틸레토 힐 3000켤레를 사들였고, 소더비를 통해 맨해튼 어느 고급 주택의 소장품 전체를 은밀히 손에 넣었다. 계엄령 시대라 부른 이때 부정부패, 정실 인사, 정치 탄압이 만연했다. 추정에 따르면 이 기간에 국고 50~100억 달러를 도둑맞았고, 7만 명이 투옥되었고, 3만 4000명이 고문당했고, 활동가 3240명이 비사법적 살인으로 숨졌다. 아마 실제 피해는 더 컸을 것이다.

우리 가족 사이에 전해진 이야기에 따르면 할아버지는 당시 정치범 수십 명과 함께 투옥되었다. 엄마의 사촌이자 당시 스물두 살 기자이던 부 아저씨는 친구들이 죄다 체포되는 것을 보고 즉시 기자 생활을 그만뒀다. "간신히 체포를 면했는데, 나를 잡아 잡쉬, 하라고? 어림도 없지."

1981년, 국제 사회가 마르코스 정권을 압박한 끝에 적어도 서류

---

* 현재 필리핀 대통령 임기는 6년 단임제지만, 당시는 4년 연임제였다.
** conjugal dictatorship. 두 사람의 집권 형태를 묘사한 용어다.

상으로는 계엄령이 끝났다. 그러나 사정은 거의 바뀌지 않았다. 계엄령 해제 뒤 치러진 대통령 선거에 또다시 당선된 마르코스의 취임식에서 조지 H. W. 부시 미국 부통령이 이런 건배사를 건넸다. "대통령님이 민주정의 원칙을 충실히 준수하셔서 무척 기쁩니다."

이 원칙은 두 해 뒤 필리핀의 주요 야당 인사가 귀국했을 때 다시금 깨졌다. 흔히 니노이라 불린 베니그노 아키노 2세는 전직 종군 기자였고, 주지사 당선을 거쳐 최연소 상원의원이 되었다. 계엄령 초기에 체포 대상에 포함되어 칠 년 동안 구금되었는데, 1980년 마르코스 정권 반대 운동을 하지 않겠다는 조건으로 심장 혈관 우회 수술을 위한 미국 출국을 허락받았다.

아키노는 이 조건을 지키지 않았다. 삼 년 동안 하버드대학교에서 강연하며 국제 사회의 지지를 강화한 뒤, 귀국하기로 결단했다. 한 연설에서 그는 말했다. "필리핀 국민을 위해 목숨을 바치는 것은 가치 있는 일입니다."

1983년 8월 21일 이른 아침, 아키노는 미국으로 망명할 때 입었던 흰색 리넨 수트를 입고 가짜 여권을 든 채 중화항공 811편에 탑승했다. 마닐라로 날아가는 비행기에 기자단이 동승했다. 전날 아키노가 기자들에게 이런 말을 했다. "휴대용 촬영 카메라를 준비하시는 게 좋을 겁니다. 암살이란 순식간에 일어나기도 하니까요. 아마 삼, 사분 만에 상황이 끝날 테고, 그러면 저는 여러분과 다시 이야기할 수 없겠지요."

수천 명이 마닐라국제공항에 모여 아키노를 기다렸다. 나무에는 노란 리본이 묶여 있었다. 노란 리본은 집에 돌아가는 죄수를 노래한 토니 올랜도의 곡에서 가져온 것이었다. "오래된 떡갈나무에 노란 리본 백 개가 묶여 있네. 이제 나는 집에 가네. 오래된 떡갈나무에 리본을 묶어 줘요."

비행기가 착륙해 탑승구로 다가서자, 군인들이 올라왔다. 군인들이 아키노를 터미널로 이어지는 통로로 안내했다. 다른 승객들에게는 모두 자리에 앉아 있으라고 지시했다. 기자들조차 밖으로 나가지 못하자 군인들과 실랑이가 벌어졌다. 그 순간 몇 발의 총성이 울렸다. 비행기 창문으로 밖을 지켜보던 젊은 여성이 비명을 질렀다. 여러 해 뒤 이 여성이 필리핀 산디간바얀(반부패특별재판소)과 미국 의회에 나가 증언했다. "존경하는 재판장님, 설사 제가 세상에서 가장 나쁜 인간이라 해도 니노이를 쏜 자가 군인이었다는 사실은 바뀌지 않을 겁니다."

니노이 아키노는, 흰색 옷차림의 느긋한 정치인은, 필리핀 야권의 밝은 희망은 보스턴에서 정성을 다해 작성한 연설을, "저는 망명에서 돌아와 불확실한 미래로 나아가려 합니다. 제가 드릴 것은 결단과 믿음뿐 입니다"라는 말을 전하지도 못한 채 활주로에 피를 흘리며 쓰러졌다.

충격에 부서진 아키노의 시신을 실은 관이 세찬 빗속을 이동할 때, 적어도 400만 명이 꿋꿋하게 함께 행진했다. 손에는 "당신은 혼자가 아닙니다"라는 현수막과 팻말을 들고 있었다. 운구 행렬은 열한 시간 동안 이어졌다. 많은 사람에게 아키노 암살은 수년째 이어진 잔혹한 인권 침해의 끝을 보여 주는 끔찍한 공격이었다.

암살 이 년 뒤 내가 태어난 해, 국제 사회의 압력에 밀린 페르디난드 마르코스가 대통령 선거를 실행하겠다고 발표했다. 도전자는 니노이 아키노의 아내이자 커다란 안경에 노란색 옷을 입는 부드러운 말씨의 가정주부, 코라손 아키노였다.

코라손은 스페인어로 '심장'을 뜻한다. 필리핀 사람들은 그녀를 코리라 불렀다.

45일 동안 선거 운동이 펼쳐졌다. 그리고 1986년 2월 7일 아침 7시, 투표소 8만 5000곳의 문이 열렸다. 국제적 감시단, 필리핀 기자단, 1000명 넘는 외신 기자가 지켜보는데도 노골적으로 부정 선거가 저질러졌다. 전국을 통틀어 적어도 80명이 피살되었다. 자원봉사자들이 구타당했다. 총과 수류탄으로 무장한 괴한들이 투표소에 난입했다. 안티케주에서는 암살자들이 주 의회 의사당 계단에 서 있던 아키노 측 선거위원장 에벨리오 하비에르에게 총알 스물네 발을 퍼부었다. 마닐라에서는 저격수의 총알이 스물세 살 시위자가 들고 있던 팻말을 관통했다. 팻말에는 "마르코스 물러나라"가 적혀 있었다. 시위자는 가슴에 총알을 맞고 사망했다.

부정 선거 감시단체의 자체 계산에 따르면 코리 아키노가 앞섰지만, 국회는 마르코스가 필리핀 대통령으로서 네 번째 임기를 시작한다고 공포했다. 개표를 집계하던 선거위원회 전산 담당자 30명이 이에 반발해 파업에 들어갔다. 이들이 정부가 개표 결과를 조작했다고 폭로했다.

가톨릭교회가 유례없는 성명을 발표해 대선에 부정이 난무했다고 규탄했다. 외국 정상들이 축하 인사를 미뤘다. 처음에는 양쪽 모두 부정을 저질렀다고 주장하던 레이건 미국 대통령이 자국 정부와 언론의 압박에 못 이겨 "여당이 주도해 저지른 광범위한 부정과 폭력"을 비난했다. 쿠데타가 일어날 것이라는 소문이 퍼졌다.

1986년 2월 셋째 주, 국방부 장관 후안 폰세 엔릴레와 필리핀군 참모차장 피델 라모스가 소규모 반군과 함께 마르코스에게 등을 돌렸다. 이들은 경찰청 본청인 캠프 크라메와 국방부 청사에 들어가 방어벽을 쌓았다. 한 여성과 두 십 대 소년이 운영한 반체제 방송국 '라디오 베리따스Radio Veritas'가 "반군을 보호해 주십시오"라는 마닐라 대교구장의 호소를 내보냈다.

언론인 필 브론스타인이 《샌프란시스코 크로니클》에 이렇게 적었다. "지난밤, 반란으로 뒤집어진 필리핀에 보름달이 떠올랐다. 마닐라에 있는 군사 시설 두 곳의 정문에서 민간인들이 군인들을 지키고 있다."

어느 나라든 자기만의 동화가 있다. 내 세대의 많은 필리핀인이 생각하는 현대 필리핀의 신화는 4번 순환도로에서 시작한다. 이 도로는 1930년대에 미국 육군 공병대가 기획한 6개 고속도로 중 하나로, 용도는 마닐라만을 따라 이어지는 태프트 애비뉴의 끄트머리에서 도시 여섯 곳을 연결하는 것이었다. 미군은 이 도로를 54번 고속도로라 불렀다. 이 도로가 완공되고 한 해 뒤, 일본제국 육군 4만 3000명이 필리핀 자치령의 해안에 상륙했다.

태평양 전쟁이 끝난 뒤 1950년대 말, 한 합동 위원회가 수도 마닐라의 주요 간선 도로가 된 이 도로에 새 이름을 붙이자고 제안했다. 위원회는 스페인에 맞서 독립운동을 펼친 학자이자 언론인의 이름을 따 이곳을 에피파니오 데 로스 산토스 대로Epifanio de los Santos Avenue라 불렀다. 마르코스가 조기 선거를 선언한 1985년 말에는 이 도로를 약어로 에드사EDSA라 불렀다.

나는 초등학교 2학년 역사 수업에서 에드사 신화를 처음 들었다. 흰색 셔츠에 파란색 주름치마 교복을 입고 앉아 있던 수업에서 추아 선생님이 칠판에 분필로 평행선 한 쌍을 그었다.

에드사. 이게 에드사야.

선생님은 각 선에 작은 직육면체를 그렸다. 여기는 캠프 크라메, 여기는 캠프 아기날도이고. 에드사를 사이에 두고 서로 마주 보고 있지. 선생님은 그 밖의 다른 부분을 모두 분필로 칠했다.

이게 모두 사람이야.

여덟 살이던 나는 에드사가 무엇인지 몰랐다. 그러므로 내가 처음 인식한 에피파니오 데 로스 산토스 대로는 도로가 아니라 전장이었다는 것을 이해해 주기 바란다.

햇살이 쏟아지는 일요일 아침의 왕복 5차로 고속도로를 떠올려 보라. 이 도로를 수 킬로미터나 꽉 채운 채 행진하는 남녀노소를 떠올려 보라. 청바지에 집어넣은 하얀 티셔츠로 땀이 배어났다. 손에는 십자가, 휴대용 라디오, 샌드위치, 우산을 들고 있다. 머리에는 야구모자, 크리스티앙 디오르 보터햇, 때 묻은 밀짚모자를 썼다. 올려 묶은 머리칼이 땀에 젖어 있다. 분필로 그린 그림이 내 머릿속에서 살아 움직였다. 이쪽 임시 요새에는 소나무, 빗물 배수관, 부러진 가로등 기둥, 근처 콘크리트 공장이 내어 준 모래주머니, 작업복 차림의 남자들이 어깨에 메고 온 전봇대가 쌓여 있다. 한쪽에는 굳은 표정의 수녀부터 트랜지스터라디오에 귀를 기울인 노인, 나이 지긋한 여성, 꽃 한 다발을 움켜쥔 앳된 표정의 소녀들까지 수많은 사람이 밀집 보병대처럼 늘어선 채 캠프 크라메를 에워싸 저지선을 형성했다. 다른 쪽에는 신의 군대가 있다. 청바지에 부츠를 신고 이 군대를 이끄는 젊은 신부가 한 손으로 하얀 사제복 자락을 움켜쥐고 정부 측 병사들에 맞서 우렁차게 고함쳤다. **그대들은 같은 필리핀 동포들에게 총을 쏘려 하는가?**

페르디난드 마르코스가 병력을 투입했다. 탱크 여섯 대, 지프 여덟 대, 유탄 발사기와 기관총을 실은 트럭 열세 대에 올라탄 병력이 쏜살같이 에드사로 들이닥쳤다. 목표는 캠프 크라메의 정문이었다.

우리 필리핀인은 탱크를 보았다. 하지만 도망치지 않았.

우르르 엔진 소리를 내고 검은 배기가스를 내뿜는 뜨거운 금속을 가로막고 두 팔을 쭉 뻗어 손바닥으로 있는 힘껏 밀어냈다. 어떤 이들은 눈물을 쏟았다. 어떤 이들은 욕설을 퍼부었다. 몇몇은 무릎을 꿇고 기도했다. 필리핀인들은 물러서지 않았다.

1986년 2월 25일 정오, 페르디난드 마르코스가 말라카냥궁 발코니에 나와 대통령 취임 선서를 했다. 하얀 드레스를 입은 이멜다가 모여든 지지자들에게 사랑 노래를 불러줬다. 그날 밤 마르코스 일가는 클라크 공군기지로 향하는 헬리콥터에 탑승했다.

〈마르코스 도주〉라는 기사가 빠르게 퍼졌다.

에드사 혁명은 코라손 아키노의 취임식으로 막을 내렸다. 마르코스 일가는 레이건 대통령이 승인한 망명지 하와이로 도주했다.

세계가 에드사 혁명에 주목했다. 《아시아위크》가 "이것은 흔히 들을 수 있는 이야기가 아니다. 이 이야기가 이번에 어떻게 막을 내리든, 민주적인 정치 리더십이 얼마나 역동적이고 경이로운지를 가르쳐 준다"고 적었다. 프랑스 작가 네스타 콩베어는 에드사 혁명을 "고대 그리스에 맞먹는 순간"이라 일컬었다. AP통신은 코라손 아키노를 잔다르크에 비유했다. CBS는 20세기가 바스티유 습격에 가장 가까이 간 사건이라 표현했다. CBS 앵커 밥 사이먼은 뉴욕의 스튜디오에서 이렇게 보도했다. "우리 미국인은 우리가 필리핀인에게 민주정을 가르쳤다고 생각하고 싶어 합니다. 하지만 오늘 밤, 그들이 세계에 가르침을 전하고 있습니다."

하버드대학교 국제문제연구소는 에드사 혁명이 다른 곳에 비폭력 투쟁을 불러올 수 있다고 내다보았다. "이들을 본받을 다음 나라는 어디일까?"

에드사 혁명의 영향으로 태국에서 시위대가 방콕 거리를 메웠다. 중국 톈안먼 광장에서는 한 남성이 탱크 앞에 섰다. 베를린 장벽이 무너졌을 때, 독일은 먼저 길을 보여 준 필리핀에 감사했다.

옛날 옛적, 우리 필리핀인은 영웅이었다.

이 이야기를 하는 까닭은 역사를 기록하기 위해서가 아니다. 내가 나라는 사람을 이해하는 데 에드사 혁명이 어떤 역할을 했는지 설명하기 위해서다. 직접 참여한 혁명은 아니었지만, 에드사 혁명은 내게 동화 속 용 사냥꾼보다 더 웅장한 이야기를 들려줬다. 신화한 스푼에 마법 두 스푼을 섞은 이야기, 거인들이 사는 나라, 천둥과 힘과 환하게 빛나는 노란색 희망이 가득한 곳. 학교에서 아침 종소리가 울리고 지지직거리는 확성기로 국가가 흘러나올 때 내가 떠올린 사람은 상냥한 눈빛으로 웃음 짓는 코라손 아키노였다. 내 상상 속 용감한 사람들은 노란색 옷을 입었다. 여기서 우리의 명백한 운명이 확실해졌다. 아침의 나라, 동양의 진주, 용감한 사람들의 요람. 이 땅의 사람들은 기도와 노래만으로 독재자의 총부리를 밀어냈다.

그리고 이야기란 것이 흔히 그렇듯, 결말은 화자가 누구인가에 달렸다.

1986년 조기 대선을 앞두고 긴장이 팽팽할 때, 마르코스의 자동차 유세단이 여당에서 지원받은 갖가지 유세 용품으로 무장하고 세를 과시했다. 아키노는 여러 도시를 돌며 유세를 펼쳤다. 아키노 지지자들은 통조림용 유리병에 동전을 모았다. 노인들이 길가에 서서 노란 바나나잎을 흔들었다. 1월 28일 《불레틴 투데이》에 전면 광고가 실렸다. '자유와 민주주의를 지지하는 작가·예술가 연합Coalition of Writers and Artists for Freedom and Democracy'이 쓴 마르코스 지지 성명이었다.

아홉 문단으로 구성된 선언문은 이렇게 시작했다. "작가와 예술가들이 세운 나라는 생각과 창의력이 뛰어난 사람들의 말을 흘려들어서는 안 된다." 생각과 창의력이 뛰어난 사람들은 마르코스 정부가 문화계에 재정 지원을 약속한 11개 의제를 들어 독재 정권 지지를 정당화했다. 여기에는 문화부 신설, 도서 출판 기금 마련, "대표 지식인을 위한" 명예 협회 설립, "국내 예술·문학 천재의 육성" 지원, "공적이 뛰어난 작품의 구매"를 위한 기금 마련, "자격을 갖춘 무주택 작가와 예술가"를 위한 주택 지원, 예술 인재를 격려하는 다양한 노력이 포함되었다.

언론인, 영화감독, 시인, 배우를 포함해 총 130명이 성명에 이름을 올렸다. 지지 선언은 대체로 실패한 선거 운동이었고, 한 달 뒤 일어난 축제 같은 에드사 혁명에 휩쓸려 사라졌다. 그나마 언급될 때는 어느 시인이 단체의 머리글자를 따 이름 지은 대로 COWARD(비겁자) 성명이라 불렸다. 서명자들은 반역자, 비겁자,

부역자라 불렀다.

내가 이 성명을 처음 접한 시기는 한참 언론인으로 활동하던 삼십 대 초반이었다. 소셜미디어에 사진 한 장이 올라와 있었다. 서명자 명단을 읽어 가던 나는 스물두 번째 이름에서 눈을 떼지 못했다.

거기 마리오 창코가 적혀 있었다.

어떤 설명에 따르면 성명은 마르코스 정권을 지지한다고 알려진 사람들, 정계 실세와 금전적으로 얽힌 사람들 사이에서만 돌았다고 한다. 내가 듣기로 서명은 철저히 자발적이었다.

마르코스 지지 성명은 적잖은 "분노, 실망, 불안"을 불러일으켰다. 작가 단체 '예술과 시를 향한 열정'의 회원 류엘 몰리나 아길라가 긴급 성명을 발표해 "동료 작가들에게 필리핀 국민의 투쟁과 더욱 강력하게 연결되는 글을 쓰라고" 촉구했다. 《필리핀 데일리 인콰이어러》는 시인 라몬 비예가스의 경고를 인용했다. "여러 독재국가와 이른바 민주사회에서 자주 증명되었듯이, 국가가 예술을 후원하는 목적은 국민의 이익이 아니라 국가의 이익을 증진하는 데 있다." 또 다른 칼럼은 서명자들이 "야당을 향해 흑색선전을 펼치고 마르코스 정권을 칭송하는 찬가를 부른다"고 맹렬히 비난했다.

내가 알던 에드사 혁명의 서사와 어긋나는 이야기였다.

성명이 발표되었을 때 할아버지는 예순셋이었다. 계엄령이 선포되기 전 할아버지와 니노이 아키노는 친구였다. 할아버지가 니노이의 대필 작가라는 소문이 돌았고, 어떤 이는 할아버지를 니노이의 홍보 담당자로 묘사했다. 여러 해 동안 집 앞 진입로에 놓여 있던 구형 메르세데스-벤츠는 한때 아키노의 차였다. 다만 자동차

광인 할아버지가 니노이를 설득해 차를 팔게 했는지, 아니면 니노이가 할아버지에게 차를 떠넘겼는지는 아무도 모른다.

나는 그래도 할아버지가 체포되어 투옥된 많은 언론인 중 한 명인 것은 반박할 여지가 없는 사실이라고 생각했다.

"나도 어릴 때는 그렇게 생각했어." 엄마의 동생인 루이 삼촌이 고개를 끄덕였다.

"저는 그렇게 들었거든요."

삼촌에 따르면 진실은 더 평범했다. 할아버지가 수감된 이유는 쌀 수출 거래가 틀어져 정부에 막대한 빚을 졌기 때문이었다. 저명한 정치범들과 함께 수감된 것은 사실이지만, 기자 활동과는 아무런 관련이 없는 투옥이었다. 여러 해 뒤 대법원이 이 사건을 할아버지에게 유리하게 판결했는데, 삼촌은 이 경험이 할아버지가 마르코스 독재 정권을 바라보는 시각에 영향을 미쳤을 것이라고 보았다.

어머니의 집 정원에 분홍빛 부겐빌레아가 흐드러지게 피어난 어느 날, 그 아래 함께 앉아 있다가 어머니에게 물었다.

"할아버지는 어쩌다 성명에 이름을 올린 거예요?"

"이유는 나도 몰라. 그런데 아버지가 이멜다와 페르디를 무척 좋아하기는 했지."

알고 보니 할아버지의 '아름다운 아내', 즉 우리 할머니가 이멜다 마르코스를 경외했다고 한다. 역사가들이 강철 나비라 부른 이멜다는 지방 미인 대회 출신인데, 지방에서 마닐라로 올라와 갖은 고생을 한 할머니에게는 그런 이멜다가 이상형이었다.

"어머니가 좋아한 책이 《바람과 함께 사라지다》였어. 그 책을 처음부터 끝까지 세 번, 네 번, 다섯 번이나 읽으셨지. 스칼렛에게 경외

감을 느끼셨거든. 그리고 소설《하와이》인가? 거기 나오는 여주인공도 마찬가지였어. 어머니에게 두 사람은 불멸의 존재였어. 스칼렛하고 《하와이》의 뉴크 친 말이야. 그래서 둘을 숭배했지. 그 덕분에 아버지와 온 가족을 일으켜 세웠고. 어머니는 참 열심히 일하셨어."

"할아버지는요?"

"아버지는 마르코스를 냉소적으로 지지했지. 그런데 아버지는 누구에게나 냉소적이었어."

나는 이런 사정을 삼십 년 가까이 까맣게 몰랐다. 할아버지는 정치인을 친구로 여겼고, 이따금 이들의 홍보 담당자로 일하는 데 도덕적으로 아무런 거리낌을 느끼지 않았다. 니노이와는 타자기를 공유하고, 마르코스에게는 싱싱한 토마토를 바구니째 보내 직접 감사 전화를 받기도 했다. 삼촌은 "아무리 상상의 나래를 펼쳐도 네 할아버지를 개혁에 앞장선 언론인으로 보기는 어렵지"라고 평가했다. 자신도 기자인 삼촌은 할아버지 밑에서 훈련받았다. 삼촌이 보기에 할아버지는 마르코스 지지 성명에 동의했을 가능성이 높았다. 한번은 삼촌이 매우 신랄한 칼럼을 발표했는데, 할아버지가 전화를 걸어 충고했다고 한다. "친구는 많이 있어야 하지만, 적은 너무 많이 만들지 마라."

에드사 혁명의 증언록에 한 시위자가 캠프 크라메 바깥에서 아침용 빵을 나눠준 빵 배달부에 대해 적었다. 이 배달부는 돈을 한 푼도 받지 않았다. "이것이 내가 조국에 보낼 수 있는 유일한 도움이니까요." 당시 할아버지도 빵 배달을 언급했다. 《이브닝 포스트》의 칼럼에 에드사 시위가 있던 날 아침에 빵이 늦게 배달되었다고 적었다.

할아버지는 제빵사들이 거리로 나갔다고 기록했다. "가게 주인,

상인, 신부, 노동자, 신학생, 심지어 중산층 은행원, 회계사, 노점상들까지 밖으로 나갔다." 에드사로 행진한 친구들이 전화해 동참하라고 권했지만, 할아버지는 거절했다.

"내가 현기증, 식욕 부진, 허리 통증을 이유로 시위에 함께하기를 거부하자, 친구들은 깜짝 놀라 귀를 의심했다. 역사가 만들어지고 있는데 잠이나 잘 거냐고 물었다. 나는 내가 충실한 다수에, 생존에 충실한 다수에 속한다고 반박했다. 2차 세계대전 때 중앙루손에서 후크발라합 투쟁을 겪고 덤으로 베트남 전쟁까지 거치는 동안, 나는 평생 총알을 피하려 애썼다고. … 그래서 날을 세워 되물었다. 도대체 무슨 권리로 내게 내가 아닌 다른 사람이 되라 하는가?"

내게는 동포 수천 명을 죽인 독재 정권을 할아버지가 어떻게 생각하셨는지 정확히 알릴 길이 없다. 할아버지가 쓴 칼럼은 오래전 사라졌고, 노트도 마찬가지다. 할아버지가 강압에 못 이겨 지지 성명에 서명했을지도 모른다. 서명자에 자기가 포함되었는지조차 몰랐을 수도 있다. 자신의 지지가 아주 소중히 여긴 친구들을 기쁘게 하리라고 생각했을 수도 있고, 마르코스가 예술과 문학에 정말로 기여했다고 진심으로 믿었을 수도 있다.

또 두려워서 그랬을 수도 있다.

나는 독재 정권을 겪지 않았지만, 할아버지가 그 시절을 견디고 살아남은 것도, 내가 양질의 교육과 양육을 누린 것도 모두 할아버지의 선택 덕분이다.

내가 아는 것은 이것이다. 옛날 옛적, 우리 필리핀인은 영웅이었다.

시작은
칼럼 하나였다

　네 언니들이 참 예쁘장했어. 어머니에게 들은 말이다. 나는 언니들을 만난 적이 없다. 부모님 유전자에 무언가 문제가 있어, 딸아이는 살아남을 확률이 낮았다. 핏기 없이 앙증맞고 얌전하게 태어난 언니들은 겨우 몇 달을 살다 숨을 멈췄다. 그리고 몇 년 뒤 내가 태어났다. 아버지는 내가 무사히 유아기를 넘긴 것이 가족들이 하늘에 대고 분통을 터트려서라고 했다. 온 가족이 제발 사내아이가 태어나기를 간절히 바랐다. 그리고 어느 아침 어머니의 양수가 터졌다.
　아버지와 함께 병원으로 가는 차 안에서 어머니가 느낌이 좋지 않다고 말했다. 아버지가 할 수 있는 일이라고는 더 빨리 차를 모는 것뿐이었다. 병원에 도착하니, 의사가 어머니의 다리 사이를 살피다 웃음을 터뜨렸다고 한다. 아이가 곧 나오겠네요. 의사는 담배

파이프를 호주머니에 집어넣었다. 의사가 내 작은 손을 흔들며 안녕이라고 말했다는 이야기는 엄연한 사실이라기보다 가족 신화에 가깝다고 봐야 할 것이다. 하지만 얼마 뒤 시뻘건 얼굴로 발버둥치는 나를 보고, 아버지는 이 아이는 어쩌면 살아남을 수도 있겠다고 생각했다.

할머니가 부엌 식탁에 앉아 헌금 봉투를 붙이며 말씀하셨다. "너를 위해 기도했었단다." 내 아버지의 어머니는 스페인 혼혈이었고, 뼛속까지 가톨릭 신자셨다. "기도하고 또 기도했지. 그리고 네가 태어났어."

나는 선물이었다고 한다. 기도에 제왕절개로 응답받은 선물. 이것이 내 모태 신앙의 거래 방식이었다. 규칙은 간단했다. 무릎을 꿇으면 마법이 일어났다. 믿으면 기적이 펼쳐졌다. 성목요일의 일곱 성당 순례*와 십자가의 길**을 지나는 고행에 아직 응답받지 못했다면, 죄인이 아닌 한 언젠가는 응답받을 것이다. 그런데 당연하게도 우리는 모두 죄인이었다.

내가 어릴 적 우리 가족에게는 기도할 일이 많았다. 우리는 넓게 펼쳐진 메트로 마닐라에서도 가장 큰 도시인 케손시 외곽에 살았다. 한 해 중 반은 도시가 아름다웠다. 공원에 예배당이 있고 분홍빛 부겐빌레아가 전선을 휘감았다. 그러다 6월 태풍철이 닥치면 아버지가 물이 뚝뚝 떨어지는 우산을 쓰고 경계를 선 비탈길까지

---

*   주로 필리핀과 남미의 로마가톨릭교에서 성목요일 밤에 성당 일곱 곳을 방문해 묵상 기도하는 의식이다.
** 예수가 사형을 선고받은 곳부터 무덤까지를 형상화한 곳을 돌며 묵상 기도하는 의식이다.

물이 차올랐다. 아버지는 머릿속으로 이것저것을 다 따진 뒤, 우리를 언제 고지대에 있는 할아버지 댁으로 대피시켜야 할지를 정확하게 판단했다. 그리고 이튿날 집에 돌아가면 개들이 피아노 위에서 달달 떨고 있고, 진흙투성이가 된 아버지가 의기양양하게 우리를 맞았다.

아버지는 이만하길 다행이지, 라고 뿌듯해하셨다.
거기에 어머니가 내 기도 덕분이야, 라고 받아쳤다.

나는 서서히 가세가 기울어 겨우 체면치레만 하는 집안에서 삼남매 중 막내로 자랐다. 아버지는 보험회사 간부였는데, 어머니를 도와 의류 봉제 회사를 운영하려고 직장을 그만두셨다. 1990년대 초 필리핀 경제가 어려움에 빠졌다. 잇단 정전으로 공장이 타격을 입었다. 빚이 쌓여 갔다. 끼니 걱정을 할 정도는 아니었지만, 다음 분기 수업료를 마련할 수 있을지 장담할 수 없을 정도로 집안 형편이 어려웠다.

당시 마닐라 중산층 자녀 대다수는 한편으로는 가톨릭의 죄책감을 주입받고, 한편으로는 아메리칸드림의 밝은 햇살을 받으며 자랐다. 우리는 성당에 나가고 학교에 다녔다. 매일 밤 묵주기도를 암송하고, 주님 수난 성금요일에는 고기를 먹지 않았다. 플라스틱 크리스마스트리에 반짝이는 장식을 달고, 존 스타인벡을 배우고, 가톨릭의 여덟 가지 참행복을 외우고, 치맛단이 단정하게 무릎 아래 8센티미터까지 내려가게 했다. 형편은 빠듯했지만, 책이 있었다. 어머니가 어릴 때 봤던 청소년 문학집은 더 이상 읽을 것이 없자, 어머니는 나를 할아버지 댁에 보내 할아버지의 다채로운 서가를 탐색하게 했다. 청소년기 대부분 동안 나는 뗏목에 올라 미시시피강을 내려가고, 대초원의 작은 집을 둘러보고, 뉴잉글랜드와 시카고와 런던에서 장작불 주변에 앉아 있는 상상에 빠져 지냈다. 나는 《시간의 주름》에 나오는 메그 머리였다. 《작은 아씨들》의 조 마치였다. 《앵무새 죽이기》의 스카웃이었고, 《정글북》의 모글리였고, 《빨간 머리 앤》의 앤 셜리였고, 《황금나침반》의 리라 실버텅이었다. 어느 아름다운 여름철에는 셜록 홈스였고, 아버지가 내 뜻을 다 받아주는 왓슨 역할을 했다. 내 조국은 제국주의의 족쇄를 벗어던졌을지 몰라도, 나는 스스로 제국주의의 신민이 되었다.

어린 시절이 책을 중심으로 돌아갔지만, 내가 직접 이야기를 쓰겠다는 생각은 한 적이 없었다. 나는 작가가 되고 싶지 않았다. 오히려 누군가가 나를 주인공으로 글을 써 주기를 바랐다. 어릴 적 내 최우선 목표는 주인공이 되는 것이었다. 그 꿈을 어떻게 이루느냐는 중요하지 않았다. 그건 운명에 맡겨야 한다고 확신했기 때문이다. 아이들은 대개 자기가 특별하다고 믿는다. 그러나 기적 속에 태어나는 아이는 흔치 않다.

내가 열여섯 살이던 2001년, 피플 파워 혁명으로도 알려진 에드사 혁명의 속편이 펼쳐졌다. 당시 대통령은 콧수염을 기른 전직 액션 배우 조셉 에스트라다였다. 에스트라다는 한밤중에 비선 실세 모임을 열고, 이들과 술에 취해 포커판을 벌이고, 기존 정치인을 무시하기로 악명이 높았다. 결국은 이런 일들이 몰락을 자초했다. 임기 2년이 조금 지났을 때 에스트라다가 불법 도박업자의 뇌물 상납 비리에서 핵심 인물로 떠올랐다. 코라손 아키노 전 대통령을 포함해 가톨릭계와 경제계의 정치 엘리트들이 에스트라다에게 사임을 요구했다. 에스트라다는 국고 횡령과 헌법 위반 혐의로 탄핵 심판을 받았다. 텔레비전으로 중계된 탄핵 심판에서 검사들이 대통령의 유죄를 증명할 것으로 추정되는 증거가 든 봉투를 제출했다. 봉투를 개봉할지를 놓고 투표가 진행되었다. 상원은 한 표 차이로 봉투를 열지 않기로 했다.* 반발한 검사들이 사퇴했다. 마닐라가 항의 시위로 들끓었다. 1986년 혁명을 이끈 마닐라 대교구장 제이미 신 추기경이 에스트라다 대통령은 "통치할 도덕적 권위를 잃었다"고 선언했다. 경찰이 대부분 빈곤층인 에스트라다 지지자들을 해산시켰다. 군은 야당과 뜻을 같이하기로 했다.

탄핵 심판이 중단된 지 사흘 뒤, 글로리아 마카파갈 아로요 부통령이 제14대 대통령으로 취임 선서를 했다. 상원의원이던 아로요는 짙푸른 정장 차림에 붉은 장미 한 송이를 지그시 바라보는 포스터로 거리를 도배한 끝에 부통령에 당선된 인물로, 1965년 페르디난드 마르코스에게 패배해 재선에 실패한 디오스다도 마카파갈 전 대통령의 딸이기도 했다. 에스트라다는 "아로요의 대통령 취임 선서가 과연 합법이고 합헌인지가 대단히 심각하게 의심스럽다"면서도 배를 타고 말라카냥궁을 빠져나갔다. 결국 그는 사임했다.

이 시위는 2차 에드사라 불렸다. 나는 시위에 참여하지 않았다. 부모님이 열여섯 살은 시위에 참여하기에 너무 어리다고 생각하셨기 때문이다. 이 무혈 쿠데타는 1986년 혁명과 달리 국제 사회에서 크게 환영받지 못했다. 게다가 3차 에드사, 즉 에스트라다의 체포에 항의하는 잇단 시위로 더 빛이 바랬다. 미국 정부가 초반부터

---

* 필리핀은 하원(316명)이 탄핵안을 소추하고, 상원(24명)이 심판을 담당한다.

아로요 대통령의 정통성을 인정했지만, 필리핀 안팎의 비평가들은 2차 에드사를 주저 없이 떼거리 통치, 즉 중우정치라 불렀다. 무엇보다 2차 에드사는 필리핀 민중이 아니라 마닐라 엘리트들이 주도한 혁명이었다.

나는 법조계에 몸담겠다는 막연한 생각으로 필리핀대학교에 진학했다. 본교인 딜리만 캠퍼스**는 계엄령 때 학생들이 군인들에게 화염병을 던진 곳이자, 할아버지와 어머니가 공부한 곳이었다. 당시 내 처지에서 더 중요한 장점은 국가가 학비를 지원한다는 것이었다. 나는 토론 동아리에 들어갔다. 토론에는 구조, 논리, 드라마가 있었다. 딱히 소신이랄 것이 없는 나는 잘 모르는 사안도 열렬히 변호할 수 있었다.

2학년 때, 우리 동아리가 전국 토론 경연 대회를 주최했다. 이때 처음으로 대중 연설 부문이 포함되었다. 우승자는 매해 영국에서 열리는 국제대중연설대회 International Public Speaking Competition, IPSC에 필리핀 대표로 참가할 예정이었다. 나는 대중 연설 대회를 청소년 웅변대회 같은 유치한 기획이라고 생각했으므로 참가할 생각이 없었다. 불꽃 튀기는 대학생 토론과 달리, 대중 연설에는 점수를 따려고 공격적인 말싸움을 벌일 일이 전혀 없었다. 그런데 참가 신청서에 내 이름이 적혔다. 내가 토론대회 운영에는 아무짝에도 쓸모가 없다는 것을 간파한 동호회장이 참가를 제안했기 때문이다. 거기 참가해 줘, 라는 말에 나는 군말 없이 대회에 참가했다.

** 필리핀에서 가장 우수한 대학교로 평가받는다.

경연 방식은 즉석연설이었다. 주제는 무난했다. '국경 없는 세계'를 5분 동안 논하시오. 내가 잘 아는 주제였다. 친구와 친척들이 미합중국이라는 신비한 곳으로 이주하는 것을 목격했으므로, 나를 필리핀에 남겨져 미국을 갈망하는 어린 소녀로 묘사하는 것은 식은 죽 먹기였다. "어릴 때 저는 필리핀 전역의 많은 어린이가 바라던 것을 바랐습니다. 금발 머리, 푸른 눈, 하얀 피부. 열심히 소원을 빌면, 착하게 굴면, 크리스마스 아침에 잠에서 깼을 때 창밖으로 눈이 내리고 콧잔등에 주근깨가 나 있으리라고 생각했습니다."

대회에 우승한 뒤로 몇 주 동안 나는 연설문을 고치고 또 고쳐 썼다. 문학 교수들의 친절한 조언에 따라 중간중간 셰익스피어를 인용한 문구를 덧붙이고, 지구촌의 인류애를 외치는 내 주장을 가다듬었다. 나는 유일한 필리핀 대표로 영국으로 날아갔다. 다른 학생을 추가로 참가시키기에는 비용이 모자랐다.

그해 대회에 59명이 참가했다. 우리는 영어말하기연합ESU에 가입한 37개국을 대표했다. 내가 똑똑하고 매력 있는 참가자라 대회에서 우승했다고 믿을 수도 있겠지만, 엄밀히 말하면 사실이 아니다. 중요한 것은 내가 어디에 있고 청중이 누구냐였다.

5월 어느 늦은 오후 나는 트래펄가 광장에서 영국 왕실이 초청한 청중을 앞에 두고 단상에 올라 필리핀 디아스포라, 그리고 여러 문화권의 협력 가능성을 이야기했다. 나는 간신히 웃음을 띠고 말문을 열었다. "우리는 영국 국민보건서비스를 떠받치는 4만 명의 숙련된 간호사입니다. 우리는 전 세계 상선 대다수에 승선하는 선원 25만 명입니다. 아일랜드에서 일하는 소프트웨어 엔지니어이고, 중동에서 일하는 건설 노동자이고, 북아메리카에서 일하는 의사와 간병인이고, 런던 웨스트엔드에서 공연하는 음악인입니다." 이런 노동자 대다수가 고국에서 굶주리는 가족을 위해 어쩔 수 없이 해외에서 일한다는 사실은 얼버무리고 넘어갔다. 내가 묘사한 세상은 누구나 마음껏 이주하는, 국경이 없는 열린 세계였다. 서방의 언어로 연설하는 자부심 넘치는 필리핀인으로서, 나는 필리핀을 통치했던 제국의 지배자들이 마음 편하게 잊어버렸던 잔혹한 식민지의 과거를 극복할 흡족한 해법을 5분의 연설에 담아 제시했다.

한 필리핀 신문이 열여덟 살인 에방헬리스타가 국제대중연설 대회에서 우승해 "상패와 증명서, 사전, 백과사전을 받았다"고 보도했다.

그 뒤로 많은 일이 일어났다. 필립공이 버킹엄궁에서 나와 악수했다. 은퇴한 코라손 아키노 대통령이 나를 초대해 시원한 차와 케이크를 대접했다. 독립기념일에는 권투선수 매니 파키아오와 함께 퍼레이드 차량에 올랐다. 어머니는 내가 TV 방송국과 인터뷰한 영상을 저녁 식사에 초대받은 가련한 손님들 앞에서 다시 틀었다. 지나가는 할아버지들이 내 손을 붙잡고 악수했다. 쇼핑몰에서 한 남성이 나를 불러 세우더니 국가의 보물이라고 추켜세웠다. 쏟아지는 관심 덕분에 TV로 진출한 나는 아침 TV쇼, 여행 방송, 토론 프로그램, 그리고 어느 복음주의 목사와 함께 바람직한 도덕관을 논한 실패한 프로그램 등에 출연했다. 고속 인터넷 통신과 황차를 광고하는 사진을 찍었다. 중고 의류 가게에서 산 정장 재킷을 입고 대학 여섯 곳의 졸업식에 참석해, 필리핀 젊은이들 안에는 찬란한 잠재력이 숨어 있다고 연설했다. 판에 박힌 프로그램들이 약속이나 한 듯 나를 동기 부여 인사로 선정해 출연자 목록에 올렸다. 영웅이 되고 싶은 마음에 뛰어든 활동이 방을 가득 채운 패스트푸드 회사 임원진에게 내 연설을 반복하는 것까지 포함되는지는 몰랐지만, 나는 내가 맡은 역할이 무엇인지는 잘 알았다. 반가운 소식에 목마른 나라에서 나는 희망의 마스코트였다.

내게 무엇이든 타고난 매력이 있었다면, 나는 스쳐 지나가는 명성을 놓치지 않고 TV 방송 쪽으로 경력을 키웠을 것이다. 하지만 내가 가진 것은 서툰 청춘의 허세뿐이었다. 대중 연설 대회에서 우승한 뒤 내가 마주한 난관은 대중이 내 연설을 듣고 싶어 했던 까닭이 내게 귀 기울일 만한 중요한 이야기가 있다고 잘못 지레짐작해서였다는 것이다. 사실 나는 무심한 학생이었다. 신실한 가톨릭 신자가 아니었다. 시끄러울 만큼 목청을 높이다가 쥐 죽은 듯 조용하기를 반복했다. 걸핏하면 욕설을 쏟아냈고, 하루가 멀다고 말싸움을 벌였고, 사진발을 잘 받지 않았고, 아무리 노력해도 흥미로운 사람으로 보이지 못했다.

물론 노력은 했다. 어쨌든 나는 내가 번 돈으로 집세도 내야 하고 외모도 꾸며야 하는 학생이었다. 화면에서는 비싸 보이리라는 확신으로 형광색 오프숄더 블라우스를 세일 가격에 샀다. 보수적인 가톨릭 학교에서 비판적 사고의 가치를 주제로 강의하던 중 임신중절을 합법화해야 한다고 주장했는데, 십 대 학생들은 씩 웃고 교사들은 경악했다. 한 인터뷰에서는 교양 있어 보이고 싶은 욕심에 좋아하는 작가로 로맨스 소설가 노라 로버츠가 아니라 셰익스피어를 꼽아 놓고서, 다음 주 영어 수업에서는 《햄릿》 퀴즈를 맞히지 못했다. TV 방송 경력이 일 년을 넘겼을 때, 오랫동안 마음고생을 한 제작진이 내게 시청자 설문 조사 결과를 보내줬다. 개선해야 할 점에 에방헬리스타가 말할 때 콧구멍을 벌름거리는 모습이 보기 흉하다는 의견이 있었다. 내 매니저는 코 성형을 제안했다. "1+1을 제안한 데가 있어. 우리 같이 수술받으면 되겠다."

아로요 대통령은 개혁 정부를 약속했다. 마르코스 이후 대통령 임기가 단임제로 제한되었지만, 아로요는 에스트라다의 대통령직을 승계했으므로 2004년 재선에 나설 수 있었다. 선거 부정과 폭력 동원이 있다는 소문이 파다한 가운데, 아로요는 대통령직을 차지했다. 계속 권력을 장악하려면 군과 미국을 모두 달래야 한다는 현실을 깨닫기까지는 오랜 시간이 걸리지 않았다. 아로요는 호언장담했다. "저는 강력한 공화국을 건설하기로 마음먹었습니다." 그리고 미국이 주도한 '테러와의 전쟁'에 적극적으로 동참했다.

이때는 냉전 시대에 제정된 국가보안법이 폐지된 상태였다. 필리핀공산당CPP의 무장세력인 신인민군NPA 규모가 오랜 내부 숙청 탓에 전성기 대비 몇 분의 일로 크게 줄어 있었다. 아로요 대통령은 신인민군을 외부 테러 조직으로 지정한 미국의 결정에 지지를 보냈다. 아로요가 무력 사용을 찬양하자, 공산당원으로 의심받는 사람들을 무장 여부와 상관없이 무차별 공격하는 상황이 벌어졌다.

내가 사는 수도 마닐라는 이런 일들과 동떨어져 있었다. 나는 에드사를 믿었다. 법치를 믿었다. 테러와의 전쟁을 떠올리더라도, 우리 정부가 고문과 살인을 일삼으리라고는 생각하지 않았다.

TV 방송으로 학비를 벌어 대학을 마친 나는 방송 대기업 ABS-CBN의 영어 뉴스 채널 ANC에서 제작국 조수 자리를 얻었다. 커피를 타서 나르고 대본을 편집하는 틈틈이, 정론지로 평가받는《필리핀 데일리 인콰이어러》의 오피니언란에 기고문을 실었다. 아무리 생각해도 내가 기고를 맡을 수 있었던 이유는 다른 칼럼니스트들보다 나이가 적어도 열 살은 어리다는 것 하나뿐이었다. 이 신문은 젊은 글쟁이가 필요했고, 나는 영어 기고문을 쓸 줄 알았다. 편집장은 "문법이 탄탄하네요"라는 정중한 말로 나를 안심시켰다. 나는 낙관적인 열정과 넘치는 부사를 도구 삼아 햇살이 내리쬐는 해변, 하이힐, 노래 경연 같은 주제로 매주 1000단어 분량의 기고문을 꾸준히 찍어 내듯 썼다. 나는 내 주제를 잘 알았다. 내게는 전문 지식도 없고 소신도 없었다. 전문가처럼 글을 쓰기에는 마음 편히 기댈만한 학술적 토대가 하나도 없었다.

그러다 스물한 살이던 2006년, 내가 단어에 대해 무언가를 깨닫는 일이 일어났다.

필리핀에서 영어는 두 공용어 중 하나다. 다른 공용어는 주로 수도권과 그 주변 지역에서 쓰는 필리핀어로, 타갈로그어라고도 한다. 내가 자랄 때는 학교 교육을 영어로 진행했고, 지금도 법조계, 정치계, 의료계에서는 영어를 사용한다. 필리핀은 손에 꼽게 영어 사용자가 많은 국가이지만, 개인의 영어 구사력은 교육 수준과 성장 환경에 따라 다르다. 100개 넘는 언어가 사용되는 국가에서 유창한 영어 실력은 창백한 피부와 마찬가지로 특권을 나타내는 기표다.

바로 이 특권 덕분에 나는 복잡한 세부 문법을 배우지 않고도 모든 영어 수업을 통과할 수 있었다. 따로 찾아보지 않으면 동격절과 종속절을 구분하지 못해도, 좋은 문장과 나쁜 문장의 차이는 구분할 줄 안다고 장담할 수 있었다. 내가 스물한 살에 단어에 대해 무언가를 깨닫는 일이 일어났다고 할 때 단어란 특정 종류의 단어다.

이 문장을 예로 들어보자. She speaks English(그녀는 영어를 말한다). 여기서 **speaks**는 타동사다. 타동사는 행위를 목적어로 전이한다. **speak**의 목적어는 **She**가 아니다. **English**다. 모든 타동사 다음에는 언제나 동사가 영향을 미치는 목적어가 따라온다.

다른 문장도 예로 들어보자. She speaks loudly(그녀가 시끄럽게 말한다). 여기서 동사 **speaks**는 자동사다. 목적어 없이 사고가 완성된다. 말한다는 사실로 충분하다. 어떤 언어인지를 명확히 밝히지 않고 맥락도 설명하지 않을뿐더러, 사실을 말하는지 외계어를 쓰는지도 상관없다. 핵심은 말한다는 행위 그 자체다. **I am writing this sentence**(나는 이 문장을 쓰고 있다)에는 타동사가 쓰인다. **I am writing**(나는 쓰고 있다)에는 타동사가 쓰이지 않는다.

동사의 타동성을 판단하려면 주변을 살펴봐야 한다. 동사 대다수가 문장에 따라 타동사에서 자동사로 바뀌지만, 어떤 동사는 바뀌지 않는다. She arrived(그녀가 도착했다), he sneezed(그가 재채기했다), it fell(그것이 떨어졌다), we sat(우리는 앉았다), they laughed(그들이 웃었다), you fainted(네가 기절했다). 모든 문장이 목적어 없이 마침표로 끝난다. 자동사다. 동사가 영향을 미치는 대상이 주어다. 사람은 기절한다. 기절당하지 않는다.

예컨대 **die**는 자동사다. 마찬가지로 **disappear**도 자동사다.

옛날 옛적 **disappear**라는 단어는 자동사로만 쓰였다. The dinosaurs disappeared(공룡이 사라졌다). The clouds disappeared(구름이 사라졌다). 시리즈 일곱 권을 모두 읽어야 이유를 알 수 있지만, 해그리드가 어린 해리 포터에게 말했듯이 Voldemort disappeared(볼드모트가 사라졌다). 영어에서 사라짐이란 문학이라는 연기가 내뿜는 한 줄기 문법을 곁들인, 거의 마법 같은 사건이다. 사람이 모퉁이를 돌아 사라진다, 차 속으로 사라진다, 계단 아래로 사라진다. 왜, 어떻게 사라졌는지는 아무도 묻지 않는다. 여인이 사라지면, 청중이 박수를 보낸다.

1970년대, 사라지다를 뜻하는 스페인어 desaparecer가 타동사가 되었다. 아르헨티나의 군인 호르헤 라파엘 비델라가 정권을 장악하고 군부 독재를 펼친 1976~1981년, 약 만 3000에서 3만 명에 이르는 반정부 인사들이 흔적도 없이 사라졌다. 2010년 비델라는 인도에 반한 죄로 재판에 넘겨졌고, 반체제 인사들을 고문 및 살인한 죄로 종신형을 선고받았다. 한둘이 아닌 죄목 가운데 하나가 반체제 인사들의 아이를 체계적으로 납치한 혐의였다. 이 범죄가 벌어질 당시 사회에 억압적인 분위기가 팽배했으므로, 반체제 인사들이 납치당하는 방식을 명확히 표현할 수 없었다. 그래서 실종된 사람들을 desaparecidos, 사라진 사람들이라 불렀다.

마르코스 독재 정부 시절 활동가 수천 명이 길거리와 은신처에서 유괴된 뒤로, 이 단어가 필리핀에서 쓰이기 시작했다. 사라진 사람 대다수는 두 번 다시 세상에 나타나지 않았다.

《옥스퍼드 영어 사전》은 disappear의 정의에 다음 항목을 추가했다. "disappear, 타동사: 특히 정치적 이유로 사람을 유괴하거나 체포한 다음, 이들의 최후를 알리지 않은 채 죄수 신분으로 살해하거나 구금하다."

2006년 내 모교인 필리핀대학교 딜리만 캠퍼스에 재학 중이던 여학생 두 명이 마닐라 북부의 작은 농촌 마을에서 사라졌다. 이십 대인 셜린 카다판과 카렌 엠페뇨는 주민 조직가였다. 두 사람이 공산주의자이고, 군인들에게 납치되었고, 아마도 살해되었을 것이라는 소문이 돌았다. 내가 아는 것과는 다른 서사였다. 내가 생각하기에 disappear는 자동사였고, 소문은 좌익의 선동이었다. 소문이 얼마나 엉터리인지 알아봐야 할 것 같았다.

나는 법원을 찾아 공판을 지켜보았다. 유가족을 만나고 진술서를 읽었다. 멋진 치마를 차려입고, 피해자들에게 "도살자"라 불린 수훈 장성을 만나 인터뷰했다. 목격자들을 찾아다녔다. 그중 한 명은 십 대 소년이었다. 또 다른 목격자는 구금되었다가 탈출한 사람으로, 이 사람과는 어느 늦은 여름밤 내 아파트에서 은밀하게 인터뷰를 진행했다. 두 사람은 군인들이 시신을 불태우고, 사람들에게 총을 쏘아 대고 두드려 팬 이야기를 들려줬다. 억류된 사람들은 몸도 제대로 펴지 못할 만큼 좁은 독방에서 수개월을 지냈는데, 한 여성은 결국 자기 배설물 위에 주저앉은 채 미치고 말았다고 한다.

증인들의 진술서와 독립 위원회가 작성한 수많은 보고서를 살펴보는 가운데 어느새 나도 모르게 생존자의 말을 믿고 있었다. 현장에서 여러 해를 보낸 뒤에야, 이 사건에 어떤 표현을 써야 할지 확신이 섰다. 카렌 엠페뇨와 셜린 카다판은 사라지지 않았다. 두 사람은 사라짐을 당했다. 책임소재가 워낙 명확해, 주어와 타동사로 바꿀 수 있었다. **The military disappeared the women**(군대가 두 여성을 사라지게 했다). 어느 이른 아침 무장한 남성들이 셜린과 카렌을 납치해 손을 묶고 눈을 가린 채 들풀을 헤치고 끌고 갔다. 한 학생은 임신 상태였다. 다른 학생은 나무 막대기로 성폭행을 당했다. 폭력 대다수가 군부대 안에서 자행되었다. 그곳에서 군인들이 억류된 사람들에게 자기 오줌을 마시게 했다. 더러는 탈출한 사람도 있었다. 하지만 여성들은 그러지 못했다.

나는 그 뒤로도 여러 범죄 현장을 방문했다. 아키노 가문이 소유한 거대한 농장에서 토지 개혁을 요구하던 농부들이 학살당했다. 어느 오후 한 쇼핑몰 푸드 코트에서 신문기자의 아들이 납치당했다. 어느 집 작은 방에서 아홉 살 여자아이가 기습 특공대의 총에 목숨을 잃었다. 정부 측 공식 보고서에 따르면 이 아이는 토벌 작전 중 사살된 공산주의자였다.

시작은 칼럼 하나였다. 두 번째, 세 번째, 그러다 수십 번째 칼럼을 쓰고 나니, 어느 순간부터 사망자와 실종자 이야기 말고는 다른 기사를 쓸 수 없었다. 어떤 이는 내게 장례용 꽃을 보냈다. 어떤 이는 죽이겠다고 협박했다. 여러 멘토가 좋은 뜻에서 내 신변이 위태로울 수 있다고 우려를 드러냈다. 주변의 걱정은 오히려 나를 더 저돌적으로 움직이게 했다. 게다가 실제로 나는 딱히 위험한 지경에 있지 않았다. 필리핀이 언론인에게 손에 꼽게 위험한 곳이라지만, 적어도 내가 보기에 수도권에는 그런 위협이 없었다. 그런 위협은 사설 무장단체와 현지 관료가 아무런 처벌도 받지 않고 활개치는 지방에 있었다. 나는 필리핀에서 가장 큰 텔레비전 방송국과 마닐라에서 판매 부수가 가장 많은 신문사에서 일했다. 게다가 한때 국가의 보물이었던 나를 암살한다면 득보다 실이 더 클 것 같았고, 결과적으로 내 생각이 맞았다.

그래도 편지를 많이 받기는 했다. 나는 모든 편지를 빠짐없이 읽었다. 활동가들은 당해도 싸다. 공산당원은 테러리스트다. 좌파는 닳아빠진 선동꾼이다. 처음 몇 번은 이런 편지에 답장을 보냈다. 상당히 고지식하고 순진한 말로, 공산당원이든 아니든 누구도 납치와 고문을 당해 마땅한 사람은 없다고 적었다. 나는 그것이 자명한 진실이라고 생각했다. 대중이 이 진실을 몰라서 문제가 생긴다고 여겼다. 사람들이 이 진실을 안다면, 1970년대와 1980년대에 잔학 행위에 격렬한 항의가 일어났을 때처럼 대규모로 들고 일어서리라고 생각했다.

말할 것도 없이 내 생각은 틀렸다. 사람들은 진실을 알았다. 다만 이 무렵에는 실종자들이 더 이상 사람이 아니었다.

아로요 대통령의 후임을 선택할 대선이 1년 남은 2009년, 난생처음으로 시신을 보았다. 남부로 달려가 민다나오섬에 있을 때였다.

민다나오는 아주 늦게까지 식민 통치를 받지 않았던 지역 중 하나였다. 기독교도 정착민이 몰려와 넓은 땅을 차지했는데도, 주민 대다수가 무슬림 정체성을 굳건히 지켰다. 민다나오라는 이름은 '범람원에 사는 사람들'이라는 뜻으로, 스페인 식민지 시절 섬 서남부 전역에 퍼져 살았던 마긴다나오족에서 유래한 것이라고 한다.

민다나오섬의 여러 주가 이라눈 만* 동쪽, 마긴다나오 술탄국이었던 지역을 포함한다. 계엄령 시절 페르디난드 마르코스 대통령이 안달 암파투안 시니어라는 정치인을 남부 마긴다나오주 샤리프 아콰크 자치구의 구청장으로 지명했다. 에드사 혁명 뒤 코라손 아키노가 암파투안 시니어를 교체했는데, 후임자도 암파투안 일족

---

* 일라나 만이라고도 부른다.

이었다. 그 뒤로 이어진 선거에서 줄곧 암파투안 일족이 돌아가며 현지 관직을 차지했다. 그리고 2001년 암파투안 시니어가 마긴다나오 주지사에 당선되었다. 마긴다나오가 반군을 억누르는 경비견 역할을 했으므로, 중앙 정부는 수십 년 동안 암파투안 일족과 우호 관계를 유지하며 무기와 지원을 아끼지 않았다. 아로요 대통령은 2007년 총선에서 그런 친밀한 관계의 수혜를 입었다. 접전을 벌이던 선거에서 압승을 거두는 데 암파투안 일족의 본거지가 결정적 역할을 했다.

2009년 암파투안의 정치적 경쟁자인 망우다다투 일족의 에스마엘 '토토' 망우다다투가 주지사 선거에 도전하겠다고 선언했다. 이 선언으로 일촉즉발의 긴장이 형성되었다. 선거가 여섯 달 앞으로 다가온 11월 23일, 신변의 위험을 느낀 에스마엘이 후보 등록을 위해 자기 대신 아내를 선거관리위원회에 보내기로 했다. 에스마엘의 아내 말고도 여러 여성이 동행했다. 친척 아주머니, 누이 둘, 여성 변호사 두 명을 포함해 가까운 여성 지지자 여러 명이 밴 네 대에 나눠타고 마긴다나오의 외딴 지역을 지나 선거위원회 사무소로 가기로 했다. 뒷날 망우다다투는 모로족*에 여성 보호를 신성하게 여기는 문화가 있으므로 고민 끝에 일부러 여성 대리인단을 보내기로 했다고 회고했다. 후보 등록을 보도하려는 지역 언론인들도 동행했다. 이들이 동행한다면 난폭한 공격을 막아 줄 방어벽이 될 것 같았다.

이들은 TV 방송사 UNTV 소유인 미쓰비시 L300 한 대, 라디

---

* 필리핀 민다나오섬, 술루 군도, 팔라완섬 등에 거주하는 무슬림 인구다.

오방송국 DZRH의 기자가 운전하는 검은색 쌍용 왜건, 망우다다투 집안 소유인 도요타 그란디아 밴 네 대에 나눠 탔다. 목적지인 샤리프 아과크가 몇 킬로미터 남았을 때 차량 두 대가 행렬에 끼어들었다. 한 대는 공무원 다섯 명을 태우고 병원으로 가던 도요타 바이오스였고, 한 대는 주말을 아내와 딸들과 보내고 출근하는 중인 마흔한 살의 통계 담당 고위 공무원이 모는 하늘색 도요타 타마로 FX였다.

이날 오전 이들은 모두 목숨을 잃었다.

중기관총을 든 괴한들이 언덕에서 총을 쏘아댔다. 이들을 한꺼번에 파묻을 구덩이가 이미 마련되어 있었다. 사망자 58명 중 32명은 언론인과 방송사 직원으로, 전 세계에서 단 하루에 살해된 언론 종사자로는 가장 많은 숫자였다.

살해 소식이 수도 마닐라를 강타했다. 나는 이틀 뒤 남쪽으로 날아가 범죄 현장으로 가는 언론인 대열에 합류했다. 우리는 인원이 많을수록 안전하다고 믿었다.

군사 검문소에서 군인들이 막아섰다. 고속도로를 따라 경비를 서는 임무를 받고 기지에서 군용트럭에 실려 온 앳된 병사들이었다.

우리는 언론인이라고 신분을 밝혔다.

병사들이 고개를 가로저었다. 한 병사가 조심하세요, 라고 귀띔했다.

그 순간 깨달았다. 인원이 많다고 안전이 보장되지 않는다는 것을. 언론인은 특히 그랬다.

차내에 정적이 감돌았다.

그날 대부분 동안 나는 구덩이를 내려다보고, 시신이 몇 구인지

세고, 사진을 찍고, 시신 사이의 간격을 재고, 진흙투성이가 된 채 땅바닥에 나뒹구는 허잡용 스카프들의 색과 무늬를 기록했다. 굴삭기 버킷에서 시신 한 구가 떨어지는 모습을 보았다. 아래쪽에서 시신 썩는 냄새가 진동했다. 훼손된 시신을 덮어 놓은 신문지가 바람에 펄럭였다.

군 지휘관은 시신 발굴이 생일 케이크를 자르는 것과 같다고 말했다. 흙, 시신 한 구, 빨간색 도요타 비오스 한 대, 더 두텁게 덮인 흙, 다시 시신들. 더 깊이 파낼수록 시신들이 더 크게 부풀어 있었다. 갈수록 시신이 많이 발굴되었으므로, 빙 둘러친 출입 통제 테이프로는 범죄 현장을 봉쇄하지 못했다. 신문지 대신 시신을 덮은 수북한 바나나잎에 무릎을 꿇으면 아래 있는 시신을 찍을 수 있을 정도였다. 푸르른 바나나잎 바로 아래로, 살이 오른 파리들이 한 남성의 손바닥 위를 날아다녔다. 햇빛 아래 드러난 손목에서 여기저기 긁힌 은시계가 여전히 째깍거렸다. 고개를 들어보니 언덕 능선에 줄줄이 늘어선 사진기자들의 실루엣과 번쩍이는 카메라 렌즈가 한낮의 태양에 선명히 보였다. 몇몇은 간발의 차이로 취재진 대열에 합류하지 못했지만, 죽은 자들을 위한 의장대처럼 계속 파수꾼 노릇을 했다. 그 뒤로도 십 년 넘게 여기저기 다른 피살 현장들을 취재하는 동안, 나는 내 머릿속 깊이 새겨진 이 기자들의 모습을, 길게 늘어서 동료들의 시신을 두 눈으로 목격하는 언론인들의 모습을 보았다. 나도 그들 곁에 서 있고 싶었다.

나중에 법의학자들이 증언한 바에 따르면 희생자 일부는 산 채로 묻혔다. 괴한들이 달아나며 아무렇게나 버려둔 시신도 있었다. 발굴 작업은 시신 57구를 수습하는 것으로 마무리되었다.

희생자 58번은 신문사 사진기자였다. 내가 일어서는데, 그의 딸이 내 팔목을 붙잡았다.

저기요, 우리 아버지 못 보셨나요?

발굴단이 이 기자의 치아, 재킷, 기자 신분증을 찾아냈다. 하지만 그게 다였다. 기자의 이름은 레이날도 모마이였다. 친구들은 그를 베봇이라 불렀다. 일 년이 걸린 끝에 모마이의 이름이 기소장에 추가되었다. 암파투안의 아들을 포함한 28명이 57명을 살해한 혐의로 재판에 부쳐졌는데, 이들이 법원에서 유죄 판결을 받은 것은 사건이 발생한 지 십 년이 흐른 2019년에서야였다. 이들은 가석방 없는 종신형을 선고받았다.

법원은 판결문에서 "검찰이 레이날도 모마이의 사망을 충분히 입증하지 못했다고 본다"고 밝혔다.

선고가 있던 날, 나는 레이날도의 딸에게 전화했다. 그녀의 이름은 레이나페다. 취재를 떠나기 전 레이날도가 딸의 이마에 입 맞추며 작별 인사를 했다고 한다. 레이나페는 살인범들이 감옥에 갇힌 것을 감사하게 여긴다. 종신형 판결에 기뻐한다. 희생자 수가 57명이든 58명이든 판결은 똑같았을 것을 잘 안다. 그래도 레이나페의 아버지가 목숨을 잃었으므로, 또 그의 죽음이 기록으로 남아야 마땅하므로, 레이날도가 이 학살의 피해자라는 것은 여전히 중요한 문제다.

마긴다나오 학살이 일어나기 넉 달 전인 2009년 8월, 코라손 아키노가 일흔여섯 살로 세상을 떠났다. 장례식 날 수백만 명이 눈물을 흘렸다. 전국적인 애도 열기를 타고, 코라손의 하나뿐인 아들

베니그노 '노이노이' 아키노 3세가 대통령 선거에 출마했다. 민주국가 필리핀의 경험으로 보건대 이 선거는 대관식에 가까웠다. 입법 활동이 딱히 좋지도 나쁘지도 않던 이 상원의원은 어머니처럼 노란색 옷을 입고 대선에 승리했다. 여왕의 죽음 뒤, 국왕 폐하 만세가 울려 퍼졌다.

노이노이 아키노는 코라손의 사망으로 깊은 슬픔에 빠진 대중의 엄청난 감정이입에 힘입어 당선되었다. 성인과 영웅의 아들은, 쏟아져 내린 노란 색종이 조각 위를 나는 듯 유유히 걸은 아키노 대통령은 적어도 자신의 주장에 따르면 도덕적인 사람이었다.

2010년 6월 30일 마닐라 키리노 그랜드스탠드에서 열린 취임식에서 노이노이 아키노는 노란색 옷을 입은 군중 앞에 나와 필리핀 국민 앞에 선서했다. "제가 한 약속을 이행하지 않는다면 부모님을, 그리고 저를 이 자리에 세워 주신 여러분을 뵐 낯이 없을 것입니다. 제 부모님은 오로지 민주정과 평화를 염원하셨고, 이를 위해 목숨을 바치셨습니다. 저는 이 유산의 축복을 받았습니다. 그러므로 이 횃불을 계속 이어갈 것입니다."

베니그노 아키노 3세 대통령이 임기를 시작한 지 채 두 달이 지나지 않아 첫 사고가 터졌다. 해고에 앙심을 품은 전직 경찰관이 홍콩인들을 태운 관광버스에 M16 소총을 들고 올라타 이들을 인질 삼고 복직을 요구했다. 대치 끝에 경찰의 어설픈 대응으로 인질 여덟 명이 사망하자, 정부의 무능을 비난하는 목소리가 커졌다. 사고 뒤 아키노가 해맑게 웃는 모습으로 텔레비전 생방송에 등장했다. 나중에 아키노는 비극이 발생한 "그런 특수 상황에서" 미소를 지은 까닭을 "사건이 너무 어이없어서였다"고 해명했다. 감정을

"통제하려다 보니" 미소를 지었다는 것이었다. 아키노는 인질 협상에 실패한 책임은 자기에게 있다면서도 희생자 유족에게 사과하는 것은 거부했다.

살아남은 인질 중 한 명인 홍콩인이 《사우스차이나모닝포스트》에 아키노의 태도가 "공감 능력 부재를 보여 줄 뿐"이라고 비난했다.

이 비난이 임기 내내 아키노 대통령을 따라다녔다.

이 무렵 나는 ANC에서 총괄 프로듀서로 승진했다. 전국으로 송출되는 ABS-CBN 뉴스룸은 전 CNN 언론인 마리아 레사의 지휘에 따라 움직였다. 나는 다큐멘터리 시리즈를 제작할 뿐, 카메라 앞에 등장할 마음은 없었다. 내 상사인 글렌다 글로리아는 잔뼈가 굵은 국방 전문 기자로, 군대처럼 철두철미하게 케이블 방송을 운영했다. 일손이 모자랐던 어느 날, 글렌다가 암파투안 일족이 재판받는 법원에서 생중계로 소식을 전할 목적으로 나를 카메라 앞에 세웠다. 그리고 ANC 생방송을 지켜보던 시청자와 마찬가지로, 글렌다도 내가 왜 그동안 카메라 뒤에 머물렀는지를 깨달았다.

"파트리시아 에방헬리스타 기자가 현장에서 소식을 전하겠습니다." 스튜디오에서 앵커가 말을 꺼냈다. "에방헬리스타 기자, 방금 법정에서 무슨 일이 있었는지 알려 주세요."

나는 법정 바닥에 붉은색과 하얀색 타일이 깔려 있고, 재판을 받는 동안 암파투안 주니어가 홍콩산 백화유 병에 코를 대고 킁킁거렸다고 설명했다. 유가족이 눈물을 흘렸다고도 말했다. 법정에 남편을 잃은 아내와 부모를 잃은 자녀들이 가득했다고 전했다. 그런데 심리 중 내려진 법적 판단은 하나도 전하지 못했다. 아무것도 기억나지 않아서였다. 피고인이 키득거린 사실은 콕 집어 지적했는데, 일반 대중에게는 중요하지 않은 사실을 무슨 이유에선지 나는 아주 중요하다고 판단했다.

그 뒤로 나는 두 번 다시 생중계에 나서지 않았다.

베니그노 아키노 대통령의 임기가 일 년이 지났을 때 마리아와 글렌다가 ABS-CBN을 떠나 또 다른 두 언론인 차이 플로렌티노 호필레냐, 베스 프론도소와 함께 뉴스 스타트업을 세웠다. 언론인이 소유하고 운영하며 온라인 독자를 겨냥하는 소셜미디어 뉴스 네트워크는 필리핀에서는 처음이었다. 마리아와 글렌다가 회사를 세웠을 때 나도 그곳으로 옮겼다. 그 스타트업이 바로 래플러였다.

우리는 총 20명으로 구성된 소규모 언론사였고, 그중 이십 대 초반인 기자 11명이 국내 뉴스를 취재했다. 구성원 대다수가 여성이었던 까닭은 여성 우대 정책 때문이 아니었다. 필리핀 언론계는 주로 여성이 주도하는 분야라, 주류 언론의 뉴스룸 대다수를 여성이 이끈다. 나는 트라우마 전문 기자라는 틈새시장을 개척했는데, 그 결정이 무엇을 의미했는지는 여러 해가 지난 뒤에야 깨달았다.

2013년 9월 9일, 모로 민족해방전선MNLF의 400명 넘는 무장반군이 민다나오섬 잠보앙가시의 해안가 바랑가이 다섯 곳을 장악한 뒤 어린이를 포함한 민간인 150명을 인간 방패로 삼는 사건이 벌어졌다. 한 목격자가 내게 하늘에서 피가 비처럼 후드득 떨어졌다고 전했다.

아키노 대통령은 물었다. "우리 군이 잠보앙가에서 숙련된 역량을 증명하지 않았던가요? 우리 군은 인질로 잡힌 197명 중 195명을 구출했고, 사망한 두 명도 구출 과정에서 발생한 집중 사격 때문이 아니라 악천후를 피하다 목숨을 잃었습니다."

엄밀히 말하면 이것은 사실이 아니었다. 민간인 사망자는 열세 명이었다. 머리에 총을 맞고 사망한 인질 중 한 명인 이탄은 두 살배기 어린아이였다. 인질로 잡혀 있는 상황에서 집중 공격이 벌어지자, 이탄의 부모가 아이를 지키려 하수구로 뛰어들었지만 허사였다. 일 년 뒤 민간인 사망자 명단에 218명이 더 추가되었다. 상당수가 폭격을 피해 대피소나 임시 거주지에 머물러야 했던 어린이였다. 이들은 폭격이 멈춘 뒤 설사와 탈수로 죽어갔다. 이 사망자 수는 21일간 이어진 대치 기간에 집중 공격으로 목숨을 잃은 사망자보다 더 많았다.

아키노 대통령이 대중매체에 물었다. "제가 어떻게 대응해야 했을까요? 남은 머리카락을 쥐어뜯으며 '이제 우리는 어떻게 해야 하지?'라고 말해야 했나요? 그게 도움이 됐을까요? 저들이 문제를 일으키면, 저는 그저 질질 짜기나 했어야 하나요? 아니면 버럭 화를 냈어야 하나요?"

언론인 입장에서 필리핀의 계절은 둘로 나뉜다. 여름철, 그리고 익사철. 익사철은 6월에 시작해 12월까지 길게 이어지고, 그 뒤로 다음 태풍이 다음 피해 지역을 강타할 때까지 지지부진한 복구 기간이 이어진다. 내가 래플러에서 근무한 시기는 운 좋게도 태풍이 필리핀을 강타한 횟수가 적은 해였다. 나는 해마다 시신 수를 세고, 생존자를 인터뷰하고, 간절하게 구호물자를 요청하는 피해자들의 영상을 찍어 보냈다. 필리핀 지리에 훤하지는 못했는데, 지역

별 사망자 수로 지리를 파악했다. 우리 집 우편 번호는 외우지 못해도, 지역별 사망자 수는 물론 연도별 사망자 수까지 외웠다.

2013년 11월 8일, 슈퍼태풍 하이옌이 7미터 넘게 치솟는 폭풍해일과 함께 비사야제도를 덮쳤다. 피해자가 1400만 명이 넘고, 공식 사망자가 6300명에, 실종자는 셀 수 없이 많았다. UN은 하이옌이 일으킨 피해의 규모를 최고 수준인 3급 비상사태로 분류했다. 당시 하이옌은 역사상 가장 강력한 풍속으로 상륙한 태풍이었다.

나무에 올라가 가까스로 목숨을 건진 타클로반 지역 생존자들이 땅에 내려와 발견한 것은 사방에 놓인 시신들이었다. 뒤뜰에서 냉장고에 기대어 있는 시신, 집안에서 옷장에 끼어 있는 시신, 욕실과 침실에 놓인 시신, 깜찍한 레인보우 브라이트 침대보에 싸인 채 공항 도로 가장자리에 놓여 있는 시신. 반은 물에 잠겨 있는 컨테이너 트럭들 안에는 그대로 운전대를 꽉 붙잡고 있는 기사들이 있었다. 사라진 형제를 찾으려는 소년이 가장 가까운 시체 더미가 어디쯤 있냐고 묻는 것이 일상이었다.

나는 어두운 길거리에서 라밀 나바로를 만났다. 갓 마흔을 지난 라밀은 햇볕에 그을린 피부에 곱슬머리가 더부룩한 잘생긴 남자였다. 오른팔에는 오래된 갱단 문신이, 왼팔에는 생긴 지 얼마 안 된 상처가 남아 있었다. 내리 17일째 입고 있는 헤진 초록색 반바지에 고무장화 차림이었다. 키가 컸고 체격이 다부졌다. 폭풍 해일이 닥쳤을 때 라밀은 그런 강인함 때문에 오히려 죽을 뻔했다. 라밀이 바닷물에 휩쓸리지 않을 만큼 강한 몇 안 되는 사람이었기 때문이다. 물에 빠진 사람들이 라밀에게 매달려 머리카락을 움켜쥐고 어깨를 붙잡고 등을 할퀴었다. 어린아이들, 십 대 청소년들, 딸을 안은 어느 엄마가 모두 라밀에게 매달렸고, 새와 거북이와 뱀들이 라밀의 가슴팍을 타고 기어올랐다.

라밀은 이들을 모두 물속으로 밀어내고 사라진 아내와 딸을 찾았다. 막 물속으로 가라앉으려던 아내를 가까스로 붙잡았다. 딸은 물이 빠지고서야 찾아냈다. 열한 살인 딸아이의 두 팔이 들풀 사이에 있는 바위를 감싸안고 있었다.

라밀에게 물었다. 유족들이 소중한 자기 가족을 익사하게 내버려뒀다고 비난하지 않느냐고.

라밀은 아니라고, 전혀 아니라고 답했다. 그를 비난할 사람조차 남아 있지 않았다. 유족 대다수도 목숨을 잃었다.

베니그노 아키노 대통령이 국민들에게 희망을 전하겠다며 타클로반시를 방문했다. 바랑가이마다 쑥대밭이 되어 있었다. 아이들을 잃은 공항 보안 책임자가 윗옷도 걸치지 않은 채 길거리를 헤맸다. 시신 운반용 가방이 동난 상태였다.

아키노 대통령은 언론에 이렇게 말했다. "아주 많은 사람이 바깥에 나와 있더군요. 왜 그렇게 밖에서 서성여야 한다고 생각하는지 묻지 않을 수 없었습니다." 아키노는 주민들에게 지방 정부가 도와줄 것이라고 말했다. "모두 집으로 돌아가면" 좋겠다고도 덧붙였다. 십중팔구 아키노는 이들에게 돌아갈 집이 없다는 현실을 이해하지 못했을 것이다.

여력이 되는 사람들이 임시 지휘센터에서 대통령을 기다렸다. 대통령이 지켜보는 가운데 공무원들이 주민들에게 깨끗한 물을 이용할 수 있으니 안심하라고 말했다. 거리에 질서가 돌아왔다고 장담했다. 이때까지 집계된 공식 사망자가 72명이라고 보고했다. 한 주민이 손을 들었다. 그는 근처에 쌓여 있는 시신이 아무리 못해도 700구라고 지적했다. 지휘센터의 부엌조차 빗물을 이용해 요리하더라고 말했다. 거리에 약탈과 폭력이 난무한다고도 꼬집었다. 현지의 한 호텔 주인을 가리키며 덧붙였다. "저 사람은 오늘 아침에 총에 맞을 뻔했습니다. 운 좋게 총알이 비껴갔지만요."

필리핀공화국의 대통령은 여기에 이렇게 답했다. "그래도 여러분은 살아 있잖아요. 안 그래요?"

아키노 대통령은 무감정한 사람이 아니었다. 궁지에 몰려 비난받을 때는 특히 더 감정에 휘둘렸다. 자신을 비판하는 사람들에게 분노를 내뿜었고, 어느 순간에는 공감을 강조하다 다음에는 그 가치를 무시하고, 당혹해하는 언론에 위키피디아가 정의한 '감정이입'의 뜻을 읽어 주기까지 했다. "나는 대통령을 연기하는 게 아닙니다. 대통령으로서 내 역할을 수행하는 겁니다."

아키노의 대통령직 수행은 해마다 실패를 거듭했다. 예컨대 미군 해병에게 살해당한 제니퍼 라우드를 왜 조문하지 않았느냐는 질문을 받자, 아키노는 조문하면 마음이 불편할 것 같아서라고 답했다. "나는 모르는 사람의 장례식장에는 웬만하면 가지 않습니다." 민다나오섬 마긴다나오주 마마사파노 반군 지역에서 작전 중 사망한 경찰 특공대 44명 중 42명의 관이 국기에 싸여 빌라모르 공군기지에 도착한 날 아침, 아키노는 임무를 수행하다 살해된 경찰관에게 경의를 표할 곳인 공항 활주로에 서 있지 않았다. 미쓰비시 필리핀이 라구나주에 세운 신규 공장을 방문해 "필리핀 국민에 대한 약속"을 지켰다고 미쓰비시를 치켜세우고 있었다.

자신의 오판으로 살해된 특공대의 유가족들을 마침내 마주했을 때, 아키노는 자신도 유족과 같은 피해자라고 언급했다. "내 아버지도 돌아가셨습니다. 여러분이 어떤 심정일지 알아요. 그러므로 우리는 같은 처지입니다."

아키노 대통령은 자기 아버지의 희생과 어머니의 고결함을 자주 입에 올렸다. 자기는 반듯한 길을, 품격 있는 길을 걷고 있으니 자기와 함께해 달라고 국민에게 요청했다. 자기는 청렴하다고, 도덕적이라고, 품격이 있다고 주장했다. 코라손 아키노를 포함해 필리핀의 전임 대통령들이 세운 기준으로 보면, 아키노 대통령이 말라카냥궁에서 보낸 6년은 성공이었다. 아키노 정부의 외교 정책은 서필리핀해*에 필리핀의 배타적 주권을 재확인했고, 파리 협정이 타결되는 데 기여했다. 국내총생산GDP이 당선 이전보다 1000억 달러 넘게 증가했다. 군과 경찰의 책임을 강화하는 제도를 마련했다. 오랫동안 설전이 이어졌던 생식보건법을 통과시켰다. 교육 예산을 두 배로 늘렸고, 초·중·고 12년 의무교육을 확립했다.** 정부 주장에 따르면 대규모 사회복지 프로그램 덕분에 700만 명이 빈곤에서 벗어났다.

하지만 나는 어쨌든 트라우마 전문 기자이므로 밑바닥에서, 오줌 냄새와 똥 냄새가 진동하는 가운데 아버지들이 익사한 딸아이가 돌아오기를 기원하는 비참한 텐트촌 안에서 말라카냥궁을 바라볼 수밖에 없다. "국민 여러분이 제 상사입니다." 취임 선서에서 아

---

* 필리핀이 필리핀제도 서쪽에 설정한 배타적 경제수역을 지칭하는 공식 용어. 중국이 자국 영해라고 주장하며 구단선을 설정한 남중국해와 겹쳐 자주 군사적 마찰이 일어난다.
** 초등 6년, 고등 4년이던 학제를 초등 6년, 중등 4년, 고등 2년으로 바꿨다.

키노가 필리핀 국민에게 한 말이다. 그들이 아직 살아있다면 분명 그럴 것이다.

　이런 상황에서 남부에 소문이 퍼졌다. 변화가 일어나고 있었다. 변화의 주인공은 로드리고 두테르테였다.

징벌자의 등장

대통령 선거에 출마한 민다나오의 자랑스러운 아들은 자신이 스페인 혼혈인 어머니 솔링과 중국계 후손인 아버지 사이에서 태어났다고 소개했다. 외할머니는 오래전부터 푸르른 라나오호수 주변에서 산 남부 마라나오족이었다고 주장했다.

"저는 민다나오로 터전을 옮긴 이주 노동자의 아들일 뿐입니다. 저는 가난한 집안에서 태어났습니다. 어머니는 한낱 교사였습니다."

가난한 집에서 태어나 가난하게 자라고 가난하게 산, 남부가 선택한 아이. 거리의 언어로 말하는 다바오 출신의 아웃사이더. 이 남자는 자기는 먹물들과는 거리가 멀다며 정적들을 가식적인 엘리트주의자라고 신나게 비난하고, 이들의 우등 졸업Latin honors과 와튼스쿨 졸업장에 코웃음을 쳤다. 혼자 힘으로 검사, 부시장, 시장,

하원의원을 거쳐 다시 시장이 된 사람이, 자수성가한 사람이 바로 여기 있다고 자신을 소개했다.

"저는 잘난 체하지 않습니다."

"저는 촌놈입니다."

"저는 평범한 필리핀 서민입니다."

"저는 서민의 정서를 압니다. 제가 서민 출신이라 서민과 말이 통합니다."

용기를 내는 만큼만 자유로운 필리핀 언론은 로드리고 두테르테의 공직 생활 동안 이런 신화를 바로잡기도 하고 강화하기도 하는 역할을 했다. 바깥 세계는 경외심, 감탄, 혐오, 경각심이 뒤섞인 시선으로 두테르테를 바라보았다.

《포린 어페어스》의 인물 소개 중

'로디'라 불렸던 어린 두테르테는 필리핀 남부 민다나오섬에 자리 잡은 다바오주의 주지사 아들이었다. 필리핀 정치 엘리트의 자녀들이 흔히 그렇듯 두테르테도 특권층 교육을 받았다. 총과 경호원에 둘러싸여 자랐고, 고향에 있을 때는 아버지의 비행기를 탔고, 예수회가 운영하는 남학교에서 지역 유지의 아들들과 어울렸다.*

― 실라 코로넬, 〈자경단 대통령〉, 2019년 8월 12일

우리 모두 두테르테의 성장사를 잘 알았다. 두테르테는 거친 아이였고, 자기가 거칠다는 것을 세상 사람 모두가 알기를 바랐다.

---

* 필리핀에서 예수회가 운영하는 사립학교는 명문 학교로 통한다.

두테르테의 전기 작가들이 적었듯이, 두테르테는 다바오 상류층 아이들이 훨씬 선호한 활기찬 댄스파티에 참석하지 않았고, 알데빈코 쇼핑센터에서 파니니를 주문하지도 않았고, 마라케시에서 밴드에 박수를 보내지도 않았다. 두테르테에게는 학교 친구들의 "건전한 즐길 거리"가 재미없었다. 그래서 어울릴 무리를 직접 고르고, 맥줏집에서 술집 여자들과 춤을 추고, 아버지의 경호 경찰들과 술을 마시고, 갱단에 들어가고, 총을 사고, 여러 과목에서 낙제하고, 사냥을 나가고, 칼에 찔리고, 강제 전학을 당하고, 퇴학당하고, 어머니에게 채찍질을 당하고, 아버지에게 꾸지람을 들었다. 두테르테의 행동은 특권층의 문제아에 가까웠다. 실제로 두테르테는 문제아였다.

두테르테는 재선 주지사인 아버지와 교사인 어머니의 5남매 중 둘째로 태어났다. 비사야제도 세부에 살던 부모는 토지가 풍부한 민다나오로 이주했다. 2차 세계대전 때 가세가 크게 기울였지만, 두테르테 가문은 막강한 권문세가들과 혈연, 결혼, 친선으로 연결되어 있었다. 집에 요리사, 운전사, 심부름꾼, 경호원들이 있었다. 어린 로드리고는 "깡마르고 작은 체구에 잘생기지는 않은" 아이였다. "제멋대로고 매력이 없는" 아이였다. "평범하고 눈에 띄지 않는 학생이었고 … 낙제를 면할 정도로만 공부했다." 아테네오 데 다바오 고등학교에 다닐 때는 여러 달 동안 수업을 빼먹어, 보다 못한 교장이 로드리고의 아버지에게 전화해 아들이 어디 있느냐고 묻기까지 했다.

아버지 비센테 두테르테가 주지사 재선에 성공한 1963년, 로드리고는 열여덟 살이었다. 스무 살인 1965년에는 아버지가 페르디난드 마르코스 대통령에게 총무부 장관으로 발탁되어 내각에 들어갔다. 그런데 1967년 국회의원 선거에 떨어진 아버지가 이듬해 심근경색으로 사망했다. 장례를 치르고자 다바오로 돌아간 로디는 관 앞에서 눈물을 흘린 뒤 마닐라로 돌아가 법대 과정을 밟았다.

로디는 자기가 용감하고 강인하고 두려움을 모른다고, 정말로 두려움이 없어 감옥과 폭력이 자기를 괴롭히지 못한다고 주장했다. "사격에 익숙"하다고 우쭐댔는데, 사격장을 자주 찾았다거나(실제로 자주 방문했다), 군에 복무했다거나(입대한 적이 없다), 필리핀의 특정 인구처럼 원거리 무기를 열렬히 수집해서가 아니었다. 로드리고 두테르테가 사격에 익숙한 까닭은 **사람**을 쏘는 데 익숙해서였다. 로드리고는 이 명사를 신중하게 사용했다.

그렇게 총에 맞은 사람 하나가 로디가 마닐라 산베다대학교 법대 4학년이었을 때 같은 사교 클럽 회원이었던 옥타비오 고코였다. 사교 클럽 이름은 '동태복수법' 즉 '눈에는 눈, 이에는 이'를 뜻하는 라틴어 렉스 탈리오니스Lex Talionis였다. 전해지는 모든 이야기가 옥타비오를 남을 괴롭히는 불량배라 말한다. 이야기 속 옥타비오는 로디의 비사야 억양을 놀려 신경을 긁고, 로디를 촌놈이라 부르고, 법조인이 되고자 마닐라로 공부하러 온 주지사 아들을 비웃을 만큼 뻔뻔한 청년이었다.

옥타비오 고코를 총으로 쐈을 때 로디는 스물일곱 살이었다. 옥타비오가 어쩌다 총에 맞았는지는 이야기가 세 갈래로 갈린다. 첫 번째는 젊은 로디가 주변의 조언에도 진실을 밝히지 않았다고 보는 것으로, 옥타비오와 로디가 학교 복도에서 총을 가지고 장난을 쳤는데 어느 순간 서로 밀치고 떠밀다 총알이 발사되었다는 이야기다. 따라서 충격은 우발적인 사고였고, 두 사람은 아무런 조사도 받지 않았다.

두 번째는 옥타비오의 괴롭힘에 화가 난 로디가 권총으로 겨루자고 도전했다는 이야기다. 옥타비오는 수제 리볼버를, 로디는 25구경 권총을 들고나왔다. 그런데 옥타비오의 권총이 불발했다. 따라서 이때 충격은 결투였다.

세 번째는 옥타비오의 조롱에 질린 로디가 더는 참지 않겠다고 마음먹었다는 이야기다. 로디는 가만히 때를 기다렸다. 어느 날 복도에서 옥타비오가 시비를 걸었다. 로디는 이번에 건드리면 쏴 버리겠다고 고함쳤다. 옥타비오가 로디의 코에 주먹을 날렸다. 개새끼. 로디가 빵, 총을 쐈다. 옥타비오가 바닥에 쓰러졌다. 로디는 뒤쫓아오는 경찰을 피해 배를 타고 다바오로 도망쳤다. 따라서 이 충격은 로디가 방아쇠를 당긴 공격이었다.

세 이야기 모두 결말은 같았다. 옥타비오 고코는 목숨을 건졌다. 로디의 렉스 탈리오니스 회원들이 똘똘 뭉쳐 로디를 변호했다. 학과장은 로디를 퇴학시키려 했지만, 대학은 장래가 유망한 법조인의 앞날을 가로막는다면 유감스러운 일이 될 것이라고 판단했다. 고발도 없었다. 다만 로디는 졸업생 행진에서 배제되었다. 어머니에게는 졸업식이 연기되었다고 둘러댔다. 1973년에 변호사 시험을 통과했고, 그동안 고생한 보답으로 파란색 폭스바겐 비틀을 선물 받았다.

여러 버전 중에 현재 살아남은 이야기는 로디가 자기 입맛대로 골라 여러 번 말한 것이다.

"산베다를 졸업할 즈음에 제가 사람을 하나 쐈습니다. 그 녀석을 기다렸어요. 그리고 말했습니다. 본때를 보여 주마. … 빵!"

로드리고 로아 두테르테의 전기에서

솔링 두테르테는 로디가 요즘은 검사라고 부르는 검찰관이 되고 싶어 한다는 것을 알았다. 1976년 어느 날 국민당에서 남편과 가까웠던 엘리아스 로페스를 찾아가 검찰청에 아들의 자리를 마련해 줄 수 없느냐고 부탁했다. … 로페스는 자기가 손을 쓸 수 있는지 알아보겠다고 답했다. … 솔링이 방문하고 며칠 뒤 아우구스트 테소로가 로페스와 골프를 친 뒤 아침을 먹으며 같은 이야기를 꺼냈다. "리아스, 티링 두테르테의 아들이 딱하게 됐더군. 아그다오에서 공증이나 받고 있더라니까. … 검찰청에 자리 하나만 마련해 주게."

한 달 뒤 법무부 장관 비센테 아바드 산토스가 다바오를 방문했다. 면담 중 로페스가 로디가 검사가 되고 싶어 한다는 이야기를 꺼냈다. … 그리고 산토스 장관에게 다바오시 검찰청에 군·경 문제 전담 검사직을 만들 것을 제안하는 서류를 건넸다. … 얼마 뒤 로페스가 마닐라를 방문했을 때 로페스와 아바드 산토스가 마르코스에게 이 안건을 설명했고, 마르코스가 서명했다. 뒤이어 산토스 법무장관이 로드리고 두테르테 변호사를 신설된 자리에 지명하는 서류에 서명했다.

— 얼 파레뇨,《의지와 권력 너머》, 라푸라푸시: 옵티마 타이포그래픽스, 2019.

1983년 니노이 아키노가 암살된 직후 필리핀 전역에서 기도 집회와 거리 시위가 급격히 늘었다. 민다나오섬의 중심지 다바오시에서도 노란 옷을 입은 한 여성이 매주 대규모 시위를 이끌었다.

바로 솔레다드 두테르테였다. 지지자들은 솔레다드를 솔링이라 불렀다. 솔링이 이끈 '노란 금요일 운동'은 마르코스 독재 정권이 저물던 시절 일어난 여러 퇴진 요구 단체 중 하나였다.

1986년 페르디난드 마르코스가 망명하기 전날 밤, 다바오 시내에 군중들이 모여 독재자의 몰락에 환호했다. 이날 로드리고 두테르테도 잠든 아들과 딸을 깨워 함께 시내로 나갔다. "오늘 밤을 기억해라. 절대 잊지 말아야 해."

코라손 아키노 정부는 정부 기관을 계엄령 이전으로 복원하는 작업에 착수했다. 그중 하나가 물러난 지방 정부 관료들의 빈자리를 채울 임시 행정관을 지명하는 것이었다. 새로 임명된 관료의 명칭은 담당관이었다. 이들의 임기는 1988년 새로 선거가 열리기 전까지만이었다. 아키노 정부는 솔링 두테르테가 시위에서 보여 준 리더십을 높이 사 다바오시 부시장 담당관 자리를 제안했다. 이때 솔링은 일흔 살이었다.

당시 내무부 장관에 따르면 "마지막 순간 나나이 솔링*이 그 자리를 거절하더니 자기 아들이 어떻겠냐고 추천했다."

아키노 대통령이 담당관 교체를 승인했다. 이로써 마흔한 살이던 다바오시 검사보 로드리고 로아 두테르테가 다바오시 부시장에 임명되었다. 솔링 두테르테의 아들은 에드사 신화의 빛나는 노란 길에, 두테르테의 주장에 따르면 "진실과 정의"의 편에 확실하게 발을 들여놓았다. 이어 1988년 선거에서 한때 누아르 만화의 음산한 장면에 어울렸던 다바오시의 시장에 당선되는 두테르테는 그 뒤로 총 22년 동안 시장으로 재임한다.

---

* 솔링의 애칭. 어머니 솔링이라는 뜻이다.

징벌자의 등장

2009년 두테르테는 "나는 운명이 선택한 사람입니다. 시장이 되고 싶었던 적은 없었어요. 신을 믿는다면, 운명을 믿어야 합니다"라고 말한다. 적어도 당시 두테르테가 말한 이 운명이란 독재자에 맞서 국민 곁에서 막을 내리는 삶이었다. "나는 국민과 함께했습니다."

그렇게 성자는 다른 성자의 아들에게 세례를 베풀었다. 그리하여 장차 징벌자가 될 사람이 태어났다.

커런트 월드 어페어 연구소 The Institute of Current World **소식지에서**
1986년까지 다바오시는 신인민군NPA이 새로운 대도시 함락 작전의 전략을 실험하는 곳 같았다. 사람들은 혁명정부가 통치한 대규모 빈민가인 아그다오를 중앙아메리카 니카라과의 이름을 따 니카라그다오라 불렀다. 필리핀공산당의 위세가 절정에 이르렀을 때는 '참새'라 불린 NPA 대원들이 경찰관들을 제거하고도 아무런 처벌도 받지 않았다. 범인이 NPA든 우익 세력이든 범죄자든, 하루 평균 두세 건씩 살인이 벌어졌다. 경찰 기록에 따르면 1986년 NPA와 교전 중 사망하거나 제거된 정부 및 경찰 관료가 40명이 넘었다.
— 에릭 기요, "알사 마사Alsa Masa, 자유의 투사인가 암살단인가", 1988년 8월 6일

1989년 한 오스트레일리아 신문이 다바오를 가리켜 "빈곤, 폭력, 원한에 찬 복수, 자포자기형 범죄로 시름하는 도시 빈민가가 사방팔방으로 뻗어나간 곳"이라 묘사했다. 다바오는 "살인의 도시" "범죄의 수도" 필리핀공산당 신인민군의 거점이었다. 앞서 1987년에는 《시드니 모닝 헤럴드》가 "다바오시는 필리핀 하면 떠오르는

모든 문제를 집약해 보여 준다. 높은 출산율, 토지 부족, 부재 소유자, 매춘, 불법 도박, 부패한 군과 경찰. 그리고 복수에 눈이 먼 마르크스주의 때문에 파렴치한 폭력행위 성향을 딱히 숨기지 않는 NPA도"라고 적었다.

다바오시에서도 아그다오만큼 공산당의 영향력이 두드러진 곳은 없었던 것 같다.《크리스천 사이언스 모니터》에 따르면 아그다오는 "정부가 아니라 공산당이 세금을 올리는" 곳이었다. 이곳에서 베이비 아키노라는 악명 높은 지역 정치인이 공산당에게서 자신을 보호하고자 준군사 단체를 조직했다. 계획은 베이비 아키노가 비참하게 살해되면서 실패로 돌아갔다. 전해지는 이야기에 따르면 베이비 아키노가 살아 있을 때 부하 3명이 공산당원으로 의심되는 사람을 사살한 뒤 총을 들어 올리고 "**마그-알사 나 타**Mag-alsa na ta!"라고 외쳤다 한다.

마그-알사 나 타. 들고일어나자는 뜻이었다.

이 단체의 이름이 바로 '알사 마사'로, 뜻은 '민중이여 일어나라'였다. 알사 마사를 설립한 사람이 누구인지는 의견이 갈린다. 한쪽에서는 아그다오 토박이이자 신인민군 게릴라였던 보이폰사 카가이를 지목하고, 다른 쪽에서는 필리핀 치안대Philippine Constabulary* 수도사령부Metrocom 프랑코 칼리다 중령을 지목한다. 확실한 것은 알사 마사가 언제부턴가 수도사령부 산하에서 활동하기 시작했고, 시민방위군CHDF 소속으로 인식되었다는 것이다. 1987년 칼리다 중령은 이렇게 못 박았다. "민주정과 공산주의의 싸

---

* 1991년 국가경찰청으로 통합되었다.

징벌자의 등장

움에서 중립으로 남을 길은 없다. 알사 마사에 합류하기를 꺼리는 사람은 누구든 공산당원이다."

카가이는 공산당원으로 의심되는 인물들의 명단을 작성했다. 그리고 이들에게 경찰에 투항하라고 다그쳤다. 누구든 카가이의 판단만으로도 알사 마사의 표적이 되었다. 투항을 거부하는 사람들은 다바오의 적으로 간주했다.

다큐멘터리 감독이 알사 마사가 어떻게 혐의자들을 설득해 자수하게 했느냐고 묻자, 카가이는 그들의 부모에게 말을 전했다고 답했다. "부모들에게 자식들이 자수해야 한다고 말하는 거죠. 지금 자수하지 않으면 내일쯤은 죽은 목숨일 거라고."

알사 마사는 "검문소, 무장 순찰, 세금 징수, 선전 활동, 강제 징집, 약식 처형처럼 적인 공산당을 일부러 모방한 시스템"을 운영했다. 알사 마사가 맹위를 떨쳤을 때는 다바오시에서만도 조직원 수가 9000명이 넘었을 것으로 추산된다. 그중 3000명은 투항한 신인민군 출신으로, 일부는 암살대원이었다.

인권 단체 국제앰네스티는 알사 마사 조직원들이 "현지 군 지휘관의 인지나 묵인 아래" 중대한 인권 침해를 저질렀다는 "강력한 증거"가 있다고 언급했다. 1987년 미국-필리핀 합동 진상조사단이 살인, 학대, 강제 징집, 칼리다의 직접 협박을 포함한 침해 사례를 열거했다. 뉴욕을 기반으로 활동하는 인권변호사위원회Lawyers' Committee for Human Rights는 알사 마사가 "반군 용의자 제거를 포함한 불법 활동으로 악명이 높다"고 지적했다.

코라손 아키노 대통령은 필리핀 육군사관학교 졸업식에서 이렇게 말했다. "평화 정책을 논할 때 말했듯이, 우리가 염려한 대로 평화 정책이 실패한다면 … 전쟁이라는 칼을 꺼내 들어야 합니다. 좌파와 우파의 테러 행위에 맞설 대응책은 사회 개혁과 경제 개혁이 아니라 경찰 치안과 군사 행동입니다."

필리핀공산당의 반란은 미국이 개입하기로 한 몇몇 "저강도 전쟁" 중 하나였다. 알사 마사가 필리핀 최초이자 가장 악명 높은 자경단일지는 몰라도, 유일한 자경단은 아니었다. 코리 아키노의 임기가 일 년 반이 지난 1987년 말 필리핀에서 활동한 자경단이 적어도 200개로 추산된다. 다바오에서 활동하는 또 다른 자경단 태드태드Tadtad도 그중 하나였다. 뜻이 '댕강-댕강'인 태드태드의 조직원들은 피범벅인 볼로*를 들고 우쭐댔는데, 한 번은 어느 공산 게릴라의 머리를 들고 있었다.

코라손 C. 아키노 대통령 연설 중

알사 마사가 태어난 이곳 다바오시에서 여러분과 함께하게 되어 무척 기쁩니다. … 여러분은 공산당원들을 진압하는 데 성공했습니다. 우리는 반공 투쟁에 모범을 보여 주신 여러분을 존경합니다.

— 다바오시 아그다오, 1987년 10월

미국 국무부 장관 조지 슐츠의 발언 중

필리핀 시민 단체들에 관한 한, 내가 이해하기로 이들은 공권력의 틀 안에서 조직되고 있습니다. 이들은 제멋대로 행동하는 부류의 자경단이 아닙니다. 게다가 아키노 대통령은 지금껏 이 접근 방식을 지지했

---

* 필리핀에서 사용하는 대형 칼이다.

고, 우리는 아키노 대통령이 필리핀에서 옹호하는 바를 지지합니다.

― 조지 슐츠, 미국 국무부 장관, 1987년

《뉴욕타임스》기사 중

이 격렬한 국가에 새로운 형태의 무장 테러가 뿌리내렸다는 두려움이 커지는 와중에도, 코라손 C. 아키노 대통령과 피델 V. 라모스 참모총장을 포함한 많은 군 지도자와 정부 지도자들이 반공 자경단이라는 개념을 지지했다.

― 세스 마이단스, 〈필리핀에 퍼지는 우익 자경단〉, 1987년 4월 4일

그리고 이 기적이 끝난 뒤 암살단들도 노란 옷을 입었다.

담당관 부시장으로 임명되고 2년 뒤인 1988년, 로드리고 두테르테가 다바오시 시장 선거에 출마했다. 그리고 승리했다. 1988년 8월 발행된 커런트 월드 어페어 연구소의 소식지에 새로 시장이 된 두테르테의 인터뷰 기사가 실렸다. 두테르테는 알사 마사가 몇 가지 무력 남용을 저질렀지만 "그것은 별개의 우발적 사건들"이었다고 주장했다. 알사 마사가 계속 세력을 유지하도록 장려하고 소속 전투원들에게 보조금을 지급할 필요가 있다고까지 강조했다. "정부 지원이 없으면 알사 마사는 붕괴할 겁니다."

1980년대 말 다바오에서 공산당 세력이 차츰 수그러들었다. 시가 정확히 어떻게 공산당의 통제에서 벗어났는지는 여러 설이 있지만―공산당 내부에서 벌어진 잔혹한 숙청도 한몫했다―알사 마사는 마침내 해체되었다. 하지만 이들이 사용한 방법은 그대로 남았다.

두테르테 시장의 두 번째 임기 중 어느 시점부터 좀도둑, 범죄자, 마약 사용 용의자들이 살해되는 사건이 급증했다. 사람들은 이들의 피살 방식에서 알사 마사의 처형 수법을 떠올렸다.

어느 암살단 단장의 진술서 중

초기에는 마약 중독자, 마약상, 날치기, 노상강도 같은 범죄자들을 표적으로 선정해 죽였습니다. 하지만 나중에는 두테르테 시장의 지시에 따라 시장과 원한 관계이거나 정적인 사람을 따라가 죽였습니다. 그렇게 우리는 범죄자뿐 아니라 무고한 사람들까지 죽이는 청부 살인자가 되었습니다.

— 전직 경찰 겸 자칭 암살단 단장, 마카티시, 2017년 2월 19일

이 신규 암살단이 어떻게 단체명을 정했는지를 알려 주는 이야기가 있다. 암살 대상은 유명한 마약상이었다. 은퇴 경찰인 암살단 단장은 아그다오에서 투항한 신인민군을 지원 병력으로 끌어들였다. 살인을 신인민군에 뒤집어씌울 증거를 심어야 했기 때문이다. 암살단은 신인민군 지휘관이 서명한 것처럼 보이는 메모를 준비했다. "사회의 쓰레기 같은 인간은 되지 말자."

암살단 단원 하나가 이의를 제기했다. 신인민군이 부인할 텐데, 그러면 위험이 따를 수 있다는 이유에서였다. 신인민군과 진지하게 협상 중인 시장이 화를 낼지도 모를 일이었다. 누구도 시장의 화를 돋우고 싶지는 않았다. 그래서 기존 메모를 버리고 새 메모를 작성했다. 암살단 명칭을 정한 이는 암살단 단장과 투항군 수장이었다.

암살단은 표적의 집을 에워쌌다. 총알이 쉭쉭 날아갔다. 대응

사격은 없었다. 총은 한 자루도 회수되지 않았다. 압수할 마약도 없었다. 이들이 유일하게 발견한 것은 죽은 가정부뿐이었다. 암살단은 그래도 메모를 남겼다.

거기에 적힌 것은 'Davao Death Squad' 즉 다바오 암살단이었다.

다바오시 경찰청장은 다바오 암살단이 "대부분 신인민군 유격대 출신이고 일부는 경찰 출신"이라고 설명했다. 국제 인권 단체 휴먼라이츠워치Human Rights Watch에 따르면 암살단에 목숨을 잃은 희생자 대다수가 마약 판매 혐의자, 경범죄자, 부랑아, 그리고 암살 표적의 가족과 친구들이었다. 언론인 실라 코로넬은 "군부의 내란 진압 활동뿐 아니라 공산 유격대의 전투 방식과 관행에서 빌려온 교전 기술이 독재 정권 동안 완성되었고, 민주정에서도 똑같이 효력을 발휘했다"고 적었다.

표적은 한둘이 아니었다. 다바오의 신문사 한 곳이 내보낸 보도만 살펴봐도, 2005년 1~3월에 자경단이 저지른 살인이 적어도 84건이었다. 위키리크스에 따르면 그해 마닐라 주재 미국 공관이 한 기밀 서류에서 다바오 암살단을 가리켜 "다바오시 시장 로드리고 두테르테와 연관된 자경단"이라고 설명했다.

2007년 UN 비사법·약식·임의 처형 특별 조사위원 필립 올스턴이 다바오 암살단이 최대 500명을 살해했다고 보고했다. 암살단은 먼저 경고를 보낸 뒤 "눈 하나 깜짝하지 않고 공개적으로 살인을 저질렀다."

올스턴은 두테르테가 "자기 임기 중 발생한 살인 사건 수백 건이 여전히 미해결로 남은 것은 '전적으로 자기 책임'이라고 거듭 인정하면서도 … 암살단의 존재는 태연자약하게 부인하려 했다"

고 적었다. 올스턴에 따르면 두테르테는 범죄자들에게 엄포를 놓은 것이 "민간 소비를 도우려는 뜻이었고, 경찰의 행동에는 아무런 영향을 미치지 못했을 것"이라고 우겼다.

다바오시 두테르테 시장의 발언 중

살해된 자들이 나쁜 인간이라면, 저는 우리 다바오를 필리핀의 살인 수도라 불러도 상관하지 않습니다. 제가 취임 첫날부터 경고했습니다. 다바오가 앞으로 범죄자들에게 아주, 아주 위험한 곳이 될 것이라고요. 범죄자들이 언제라도 죽을 수 있는 곳이라고요. 그런 말이 누군가에게 신호가 된다면 좋은 일입니다.

— 앨런 시프레스가 인용한 로드리고 두테르테, 〈필리핀 도시의 치안에는 어두운 면이 있다〉, 《워싱턴포스트》, 2003년 11월 27일

UN 인권위원회에 제출한 보고서 중

이 살육이 공식 허가를 받은 성격이 있다고 아주 강력하게 뒷받침하는 사실이 하나 있다. 관련자 누구도 얼굴을 가리지 않는다는 것이다. 정체를 숨기지 않은 남자들이 현관에 나타나 표적의 어머니들에게 자녀가 순순히 다바오를 떠나지 않으면 다음에는 죽여 버리겠다고 협박한다. 길거리에서 아이들을 총으로 쏘거나, 요즘 더 흔하게는 칼을 휘두르는 사람들이 좀체 얼굴을 가리지 않는다.

— 필립 올스턴, 비사법·약식·임의 처형 특별 조사위원, 2008년 4월

클라리타 알리아와 나눈 인터뷰 중

크리스토퍼가 칼에 찔렸다는 소식을 들었을 때 깜짝 놀라 어안이 벙

병하더라고요. 그자들이 내 아이들을 하나씩 죽이기 시작했다는 생각이 들었고요. 살인이 일어났다는 시장에 갔더니 크리스토퍼를 제 형 아놀드가 붙잡고 있는 모습이 보이데요. 아마 표적은 아놀드였을 거에요. 아놀드가 맏이니까. 시장에 있던 사람들에게 들어 보니, 그날 아침 남자 두 명이 아놀드의 뒤를 밟았는데 아놀드를 놓친 것 같자 크리스토퍼를 표적으로 삼았대요. 가슴에 치명상을 입었고 팔에도 군데군데 작은 상처가 있었던 것으로 보아 크리스토퍼가 어떻게든 칼을 막으려 했던 것 같아요.

경찰이 현장에 도착했는데 목격자를 찾을 생각은 안 하고 오히려 나한테 묻기만 하데요. "무슨 일입니까? 누가 아들을 죽였나요?" 여기에 내가 이성을 잃고 계속 따졌어요. "그걸 왜 나한테 물어? 경찰은 당신들이잖아. 여기 있는 목격자들한테 물어봐!"

— 휴먼라이츠워치, 〈언제든 죽을 수 있다: 민다나오에서 일어난 암살단의 살육〉, 2009년 4월 6일

클라리타는 다바오 암살단의 손에 아들 넷을 잃었다. 가장 먼저 목숨을 잃은 아들은 리처드였다. 리처드가 한잔하러 술집에 들렀을 때였다. TV에서 두테르테 시장의 발언을 들었던 클라리타는 리처드에게 갱단과 거리를 두라고 타일렀다. 두테르테는 다바오시의 부모들에게 범죄에 연루된 아들딸이 있다면 다바오를 떠나게 하라고, 그러지 않으면 자녀들을 죽이겠다고 으름장을 놨었다.

클라리타가 살해 현장으로 달려갔을 때 리처드는 이미 죽어 있었다. 리처드는 열여덟 살이었다. 다음은 석 달 뒤 재래시장에서 살해된 크리스토퍼였다. 크리스토퍼는 열일곱 살이었다.

다시 석 달 뒤에는 바비 차례였다. 휴대전화 절도 혐의로 경찰에 체포된 바비는 경찰에게 고문받았다고 주장한 뒤 풀려났다. 그리고 암살단이 등 뒤에서 휘두른 정육용 칼에 찔려 죽었다. 바비는 열네 살이었다.

마지막은 클라리타가 다바오에서 멀리 떨어진 학교로 피신시킨 막내아들 페르난도였다. 페르난도는 삼 년 동안 다바오를 떠나 있다가 고향으로 돌아왔다. 페르난도를 발견한 암살단이 다음은 네 차례라고 협박했다. 경찰이 페르난도를 본드 흡입 혐의로 체포하더니 풀어줬다. 그리고 첫 번째 살해 시도가 있었다. 페르난도는 위기를 무사히 넘겼다. 하지만 두 번째 살해 시도는 그렇지 못했다. 페르난도는 끝내 다리 위에서 칼에 찔렸다. 간신히 병원으로 이송된 페르난도를 의사들이 어떻게든 살리려 했지만, 몇 시간을 넘기지 못하고 사망 선고를 내렸다. 사망 당시 페르난도는 열다섯 살이었다.

로드리고 두테르테 다바오 시장의 인터뷰 중

다바오 암살단은 존재하지 않습니다. 신인민군 시절 정부 주도로 여러 암살단이 조직되었어요. 계엄령 뒤, 그리고 코리가 민주정을 복원한 뒤에도 계속 활동했고요. 지금은 암살단이 정말이지 살인자의 정체는 물론이고 피해자의 정체가 밝혀지지 않은 모든 살인에 갖다 붙이는 클리셰가 되었습니다. 실은 가장 손쉬운 핑곗거리가 다바오 암살단이어서일 겁니다.

— 로드리고 두테르테, 《에스콰이어 필리핀》, 2015년 3월

2009년 필리핀의 정부 인권 기관인 국가인권위원회CHR가 다바오시에서 벌어진 것으로 보이는 약식 처형을 공개 조사하겠다고 발표했다. 국가인권위원회는 계엄령 시절 벌어진 잔혹 행위를 계기로 인권 침해를 조사하고자 설립된 독립기구로, 위원장은 선거 전문 변호사였던 레일라 데 리마였다.

"우리는 사람을 죽이는 것이 법적으로도 도덕적으로도 잘못이라는 것을 사람들이 깨닫게 하고 싶습니다. 피해자들의 행위가 설령 범죄 요소라 해도 살해 행위는 잘못된 것입니다. 도덕적으로도 법적으로도 완전한 잘못입니다. 더구나 피해자 상당수가 미성년자입니다."

선거 전문 변호사였던 데 리마는 당시 대통령 글로리아 마카파갈 아로요의 지명으로 인권위원장직에 올랐고, 몇 년 뒤에는 상원 의원에 당선되었다. 인권위원장을 지낸 2년 동안 데 리마는 무엇보다 공산당 활동가들의 강제 실종과 살해를 조사하는 데 집중했다.

2009년 3월 30일 다바오시 로열만다야호텔에서 다바오 암살단에 대한 공개 청문회가 열렸다. 데 리마가 부른 첫 책임자는 다바오시 시장 로드리고 두테르테였다.

"다바오 사람들은 알듯이 저는 1988년 시장이 되었을 때 아주 충격적인 성명을, 다바오시를 범죄자에게 가장 위험한 곳으로 만들겠다는 성명을 발표했습니다. 이것이 제가 시장으로서 해야 할 일입니다. 저는 이 공동체에 희망을 불어넣고, 생명을 보호하고, 평화와 질서를 유지할 책임이 있습니다."

두테르테는 미성년자들이 "폭동과 보복" 때문에 사망했다고 주장했다. 특히 마약 밀거래와 테러리즘이라는 심각한 위협에 맞서 평화와 질서를 유지하는 것이 다바오시의 최우선 과제라고 강조했다. "제가 사소한 범죄에까지 관여하지는 않습니다." 두테르테는 다바오시에서 일어난 살인에 어떤 단체의 책임이 있을 가능성을 부인했다. 그러기는커녕 만에 하나 어떤 공무원이 살인에 연루되었다면 "그들이 독단적으로 저지른 일"이라고 주장했다.

두테르테는 정당한 법 절차가 지켜지고 있다고 강조했다. 자기 부하들은 정당방위일 때만 총을 쏜다고 주장했다. 암살단의 존재를 부인했다. "아니요, 위원장님. 암살단은 하나도 없습니다." 다바오시에 "이유가 드러나지 않은 미해결" 살인 사건들이 있다고는 인정하면서도 "어떤 남성, 어떤 사람, 또는 소년범의 손발이 묶였다는 의미에서 약식 처형을 말하신다면, 약식 처형은 한 건도 없습니다. 제가 본 적이 없으니까요"라고 반박했다.

"자경단 방식의 살해가 있다는 것은 인정하시는군요?" 데 리마가 물었다.

"왜 그런 일이 있는지는 모르겠습니다. 말씀드렸듯이 제가 현장에 없었고, 만약 제가 말한다면 저의 지레짐작일 뿐이라는 예단만 생길 테니까요."

"시장님은 자경단을 어떻게 생각하시나요?"

"법의 테두리를 벗어나 있죠. 따져 볼 것도 없습니다."

"범인일 가능성이 있는 사람은 누구일까요?"

"이름은 정말 모르겠습니다. 보복일 수도 있죠."

두테르테 시장은 인권위원회 다바오 지부장 알베르토 시파코 주니어에게 살해 사건들을 조사해 달라 부탁했다고 주장했다. 시파코는 두테르테와 마찬가지로 사교 클럽 렉스 탈리오니스 회원이었다. 1974년 아테네오 데 다바오대학교에 '보복의 법칙'이라는 뜻의 렉스 탈리오니스 지부를 만든 사람 중 하나가 시파코였는데, 공동 설립자가 바로 로드리고 두테르테였다.

주필리핀 미국 대사 크리스티 케니가 작성한 외교 전문 유출본 중

필리핀 인권위원회 다바오 지부장 알베르토 시파코(철저히 보호해야 함)가 두테르테 시장이 이 살해 사건들을 알뿐더러 허용한다고 비공개 회담에서 밝혔다. 시파코는 가까운 친구이자 같은 사교 클럽 회원이던 두테르테와 나눴던 대화를 언급하며, 두테르테에게 제발 자경단 방식의 살해를 멈추고 범죄자 재활 프로그램 같은 다른 범죄 예방책들을 지원하라고 간청했다고 전했다. 시파코에 따르면 두테르테의 답은 "나는 아직 끝을 보지 못했어"였다. 시파코가 이런 살해가 불법이고 사회에 해롭다는 논리로 거듭 설득하려 했지만, 두테르테는 이 문제를 입에 올리지 않으려 했다고 한다.

시파코는 이 살해 사건들에 무력감을 드러냈을뿐더러 자신의 안전도 걱정했지만, 인권위원회가 다바오에서 맡은 임무를 아주 중대하게 여기고 있다고도 밝혔다. 공개 청문회에 시선이 쏠리는 동안, 인권위원회는 목격자를 찾아낸 뒤 눈에 띄지 않는 민간 차량으로 이동시켜 안전한 비공개 장소에서 증언을 수집하고 증인으로 나서달라고 요청했다. 시파코에 따르면 이런 강력한 안전대책이 있어야 협박과 입막음을 동원해 증인 출석을 막으려 할 경찰에게서 목격자들을 보호할 수 있다.

— 크리스티 케니 대사, 국무부 장관에게 보내는 비밀 외교 전문,
위키리크스, 2009년 5월 8일

증인 '호세'의 증언 녹취록 중

질문: 얼마나 많은 피해자가 증인 눈앞에서 약식 처형으로 살해되었고, 증인과 범죄단속반 동료들에 의해 관내 땅에 매장되었습니까?

답변: 남자 열세 명입니다, 위원장님. 모두 손발이 묶이고 눈이 가려진 채 살해되었습니다.

— 증인 '호세 바실리오'(가명)의 증언 녹취록, 마닐라, 2009년 6월

호세는 한 사무소에서 일했다. 그 사무소를 운영한 남자가 명단을 나눠 주었다. 사무소가 제대로 실력을 발휘할 때는 명단에 오른 사람들이 모두 죽은 목숨이었다.

호세가 증언한 바에 따르면 사무소 직원 대다수는 경찰이었다. 그도 그럴 것이 사무소가 다바오시 경찰청 소속이었다. 호세는 경찰이 아니었다. 정부에 투항한 신인민군 대원 출신이었다. 자신이 맡을 임무는 다바오시의 평화와 질서 유지라고 지시받았다. 호세는 총과 정기 수당을 받았고, 지시를 수행할 때마다 보너스를 받았다. 어떤 동료들은 오토바이를, 어떤 동료들은 차량을 받았다. 경찰 한 명은 한때 로드리고 두테르테 시장의 것이었던 이스즈 푸에고*를 몰았다.

서류상 호세는 경찰청 범죄단속반의 민간인 보조 대원이었다. 실제로 호세가 맡은 일은 시신 암매장이었다. 이따금 살인을 도우라는 요청을 받았지만, 칼은 절대 들지 않았다. 주로 표적이 움직이지 못하게 제압하는 역할을 했다.

---

* 이스즈 픽업트럭 패스터의 필리핀 출시 모델명.

이것이 바로 호바니에게 일어난 일이었다. 호바니는 도둑으로 지목되어 명단에 올랐다. 호세에 따르면 호세와 동료 여덟 명이 시장에서 호바니를 납치해 은퇴 경찰인 비엔베니도 라우드의 채석장으로 데려갔다. 이들은 포장용 비닐 테이프로 호바니의 눈을 가렸다. 두 팔을 등 뒤로 묶은 뒤 두 발도 묶었다. 경찰 한 명이 호바니의 목과 어깨 사이를 칼로 찔렀는데, 호바니가 숨을 헐떡였다. 그러자 다른 경찰이 칼을 받아 호바니의 가슴팍을 연신 찔러댔다. 마침내 호바니의 숨이 끊기자, 누군가가 호세에게 시신을 들고 가라고 지시했다.

살인이 모두 라우드의 채석장에서만 일어난 것은 아니다. 때로는 단속반이 집으로 찾아가 동료 경찰들을 살해했다. 때로는 부수적 피해가 일어나기도 했다. 비밀을 유지하는 것이 중요했는데, 이는 목격자도 살해해야 한다는 뜻이었다. 호세가 매장한 피해자는 호바니만이 아니었다. 호세는 총 열세 명을 매장했고, 이들이 숨을 거두는 모습을 모두 지켜보았다. 호세는 이들이 살아 있는 마지막 모습을 본 사람 중 하나였고, 이들이 죽은 모습을 마지막으로 본 사람이었다. 그래서 이들의 이름을 모두 기억했다. 처음 묻은 사람은 호바니였다. 그다음은 알렉스와 돈돈으로, 둘 다 절도 용의자였다. 마약 판매 용의자인 토니, 보봉, 토토, 페펑, 알빈, 그리고 경찰이 갱단 두목으로 지목한 십 대 소년 제이도 있었다. 하론 루폰, 다투 알라, 알리무딘 줄키플리, 타이브는 폭파와 테러 용의자였는데, 이들에 대해서는 호세도 잘 몰랐다.

경찰은 호세에게 입을 다물라 했고, 호세도 그러려고 노력했다. 하지만 살인에 연루된 뒤로 숱하게 밤잠을 설쳤다. 누군가가 자기 입까지 막을지 모른다는 두려움에도 시달렸다.

휴먼라이츠워치 보고서 중

다바오 암살단 단원 대다수는 크게 두 부류로 나뉜다. 몇몇 내부자에 따르면, 2000년대 초반에 모집한 연장자들은 주로 정부에 투항한 신인민군 '참새 부대' 출신이거나 전직 군인, 경찰이었다. … 신규 단원은 대다수가 일자리도 살 집도 없는 젊은 남성과 청소년들이었다. 전과자가 적잖았고, 한때 "명단에 올랐던" 단원들도 있었다. 그러므로 이들은 다바오 암살단의 예비 피해자가 되느냐, 아니면 다바오 암살단에 합류하느냐 둘 중 하나를 택해야 했다.

— 휴먼라이츠워치, 〈언제든 죽을 수 있다: 민다나오에서 일어난 암살단의 살육〉, 2009년 4월 6일

증인 '라몬'의 선서 진술서

제가 표적 옆에 앉았습니다. 동료들이 담배를 피우는 척하며 우리를 에워쌌습니다. 별안간 동료 둘, 특히 쿨롯이 다가와 표적을 찔렀습니다. 쿨롯이 앞에서 찌르는 사이, 다른 한 명이 등 뒤에서 찔렀습니다. 표적은 칼에 찔리는 동안 비명처럼 "엄마"를 외쳤습니다. 우리는 아무 일도 없었다는 듯 현장을 떴습니다. 동료들은 오토바이를, 저는 지프니를 타고요. 가게 주인, 그리고 거기 있던 남녀 한 쌍이 현장을 목격했던 것을 기억합니다.

— 증인 '라몬'(가명)의 선서 진술서, 다바오시, 2009년 7월 4일

라몬은 돈을 받고 정보원 노릇을 했다. 임무는 표적 감시였다. 라몬이 정보를 보고하는 사무소는 아그다오에 있는 다른 부속 단속단이었다. 감시해야 할 표적 명단이 매월 바뀌었다. 표적 대다수

가 마약 중독자와 절도범이었다.

라몬은 정보 한 건을 전달할 때마다 약 10달러에 해당하는 500페소를 받았다. 딱 한 번 돈을 더 많이 받은 적이 있는데, 말론이라는 도둑의 이름이 명단에 들어 있을 때였다.

말론은 라몬의 친구였다. 평소보다 두 배 많은 1000페소에, 라몬은 말론이 숨어 있는 집의 위치를 대원들에게 흘렸다.

말론은 창으로 뛰어내리려다 총에 맞았다. 라몬은 "슬픈" 일이었다고 진술했다.

다바오시 시장의 발언 중에서

누군가가 내 도시에서 불법 활동을 하고 있다면, 범죄를 저질렀다면, 무고한 시민들을 노리는 범죄 조직의 일원이라면, 내가 시장으로 있는 한 이들은 합법적인 암살 대상입니다.

— 다바오시 시장 로드리고 두테르테가 기자들에게 한 발언, 2009년 2월

증인 '크리스핀'의 선서 진술서 중에서

저는 그 주 월요일부터 새 일을 시작했습니다. 한 주 뒤, 제가 살해해야 할 수배자들의 명단을 받았습니다. 명단에 이름과 주소가 적혀 있었습니다. 상사가 저를 포함한 암살단 전체에 명단을 나눠 주었습니다. 때로는 두테르테 시장이 직접 우리 은신처로 찾아와 명단을 나눠 주기도 했습니다. "여기, 그 개새끼들 명단이네." 두테르테를 직접 여러 번 만나 이야기를 나눴습니다. 두테르테가 거의 매주 은신처에 들러 인사를 했으니까요.

— 증인 '크리스핀 살라자르'(가명)의 선서 진술서, 케손시, 2009년 6월 24일

1992년 어느 일요일 아침 9시, 신인민군 출신인 크리스핀이 두테르테 시장의 집에 도착했다. 면접이 시작되었다. 두테르테가 크리스핀에게 사람을 죽일 의향이 있냐고 물었다. 물론이었다. 크리스핀은 확실하게 고개를 끄덕였다.

암살단은 투항한 신인민군과 다른 지자체 출신들로 꾸려졌다. 단원 모두 총을 지급받았다. 명령은 때에 따라 '빅보스'라는 사무소 소장이 내리기도 하고, 두테르테 시장이 직접 내리기도 했다. 두테르테가 크리스핀에게 375구경 리볼버를 줬다.

크리스핀이 처음 살해한 표적은 열아홉 살 소년이었다. 머리와 가슴에 재빨리 두 발을 쏜 크리스핀은 상사에게 보고한 뒤 수표를 받았다. 모든 일이 은행이 문을 닫는 네 시 전에 끝났다. 살인 수당은 한 건당 1만 5000페소*로, 당시 가치로 300달러가 조금 넘었다. 수표 앞면에는 두테르테의 이름이, 뒷면에는 두테르테의 서명이 적혀 있었다. 크리스핀은 자기가 모두 40명을 살해했다고 자백했다. 여기에는 제복을 입은 경찰 한 명과 모텔 방에서 마약 자금을 세던 여성 두 명도 포함되었다.

크리스핀은 유능한 직원이었다. 결단력이 있었고 실력이 뛰어났다. 혼자서 감시부터 작전 계획 수립, 표적 사살까지 여러 역할을 해냈고, 도주를 도울 운전기사도 필요 없었다. 단체 작전에 합류한 적도 있는데, 그중 하나가 팀 전체에 절도범 하나를 제압하라는 명령이 떨어졌을 때였다. 그런데 이 작전이 실패해 표적이 도주했다. 두테르테가 직접 이 표적을 추적했다. 두테르테는 자기 무기

---

* 세계은행에 따르면 1992년 필리핀 1인당 GDP가 현재 가치로 약 916달러다.(https://data.worldbank.org/indicator/NY.GDP.PCAP.CD?locations=PH)

고의 무기를 모조리 동원했다.

크리스핀에 따르면 바로 이날부터 경찰이 두테르테에게 두려움을 느꼈다고 한다.

증인 '에르네스토'의 법원 심리 중에서

판사: 시신이 암매장된 곳을 어떻게 기억할 수 있었나요? 땅을 팔 때 현장에 있었습니까? 숨어 있었나요, 아니면 직접 땅을 팠나요?

증인: 시신 운반을 도왔습니다, 판사님.

판사: 몇 구나요?

증인: 여섯 구입니다.

판사: 집단 암매장용 구덩이를 팠나요?

증인: 동굴이 세 개 있었습니다. 대체로 작았는데, 하나는 컸습니다.

변호사: 사실은 인공 동굴이었습니다.

판사: 누가 죽였죠?

변호사: 사람을 죽이는 데 익숙한 경찰들입니다. 그들에게는 살해가 특별한 일이 아닙니다.

판사: 그들이 어떤 살해 도구를 사용하나요? 총인가요?

증인: 아닙니다, 판사님, 그냥 칼로요.

판사: 경찰이 피해자들을 칼로 찌른다고요?

변호사: 총알을 허비하고 싶지 않았으니까요.

— 증인 '에르네스토 아바솔라'(가명)의 증언 속기록, 2009년 7월 10일

자신을 에르네스토라고 부른 증인은 은퇴 경찰 라우드의 채석장에 고용된 일꾼이었다. 시신 여섯 구를 매장하는 일을 도왔는데,

이름을 아는 피해자는 둘뿐이었다. 한 명은 페드로, 다른 한 명은 마리오였다. 두 사람은 마치 닭처럼 목을 찔린 채 죽어 있었다. 경찰이 이들을 총이 아니라 칼로 살해한 이유는 비싼 총알이 아까워서였다. 에르네스토는 시신 여섯 구가 모두 동굴 안에 묻혔고, 한 굴에 시신이 두 구씩 묻혔다고 증언했다. 시신을 묻은 구덩이는 시신이 지켜보는 가운데 에르네스토가 직접 파낸 것이었다.

인권위원회 조사관들이 첫 수색 영장을 들고 나타난 날 에르네스토가 채석장에 있었다. 마닐라에서 조사관들이 파견되었다는 소식은 이미 들은 터였다. 자신이 목격한 것들을 조사관들에게 알리고 싶었던 에르네스토는 조사관들을 채석장 안쪽, 동굴 깊숙한 곳으로, 땅에서 뼈 하나가 툭 튀어나온 구덩이로 안내했다.

마닐라의 한 법원이 이 구역을 포함하는 수색 영장을 새로 발부했다. 조사관들이 사람 유골을 찾아냈다. 머리뼈 조각 네 개, 노뼈 하나, 위팔뼈 일부, 21센티미터 길이의 불완전한 뼈 하나였다. 라우드의 변호사들이 수색에 이의를 제기했다. 마닐라 법원의 판사가 수색 영장을 철회했다. 조사는 중단되었다. 인권위원회가 수색 영장을 재청구했다.

다바오에서 청문회가 열리고 3년 뒤, 인권위원회가 공식 보고서를 발간했다. 보고서는 "현지 경찰이나 지방 정부 관료 일부의 직접 연루를 뒷받침할 증거는 부족"하지만, 다바오시 당국이 철저한 조사를 수행하지 않은 것은 "용인으로 해석할 수 있다"고 지적했다. 또 정황 증거가 "다바오 암살단이 존재하고 이들이 연쇄 살인을 저질렀음을 암시한다"고 밝혔다.

인권위원회 최종 보고서 중에서

로드리고 두테르테 시장은 설사 다바오 암살단이라는 조직에 연루된 시청 관리가 있더라도 이들이 독단적으로 행동했다고 주장할 수 있겠지만, 두테르테 시장이 전혀 관심을 기울이지 않거나 아예 무시해 조사하지 않기로 한 듯한 살인 사건들의 양상과 규모를 필리핀 국가경찰청 직원이 인지했다는 사실은 변함이 없다. … 비사법적 살해가 체계적으로 일어났고, 이런 범죄를 저지른 책임이 언론에서 '다바오 암살단'이라 부르는 자경단 또는 자경단들에 있을 수 있다.

— 인권위원회 결의문, 2012년 6월 28일

인권위원회는 반부패 기구인 옴부즈맨사무국에 이 사건을 조사하라고 권고했다. 옴부즈맨사무국은 이 조사가 2014년 명확한 결과 없이 인권위원회 다바오 지부장 알베르토 시파코 주니어의 선언에 따라 종결되었다고 밝혔다.

시파코에 따르면 인권위원회 다바오 지부는 암살단이 존재한다는 증거를 찾지 못했다. 암살단이 존재한다는 주장은 "소문과 낭설"로 남았다.

라우드 채석장에 대한 수색 영장 청구서가 5년 동안 이 판사에서 저 판사로 돌고 돌았다. 드디어 대법원에서 자칭 에르네스토라는 증인이 지목한 구역을 수색해야 할 상당한 근거가 있다고 판결했다. 그러나 필리핀 국가경찰청이 이 판결에 따라 수색을 실행했는지는 지금까지도 불분명하다. 다바오에서 활동하는 '약식 처형 반대 연합'은 1998년부터 2015년 사이에 다바오 암살단에 목숨을 잃은 사람을 1424명으로 추산한다. 기존 자료를 살펴보면 두테르테가 국회의원에 당선되었을 때는 "살해가 잠잠"해졌다가, 두테르테가 다시 다바오로 복귀해 네 번에 걸쳐 시장을 지냈을 때 "눈에 띄게 급증"했다.

이제 두테르테가 다바오시 시장이 될 일은 없을 것이다.* 2016년, 다바오 암살단의 우두머리로 알려진 사람이 필리핀공화국 대통령에 당선되었기 때문이다.

> 증인 에드가르도 마토바토와 상원의원 알란 피터 카예타노의 대화 중에서
>
> 카예타노: 알겠습니다, 선생님. DDS가 존재한다고 말씀하셨어요, 맞죠?
>
> 증인: 네, 의원님.
>
> 카예타노: DDS가 무엇입니까?
>
> 증인: 다바오 암살단입니다, 의원님.
>
> 카예타노: 그러니까 두테르테 열혈 지지자Diehard Duterte Supporter는 아니란 거군요.
>
> 증인: 아닙니다, 의원님. DDS는 일반인이 아니라 두테르테가 조직한 단체입니다. 두테르테 시장이 DDS를 만들었어요.
>
> 카예타노: 그래서 다바오 암살단이다.
>
> 증인: 네, 다바오 암살단입니다.
>
> 카예타노: 다바오 암살단이 존재한다는 말씀이군요.
>
> 증인: 다바오 암살단은 실재합니다, 의원님.
>
> ― 비사법 살해에 대한 상원 청문회 공식 녹취록, 2016년 9월 15일

---

* 2025년 5월 두테르테가 국제형사재판소에 구금된 상태에서도 득표율 87.91%로 다바오시 시장에 당선되었다. 부시장 당선자는 득표율 88.33%인 막내아들 세바스티안 두테르테다.

징벌자의 등장　　　　　　　　　　　　　　　　　　　　　　　　　　119

2016년 9월 15일, 평범해 보이는 백발의 증인이 필리핀 상원 세션홀의 푹신한 초록색 의자에 앉아 있었다. 몇 분 뒤면 청문회에 출석한 자기 얼굴이 텔레비전을 통해 필리핀 전역으로 송출될 예정이었다. 마약과의 전쟁이 석 달째 극성을 부리던 시기였다. 로드리고 두테르테는 약속한 대로 대학살을 일으켰다. 살육을 지켜보던 야당 지도부가 반대 의사를 드러냈다. 그중 한 명이 2009년 필리핀 인권위원회 위원장으로서 다바오 암살단을 조사했던 상원 정의·인권 위원회 위원장 레일라 데 리마였다.

데 리마 상원의원은 청문회에서 "지금 일어나고 있는 일들을 1990년대부터 현재까지 다바오시에서 벌어진 일들과 연결할 수 있습니다. 현재 필리핀의 모습이 두테르테 시장이 통치한 20년 동안 다바오시의 모습과 얼마나 비슷한지도요"라고 발언했다.

증인이 자리에서 일어나 오른손을 들고, 대통령인 사람에 대해 진실만을 말하겠다고 선서했다. 증인이 자기를 소개한 이름이 중요했다. 본명이었기 때문이다. "에드가르도, 에드가르도 마토바토입니다."

다바오시 외곽에서 태어난 마토바토는 초등학교 1학년만 다니고 학교를 그만뒀다. 열여덟 살 때는 신인민군 반군이 아버지의 목을 베는 모습을 지켜보았다. 그래서 민간인으로 구성된 자율 방범대에 합류했다. 임무를 아주 잘 수행하자, 두테르테의 운전기사가 마토바토에게 다바오시의 정예 조직에 합류하라고 권했다.

마토바토는 데 리마에게 이렇게 증언했다. "의원님, 우리 임무는 마약 밀매업자, 강간범, 유괴범 같은 범죄자들을 죽이는 것이었습니다. 우리는 그런 부류의 인간들을 날마다 죽였습니다."

마토바토는 다바오시 자율방범대 대원임을 보여 주는 신분증을 소지했다. 글을 읽지도 쓰지도 못했으므로, 두테르테에게 수표를 받을 은행 계좌는 아내를 보내 만들게 했다. 마토바토가 "우리 사무소"라고 부른 소속 부서는 흉악범죄단속반으로, 두테르테 시장이 이따금 이곳에 들러 명령을 내렸다.

1993년까지만 해도 흉악범죄단속반은 작은 조직이었다. 이때부터 사무소가 커졌고, 자신들을 다바오 암살단이라 부르기 시작했다.

마토바토는 사람을 죽이는 것을 딱히 좋아하지 않았지만, 질색하지도 않았다. 마토바토에게 살해는 일이었다. 수행해야 할 명령과 제거해야 할 표적이 있었다. 명령은 경찰이 내렸다. 경찰이 어떤 표적을 죽여야 한다고 말하면, 마토바토는 기꺼이 그 말을 믿었다. 그들은 경찰이고, 경찰은 결정을 내리는 존재였기 때문이다. 마토바토는 표적의 목을 졸랐고, 동료들이 죽은 사람의 옷을 벗겨 사지를 절단하고 라우드 채석장에 묻는 모습을 지켜보았다. 법원이나 판사는 없었다. 수사는 보여주기용 쇼였다. 수사관들은 누가 암살단 단원인지를 늘 잘 알았다.

정규 대원 즉 투항한 반군은 폭력배, 좀도둑, 본드를 흡입하고 길거리를 배회하는 십 대 같은 잔챙이들을 처리했다. 마토바토는 백전노장이었다. 그래서 테러범, 마약상, 그리고 때로는 두테르테의 정적 같은 거물들이 표적이었다. 암살단 단원들은 공공연하게 작전을 수행했다. 표적을 납치하려고 검정 밴을 떡하니 대놓고 기다렸다. 모스크를 공격해 총을 난사했다. 마음만 내키면, 표적이 일하는 건물 앞에서 표적을 붙잡아 세 발을 쏘아도 괜찮았다. 표적이 시청 직원이라도 상관없었다.

암살단 소속 경찰은 누구나 총을 두 자루씩 들고 다녔다. 하나는 머리와 가슴에 탕탕 쏘아댈 살인용이었고, 하나는 증거용이었다. 예컨대 사제 38구경 권총을 죽은 사람의 손 옆에 피범벅인 채로 놓아두면, 수사관들이 피해자가 총격을 벌이다 사망했다고 주장할 훌륭한 단서가 되었다. 마토바토의 증언에 따르면 "경찰은 언제나 그런 총을 예비용으로 비축했다. 누군가가 살해되면, 경찰에게 총이 생겼다."

마토바토는 증거를 심는 작업을 경찰 몫으로 남겼다. 마토바토의 임무는 오토바이 운전자 뒤에 타고 있다가 오토바이 속도가 느려질 때 총을 들어 쏘는 것이었다. 목을 빼고 지켜보는 이웃들이 보도록 시신을 거리에 남겨둬도 될 때는 사살이 식은 죽 먹기였다. 시신을 없애야 할 때는 여러 조각으로 절단해 채석장에 묻거나, 바다가 가까울 때는 바다에 던졌다. 한꺼번에 가장 많이 수장할 때는 배 한 척에 시신 일곱 구를 싣고 나갔다. 시신이 부력으로 떠오르지 않도록 복부를 가른 뒤 시신마다 콘크리트 벽돌을 세 개씩 매달아 가라앉혔다. 한 번은 마토바토가 지켜보는 가운데 한 경찰이 피 흘리는 남자를 습지로 밀어 넣었다. 목숨이 붙어 있던 표적은 악어 떼가 다가오는 모습을 보았다. 그 시간이 오래 걸리지는 않았다.

마토바토는 자신이 청부 살인자로 일한 24년 동안 다바오 암살단이 다바오시 한 곳에서만도 최소 1000명을 죽였다고 추산했다. 마토바토가 직접 죽인 사람이 적어도 50명이었다. "그들은 제가 살해 명령을 받은 표적이었습니다. 그 사람들 이름은 기억하지 못하지만, 제가 살해를 시작한 뒤로 몇 명을 죽였는지는 기억합니다."

마토바토는 자기 상사를 찰리 마이크라 불렀다. 찰리 마이크는 암살단 팀장들에게 명령을 내렸다. 암살단 단원들이 다바오시에 이바지한다고 칭찬했다. 표적을 승인했고, 암살단 사무소에 들러 직접 명령을 내리기도 했다.

찰리 마이크의 대리인은 아르투로 라스카냐스 경사로, 찰리 마이크가 형제처럼 대할 만큼 가까운 사이였다.

라스카냐스는 암살단의 현장 책임자였다. 살인 부대를 운영하는 일상을 마토바토가 다른 단원들보다 잘 안 것도 이 때문이었다. 라스카냐스가 찰리 마이크의 오른팔이라면, 마토바토는 라스카냐스의 오른팔이었다. 마토바토가 제압한 표적의 목을 조른 사람이 아르투로 라스카냐스였고, 마토바토의 팔목에 걸친 시계가 아르투로 라스카냐스의 것이었다. 시계는 선물이었다.

"모든 단원이 그 사람에게, 아르투로 라스카냐스에게 보고했습니다. 라스카냐스는 다바오에서 가장 기세등등한 경찰이었습니다. 경찰 수뇌부조차 아르투로 라스카냐스에게 고개를 숙였습니다."

마토바토는 찰리 마이크가 라스카냐스를 칭찬하는 소리를 들은 적도 있다고 증언했다. "투르, 자네가 없었다면 말일세, 다바오시가 이렇게 평화롭지는 못했을 거야."

찰리 마이크는 암호명이었다.

"찰리 마이크는 두테르테 시장이었습니다. 저는 거의 24년 동안 시청에서 일했습니다. 오랫동안 두테르테를 알고 지냈어요."

그러기는 아르투로 라스카냐스도 마찬가지였다. 그런데 라스카냐스의 이야기는 달랐다.

증인 아르투로 라스카냐스와 상원의원 레일라 데 리마의 대화 중에서

데 리마: 아르투로 라스카냐스 경사, 두테르테 시장의 암호명이 뭐죠?

라스카냐스: 대개는 CM입니다, 위원장님.

데 리마: CM이 무엇에 해당하죠? 무슨 뜻인가요?

라스카냐스: City Mayor(시장)입니다.

데 리마: 확실한가요? 시장을 뜻할 뿐이라면 굳이 CM이라고 말할 필요가 있을까요?

라스카냐스: 대개는 없습니다, 위원장님. 언론이 그렇게 부른 거죠. 언론이 그렇잖아요.

데 리마: 마토바토씨는 CM이 찰리 마이크를 뜻한다던데요?

라스카냐스: 네, 네. 찰리 마이크.

데 리마: 그러니까 CM은 찰리 마이크군요.

라스카냐스: 하지만 저희는 대체로 그걸 시장이라는 뜻으로 압니다.

데 리마: 하지만 라스카냐스씨는 계속 찰리 마이크를 말하는군요. 방금도 그렇게 말했고요.

라스카냐스: 개인적으로는 그렇게 부르지 않습니다, 위원장님. 대개는 로디 시장님이라고 부릅니다.

— 아르투로 라스카냐스 경사, 필리핀 상원 증언, 2016년 10월 3일

아르투로 라스카냐스에 따르면 에드가르도 마토바토는 거짓말쟁이였다. 라스카냐스는 단언했다. "위원장님, 다바오 암살단이란 것은 없습니다." 자신이 두테르테 시장의 오른팔이라는 마토바토의 증언은 거짓말이었다. 살해 명령을 받는 암살단이 있다는 말도 거짓이었다. 마토바토가 라스카냐스가 저지른 모든 범죄를 목격했

다는 말은 새빨간 거짓이었다.

라스카냐스는 자신이 종종 마토바토와 함께 일한 것은 맞다고 인정하면서도, 가까운 친구는 절대 아니라고 부인했다. 마토바토가 라스카냐스의 집에서 잤고, 라스카냐스의 생일 모임에 참석했고, 라스카냐스의 시계를 찬 사실은 라스카냐스가 마토바토를 일 때문에 가볍게 안다는 것 말고는 아무것도 증명하지 못했다.

아르투로 라스카냐스는, 일평생 살인, 고문, 모스크에 폭탄을 던지는 일이라고는 해 본 적이 없는 경찰은, 한때 자신이 우리 시장님이라 불렀던 선량한 사람을 깎아내리려고 야당이 설계한 선동 때문에 자기가 악당으로 그려졌다고 주장했다.

그런데 먼동이 터오는 어느 아침, 아르투로 라스카냐스의 눈앞에 예수가 나타났다.

전직 경사 아르투로 라스카냐스의 기자회견 중에서
다바오 암살단은 실재합니다. … 저는 다바오 암살단을 출범시킨 사람 중 하나입니다. 우리는 두테르테 시장이 내린 사적 지시를 수행했습니다. 시신을 묻었든 바다에 던졌든, 우리가 다바오시에서 저지른 모든 살인을요. … 저는 제 행동의 결과를 받아들입니다.
― 은퇴한 경사 아르투로 라스카냐스, 기자회견, 2017년 2월 20일

계기는 신부전이었다. 라스카냐스는 다바오의료원 투석실에서 다른 환자들이 "좀비처럼" 휘청거리는 모습을 지켜보았다. 자기 몸이 딱히 이유도 없이 망가졌다는 것을 받아들일 수 없었다. 투석이 끝나고 집에 돌아오면 텅 빈 방으로 들어갔다. 가족들에게는 생각

할 시간이 필요하니 자신을 내버려두라고 부탁했다.

생각 말고는 아무것도 할 수 없던 그 시기에, 다른 환자들은 사람을 죽였을 리 없다는 생각이 떠올랐다. 혹시 자업자득이 아닌가, 라는 생각이 들었다.

그러다 꿈을 꾸었다. 악몽이었다. 눈앞에 악마가 나타났다. 갑자기 밝은 빛줄기가 내려오더니 어린아이가 다가와 그를 구했다. 소스라치게 놀라 일어난 라스카냐스는 두려웠다. "저는 바로 그때 예수 그리스도라는 이름을 받아들였습니다. 그리고 새로운 삶을 살 기회를 얻는다면 예수의 뜻을 따르겠다고 맹세했습니다."

라스카냐스는 살아남았다.

라스카냐스는 신과 국가 앞에 고백하는 것으로 회개를 시작했다. 암살단이 저지른 살인을 하나하나 열거했다. 위치를 기록했다. 범행에 사용한 운송 수단의 제조사와 모델명은 물론이고, 살인 수당으로 얼마를 줬는지까지 자세히 적었다. 살인을 저지른 사람은 물론이고, 살인을 지시한 사람의 이름도 밝혔다.

살인 지시자는 다바오시 시장이었다.

로드리고 두테르테 대통령의 언론 인터뷰 중에서

기자: 대통령님, 라스카냐스는 DDS를 만든 사람이 대통령님이라고 말했습니다.

두테르테: 저는 그럴 필요가 없습니다. 암살단이 필요하지 않았어요. 저는 공군을 만들지 않았습니다. 지금 제게는 공군이 있죠. 저는 DDS를 만들지 않을 겁니다. 제게는 경찰청이 있었습니다.

― 로드리고 두테르테, 대통령실 홍보부가 작성한 녹취록, 2017년 3월 17일

대통령이 부인했지만, 라스카냐스는 자신이 두테르테 시장의 지시에 따라 저지른 끔찍한 일들을 꼼꼼히 자세하게 밝혔다. 두테르테는 성당 폭탄 테러에 대한 보복으로 모스크에 폭탄을 던지라고 명령했다.

포상금으로 300만 페소를 걸고 어느 언론인을 살해하라는 명령도 내렸다. 성공한다면 보너스로 100만 페소를 더 주겠다고도 했다. "두테르테에게 그 돈을 받았습니다. 돈을 받고 '고맙습니다'라고 말했고요."

두테르테는 중국인 마약상들을 죽이라고도 명령했다. 모두 열한 명이었다. "저것들을 끝장내 버려." "네, 시장님." 라스카냐스가 아홉 명을, 다른 암살자가 나머지 두 명을 죽였다. 일을 마친 두 사람은 새해맞이를 위해 집으로 돌아갔다. 두 사람은 수당 50만 페소를 나눠 가졌다.

두테르테는 어느 유괴 용의자를 살해하라는 명령도 내렸다. 암살단이 도로에서 용의자의 밴을 멈춰 세우고 보니 혼자가 아니었다. 임신한 아내, 장인, 어린 아들, 가정부 둘이 함께 타고 있었다. 암살단은 이들을 모두 채석장으로 데려갔다.

라스카냐스와 총경인 팀장이 시장을 찾아가 상황을 보고했다. 총경이 가족 전체를 "제거"해야 한다고 주장했다. 두테르테도 동의했다. "좋아, 깔끔하게 처리하게."

두 사람은 차를 몰아 채석장으로 돌아갔다. 라스카냐스가 네 살짜리 아들은 살려 주는 게 어떻겠냐고 제안했지만, 총경이 거절했다. 창고 밖에서 망을 보는 라스카냐스의 귀에 여섯 명이 사살되는 소리가 들렸다. 옷이 벗겨진 피살자들은 채석장에 깊이 판 구덩이 하나에 한꺼번에 묻혔다. 포상금은 암살단 전체가 나눠 가졌다. 피살자들의 지갑, 가방, 아이 신발 한 켤레는 불태웠다.

채석장으로 돌아간 라스카냐스는 시신을 덮은 흙에 파리가 꼬이지 않도록 석유를 부었다.

라스카냐스는 자신의 피살자 명단에 마약 판매 혐의자 두 명을 추가했다. 이름은 세실리오와 페르난도였는데, 성이 라스카냐스였다. 이들이 공유한 것은 성만이 아니었다. "시장의 범죄 소탕 작전에 절대적으로 충성하느라, 저는 제 형제 둘을 죽였습니다."

상원 증언석에서 라스카냐스는 말했다. "저는 신의 뜻에 복종합니다. 달게 받아들입니다."

대통령 후보 로드리고 두테르테의 발언 중에서
내가 암살단이냐고요? 그건 맞습니다.

― 로드리고 두테르테, 토크쇼 〈대중으로부터 대중을 위해〉, 2015년 5월 24일

우리 시장은
우리가 지킨다

"우리 고향에서는 주민 대다수가 곧 두테르테였어요." 앤 발데스라는 여성이 내게 한 말이다.

앤의 고향은 아우로라주 동해안에 자리 잡은 주도 발레르였다. 앤이 아는 발레르 사람들은 그저 두테르테를 **지지**하는 데 그치지 않았다. 그들이 **곧** 두테르테였다. 두테르테는 목적어가 아니라 보어였다. 그들은 두테르테이든가 두테르테가 아니든가, 둘 중 하나였다. 그리고 대다수가 두테르테였다.

앤에게 두테르테가 된다는 것은 소속을 뜻했다. 앤이 곧 두테르테였다. 갑작스러운 결정은 아니었다. 이것은 무려 스물다섯 해 전, 앤을 임신한 것을 안 어머니가 앤의 아버지와 결별하겠다고 마음먹었을 때 시작된 결정이었다. 앤은 아우로라주에 있는 농가에서 외조부모 손에 자랐다. 어머니는 어쩌다 한 번씩 찾아올 뿐 대개는 얼굴을 보기 힘들었다. 앤의 학교 친구들은 간호사나 회계사가 되기를 꿈꿨다. 앤의 꿈은 오로지 아버지를 찾는 것이었다. 상상 속 아버지는 앤과 닮은 모습이었고, 앤을 좋아했다. 앤이 집에 늦게 들어오면 야단쳤고, 앤에게 사랑한다고 말할 때는 꼭 안아줬다.

앤은 열여섯 살에 고향을 떠나 마닐라로 왔다. 할아버지, 할머니에게는 대학에 가기 위해서라고 말했지만, 사실은 아버지가 마닐라에 있다는 소문을 들어서였다. 앤은 아버지를 찾지 못했다. 정확히는 찾을 수가 없었다. 루손섬 북부 일로코스에서 시장 출마를 저울질하던 아버지가 총격으로 이미 돌아가신 뒤였기 때문이다.

2015년 어느 날, 앤은 대선에 출마한 시장의 기사를 읽었다. 이름이 로드리고 두테르테였다. 다바오시에서 범죄를 뿌리 뽑은 두테르테. 자기 임기에서는 보통 사람들이 위험에서 벗어나 안전하리라고 약속한 두테르테. 모기장을 친 낡은 침대에서 잠든 사진이 찍힐 만큼 소박하게, 그야말로 소박하게 산 두테르테. "정말 매력적이라는 생각이 들었어요."

거의 모든 주민이 이미 두테르테인 곳에서 자란 앤에게는 두테르테를 위해 선거 운동에 나서는 것이 쉬운 일이었다. 앤이 곧 두테르테였다. 스물다섯 살에 마침내 자기 이름 뒤에 붙일 이름을 찾았기 때문이다.

앤은 두테르테를 '아버지'라 불렀다. 자신을 DDS라 불렀다.

앤에게 DDS는 다바오 암살단을 뜻하지 않았다. 앤에게 DDS는 두테르테 열혈 지지자를 뜻했다.

내가 두테르테라는 이름을 처음 들은 것은 2011년이다. 나도 그때 스물다섯 살이었다. 2000년대 초반에는 암살단 수사를 다룬 기사가 다바오 언론에만 소개되었을 뿐 마닐라에는 거의 전해지지 않았다. 설사 전해지더라도 다바오시에 시신이 쌓였다는 소식이 전국지에 특집 기사로 간간이 등장하는 정도에 그쳤다. 2009년 나는 생전 처음으로 민다나오섬에 내려가 마긴다나오에서 일어난 언론인 학살을 취재했다. 당시 나는 외신의 필리핀 통신원으로 급히 현장에 파견되었다가 돌아왔고, 지방 사투리를 하나도 알지 못했을뿐더러,* 민다나오를 포함한 필리핀의 지방 사람 대다수가 '마닐라 황실Imperial Manila'**에 경멸의 눈길을 보내게 된 부당한 정치적, 역사적 배경을 거의 몰랐다. 전국적으로 방송된 영상 하나가 나를 이런 속 편한 무지에서 벗어나게 해 주었다. 영상 속에서 한 시장이 어느 법원 집행관에게 주먹을 날렸다.

　에드사 혁명 뒤 1987년 헌법 작성자들은 군벌의 야욕을 억누를 목적으로 모든 선출직 지방 공무원이 최대 세 번까지만 연임하도록 임기를 제한했다. 시장이든 주지사든 의원이든 임기가 3년이므로, 한 자리에 머물 수 있는 기간이 10년을 넘기지 않았다. 헛된 시도였다. 이런 제한으로는 정치적 꼼수를 막지 못했다. 연임한 시장들이 자리에서 물러났지만, 멀리 물러나지는 않았다. 다음 선거의 투표용지에 같은 성이 적힐 때가 숱했다. 새 후보가 전임 시장의 아내나 아들, 딸이었다. 초등학교 기공식 사진 아래 "(왼쪽에서부터) 신임 시장이 전임 시장 옆에서 테이프를 자르고 있다"는 설명이 달렸다.

---

*　민다나오에서는 타갈로그어가 아닌 세부아노어(비사야어의 일종)를 주로 사용한다.
**　마닐라에 정치, 경제를 포함한 권력이 집중되어 있는 탓에 메트로 마닐라의 이익을 중심으로 국가가 운영되는 것을 비꼬는 용어다.

주로 로디, 때로 디공, 때로 Du30*로 불리는 로드리고 두테르테를 예로 들어 보자. 로드리고 두테르테는 코라손 아키노 대통령 시절 어머니 솔레다드 두테르테 대신 다바오시 담당관 부시장으로 임명되었다. 솔레다드의 아들은 에드사 혁명 뒤 처음 열린 선거에서 다바오시 시장직에 출마해 당선되었고, 3년 뒤에도 당선되었다. 그리고 3년 뒤 또 당선되었을 때는 법에 따라 더는 출마할 길이 없었다. 솔레다드의 아들은 그래도 출마했다. 이번에는 필리핀 하원의원이었다. 로드리고에게 하원 회의장은 지루하기 짝이 없어, 법안을 만들라고 세비를 받는 날에도 몰래 옆문으로 빠져나와 영화를 보았다. 임기 제한이 다시 원점으로 돌아간 3년 뒤, 로드리고는 다시 고향으로 돌아가 시장직에 출마했다. 그리고 연거푸 세 번 승리했다. 세 번째 당선 때는 딸이 부시장으로 함께했다. 그리고 3년 뒤, 솔레다드의 아들은 로드리고의 딸을 이끌고 복도를 지나 시장실로 들어가 시장직을 맡게 하고, 자신은 부시장이 되어 때를 기다렸다. 마침내 다음 선거에는 부시장이 시장이 되고 시장은 부시장이 되어, 30년 동안 거의 내리 두테르테가 승리하는 기록을 세웠다. 두테르테가 잇달아 시장직에 출마해 승리하기를 거듭한 끝에, 결국은 다바오 하면 두테르테, 두테르테 하면 다바오를 뜻하게 되었다.

"나는 10년 동안 검사로 일했습니다." 2016년 마닐라 호텔에서 열린 변호사 협회 강연에서 로드리고 두테르테가 한 말이다. "8년 동안 재판 업무를 맡았고, 그러다 23년 동안 다바오시 시장을 지냈

---

* 필리핀어 발음이 두테르테와 비슷하다.

습니다. 국회의원을 한 번, 내 딸의 부시장도 한 번 지냈습니다. 아시죠, 법원 집행관한테 주먹을 날린 시장. 바로 그 시장이 내 딸입니다."

법원 집행관에게 주먹을 날린 시장 이야기는 폭동으로 시작한다. 2011년 여름 어느 오후, 법원 명령을 앞세운 집행관이 예정된 일정에 따라 200가구 넘는 주택을 철거하려고 아그다오의 한 마을에 도착했다. 이에 앞서 사라 두테르테 시장이 주민을 설득하도록 두 시간 동안 집행을 연기해 달라고 요청했지만, 거절당했다. 주민들이 돌팔매와 칼로 무장한 채 철거에 항의했다. 경찰 한 명이 다트에 맞았다. 사라 두테르테가 군중 사이로 성큼성큼 걸어갔고, 카메라가 그 뒤를 따랐다.

사라가 집행관에게 면담을 요청했다. 체크무늬 셔츠에 어깨가 구부정한 집행관이 다가왔다.

"집행관님, 이리 와 봐요" 사라 두테르테가 집행관을 불렀다. 그리고 집행관 얼굴에 주먹을 날렸다.

첫 주먹은 집행관의 눈을 때렸다. 어찌나 셌던지 주먹이 뼈에 부딪히는 소리가 그대로 카메라에 담겼다. 집행관이 몸을 돌려 달아나려 했지만, 잇달아 등에 날아오는 주먹에 몸을 웅크렸다. 세 번의 짧고 단호한 주먹질 소리가 신이 난 군중의 함성에 묻혔다. 누군가는 박수를 보내고 누군가는 환호했다. 집행관은 병원으로 이송되었다.

이 소식이 오후 케이블 뉴스에 속보로 보도되었다. 저녁 방송에서 영상이 거듭 재생되었다. ABS-CBN 뉴스 채널의 앵커와 생방송으로 진행한 전화 인터뷰에서 사라 두테르테 시장은 사과를 거부했다. 논란이 며칠 동안 신문에 오르내렸는데, 사라의 아버지가 가운뎃손가락을 치켜올리고 자기 딸은 정확히 상황에 맞는 행동을 했을 뿐이라고 발표한 것이 적잖이 영향을 미쳤다. 로드리고 두테르테 부시장은 사라가 계속 처음처럼 행동하기를 바란다고 말했다. 만약 상황이 반대였다면, 주먹에 맞은 사람이 로드리고 자신이었다면 어땠을까? 로드리고는 총을 꺼냈을 것이라고 답했다. "그때는 내가 상대를 쏴 버릴 겁니다."

인권 단체들은 경악했다. 곳곳에서 엇갈린 반응이 나왔다. 필리핀 대부분에 거의 알려지지 않았던 다바오 암살단이 남부에서 일어난 폭력과 권력 남용을 설명하는 서사의 일부가 되었다. 언론에 관련 칼럼이 실렸다. 텔레비전에 전문가들이 출연했다. 긴 세월 고생한 지방 기자들의 뉴스 기사가 마침내 전국적인 뉴스 프로의 전반부에 보도되었다.

"정말로 잘못된 평판이에요." 한 해 뒤인 2012년 사라 두테르테가 내게 한 말이다. 우리는 다바오시의 어느 호텔 연회장에서 만났다. 사라 두테르테가 지역 여성 지도자 모임에서 연설을 마친 직후였다. 사라는 의자 끄트머리에 꼿꼿한 자세로 걸터앉았다. 수수한 라벤더색 블라우스의 깃에 마이크가 꽂혀 있었다. 사라 두테르테는 부드러운 목소리로 신중하게 말을 이어가다, 간간이 조용한 웃음을 터트렸다. "시장이 되면 명령을 내려야 합니다. 권위를 보여야 하죠. 보통 그런 마초 같은 모습은 남성에게서 보죠. 우리 아버지에게 익숙한 다바오시에서는 특히나요."

사라는 아버지와 가깝게 지내지 않는다고 했다. 아버지와 어머니의 결혼 생활이 깨진 뒤로는 더욱. 아버지는 거의 집에 없었고 언제나 직장에 머물렀다. 그런 상황은 사라가 시장에 당선된 뒤에도 바뀌지 않았다. "믿거나 말거나 우리는 절대로 업무를 의논하지 않아요. 애초에 아무것도 의논하지 않으니까요."

다바오의 로드리고 두테르테 시장을 사라 두테르테보다 더 명확하게 파악할 수 있는 사람은 없을 것이다. "아버지는 아주 강한 시장으로 알려져 있습니다. 아버지의 성격, 그러니까 시장으로 일할 때 보인 성격 때문에요. 아버지는 공공의 복지와 이익을 위한 것이라면 그것이 무엇이든 강하게 밀어붙여요. 설사 부수적 피해가 있을지라도요."

절망에 빠진 시민들에 둘러싸여 아그다오 빈민가에 서 있던 사라 두테르테도 공익을 추구하고 있었다고 주장할 수 있다. 그곳에 법원 집행관이, 사라의 경고를 귀담아듣지 않은 적이 있었다.

"그때는 정말 막막했어요. 울 수도 없는 노릇이었고. 사람들이 대체 어떻게 생겨 먹은 인간이기에 이런 데서 우냐고 생각할 테니까요. 분노를 터트릴 방법이 없었습니다."

울 수는 없는 노릇이었다. 그래서 집행관이 부수적 피해를 입었다. 사라는 그때 벌어진 일이 잘못이라고 인정했다.

사라의 아버지는 잘한 일이라고 했다.

사라 두테르테와 법원 집행관의 충돌이 벌어진 뒤, DDS의 첫 페이스북 페이지라고 할 만한 것이 생겨났다. 두테르테 방위대 Duterte Defense Squad가 대문자로 첫 게시물을 올리고 목소리를 높였다. "우리 시장은 우리가 지킨다." 팔로워 59명 말고는 누가 두테르테 방위대 단원인지는 거의 알려지지 않았다. 이들은 "온라인에서 우리 지지를 보여 주자"고 적었다.

이 단체의 설립 목적이 로드리고 두테르테를, 오로지 로드리고 한 사람을 옹호하는 것이라고 짐작할지 모르겠지만, 사실은 달랐다. 정확히 말해 이들이 지키려는 시장은 "우리를 지켜주는 시장들"이었다. 단수가 아닌 복수로 쓴 **시장들**은 문법상 오류가 아니었다. 두테르테 집안 출신인 시장들을 가리키는 표현이었다. 두테르테에 열광한 인터넷 세대 사이에서, 암살범 무리가 종이에 휘갈겨 썼다는 단체명이 순식간에 저항을 뜻하는 정체성이 되었다. 4년 뒤인 2015년, 로드리고 두테르테가 대통령을 꿈꾼다는 이야기가 돌기 시작하자 이 움직임이 전국으로 번졌다. 당시 팔로워가 채 10만 명이 안 되었던 소규모 단체들이 저마다 DDS를 단체명으로 내걸었다. 디공 두테르테 지지자Digong Duterte Supporters. 두테르테는 국가에 봉사할 운명Duterte's Destiny's to Service to the Country. 남다바오주 두테르테 지지자Davsur Duterte Supporters. 디공 두테르테가 해법이다Digong Duterte Is the Solution. 두테르테는 의사들의 지지를 받는다Duterte Got Doctors' Support. 전국의 풀뿌리 단체와 전 세계의 필리핀 커뮤니티에 활기를 불어넣은 마지막 단체명은 두테르테 열혈 지지자Diehard Duterte Supporters였다.

2015년 10월 말이 되자 DDS가 일상 용어가 되었다. 이들의 목적은 똑같이 시장을 보호하는 것이었다. 다만, 중요한 목적이 하나 추가되었다. 시장을 대통령에 당선시켜라.

2015년 9월 3일 낮 12시 15분, 서른네 살 치과의사 돈돈 찬이 페이스북에 웃고 있는 두테르테의 사진을 올리고 이렇게 적었다. "진실로 대중 출신인, 대중을 위하는, 로디 두테르테 선생님!"

이 게시물에 댓글이 몇 개 달렸다. 두테르테 시장은 대통령감으로 "대박 좋다." 두테르테 시장은 똑똑하다. "여기 있는 우리 모두" 시장이 출마하기를 바란다.

자신을 "평범한 엄마"라고 소개한 한 여성이 물었다. "시장님이 출마를 선언했나요?"

"아뇨, 아직은요. 하지만 시장님이 출마하지 않는다면 찍을 만한 사람이 아무도 떠오르지 않네요."

여성은 "모두가 시장님이 출마하겠다고 말하기를 기도해요!"라고 적었다.

다바오에서 "세 아이를 키우는 씩씩한 엄마"라는 이는 "시장님이 머잖아 결정하겠다고 했어요. 가족들만 설득하면 된대요. … 시장님은 똑똑하니까 출마하실 거예요"라고 적었다.

"그러면 좋겠어요." 돈돈이 답했다.

돈돈은 명문 필리핀대학교에서 프랑스어와 독일어를 가르치는 교수의 둘째 아들로 자랐다. 그 덕분에 어린 시절 미국, 영국, 폴란드, 헝가리, 이탈리아, 포르투갈, 스페인까지 세계 곳곳을 여행했다. 성인이 되어서는 모로코와 탄자니아로 휴가를 떠났다. 마닐라 아테네오대학에 입학했고, 필리핀대학교 치대를 졸업했다. 정치 활동에 적극적이었고, 여성의 출산 건강 관리를 무상으로 지원하자는 캠페인을 벌였고, 태풍 피해자를 돕고자 치과 진료 봉사단과 응급 구호 활동을 조직했다. 그렇다고 애국심에 열광하지는 않았다. 많은 필리핀 국민과 달리, 미스 유니버스대회에서 덮어놓고 필리핀 후보에게 표를 던지지 않았다. 자주 기도를 올렸다. 웬만한 일에는 친절을 베풀려 했다. 루네타공원에서 엄청난 인파와 함께 프란치스코 교황을 맞이했고, 독실한 가톨릭 신자가 아니더라도 좋은 사람이 될 수 있다는 결론을 내렸다.

돈돈은 다바오시 시장이 마음에 들었다. 필리핀 정치판에 등장한 신선한 얼굴이었기 때문이다. 돈돈이 보기에 두테르테는 흔히 보는 아첨쟁이 정치꾼과 달랐다. 두테르테가 출마를 선언하자 페이스북에 "두테르테 최고!"라는 게시물을 올려 축하했다. 돈돈은 정의와 정치적 올바름을 내세워 자신의 선택을 비판하는 사람들을 적잖이 경멸했다. 엄밀히 말하면 자신은 DDS가 아니라고 신중하게 설명했다. 이를테면 돈돈은 두테르테의 러닝메이트로 나선 부통령 후보 알란 피터 카예타노 상원의원에게 투표하지 않았다.* 아키노와 같은 당 소속인 레니 로브레도를 지지했다. 로브레도와 아슬아슬한 대결을 벌인 후보는 카예타노가 아니라 옛 독재자의 아들이자 상속자인 페르디난드 '봉봉' 마르코스 주니어였다. 댓글 창에서 마르코스 가문의 복귀를 주장하는 한 여성과 논쟁을 벌였을 때, 돈돈은 1970년대 독재 정권 시절 친척 아저씨가 살해되었다는 고통스러운 사실을 포함해 계엄령의 해악을 매섭게 비난하며 맞섰다. 여성은 사과했다. 계엄령의 피해를 인정했다. 돈돈은 "솔직히 내게는 그 아저씨가 죽느냐 사느냐가 조금도 중요하지 않았습니다"라고 말할 만큼 살해된 친척에게 무관심했지만, 인터넷에서 설전을 벌일 때는 이 사실이 별 의미가 없었다.

"출마해요, 두테르테. 출마해요." 돈돈이 쓴 글이다.

---

* 필리핀은 부통령도 투표로 선출한다.

이 구호를 누가 처음 말했는지는 지금도 명확하지 않다. 구호는 입에서 입으로, 게시물에서 게시물로 퍼졌다. 아이디어가 구체화되어 골판지 손팻말에 슬로건으로 등장할 무렵에는 두테르테의 입후보 가능성이 정치적 콘클라베의 결과물일지, 다바오 시내의 술집에서 밤새 술잔이 오간 결과물일지 가늠하기가 어려워졌다.

두테르테에 따르면 출마를 촉구하는 움직임은 자연현상과 같아 멈출 수도, 통제할 수도 없는 힘이었다. 고속도로를 따라 우후죽순 광고판이 늘어섰다. 현관문에 포스터가 나붙었다. 수천 명이 집회에 쏟아져 나왔다. 출마해요, 두테르테. 출마해요.

"이 말은 저 자신이 아니라 필리핀 국민께 하는 겁니다. 제가 대통령 자리에 앉으면 다른 정권들처럼 '이게 제가 할 수 있는 전부입니다'라고 말하지는 않을 테니 피비린내가 진동할 겁니다. 그러니 나를 대통령 자리에 앉힌다면, 나한테 덤비지 마세요."

두테르테는 대통령이 되고 싶은 마음이 없다고 했다. 이유는 많았다. 일단 나이가 너무 많았다. 적임자가 아니었다. 이미 이룰 만큼 다 이뤘다. 돈도 없고, 조직도 없고, 가족도 출마를 지지하지 않았다. 대통령직에 출마한다면 정부의 부정부패를 끝장내겠지만, 흥미를 느끼지 못하므로 출마하지 않겠다고 했다. 관심을 표명한다면 노골적인 야망으로 읽힐 터인 데다, 은퇴 말고는 아무런 열망이 없다고도 했다. 그래도 만약 대통령이 된다면 의회를 폐쇄하고 독재자처럼 필리핀을 통치하겠다고 밝혔다. 대통령이 된다면 다시 사형제를 도입하겠지만, 대통령직에 출마하지 않으려 한다고 했다. 만약 자신이 대통령이 된다면 누구든 죽을 수 있으므로 필리핀에 더 많은 장례식장이 필요하겠지만, 출마할 생각은 전혀 없다고 했다. 그러니 자신의 출마를 주장하는 포스터와 광고판과 전화를 그만두라고 요구했다. 필리핀은 자신이 필요하지 않다고 말했다. 자신은 위선자가 되고 싶지 않다고 말했다. 경청 투어에 나서려 하지만, 그저 경청 투어일 뿐이라고 했다. 여러 도시를 돌며 모습을 드러내는 까닭은 사람들과 "허심탄회하게 이야기하려는 목적"일 뿐, 출마가 신의 뜻이라면 모를까 다른 의미는 없다고 선을 그었다. 설사 출마가 신의 뜻이라도, 출마하고 싶다는 의지는 40퍼센트에 불과하다고 했다. 두테르테는 출마하지 않겠다는 말을 거듭 열세 번이나 했다. 그렇게 거절할 때마다 일간지들이 기사를 실었고, 저녁 뉴스가 큼지막한 글씨로 제목을 뽑았다. "두테르테, 2016년 대선 불출마 밝혀" "두테르테, 대선 출마하지 않겠다고 못 박아" "두테르테, 출마하지 않겠다고 단언" 줄줄이 발표되는 두테르테의 대선 공약에 "두테르테, 출마하지 않겠지만 대통령이 된다면 …"이라는 설명이 달렸다.

이런 줄다리기가 거의 2년이나 이어졌다. 2015년 10월, 마침내 후보 등록 마감일이 닥쳤다. 두테르테가 소속된 필리핀민주당-인민의힘은 두테르테에게 출마 의사가 없다고 보고 당 사무차장 마틴 디뇨를 후보로 내세웠다.

대통령 후보로 등록할 당시 디뇨는 전국적 인지도가 거의 없는 인물이었다. 선거관리위원회는 디뇨의 입후보를 허용할 수 없다고 판단해 디뇨를 다른 후보 수십 명과 함께 민폐 후보nuisance candidate*로 분류하려 했다. 이런 입후보자 중에는 옷소매에 마커

---

* 민폐 후보로 분류되면 후보로 실격 처리된다.

펜으로 "이그나시오를 대통령으로"라고 휘갈겨 쓴 일흔여섯 살 택시 기사, 자기 이름을 대천사 루시퍼라고 적은 말총머리 신사, 필리핀을 미국의 주로 편입하겠다고 장담한 남성, 지구 주재 은하 대사를 자처한 알란 카레온 같은 사람이 있었다. 카레온은 인터넷 무선 접속 공약을 내세웠는데, 자기가 외계 동맹의 확고한 지지를 받는다는 고백에 묻히고 말았다.

디뇨는 후보 실격 가능성에 모욕을 느꼈다고 주장한 뒤 출마를 철회했다. 필리핀 선거법에는 원래 등록했던 후보가 출마를 철회하고 같은 정당 소속인 사람이 대신 출마하면 후보 교체를 허용하는 특이한 조항이 있다. 필리핀 전체가 조용히 기다렸다. 두테르테는 아무런 선언도 하지 않은 채 출마하지 않겠다는 말만 되풀이했다. 그러다 마침내 출마를 선언했다. 그런데 출마 사유가 범죄도, 부패도, 연방주의도, 전쟁도, 신도 아니었다. 두테르테가 출마한 까닭은 문제의 미국인 때문이었다.

문제의 미국인, 또는 한때 미국인이었던 그 사람의 이름은 그레이스였다. 그레이스는 은막의 왕 페르난도 포 주니어와 은막의 여왕 수잔 로제스가 입양해 키운 딸이다. 스물두 살에 필리핀을 떠나 미국으로 갔고, 필리핀계 미국인과 결혼해 미국 시민권을 취득했다. 아버지 페르난도 포가 글로리아 마카파칼-아로요에 맞서 필리핀 대통령직에 출마한 2004년에는 자라나는 아이들과 함께 버지니아에 안락하게 정착했다.

"많은 사람이 아버지를 비웃었어요." 그레이스 포가 내게 말했다. "'페르난도는 배우 나부랭이잖아. 아는 게 없어'라고 조롱했죠."

배우 나부랭이라고 조롱받은 페르난도 포가 돌풍을 일으켰지만, 부정과 뇌물 수수 의혹이 무성한 선거의 승리자는 아로요였다. 아슬아슬하게 패배한 지 몇 달 뒤, 은막의 왕 포는 뇌졸중으로 쓰러져 혼수 상태에 빠졌고, 딸인 그레이스가 고국으로 돌아오기 전 세상을 떠났다.

그레이스 포는 이중 국적을 신청했다. 아이들을 국제 학교가 아닌 현지 학교에 보내고, 미국 시민권을 포기하고, 정부에서 영상물 등급위원회를 운영하는 한직을 수락했다. 아버지의 장례식에 수많은 사람이 찾아와 애도하는 모습을 지켜본 지 아홉 해 뒤, 언론계에서 '어메이징 그레이스'라 불리기 시작한 그레이스가 처음 출마한 전국 단위 상원의원 선거*에서 지지율 1위를 차지했다.

당선 연설에서 그레이스는 지지자들에게 말했다. "업둥이가 상원이 되리라고 누가 생각이나 했겠습니까? 제게 이런 기회를 주신 여러분께 감사합니다."

그레이스의 대선 출마는 거의 당연한 수순이었다. 그레이스는 여당인 자유당의 구애를 받았고, 언론의 사랑을 한 몸에 받았다. 부정부패를 우려하는 중산층, 영감을 주는 사람을 찾는 젊은 유권자들이 그레이스를 후보로 택했다. 선거 유세장에서 그레이스의 아버지가 썼던 로고송이 확성기를 타고 쾅쾅 울려 퍼졌다. 후보 등록을 마쳤을 무렵 그레이스는 아키노 대통령이 지지한 여당 출신 내무부 장관 마르 로하스, 그리고 당시 부통령 제조마 비나이와 맞붙은 삼파전에서 선호도 47퍼센트로 경쟁자들을 따돌리고 선두를 달렸다.

---

* 필리핀 상원의원은 지역구 없이 전국에서 득표율이 높은 순으로 선출된다.

그레이스의 출마를 가로막을 유일한 난관은 상원의원 자격 박탈 청원이었다. 경쟁자들은 그레이스가 필리핀에서 태어나지 않았다는 전제로 피선거권이 없으니 의원 자격을 박탈하라는 소를 제기했다.

홍콩의 필리핀 해외 노동자들을 만난 자리에서 그레이스가 항변했다. "저들은 제가 업둥이고 친부모가 누구인지 모르니 필리핀 사람이 아니라고 주장합니다. 하지만 이건 공정하지 않습니다. 우리가 여기서 분투하는 목적은 조국의 진정한 변화입니다."

2015년 11월 상원선거재판소**가 5대 4로 그레이스의 손을 들어줬다. 그레이스의 대선 출마가 가능해졌다.

여기에 로드리고 두테르테 시장이 반발했다. "이건 정치적 문제가 아닙니다." 정말로 대통령직에 관심이 없었는지는 확실치 않지만, 두테르테는 "이 나라의 선거가 이런 식으로 진행된다면 출마도 고려하겠습니다"라고 선언했다. 상원선거재판소의 결정이 헌법의 위엄을 깎아내렸다고 비난했다. "나는 미국인 대통령을 용납하지 못하겠습니다."

대선이 여섯 달 앞으로 다가왔고 후보 교체 기한이 한 달 남은 이때, 두테르테가 선거관리위원회의 출마자 명단에 남은 빈자리를 자신이 채우겠다고 선언했다.

앞으로도 마음을 바꿀 가능성이 있냐는 질문에는 이렇게 답했다. "주사위는 던져졌습니다. 저는 루비콘강을 건넜습니다. 루비콘은 도살로 가는 다리입니다."

** 상원의원 선거와 관련한 이의를 다루는 곳으로, 상원의원 6명과 대법관 3명으로 구성된다. 하원선거재판소, 대통령선거재판소가 별도로 존재한다.

언론이 나중에 결국 사실이 될 헤드라인을 내보냈다. "로드리고 두테르테, '대선에 출마하겠다.'"

**메트로 마닐라 타기그시 포트 보니파시오. 대선을 161일 앞둔 늦은 저녁.
대선 유세 콘서트**

데님 셔츠 차림인 두테르테 시장이 무대에서 흥겹게 움직였다. 두테르테가 망할 놈의 정부, 망할 놈의 공항, 망할 놈의 술주정뱅이들, 싸구려 시간제 모텔에서 섹스한 두 여자 친구("섹스는 한 번에 한 명과만 합니다. 너무 늙어 비아그라를 먹어도 그 이상은 힘들거든요.")에 대해 이야기했다.

군중이 환호했다.

두테르테가 손발을 묶거나 무릎을 꿇리고 사람을 죽인 적이 없다고 주장했다. 그건 겁쟁이들이나 쓰는 방식이다. 그래도 사람들 말대로 내가 누군가를 죽였다면, 사실 아주 많이 죽이지는 않았다. 몇 명을 죽였더라. 하나, 둘, 셋, 넷. 나는 거짓말하지 않는다. 나는 거짓말할 필요가 없어, 개자식아.

자신이 대통령이 된다면 약쟁이들은 다 포기하고 목을 매는 편이 좋다고 말했다. 나는 약쟁이들을 정말로 죽여 버릴 거다. 농담이 아니다. 진지하게 하는 말이다. 마약이 필리핀 아이들을 집어삼키게 두지 않겠다. 마약이 이 세대를 망쳐 놓았다. 사람들이 손댈 수 있는 최악의 마약이 기껏해야 마리화나였던 옛날과는 다르다. 미리 경고한다. 마약에 손 대면 계속 마약을 하다 결국은 죽고 말 거다. 인권 활동가들더러 마음대로 떠들라고 해라. 신경 안 쓴다.

증거가 있다고 생각하면 법원에 소송을 걸어라. 국민이 내가 대통령이 되기를 바란다면, 나는 대통령이 될 것이다. 그 자리를 받아들일 것이다. 책임을 받아들일 것이다. 군대를 동원할 것이다. 경찰을 동원할 것이다. 군경에게 전국의 마약 중독자를 모조리 죽이라고 지시할 것이다. 마약 중독자를 살해하지 못하는 군인과 경찰은 스스로 목숨을 끊어야 할 것이다.

활동가들이 내 뒤를 캐겠다면 그러라고 해라. 의회가 나를 조사하고, 탄핵하겠다고 위협하고, 가처분 명령으로 본때를 보이겠다면 그러라고 해라. 그럼 나는 의회 세션홀 앞에 전차를 보내 대기시키겠다. 그래도 의회가 버티면 군에 저 멍청이들을 쏴 버리라고 명령하겠다.

내 말을 못 믿겠는가? 그럼 한 번 해보든가. 다음 정부가 나를 사면할지는 모르겠지만, 혹시 그 똥멍청이들이 보복하려 든다면, 나는 기꺼이 감옥에서 썩겠다. 그런 건 아무렇지 않다. 나는 올해 마약에 손댄 경찰 둘을 죽였다. 그러고 싶지 않았지만, 그게 내 방침이다. 사람을 죽이지 않고서는 국민을 보호할 수 없다. 경고하는데, 마약 사업에서 손을 털어라. 사람을 납치해 죽이는 경찰, 출근하는 사람을 괴롭혀 돈을 뜯는 경찰, 중국인 사업가와 그 가족의 뒤를 캐는 경찰도 마찬가지다. 내가 승리하기 전에 그런 짓을 멈춰라. 그렇지 않으면 내가 군에 사흘 안에 저 새끼들을 끝까지 쫓아가 깔아뭉개 버리라고 명령하겠다. 그때는 항복하겠다고 해도 내가 받아들이지 않을 것이다. 경찰에 저 개새끼들을 총으로 쏴 땅바닥에 쓰러뜨리고 죽은 놈들 양손에 총을 쥐여 주라고 명령하겠다. 그래야 저 개새끼들이 총을 쏘며 저항했다고 말할 수 있다고.

그래서 다바오가 안전한 거다. 다바오에 가봐라. 그럼 알게 될 거다. 다바오 거리는 안전하다. 내가 경찰에 아내와 예쁜 딸들을 밤거리에 혼자 내보내 보라고 했다. 경찰들이 그렇게 했더니, 아내와 딸들이 웃으며 집에 돌아왔다고 한다. 그 여성들은 성추행을 당하지 않았다. 망할 녀석들이 그녀들의 가슴이나 팬티를 움켜쥐지도, 지갑을 훔치지도 않았다. 그런 게 치안이다. 그게 표준이다. 보석으로 풀려나 돌아다니는 유괴범이 여성들 눈에 띈다면, 그건 문제다. 보석은 아무런 의미가 없다. 그러니 범죄자는 그냥 감옥에 있어라. 거기가 더 안전하다.

다른 사람은 누구든 두려워할 것이 없다. 법을 잘 지키고 하느님을 경외하는 시민은 누구든 두려워할 이유가 없다.

군중이 박수갈채를 보냈다.

마닐라에서 돈돈이 페이스북에 적었다. "두테르테 최고!"

돈돈은 '도살자' '징벌자'로 불리는 사람의 대권 야망을 지지하는 것이 자기가 소중히 여기는 원칙과 충돌한다고 생각하지 않았다. 자기는 법을 잘 지켰다. 세금을 냈다. 마약은 해 본 적이 없었다. 범죄자와 마약 중독자를 학살하겠다는 두테르테의 공약을 걱정하지 않았다. 두테르테의 말을 농담으로 여겨서가 아니었다. 살해될 사람들이 자신의 안녕에 딱히 필요 없는 부류라고 생각했기 때문이다. 그런 인간들이 사회에서 사라진다면 국가 자원이 허비되지 않을 것이다. 그런 인간들이 죽는다면 공익에 보탬이 될 것이다.

초창기에는 두테르테의 열광적인 선거 운동원들이 중도 유권자에게 악영향을 미칠까 봐 우려하는 목소리가 있었다. 힐러리 클린턴이 트럼프 지지자를 "개탄스러운 무리"라고 업신여겼듯이, 필리핀의 기득권 자유주의자들도 DDS 운동을 경멸하는 표현으로 묘사했다.

두테르테의 충실한 지지자이자 전 주지사인 엠마누엘 '매니' 피뇰이 이 상황을 매우 염려해 모든 두테르테 지지자에게 페이스북으로 공개서한을 보냈다. 피뇰은 반대 진영이 선량한 두테르테의 발언을 지나치게 무기화해 두테르테 시장을 "불안정하고 무례하고 오만불손하고 약자를 괴롭히고 상스러운 막말을 퍼붓는 사람"으로 그려 놨다고 설명했다. 자기가 지지하는 후보의 난폭한 연설을 딱히 막을 방법이 없다는 것을 알았으므로, 피뇰은 로드리고 두테르테의 선거 유세에 모인 사람들에게 호소했다. 두테르테 시장을 향한 비판이 "정적들이 두테르테의 덜떨어진 추종자들을 줄여 '두테르테 똘마니'라고 꼬리표를 붙인 과격 지지자들, 그러니까 자칭 DDS라는 두테르테 열혈 지지자들 때문에 악화"되었다고 했다. 이 모든 활동이 "대통령으로 누구를 뽑을지 여전히 망설이는 부동층"마저 멀어지게 할 수 있었다.

나중에 드러나듯이 피뇰의 걱정은 공연한 것이었다.

하손 키손은 메트로 마닐라에서 북부로 조금 올라간 팜팡가주에서 태어났다. 아버지는 옹기장이로 하루 4달러를 벌었다. 어머니는 게를 팔고, 손톱 손질을 해 주고, 이웃집 음식을 대신 해 주고, 거실에 창을 내어 작은 가게를 운영했다. 아버지와 어머니 모두 고등학교를 졸업하지 못했지만, 아이들만은 고등 교육을 받게 하겠다는 마음으로 함께 노력했다. 무뚝뚝하고 직설적인 아버지는 비가 내린 밤이 지나면 새벽같이 일어나 개구리를 잡아 범람하는 강둑에서 팔았다. 하손은 장학금, 행정 사무 아르바이트, 이따금 중산층 거실의 벽을 장식한 목재에 일본 풍경을 그리는 일로 학비와 생활비를 마련했다.

엄청난 화산 폭발*이 일어난 와중에도 키손 집안의 다섯 남매는 상당한 노력 끝에 모두 전문 학위를 땄다. 이들은 마을의 자랑거리였다. 하손과 누이 한 명은 공대를 졸업했다. 다른 누이는 간호사였다. 회계사인 한 형제는 소규모 유통업체를 운영했다. 다른 형제는 메트로 마닐라 서부 지역 전체에 물을 공급하는 상수도업체에서 간부로 일했다. 하손에게는 가장 멋진 사람인 아버지는 여전히 거대한 옹기 가마에 매일 불을 피우는 노동을 고집했다. 그건 아버지 뜻대로 하더라도, 하손은 기쁜 마음으로 집에 돈을 부쳤다.

2015년 말 하손의 해외 노동자 생활이 십 년 남짓 이어지고 있었다. "돈이 이끄는 데로 옮겨 다녔어요." 처음에는 사우디아라비아였고, 아랍에미리트연합국, 카타르를 거쳐 아랍에미리트로 돌아갔다가 다시 카타르에 정착했다. 카타르에서는 석유·가스 회사에서 송유관과 가스관 배치를 감독하는 자리를 맡았다. 은행에 저축한 돈이 있었고, 고용주 대다수에게 호감을 샀고, 여가 시간에는 배드민턴을 쳤다. 부모님이 살던 집을 사들였고, 사랑하는 여인과 결혼했다. 가톨릭 신자인 아내는 남편이 당당한 무신론자라는 사실을 눈물을 삼키고 받아들였다. 부부는 세 아이를 좋은 학교에 보냈다. 하손은 아이작 아시모프를 읽고, 〈스타 트렉〉을 보고, 자신

---

* 1991년 팜팡가주 피나투보 화산이 폭발했다.

을 자유주의자라 여겼다. "그렇다고 앞뒤 못 가리는 또라이 자유주의자는 아니었습니다." 동성결혼의 법적 권리를 지지했고, 낙태가 여성의 권리라고 생각했다. 필리핀이 바티칸공화국을 제외하면 세계에서 유일하게 이혼을 허용하지 않는다는 사실에 코웃음을 쳤다. 마약 중독은 질병이므로 처벌이 아니라 재활 치료가 필요하다고 생각했다. 하손은 논리 정연하고 분별 있고 현실적이고 관대한 사람이었다.

그런 하손이 두테르테에게 투표한 이유는 간단히 말해 총알 하나 때문이었다. 아니면 몇 개거나.

2015년 9월 17일, 미국인 선교사 레인 마이클 화이트가 니노이 아키노 국제공항 교통보안국 직원이 자기 여행 가방에 몰래 총알 하나를 집어넣었다고 주장했다. 필리핀 공화국법 10591, 즉 포괄적 총기·탄약 규제법에 따르면 무단 탄약 소지는 범죄다. 여기서 탄약이란 장전되지 않은 상태의 구성단위 하나로 정의된다. 무단 탄약 소지로 유죄를 받은 사람의 형량은 최소 징역 6년 1일이다. 화이트에 따르면 이 보안 요원은 눈감아 주겠다며 3만 페소를 갈취하려 했다. 공항 유치장에 5일간 구류된 화이트는 보석금으로 4만 페소를 내고 풀려났다.

이런 사기극을 라그라그-발라laglag-bala^{**}, 총알 떨구기라 불렀다. 하손에 따르면 라그라그-발라는 이렇게 일어난다. "당신이 니노이 아키노 국제공항에 갔다고 치죠. 가방을 X-레이 검색대에 올려놓습니다. 이때 보안 요원이 갑자기 당신을 옆으로 불러냅니다.

** 타님-발라tanim-bala, 총알 심기라고도 한다.

'이런, 가방에 탄환이 하나 들어 있네요. 어떻게 하시겠습니까? 빙빙 돌아 절차라는 절차는 다 밟고 경찰서에 다녀오느라 비행기를 놓칠래요, 아니면 나한테 좀 찔러줄래요?' '얼마를 원하시는데요?'"

라그라그-발라의 피해자는 레인 화이트가 처음도 아니고 마지막도 아니었다. 잇달아 발생한 피해 추정자 중에는 휠체어를 타고 마닐라에서 LA로 가려던 여성도 있었다. 이 여성에 따르면 공항 직원이 등을 돌린 채 여성의 가방 주머니에 주먹 쥔 손을 집어넣었다고 한다. "그 직원이 다시 손을 꺼냈는데, 총알을 들고 있더라고요!" 공항 직원은 여성의 여권과 영주권을 가져가더니, 돌아와서는 총알 문제를 없는 일로 할 수 있다는 뜻을 내비쳤다. 대가로 요구한 액수는 500페소였다.

이런 사례가 이어졌다. 서울에서 열리는 노래 경연에 참여하려고 비행기를 타려던 십 대 소녀는 가방에서 총알 하나가 발견되었다는 혐의로 붙잡혔다가 풀려난 뒤 비행기표를 다시 예약해야 했다. 홍콩에서 가사 도우미로 일하는 쉰여섯 살의 이주 노동자는 붉은색 천으로 감싼 총알 하나가 발견되었다는 혐의로 기소되었고, 재판 때문에 홍콩에 입국하지 못했다. 일본 국적의 서른세 살 남성은 여행 가방에 총알 두 발을 숨겼다는 혐의로 기소되었고 보석금으로 8만 달러를 내고서야 풀려났다. 예순여덟 살 여성은 45구경 총알 하나를 갖고 있다는 혐의로 체포되었다.

마지막 사례는 카비테에서 싱가포르로 가려던 예순다섯 살 여성이었다. 이 여성은 여행 가방에 자물쇠를 채우고 외부 포켓을 바느질로 꿰매 막아 버렸는데, 그냥 놔뒀던 옆쪽 주머니가 총알 하나가 들어가고도 남았다. 여성은 변호사를 불러달라고 요구했다.

라그라그-발라는 잘 풀려도 돈이 많이 드는 불편한 경험이었고, 최악의 경우 일자리를 잃고 감옥에 가야 했다. 라그라그-발라를 당할지 모른다는 공포가 여행객, 특히 해외 노동자들을 덮쳤다. 하손도 다른 이들처럼 여행 가방을 비닐로 꽁꽁 싸맸다. 여행할 때는 검사 뒤 가방을 다시 비닐로 싸야 하는 상황에 대비해 기내용 가방에 비닐랩 한 롤을 넣고 다녔다. 지인 중에는 피해를 당한 사람이 없었지만, 하손은 위험을 무릅쓰고 싶지 않았다.

엄밀히 말해 라그라그-발라는 해외 노동자들만의 걱정거리가 아니었다. 이름이 공개된 피해자가 일곱 명뿐이라는 사실은 중요하지 않았다. 계층이나 출신지에 상관없이 누구든 피해자가 될 수 있었기 때문이다. 내국인이 국내선 비행기를 타고 수도 마닐라를 드나들었는데, 안전하게 여행하느냐와 몇 주를 감옥에서 보내느냐가 공항 직원 한 명의 변덕에 따라 아슬아슬하게 갈렸다. 그 후유증이 아키노 대통령의 발등에 떨어졌다. 민감한 사안에는 절대로 명확한 입장을 내지 않던 아키노가 금품 갈취 혐의를 조사하라고 지시했다. 그러면서도 이 문제가 선정성 때문에 크게 부풀려졌다고 가볍게 넘어갔다.

다바오 출신인 한 해외 노동자가 두테르테에게 간청했다. 시장님, 제발 우리 변호사가 되어 주십시오. 시장님 말고는 우리 편이 없습니다. 우리 변호사가 되어 주십시오.

두테르테는 요청을 수락했다. 무료로 피해자들을 변호하겠다고 답했다. 지방 출신인 선량한 필리핀인들이 가방 속 총알 때문에 세계 곳곳에서 감옥에 들어갈지 모르는 "더 비극적인" 위험을 명확히 언급했다. "라그라그-발라는 단순한 금품 갈취의 문제가 아닙니다. 평범한 필리핀인의 인생과 자유를 위협하는 문제입니다."

두테르테는 이 사기극이 정부 기관 탓이라며, 한 기자회견에서 아키노 대통령에게 니노이 아키노 공항의 지상 운영직 직원을 모두 해고하라고 요구했다. "대통령님, 닷새 안에 그렇게 하셔야 합니다. 규범을 깨야 합니다. 과감하게 조처해야 합니다. 입에 발린 말로는 충분하지 않습니다. … 조처에 나서지 않는다면 대통령님에 대한 신뢰를 버리겠습니다."

하손은 "아키노와 대통령 홍보팀의 문제가 바로 이겁니다"라고 꼬집었다. "아키노는 국민이 자기를 어떻게 생각할지를 손톱만큼도 생각 안 해요. 라그라그-발라가 자기에게 큰 문제라고 생각하지 못했어요. 우리 같은 해외 필리핀 노동자들에게는 그게 큰 문제였거든요. 내 지인 중에 오로지 이것 때문에 두테르테에게 투표한 사람들이 있어요."

하손은 두테르테가 행동하는 사람이라는 점이 마음에 들었다. 두테르테는 하손처럼 욕하고, 하손처럼 말하고, 하손이 그렇듯 문제가 아니라 해결책을 찾는 사람이었다. 하손이 보기에 필리핀인은 잘 속아 넘어가는 사람들이었다. 언제든 기꺼이 다음 시류에 올라타려 하고, 늘 새로운 사기 수법을 찾고, 불같이 화를 냈다가 언제 그랬냐는 듯 용서하고, 과장된 이야기와 더 과장된 비난에 귀가 팔랑이고, 사회적 양심이라고는 찾아보기 어렵다가도, 막상 위협을 느끼면 자기 이익을 희생할 만큼 매우 뒤틀린 충성심을 보이는 사람들이었다. 하손은 필리핀인이 하나같이 멍청하고, 대체로 어수룩하다고 평가했다.

"하손씨 본인은 어수룩한 유권자가 아니라고 생각하시는군요?"

"네, 저는 아닙니다."

그런 까닭에 하손은 살인, 마약, 마닐라만 시신 유기를 언급한 두테르테의 모든 발언이 어수룩한 유권자, 즉 두테르테의 거친 언사가 언론에 던진 미끼일 뿐이라는 것을 이해하지 못하는 유권자의 구미에 맞추려는 목적일 뿐이라고 생각했다. 하손이 보기에 이것은 뛰어난 정치적 책략이었다. 자신은 그런 어수룩한 유권자가 아니었다. 자신이 그런 유권자가 아니므로, 하손은 두테르테의 발언이 농담이라고 생각했다.

바로 이런 이유로 하손은, 현실적이고 논리 정연한 자유주의자 하손은 자고로 시장이야말로 첫 강간자여야 한다고 말한 사람을 대통령으로 뽑았다.

메트로 마닐라 케손시 아모란토 스포츠 단지, 대선 28일 전

두테르테 시장이 윗단추를 푼 빨간색 폴로 셔츠를 입고 있다. 셔츠가 겨드랑이에 꽉 끼고 배에 딱 달라붙었다. 두테르테 뒤쪽으로 푸른색 스포트라이트가 번쩍였다. 오른손에 맥주병을 잡듯 마이크를 든 두테르테가 도망간 여자 이야기를 들려주는 친근한 아저씨처럼 격의 없이 편하게 말을 꺼냈다.

두테르테가 문제의 여성 이야기를 꺼냈다. 여성의 이름은 말하지 않았다. 여성은 때에 따라 오스트레일리아인이 되었다가 수녀가 된다. 이날 저녁에는 어느 미국 여배우를 닮은 미인이었다.

"잘 들어봐요. 이야기를 하나 해 보겠습니다."

이야기의 배경은 1989년이다. 당시 다바오 시내의 형무소에서 죄수 열댓 명이 기도 모임 중인 기독교도를 인질로 잡았다. 이들과 정부 사이에 협상이 진행되었다. 죄수들은 탈주하려 했다. 여성과 아이들을 앞으로 내몰아 인간 방패로 삼았다. 군이 총격을 퍼붓고 죄수들이 인질을 끌고 후퇴하는 와중에 사망자가 발생했다.

사망자 중 한 명이 바로 이 여성이다. 여성은 오스트레일리아 출신의 평신도 전도사였다. 예쁘장하고, 금발이고, 사망 상태였다.

이 이야기를 하던 두테르테 시장이 혀를 끌끌 찼다. 고개를 가로젓고 귀를 만지작거렸다.

"이거 문제가 되겠구나 싶더군요. 오스트레일리아 대사관에서 계속 전화가 왔거든요. 시신을 밖으로 옮겨 천으로 덮었습니다. 그때 그 여자 얼굴을 봤어요. 개새끼들. 그 여자 생긴 게 미국 여배우 같더라고요. 예쁜 여배우. 개새끼들. 정말 아깝더군요. 그런 생각이 들었어요. '저것들이 이 여자를 강간했어. 줄지어 돌아가며 강간했어.'"

"저는 화가 났습니다. 그 여자가 강간당해서냐고요?" 두테르테가 마지못해 답했다. "네. 그것도 화는 나더군요."

두테르테가 잠시 말을 멈췄다. 한 손으로 오른쪽 뺨을 감싸더니 고개를 기울였다. 아래쪽에서 수많은 군중이 철제 바리케이트에 몸을 기댄 채 넋을 빼고 있었다.

"그런데 그 여자가 정말 예뻤어요. 내가 처음으로 했어야 했는데."

군중이 웃음을 터뜨렸다.

두테르테가 웃는 표정으로 뺨을 문지르며 아쉽다는 듯 입맛을 다셨다. "정말 아까워요."

호이 탄은 신을 믿었다. 신이 강간과 살인을 지지하지 않는다고 확신했다. 두테르테가 정말로 그 선교사를 강간하고 싶어 했다고는 생각하지 않았다. 하지만 두테르테가 범죄자들을 죽일 수 있다고는 생각했다. 호이는 DDS에서 두 번째 D가 무엇을 뜻하는지 알았다. 하지만 암살이 살인이라고는 생각하지 않았다.

코타바토시에 살던 호이는 십 대 때 차로 두 시간 거리인 다바오시의 병원에 다녔다. 똑같이 십 대이던 사촌이 다바오시까지 동행하기로 했다. 사촌은 다바오에서 경비원 자리를 구할 생각이었다.

사촌은 다바오시에서 버스를 타야 갈 수 있는 코타바토의 고향 마을에서 마리화나를 피웠고, 이따금 무장 강도에 가담했다.

사건이 벌어진 날, 호이와 사촌은 다바오에 있었다. 어느 여름 아침 10시쯤이었다. 호이는 병원에 갈 준비를 하고 있었고, 사촌은 바닥에 누워 텔레비전을 보고 있었다. 여러 친척 아저씨와 아주머니, 사촌들이 집안 여기저기 흩어져 있었다. 그때 선거 집회에서 무료로 받았을 만한 청바지와 티셔츠 차림의 평범한 남성이 노크도 하지 않고 집으로 들어왔다.

남성은 호이의 사촌을 찾고 있었다.

사촌이 답했다. "전데요. 무슨 일이죠?"

"잘 들어, 친구. 새벽에 코타바토로 옥수수를 배달하는 트럭이 있어. 내일 아침까지 목숨이 붙어 있고 싶다면, 살고 싶다면, 그 트럭에 타야 할 거야."

빛바랜 티셔츠 차림의 남성은 침착했다. 호이의 가족도 마찬가지였다. 남성이 떠날 때까지 누구도 입을 열지 않았다. 나중에 이웃들에게 들어 보니 남성은 두테르테 시장의 아들 밑에서 일하는 사람이었다.

호이는 겁이 났다. 친척 아주머니들이 괜찮을 것이라고 호이를 다독였다. 어쨌든 사촌이 잘못했다고, 사촌이 어른들 말을 귓등으로 들었기 때문이라고, 제 고집만 피웠기 때문이라고 했다.

사촌도 그렇게 생각했다. 그래서 코타바토로 향하는 트럭에 타려고 새벽까지 기다리지 않고, 그날 밤 코타바토로 돌아갈 차량을 구했다. 그 뒤로 여러 해 동안 감히 다시 다바오에 발을 들일 생각은 하지 않았다. 그런데 나중에 호이가 깨달았듯이, 사촌은 이 일로 겁을 먹지 않았다. 코타바토의 고향집으로 돌아가서도 몸을 사리지 않았다. 여전히 마약을 하고, 기회만 나면 물건을 훔쳤다. 하지만 두테르테의 도시에서는 절대 그런 짓을 하지 않았다.

호이 탄은 1982년 민다나오섬 북코타바토의 한 바랑가이에서 태어났다. 반군과 정부군의 전투지에서 매우 가까운 곳이라, 어린 시절 아부바카르 캠프에서 쏘아 올린 대포 소리를 심심찮게 들었다. 그때마다 아버지는 또 전쟁이군, 이라고 말씀하셨다. 그나마 시간 여유가 있을 때는 마대에 냄비와 프라이팬을 쓸어 담은 뒤 고등학교로 피신하기도 했지만, 코앞에서 총격이 벌어질 때는 집 아래 지하 벙커로 숨는 것이 최선이었다.

호이는 가족이 무엇을 피해 도망치는지 알 수 없었다. 아무도 무슨 이유로 전쟁이 벌어졌는지 설명해 주지 않았다. 호이는 라디오와 아버지의 다급한 지시에서 여러 단어를 주워 모았다. MNLF(모로 민족해방전선), NPA(신인민군), MILF(모로 이슬람해방전선), BIFF(방사모로 이슬람자유전사), 날강도 집단. 호이가 아는 것이라고는 무슬림이 적이라는 것이었다. 사람들은 장비가 불에 타거나 가축이 사라지거나 총성이 울리면 죄다 무슬림 소행으로 돌렸다. 무슬림 남성이 눈앞에 나타나면 도망쳐야 한다고 가르쳤다. 여러 해 동안 포격, 급습, 휴지기가 이어졌다.

이런 위험 때문에 가족은 종종 주 경계선을 넘어 다바오에 갔다. 다바오시 빈민가에 일가가 마련한 집이 한 채 있었다. 듣자 하니 다바오에서는 시장이 도시의 안전을 유지한다고 했다.

대학을 마친 호이는 고향을 떠나 전 세계 사람들이 찾는 세부로 가서 조부모와 함께 살았다. 호이가 마음에 드는 일자리를 구하지 못하자, 조부모가 호이를 여섯 달짜리 조리사 자격증 과정에 보냈다. 호이는 그곳에서 남편을 만났다. 남편은 다정하고 상냥한 사람이었다. 마약 중독에서 벗어나는 중이었고, 길거리에서 벗어나게 하려는 가족의 도움으로 요리 학원에 다니고 있었다. 남편 가족이 재활원보다 요리 학원이 낫다고 생각했기 때문이다. 호이와 남편은 결혼 뒤 비사야제도의 레이테섬으로 이주했다. 남편이 식당에서 요리사로 일했고, 두 사람 사이에 아들도 생겼다. 안락한 삶이 이어졌다. 슈퍼태풍 하이옌이 비사야제도를 덮쳐 쑥대밭으로 만들기 전까지는.

부부는 모든 것을 잃었다. 그래도 목숨은 건졌다. 한동안은 생존이 전부였다. 목에 풀칠을 하고, 아들의 목숨을 지켜야 했다. 그 와중에 아키노 정권의 내무장관이 정부의 하이옌 대응을 놓고 타클로반시 시장과 설전을 벌였다. 뉴스에서 국제 사회의 지원을 보도했지만, 레이테섬의 작은 자치구에 사는 호이 가족에게는 어떤 구호물자도 도착하지 않았다.

호이는 화가 났다. 아키노 정부의 안이한 대처에 화가 났다. 두 해 뒤 무능한 정부 탓에 마긴다나오주 마마사파노의 옥수수밭에 투입된 경찰 특공대 중대 하나가 전원 전사했을 때도 화가 났다. 2016년 초에는 한층 더 화가 났다. 코타바토주 주도인 키다파완에서 흉작에 따른 국가식량청의 쌀 공급 차질로 시위가 일어나 농부 셋이 죽고 백 명 넘는 사람이 다쳤기 때문이다. 무엇보다 호이를 화나게 한 것은 하이옌 뒤 피난처를 찾아 코타바토의 고향집으로 가족을 데려갔을 때 오빠와 사촌들이 마약에 찌든 나머지 리과산 습지에서 불법 마약을 사려고 집안의 금품을 훔치는 현실이었다. 호이는 화를 이기지 못하고 필리핀 마약단속청 국장에게 편지를 쓰기 시작했다. 마약에 연루된 식구들의 이름, 주소, 자세한 신상을 적어 보냈다. 나머지 식구가 평안을 얻기 위해서라도 오빠와 사촌들을 체포해 달라고 정부에 간청했다.

호이는 줄곧 화가 나 있었다. 그러던 어느 날 로드리고 두테르테가 드디어 대통령 선거에 출마하겠다고 선언했다.

호이는 텔레비전에서 두테르테를 보았다. 마치 예수님을 보는 느낌이었다.

남편이 두테르테가 방송에 나온다고 문자를 보낼 때마다 집으로 달려가 곧장 텔레비전 앞에 앉아 예수님의 말씀을 들었다. 방송을 볼 때마다 눈물이 흘렀다. 두테르테의 인터뷰와 연설, 짧은 영상을 찾을 수 있는 한 모두 찾아내 보고 또 보았다. 예수님이 나를 구해 줄 거야. 예수님이 나를 구제해 줄 거야. 예수님은 이해하셨어.

호이도 DDS에서 두 번째 D가 무엇을 뜻하는지 알았다. 그래도 두렵지 않았다.

로드리고 두테르테에게 투표하려면 먼저 믿어야 할 것들이 있었다. 이를테면 두테르테가 강직한 사람이라고 믿어야 했다. 두테르테는 강간한 적이 없고 강간할 마음도 없다고 믿어야 했다. 두테르테가 가난하거나, 한때 가난했거나, 가난한 사람들과 어울려 살았다고 믿어야 했다. 운명을 믿어야 했다. 신을 믿어야 했다. 신이 죽음을 부르는 독재자들을 유난히 선호한다고 믿어야 했다. 대통령직은 운명이고, 로드리고 두테르테는 필리핀을 이끌 운명이니까.

로드리고 두테르테를 믿고 지지하려면 두테르테가 용감하다고 믿어야 했다. 두테르테가 장차 미국과의 군사 협정을 폐기할 것이라고, 또 버락 오바마가 개자식이라고 믿어야 했다. 중국을 두려워하거나, 아니면 사랑해야 했다. 그도 아니라면 로드리고 두테르테가 중국의 영토 침략에 맞서 기꺼이 제트 스키를 타고 공해로 나가, 중국이 점령한 남중국해 분쟁 도서에 국기를 꽂을 각오가 되어 있다고 믿어야 했다.

로드리고 두테르테를 믿고 지지하려면 두테르테가 살인자라고 믿거나, 아니면 사람을 죽인다는 두테르테의 말이 농담이라고 믿어야 했다. 필리핀이 마약 국가가 될 위험이 있다고 믿거나, 두테르테가 지지세를 늘리려고 일부러 공포를 부추긴다고 믿어야 했다. 마약 중독은 범죄이고 마약 중독자는 사람이 아니라고, 그러니 이들을 학살하는 것은 용인할 수 있는 공공 정책이라고 믿어야 했다. 두테르테라면 짧게는 석 달, 길어야 여섯 달 안에 범죄, 부정부패, 불법 마약을 사라지게 할 수 있다고 믿어야 했다. 우범자들에게 시에서 떠나라고 명령해 평화를 지킨 시장이라면 우범자가 국민인 국가에서도 성공할 수 있으리라고 믿어야 했다. 살해 대상은 마약왕과 강간범일 것이라고, 단지 마약왕과 강간범일 뿐 리과산 습지에 가서 메스암페타민* 봉지를 가져오는 사촌은 아니라고 믿어야 했다. 총성이 울리기 전에 경고가 있으리라고 믿어야 했다.

로드리고 두테르테를 믿고 지지하려면, 두테르테가 공정하다고 믿어야 했다. 두테르테가 정직하다고 믿어야 했다. 두테르테가 소수의 유력 정치 가문인 올리가르히에 물들지 않았고, 누구에게도 신세 지지 않아 얽매일 것이 없다고 믿어야 했다. 두테르테가 자기 아버지라고 믿어야 했다. 자기 인생의 구원자라고 믿어야 했다. 자신이 두테르테를 홍보할 만큼 두테르테를 사랑하니, 두테르테도 자신을 사랑한다고 믿어야 했다.

> 대선 이틀 전, 마닐라 루네타공원 키리노 그랜드스탠드에서 열린 최종 유세. 추정 인파 60만 명.

두테르테 시장이 무대 가장자리에서 뒤로 물러서 있다. 자기가 무대 가장자리에 서면 저격수들의 표적이 되기 때문이라는 것이 이유였다. 두테르테는 저격수들이 자신을 노린다는 말을 들었지만, 자기는 용감한 사람이니 숨지 않겠다고 했다. 그리고 무대 앞으로 나와 지지자에게 가까이 다가갔다. 엿 먹어라, 이 저격수야. 어디 한번 해 봐. 쏴 보라고. 나는 죽을 각오가 돼 있어. 죽일 테면 죽여봐. 필리핀 국민을 위해 기꺼이 죽을 테니까. 나를 죽이려거든 바로 오늘 밤 여기서 죽이는 게 좋을 거야. 내가 승리하면 직접 너희를 죽일 거거든. 두테르테는 정확히 누구를 죽일 계획인지는 밝

---

* 흔히 쓰는 명칭인 필로폰, 히로뽕은 2차 세계대전 당시 일본에서 판매된 메스암페타민의 상품명이다.

히지 않았다. 그래도 우레와 같은 함성을 지르는 군중은 두테르테의 목표가 자신들이 아니라는 것을 알았다.

두테르테 시장이 국기에 입을 맞췄다. 군중이 환호했다. 나는 그러지 않았다.

나는 두테르테의 연설을 보려고 이곳에 왔다. 택시를 타고 키리노 그랜드스탠드에 온 목적은 마지막 유세를 취재하는 것이 아니다. 나는 여기 언론인으로 온 것이 아니다. 나는 이미 3000 단어 분량의 기사에서 두테르테의 여성 혐오를 고발했고 유혈 사태를 경고했다. 그렇다고 나는 두테르테가 아니라고, 두테르테에게 투표하지 않겠다고, 두테르테만 아니면 누구에라도 투표하겠다고 적지는 않았다. 나는 기자이지 저항 운동을 하는 사람이 아니다. 그래도 이곳에서는 신중하게 기자 신분증을 뒷주머니에 집어넣었다.

군중이 거대한 동물처럼 격렬하게 움직이며 웃고 환호했다. 나는 어깨로 사람들을 밀치며 안으로 파고들어 슬며시 철제 바리케이드를 지났다. 비쩍 마른 빨간 머리 십 대 소년과 하늘을 향해 움켜쥔 주먹을 사진으로 남기는 땅딸막한 남성 사이를 비집고 인의 장벽 안으로 들어갔다. 어떤 사람이 내게 미소를 짓더니, 가방으로 내 코를 누르는 남성을 노려보았다. 남성이 한 발짝 앞으로 움직였다. 머리 위로 드론들이 날았다. 나는 까치발로 선 채 글을 써보려고도 하고, 머리 하나 위쪽의 시원한 공기를 들이마셔 보려고도 했지만, 결국 다 포기했다. 공기에 땀 냄새와 향수 냄새, 열기가 가득 차 있었다. 공포의 냄새도 났다. 내게서만 나는 냄새였다.

무대에 두테르테 시장이 있었다. 빨간색 반소매 티셔츠의 오른쪽 가슴팍에 두테르테의 약자인 'Du30'가 수놓아져 있었다. 뒤쪽으로 측근들이 두테르테를 에워싸고 멀뚱하게 서 있었다. 노란빛이 호를 그리며 번쩍이더니 환히 빛났다.

두테르테가 말했다. 기억하세요. 나는 평범한 사람입니다. 선거운동 전에는 아무도 내 얼굴을 몰랐다는 걸 기억하세요. 나는 내가 대단하다고 주장하지 않습니다. 똑똑하지도 않아요. 졸업생 대표도 못 해 봤어요. 나는 그저 시장일 뿐입니다. 평범한 필리핀인입니다. 남들과 다른 게 있다면 개자식들한테 분노한다는 것뿐이에요. 내가 다른 건 죄다 젬병이지만, 죽음에는 전문가입니다. 이제 두테르테가 어떤 사람인지 모르는 사람이 없습니다. 다들 나를 아주 잘 알아서, 한 번은 어떤 여자가 내 손을 붙잡고 놓아주지 않아 손이 부러질 뻔했어요. 그 여자가 다른 데를 움켜쥐었으면, 한 번 진하게 했을 겁니다. 그런데 참 아쉽게도 내 손만 잡더라고요.

내 옆에 있던 소년이 웃음을 터트렸다. 내가 군중 사이에 설 수 있게 공간을 만들어 준 친절한 남성도 웃음을 터트렸다.

두테르테 시장이 말을 이었다. 나는 화가 납니다. 필리핀이 겪고 있는 어려움에 누군가는 책임을 져야 합니다. 중국이 우리 섬들을 점령하기 시작했을 때 왜 무력으로 저항하는 선박이 한 척도 없었습니까? 왜 통근자들이 날마다 2킬로미터나 길게 줄을 서야 하고, 그렇게 몸을 욱여넣은 열차는 왜 걸핏하면 고장이 나 멈춰 서는 겁니까? 왜 이들이 고속도로를 걸어야 하고, 여성들이 길가에 개구리처럼 앉아 오줌을 누어야 합니까? 왜 지켜지는 약속이 하나도 없는 겁니까? 왜 필리핀 국민은 굶주리고, 슬퍼하고, 애원해야 합니까? 이 개 같은 정부는 도대체 뭐 하는 곳입니까?

나를 지켜보세요. 나를 바라보세요.

우리는 두테르테를 보았다. 두테르테에게서 눈을 떼지 않았다.

내가 약속합니다. 나는 필리핀 국민을 위해 우범자들을 두드려 패고 죽이고 모욕하겠습니다. 여러분이 찾는 후보가 가난한 사람이라면 내게 투표하세요. 먹고살 길을 찾고 있다면 내게 투표하십시오. 정부를 믿지 못하겠다면 내게 투표하세요. 내가 지주, 설탕 재벌, 부자, 엘리트주의자들에게서 여러분을 보호하겠습니다. 여러분이 5헥타르를 경작해야만 먹고살 수 있다는 현실을 모르는 자들에게서 여러분을 지키겠습니다. 지금 저자들은 두려워하고 있습니다. 여러분을 저지하고자 저 부패한 개자식들이 하나로 뭉치고 있습니다. 이제 여러분이 그동안 겪은 고난과 멸시를 저자들에게 돌려줄 때입니다.

아마 사람들은 나를 우습게 여길 겁니다. 괜찮습니다. 여기 학교에서 우등 학위를 받은 사람이 있습니까? 여기 쿰 라우데cum laude(우등)로 졸업한 사람이 있어요? 숨 마 쿰라우데summa cum laude(최우등)는요? 왜 졸업생 대표였던 사람을 국가 지도자로 선택합니까? 왜 와튼 스쿨을 졸업했다는 사람을 우러러봅니까? 여러분 중 간당간당하게 학교를 졸업한 사람은 없나요? 아슬아슬하게 75점을 받은 사람, 그래서 간신히 낙제를 면한 사람이요.

우리 같은 사람한테 투표하십시오. 여러분과 나 같은 사람에게요. 우리 같은 사람은 많습니다. 범죄자를 옹호하는 사람에게는 투표하지 마십시오.

인권을 보호한다는 법들은 잊어버리십시오. 인간이 만든 규제는 잊어버리십시오. 하늘을 올려다보십시오. 하느님의 영원한 정의가 보일 겁니다. 저 개자식들은 감히 우주의 어떤 권리로 메스암페타민을 만든답니까? 저 광활한 하늘 어디에서 필리핀 아이들에게 마약을 공급할 허가증을 받았답니까? 저자들의 어머니는 도대체 무슨 죄랍니까? 저자들의 아버지는 무슨 잘못이랍니까? 저자들은 왜 열두 달, 열여덟 달, 열두 살짜리 아이들의 생명과 몸을 망가뜨린답니까? 답해 보십시오. 나는 법을 따를 겁니다, 그러지요 뭐. 적법 절차, 무죄 추정 같은 것들 말입니다. 하지만 누구도 내 조국의 아이들을 망가뜨리게 내버려두지 않겠습니다. 거기에 목숨을 걸 겁니다. 그러니 정부를 무너뜨리고 반란을 일으키십시오. 나는 이 나라를 보호할 겁니다. 기꺼이 지옥에 가 사탄의 꼬리를 잡아당기겠습니다. 나는 두렵지 않습니다.

나는 거기 서서 두테르테의 말을 빠르게 노트에 휘갈겨 적었다.

저 엘리트주의자들. 우리 대 그들. 저자들을 죽이겠다.

달궈진 조명이 열기를 내뿜었다. 내 뒤에 선 여성이 새된 목소리로 두테르테의 이름을 외쳤다. 우등 학위를 받은 나까지 환호하고 싶은 충동을 느꼈다.

지켜보세요. 나는 해낼 겁니다. 여러 해가 필요하지 않습니다. 여러 달이 필요하지도 않습니다. 집무실에 들어가는 첫날부터 시작할 겁니다. 부패한 자, 범죄자, 비리 경찰, 마약상들을 추적할 겁니다. 마약에 연루된 놈들, 너희 개자식들 말이야, 내가 너희들을 죽여 버릴 거야. 나는 참지 않을 거야. 타협하지 않을 거야. 너희 멍청이들이 나를 죽이든가, 내가 너희를 죽이든가 둘 중 하나일 거다.

인권 옹호자라는 자들은 멍청한 범죄자들을 보호합니다. 나는 범죄자들을 죽일 수 있습니다. 여러분 앞에서 그렇게 하겠습니다. 설사 목숨, 명예, 대통령직을 걸어야 하더라도 그렇게 하겠습니다.

내 말 명심해, 이 개새끼들아. 귓구멍 열고 눈깔 크게 뜨고 잘 들어. 나는 꼭 그렇게 할 거야.

호이 탄은 로드리고 두테르테를 향한 사랑을 증명하고자 아수스 K424 노트북, 지갑에 남은 마지막 500페소, 그리고 페이스북 친구 수십 명을 포기했다. 아수스 노트북은 동생이 선물한 것이었지만 원래 가치의 4분의 1밖에 안 되는 5000페소를 받고 전당포에 넘겼고, 그 돈을 두테르테 홍보용 무료 티셔츠를 인쇄하는 단체에 기부했다.

아부다비에 살던 하손 키손은 로드리고 두테르테에 대한 헌신을 드러내고자 321킬로미터 떨어진 도하행 비행기표를 예약했다. 투표하려면 재외 선거인 주소지로 등록한 도하의 대사관에 가야 했기 때문이다. 하손의 말을 빌리자면 "정치적으로 온건한" 부모에게는 두테르테 시장에 투표하지 않으면 두 사람에게 보내는 송금을 보류하겠다고 엄포를 놓았다. 부모님은 두테르테에게 투표했다.

돈돈 찬은 로드리고 두테르테에 대한 지지를 보여 주고자 다바오시의 경이로움을 침이 마르게 찬양했다. 두테르테에게 투표하면 필리핀이 다바오처럼 될 것이라는 게시물을 페이스북에 올렸다. 같은 내용을 댓글 창에도 적고, 친구들에게도 말하고, 그게 누구든 두테르테에 대해 의문을 제기하는 실수를 저지른 사람에게도 말했다. 자신이 다바오에 가 본 적이 없다는 사실은 밝히지 않았다.

앤 발데스는 로드리고 두테르테의 사랑을 얻고자 날마다 지인을 죄다 두테르테 지지자로 만들 선거 활동을 벌였다. 남편을 설득했다. 가족을 설득했다. 친구들을 설득했다. 온라인에서 이름이 거룩히 여김을 받으시는 하느님 아버지 같은 두테르테가 아닌 다른 후보를 선택하겠다는 무분별한 사람을 만나면 빠짐없이 설전을 벌였다.

한 친구에게는 도대체 왜 다른 사람에게 투표하려 하느냐고 따졌다.

"우리 고향에서는 주민 대다수가 곧 두테르테였어요." 앤 발데스가 내게 한 말이다.

2016년 6월 30일, 새집으로 이사하던 날, 앤은 5페소짜리 동전 여섯 개를 현관 앞의 덜 굳은 시멘트에 박아 넣었다. Du30를 기리는 30페소였다. 앤 부부의 이삿날이자, 앤의 노력 덕분에 대통령이 된 아버지 두테르테의 취임식 날을 기리기 위한 30페소였다.

나는 로드리고 두테르테에게 투표하지 않았다. 트라우마를 취재하는 기자라고 해서 죽음에 익숙해지지는 않았다. 나는 그저 죽음을 자주 목격하고, 자주 보도하고, 그때마다 두 번 다시 죽음을 보지 않기를 바랐을 뿐이다. 나는 배낭에 담긴 갓난아이, 실종된 여학생들, 언론인 학살을 기사로 다뤘다. 사람들이 마음속으로 여학생들이 무사했으면, 언론인들이 살아 있었으면, 갓난아이의 목숨이 보라색 자수가 뜯겨 나간 잔스포츠 배낭에 처박힌 채 끝나지 않았으면 하고 바라리라고 믿었기 때문이다. 나는 기사를 쓸 때 내 아버지 같은 사람들, 집에 앉아 신문을 펼치고 내 칼럼을 읽다가 고개를 절레절레 흔드는 사람들을 독자로 삼았다.

아버지가 전화로 내게 말씀하시곤 했다. 그 갓난아이 말이다, 정말 끔찍하더구나.

결국 언론 활동은 신념에 기반한 행위다.

대선 석 달 전, 나는 사회학자 니콜 큐라토와 협업해 오피니언 시리즈를 래플러에 게재했다. 〈미리 그려 본 대통령〉은 모든 대통령 후보의 자기 서사와 평론가의 비판을 결합해 대통령이 되었을 때 나타날 특성을 그린 연재물이었다. 우리는 무엇이 유권자들의 마음을 울렸는지 파악하고자 후보의 신화와 실제를 비교했다.

대선을 딱 한 주 앞둔 5월 2일, 마지막 연재를 실었다. 연재는 다음과 같은 경고로 끝을 맺었다. "로드리고 두테르테가 승리한다면, 그 독재 정부는 우리가 억지로 강요당한 정부가 아닐 것이다. 우리 스스로 선택한 정부일 것이다. 지금까지 우리 사회가 이룬 모든 진보가 두테르테의 등장으로 빛이 바랬다. 인권, 적법 절차, 법의 평등한 보호를 무시하는 두테르테의 발언이 연설이 끝날 때마다 쏟아진 박수로 정당성을 얻었다. 우리는 경고하는 의미에서 이 글을 쓴다. 로드리고 두테르테가 공약을 지킨다면 거리가 붉게 물들 것이다. 두테르테의 발언을 믿으시라. 그리고 당신이 다음 표적이 될 수 있다는 것을 인식하시라."

이 문장들이 기사에 실린 지 채 하루도 지나지 않아 후회가 밀려왔다. 현직 기자에게 요구되는 절제라고는 찾아보기 어려운, 감정과 흥미를 자극하는 문장이었기 때문이다. 내게 그럴 권한이 있었다면 이 문장들을 삭제했을 것이다.

2016년 6월 30일, 우리는 두테르테가 되었다. 거리가 붉게 물들었다.

2부
대학살

처치,
일상이 되다

    로드리고 로아 두테르테는 다섯 명이 출마한 선거에서 필리핀 공화국 대통령으로 당선되었다. 두테르테가 받은 표는 약 1660만 표로, 아키노 대통령이 지지한 여당 후보보다 약 660만 표나 많았다. 접전과는 거리가 먼 선거였다. 부통령 선거는 이야기가 달랐다. 필리핀 민주주의의 변동성이 고스란히 드러난 결과였다. 인권 변호사이자 하원의원 출신으로 아키노의 측근인 레니 로브레도가 독재자의 아들 페르디난드 '봉봉' 마르코스 주니어와 치열한 접전을 벌인 끝에 26만 표 차이로 승리했다. 봉봉 마르코스가 개표 부정을 주장하며 재검표를 요청했지만, 대법원은 마르코스의 이의 제기를 기각했다.

    2016년 6월 30일 정오, 전직 시장 두테르테가 **바롱 타갈로그**─파인애플 섬유로 짠 부드러운 직물에 수를 놓은 전통 의상─와 평

상복 바지를 입고 대통령 취임 선서를 했다. 그리고 말라카냥궁 연단에서 취임사를 낭독했다. 두테르테는 먼저 전직 대통령들, 그리고 내빈으로 참석한 고위 인사들에게 감사 인사를 전했다. 에이브러햄 링컨과 프랭클린 루스벨트를 인용해 모든 조약과 국제적 의무를 존중하겠다고 맹세하고, 적법 절차와 법치를 한 치의 타협도 없이 준수하겠다고 약속하고, 범죄 행위와 불법 마약 사용은 뿌리 깊은 사회 병폐의 "증상일 뿐"이라고 한발 물러섰다. 두테르테는 **누구를**, **실제로**, **민주적** 같은 단어를 사용했다. 선거 기간 내내 교화와 존중을 거칠게 비난했던 사람치고는, 취임사를 읽은 그 15분 동안 가장 정치인다운 모습을 보였다.

두테르테가 취임사에 넣지 않은 내용도 있었다. 계엄령을 내리겠다고 위협하지 않았다. 중독자를 처단하라고 지시하지 않았다. 누구에게도 개자식이라고 욕하지 않았다. 살해, 총살, 죽음, 강간, 씨발 같은 단어를 한마디도 사용하지 않았다. 요컨대 이제 두테르테는 시장이 아니었다.

두테르테는 저녁 8시 45분에 다시 모습을 드러냈다. 바롱 타갈로그를 벗고 줄무늬 폴로 셔츠에 소매를 걷어 올린 네이비블루 재킷을 걸친 차림이었다.

국영방송사에서 방영한 프로그램에 따르면 이 행사는 '빈곤층과의 연대 만찬'이었다. 장소는 빈민 지구인 톤도의 대형 체육관, 델판 스포츠센터였다. 지시에 따라 등장한 빈민들이 오렌지색 벽의 체육관을 가득 메웠다. 농구 코트 위에 마련된 긴 플라스틱 탁자 위에 하얀 식탁보가 깔리고 스티로폼 음식 용기가 놓였다.

당시 인구가 63만 363명이던 톤도는 항구 옆으로 다닥다닥 붙은 판잣집들이 사방팔방으로 펼쳐진 빈민 지구였다. 바로 옆으로 마닐라의 도축장과 성당들이 자리 잡고 있었다. 21세기 초 여러 사진가가 꾀죄죄한 모습으로 쓰레기 더미를 뒤지는 톤도의 어린아이들을 강렬한 흑백 사진에 담아 명성을 얻었다. 외국 선교사들이 굶주리는 영혼들을 예수의 이름으로 구하겠다며 이곳에 선교 시설을 세웠다. 사업에 밝은 관광 가이드들은 인당 25달러짜리 빈민촌 관광 상품을 내놓았다. 이 "특별한 경험"은 트립어드바이저에서 별 다섯 개를 받았다.

대통령직을 맡은 첫날 저녁, 로드리고 두테르테 대통령 각하께서 마이크를 들고 선전포고를 내렸다. 개자식들은 죽음을 맞을 것이다. 저 자식들이 우리나라와 아이들을 망가뜨리고 있다. 마약에 손대지 마라. 그랬다가는 내가 죽여 버리겠다. 오늘 밤은 아닐 수도, 내일은 아닐 수도 있다. 하지만 설사 6년이 걸릴지라도 언젠가는 그렇게 될 것이다.

"그러니 지금도 마약에서 손을 떼지 않은 사람들이 있다면, 경고는 선거 운동 기간에 할 만큼 했습니다. 여러분, 잘 들으세요. 여러분한테 벌어지는 일이 여러분의 형제자매, 배우자, 친구, 자식들에게 일어날 수 있습니다. 여러분이 직접 그들에게 말해야 합니다. 이건 남 탓할 문제가 아닙니다. 나는 이미 멈추라고 말했습니다. 이제 그들에게 무슨 일이 벌어진다면, 그건 그들 탓입니다. 그들이 자초한 일이에요."

지지자들은 두테르테가 자기네 아이들을 총으로 쏘겠다고 위협하는 와중에도 환호했다. "누군가의 아이가 중독자라면, 여러분 손으로 그 아이를 죽이세요. 그래야 그 부모들에게 고통스럽지 않을 테니까."

몇 시간 지나지 않아, 자기 행동의 대가를 치른 첫 피살자가 신원 미확인 남성으로 공식 기록에 올랐다. 남성의 시신은 새벽 3시, 두테르테 대통령이 몇 시간 전 연설했던 델판 종합 체육관에서 도보로 5분 거리인 톤도 뒷골목에 버려진 상태로 발견되었다. 남성은 청바지에 빨간 셔츠, 파란색 신발 차림이었다. 경찰이 추정한 나이는 스물다섯에서 서른 살 사이였다. 키는 작아 150센티미터가 조금 넘었고, 왼쪽 귀 바로 뒤에서 총을 맞았다.

가슴팍에는 '나는 중국인 마약왕이다'라고 적힌 골판지가 놓여 있었다.

상황을 염려한 어느 시민이 경찰에 신고했다. 신고 내용이 목격자에서 바랑가이 경비원으로, 경비원에서 항만청으로, 항만청에서 치사 수사관에게로 차근차근 전달되었다. 수사관에게 전달된 신상 정보는 "약식 처형의 피해자로 추정되는 남성"이었다.

이런 살해를 가리키는 용어가 또 있다. 비사법적 살해, 자경단식 살인, 표적 암살. 그리고 필리핀에서 이런 특수한 죽음을 표현하는 특수한 단어 하나가 발달했다. 바로 salvage다.

모순어는 야누스처럼 상반되는 이중 의미를 지닌 단어다. Off는 연결이 끊겨 작동하지 않는다는 뜻도 있고, 평소 상태에서 벗어나 작동한다는 뜻도 있다. 그래서 알람이 off하면 꺼질 수도 있고 울릴 수도 있다. Out은 밖으로 나와 드러난다는 뜻도 있고 밖으로 나가 사라진다는 뜻도 있다. 그래서 해가 지평선 너머로 out해 지면, 달이 밖으로 out해 뜬다. 모순어는 그 자체로 상반된 뜻을 지녀, 영어에서 특정 품사로 분류하기 어렵다. He left(그는 떠났다).

She was left(그녀는 남겨졌다). He ran fast(그는 빠르게 달렸다). She held fast(그녀는 꽉 붙잡았다). He sanctioned the killings(그는 살해를 승인했다). She sanctioned the killers(그녀는 살해자들을 제재했다).

내 조국에서는 **salvage**가 모순어다. 다른 나라에서는 salvage가 희망을 전하는 단어다. 구조한다는 뜻이기 때문이다. 그 대상은 선박일 수도 있고 사람일 수도 있다. 구조를 뜻하는 **salvage**와 구원을 뜻하는 **salvation**은 같은 어원인 **salvus**에서 나왔다. salvus의 뜻은 "안전하게 하다"이다. 누가복음에 이런 말씀이 있다. "예수께서 이르시되 오늘 구원이 이 집에 이르렀으니 이 사람도 아브라함의 자손이로다. 인자가 온 것은 잃어버린 자를 찾아 구원하려 함이니라."

《옥스퍼드 영어 사전》에서 동사 **salvage** 항목을 보면 주요 정의 세 가지가 나온다. 첫째 정의는 "구조하다, 난파·화재 등에서 구출하거나 꺼낸다"이다. 둘째 정의는 미국과 오스트레일리아에서만 사용하는 것으로, "유휴 물품이나 방치된 물품을 유용"하거나 취하다, 이다. 셋째 정의는 최근 것으로, "재활용을 위해 (폐기물, 특히 종이를) 모으거나 수집하다"이다.

그런데 또 다른 의미가 있다. 2015년 《옥스퍼드 영어 사전》이 salvage 항목에 초안 정의라는 것을 추가했다.

필리핀 영어. (범죄 용의자를) 재판 없이 체포하거나 처형하다.

우리 필리핀 사람들이 쓰는 salvage의 용법은 스페인어에서 비롯했다. **salvaje**는 콩키스타도르가 들여온 형용사로 영어에서는 'wild'로 번역된다. 우리는 **salvaje**를 받아들인 뒤 필리핀어에 맞춰

동사 **salbahe**로 바꿨다. 역사가 암베스 오캄포가 이 변화를 내게 설명해 주었다. "필리핀에서는 **salvage**가 다르게 쓰입니다. **Sinalbahe**는 그 사람이 잔인한 공격을 받았다는 뜻입니다. 그 사람이 잔인하다는 뜻이 아니라요. 게다가 우리는 스페인어 형용사 **salvage**를 동사 **sinalvaje**로 만든 뒤 j를 g로 바꿔 읽었어요."

만약 1972년에 계엄령이 선포되지 않았더라면 아마 **salbahe**는 결국 영어 savage로 번역되었을 것이다. **Sinalbahe**는 savaged(잔인하게 공격했다), **sinasalbahe**는 savaging(잔인하게 공격하고 있다), **sasalbahiin**은 will savage(잔인하게 공격할 것이다)로. 하지만 계엄령은 선포되었고, 그와 함께 살육이 시작되었다. 이때 **salbahe**가 **salvage**로 바뀌어 영어처럼 쓰였다. 이것은 발전이 아니라 변조였다. 시인이자 언론인 호세 F. 라카바는 이 변형이 두 단어의 "시각적 유사성" 때문에 일어났다고 주장한다. 라카바는 이런 변형을 영어화라 부른다. 오캄포는 필리핀식 영어라고 부른다.

1991년 필리핀 구금자 특별위원회Task Force Detainees가 발간한 《인권 용어집》은 **salvaging**을 "정부 요원이 적법 절차를 위반하거나 침해하고 저지르는 처형"이며, "국제적 용어인 비사법 처형과 약식 처형에 상응"한다고 정의한다. 이 위원회는 마르코스가 계엄령을 선포한 뒤로 17년 동안 적어도 1217명이 처치당했다고 보고했다. 국제앰네스티는 그 수를 3240명으로 추산했고, 미국 역사가 알프레드 맥코이는 3257명으로 집계했다.

국제적 간행물들은 **salvage**라는 단어를 사용할 때 대체로 신중하게 따옴표를 붙인다. 이를테면 1994년 1월 30일 자 《워싱턴포스트》는 필리핀에서는 "상습범에 대한 적법 절차가 '처치'로 알려진 비사법적 처형으로 대체되기도 한다"고 보도했다. 제네바에 사무국을 둔 국제법률가위원회International Commission of Jurists는 1984년 필리핀 파견 조사단의 보고서에 "필리핀에서는 경찰이 고문과 이른바 '처치'에 의존한다는 것이 실제로 공공연하게 널리 알려진 일이다"라고 언급했다. 인권 옹호가 이언 게스트는 저서에서 "필리핀의 페르디난드 마르코스 대통령 정권 때 치안 부대는 우범자를 '살해'하지 않았다. '처치'했다"고 적었다. 《옥스퍼드 영어 사전》은 1980년 캐나다 토론토의 일간지 《글로브&메일》이 필리핀의 계엄령을 다루며 적은 한 문장을 그해부터 salvage의 예문으로 실었다. "이들 말고도 정치 활동가 303명이 군에 '처치'되고 암살되었다고 알려졌다."

필리핀어 사전 대다수에서는 살인이라는 뜻의 salvage를 찾아볼 수 없다. 학술용으로 사용하는 여러 영어-필리핀어 사전도 마찬가지다. 하지만 우리 필리핀 아이들은 누구나 salvage의 뜻을 안다. 우리는 이 단어의 철자를 배우기도 전에 뜻부터 알게 된다. 다른 나라에서는 이 단어를 들을 때 우리처럼 오싹한 공포를 느끼지 않는다는 것을 알기 훨씬 전부터 그 뜻을 알게 된다. 나는 서른일곱 살인 지금도 savage와 salvage가 한 쌍으로 떠올라, 한 단어가 다른 단어에 영향을 미친다. 처치, 하면 잔인함이 떠오르고, 잔인한 사람 하면 장전된 총을 든 남자가 떠오른다. 필리핀에서 처치장salvage yard*은 울타리 안에 판매용 중고차와 빈티지 램프를 늘어놓은 콘크리트 구역이 아니다. 필리핀에서 처치장이란 톤도의 길모퉁이나 새벽녘 고가도로의 서행 차선이다. 피살자의 신원을 밝혀 줄 사람

---

* 영어로 폐차장, 고철 처리장을 뜻한다.

이 있다면 모를까, 필리핀에서 처치장이란 곧 묘지다.

처치는 밤에 일어나곤 했고, 그래서 나도 밤에 일했다. 그때껏 나는 경찰 전문 기자로 일해 본 적이 없었다. 그래서 충격적인 사건 뒤 서서히 나타나는 후유증을 취재하는 데는 익숙해도, 그 시작을 취재하는 데는 익숙하지 않았다. 내게 현장 취재 방법을 가르쳐 준 이들은 사진기자였다. 나는 이들에게 마닐라경찰청 본청의 기자실 바깥에 몇 시간이고 죽치고 앉아 다음 신고를 기다리는 법을 배웠다. 어떤 경찰차가 치사 수사관 것인지, 현장 보고서를 얻으려면 누구에게 연락해야 하는지, 어떤 통신사가 기자 한 명을 더 태울 수 있는 대형 차량과 운전기사를 지원할 여건이 되는지를 배웠다. 우리를 부르는 명칭은 딱히 없었는데, 우리끼리는 야간반이라 불렀다. 외신은 우리를 **야간 특종 사냥꾼**nightcrawler[*]이라 불렀다.

《로스앤젤레스 타임스》 기자 조너선 카이먼이 마약과의 전쟁이 시작된 해 여름 〈마닐라의 야간 특종 사냥꾼을 소개한다: 필리핀에서 벌어지는 마약과의 전쟁 최전선에서 보낸 하룻밤〉이라는 제목으로 독자의 흥미를 끌었다. 기사의 중심은 "아직 시신들이 길바닥에 놓여 있는 사이 마닐라 시내를 질주해 비에 젖은 빈민가나 어두운 골목에 도착하는" 사진기자들이었다. 피와 네온사인으로 도배된 긴장감 넘치는 기사는 리누스 에스칸도르라는 프리랜서 사진기자에 초점을 맞췄다.

카이먼은 에스칸도르의 말을 인용했다. "죽은 사람을 아침에

---

[*] 밤에 돌아다니는 지렁이를 가리키는 말이지만, 밤에 특종을 잡아 언론사에 파는 사람을 가리키기도 한다.

찍으면 유혈이 낭자해 불쾌해 보입니다. 하지만 밤에는 아름다워 보일 지경이죠. 그림자 덕분에 피를 숨길 수 있으니까요. 그러면 색감이 강렬해져요."

카이먼은 이런 사진기자들이 모두 "강력 단속으로 발생하는 인명 피해를 드러낼 만큼 강력한" 사진, 즉 "한 방"을 노리고 있다고 적었다.

'야간 특종 사냥꾼'은 그렇게 태어났다. 마약과의 전쟁이 시작되고 몇 해가 지난 어느 밤, 사진기자 라피 레르마가 내게 말했다. "나는 그 꼬리표가 맘에 들지 않았어. 그런 꼬리표는 달고 싶지 않더라고. 그래도 꼬리표가 떨어지지 않는다면 그냥 둬야지 싶었지. 그래서 내버려뒀어. 그러다 나중에 그 영화를 본 거야."

2014년 영화 〈나이트크롤러〉는 제이크 질런홀이 아마추어 촬영가인 주인공 루이스 블룸으로 등장한다. 루이스는 끔찍한 범죄 현장을 찾아내 영상을 촬영한 뒤 지역 방송국에 판다. 영화 배급사가 제공한 시놉시스는 지역 텔레비전 뉴스를 피 튀기는 스포츠로 묘사한다. "루이스는 야간 특종 사냥이라는 살벌하고 위험한 세계로 거침없이 뛰어든다. 이 바닥에서는 경찰 사이렌 소리 하나하나가 횡재일 수 있고 피해자가 돈으로 환산된다. … 위험천만하게 특종 현장을 끊임없이 추적하는 과정에서 루이스는 자기 손으로 성공의 역사를 써간다." 여기서 말하는 끊임없이 추적하는 과정이란 촬영 대상을 죽음으로 몰아넣는 것까지 포함한다.

라피가 말했다. "그 영화를 몇 분 정도 봤어. 주인공이 아주 비윤리적인 사진기자—"

내가 말을 끊었다. "그 사람은 사이코패스였어요."

"그래. 그렇지. 그 사람이 한 일은 우리가 하려는 것과 정반대지."

프리랜서인 빈센트 고가 더 노골적으로 말했다.

"그건 백인들이 지껄이는 헛소리일 뿐이야. 내가 보기엔 그 사람들이 있지도 않은 사진기자들 이야기를 자극적으로 부풀리려 했던 것 같아. 나는 그냥 웃고 넘겼어."

빈센트는 2016년 7월 6일 처음으로 살해 현장을 찍었다. 아침 5시 3분이었다.

수요일이었고, 라마단이 끝나고 찾아온 이드 알피트르 휴일이었다. 이제 막 동이 터오고 있었다. 신실한 무슬림들이 함께 라마단이 끝난 것을 축하하는 곳인 키리노 그랜드스탠드로 가는 길은 차량이 거의 없었다. 당시 마흔여덟 살의 프리랜서 사진기자이던 빈센트가 차를 몰고 톤도를 지나는데, 제복 차림인 경찰 한 명이 눈에 들어왔다. 경찰이 델판대교 한가운데 서 있었기 때문이다. 경광등을 번쩍이는 순찰차가 북쪽으로 가는 차선을 막고 있었다.

델판 지구는 톤도 맨 아래쪽에 자리 잡고 있다. 10차선 고가도로인 델판대교는 파시그강을 지나 남쪽 직선 도로로 이어지기 직전, 델판의 변두리 주택가를 활처럼 휘어지며 지난다. 빈센트는 급커브길에서 속도를 늦춘 뒤 유턴해 1997년산 낡은 미쓰비시 랜서를 순찰차 뒤에 세웠다. 노란색 출입 통제 테이프와 순찰 오토바이 몇 대가 반원을 이뤄, 땅바닥에 놓인 시신을 둘러싸고 있었다.

사망한 남성은 다리 난간이 드리운 그림자 속에 누워 있었다. 하얀 피부에 맨발이었고, 하얀 셔츠 위로 고급 코트를 걸치고 있었다. 손이 덕트 테이프로 묶여 있었다. 발도 마찬가지였다. 머리에는 검은색 쓰레기봉투가 씌워져 있었다.

빈센트가 경찰에게 고갯짓으로 물었다. 경찰도 까닥 고갯짓으로 답했다. 빈센트는 카메라를 들고 조리개를 맞춘 뒤 첫 범죄 현장 사진을 찍었다.

사진 촬영은 빈센트의 일이었다. 그리고 빈센트는 뛰어난 사진기자였다. 그날은 로드리고 두테르테가 대통령에 취임한 지 겨우 닷새밖에 지나지 않은 날이었다. 언론사 국장들이 프리랜서 기자들에게 처형 희생자의 사진이라면 환영이라고 알렸다. 빈센트는 계속 기다렸다가 범죄 현장 수사관이 도착한 것까지 사진에 담았다. 수사관들은 목격자를 찾지 못했다.

빈센트가 시신을 찾아 나선 것은 이때가 처음이 아니었다. 처음은 열한 살 때였는데, 시신의 주인이 아버지였다.

빈센트의 아버지 에디는 중국계 이민자로, 마닐라 차이나타운에 있는 사무실에서 갖가지 사업을 운영했다. 빈센트는 그 사업들이 정확히 어떤 분야였는지 잘 몰랐다. "중국인들이 돈을 좋아하잖아. 아버지도 예외는 아니었어." 그 덕분에 가족은 계엄령 시기에도 안락한 삶을 누렸다. 아버지는 일하러 나갔고, 어머니는 집안일을 맡았다. 자가용이 두 대였고, 가족 운전기사가 있었고, 네 아이 모두 사립학교에 다녔다.

어느 날 에디가 집에서 편하게 앉아 신문을 읽고 있는데, 군인처럼 머리를 짧게 깎은 무장 괴한들이 집으로 들이닥쳤다. 이들이 에디를 끌고 가려 했다. 에디가 몸부림치며 저항하다 개머리판에 얼굴을 맞았다. 겨우 열한 살이던 빈센트가 괴한 중 한 명에게 달려들었지만, 한 방에 나가떨어졌다. 그리고 그 뒤로 다시는 마주치지 않을 괴한들이 아버지를 집 밖으로 끌고 나가 거리에서 총으로 쏘는 모습을 하릴없이 지켜봐야 했다.

장례식은 치르지 못했다. 시신이 없었기 때문이다. 가족은 에디를 찾아다녔다. 몇 달 동안 에디의 행방을 수소문했다. 병원을 뒤졌다. 시체 공시소를 찾아갔다. 경찰에게 꼬치꼬치 캐물었다. 고모 한 분이 큰돈을 들여 점을 봤더니, 에디가 여전히 살아 있다는 점괘가 나왔다.

그리고 몇십 년 뒤, 에디의 아들 빈센트가 새벽녘 다리 위에 누워 있는 어느 시신의 사진을 페이스북에 기록으로 남겼다.

"2016년 7월 6일 새벽, 마닐라. 덕트 테이프로 묶인 시신 한 구가 마닐라 톤도의 델판대교 북쪽에 팻말과 함께 버려졌다. 시신 위에 놓인 팻말에 '중국인 마약왕 리펑후이'라고 적혀 있다."

영어 문법에서 태voice는 동사의 어형 변화를 일으키는 다섯 요소 중 하나다. 동사는 능동태일 수도 있고 수동태일 수도 있다. **I am writing this sentence**(나는 이 문장을 쓰고 있다)는 능동태다. **This sentence is being written**(이 문장이 써지고 있다)은 수동태다.

《시카고 스타일 매뉴얼》은 태를 이렇게 요약한다. "태는 주어가 행위를 하는지(능동태), 아니면 행위의 영향을 받는지(수동태)를, 달리 말해 주어가 동사의 행위를 수행하는지, 행위를 당하는지를 보여 준다."

빈센트 고가 발견한 시신의 경우, 주어는 시신이다. **덕트 테이프로 묶인 시신 한 구가 마닐라 톤도의 델판대교 북쪽에 팻말과 함께 버려졌다.** 여기서 시신 한 구는 주어, 버려졌다는 동사다. 나머지는 모두 설명이다. 시신은 시체 유기를 돕지 않는다. 자신을 유기하지도 않는다. 유기 행위가 시신을 대상으로 일어나므로, 이 문장은 수동태 구조다.

'능동태를 준수하라'는 언론 기사뿐 아니라 다른 글쓰기에도 대부분 적용되는 격언이다. 조지 오웰은 1946년 저서 《정치와 영어》에서 "능동태를 쓸 수 있는 자리에는 절대 수동태를 쓰면 안 된다"고 진지하게 주장했다. 윌리엄 스트렁크 주니어와 E. B. 화이트는 《글쓰기의 기본 원리》에서 "능동태를 습관처럼 사용하면 힘 있는 글을 쓰는 데 도움이 된다"고 적었다. "능동태를 사용하라"는 이 책의 네 번째 개정판에도 여전히 원칙 14번으로 남아 있다.

작고한 언론학 교수 존 브렘너는 "수동태는 자기네가 두루뭉술 말하는 내용을 어떤 정보원에게 들었는지 차마 말할 용기가 없는 나약한 자, 겁쟁이가 선호하는 것이다"라고 주장했다.

하지만 '능동태를 사용하라'는 원칙은 새벽 세 시에 마닐라의 어느 다리에서 피살자가 발견되는 상황을 고려하지 않는다. 거기서 사람이 죽으려면 피해자를 차에 태워 다리까지 운전한 사람, 차문을 연 사람, 방아쇠를 당긴 사람이 있어야 하는데도, 범죄 현장에 나간 기자는 살해자를 지목할 수 없다. 꼭 지목하고 싶다면, 정부가 파란색 신발을 신은 남자를 처치했다고 말해도 된다. 그 말이 맞을 수도 있다. 하지만 그랬다가는 정부의 신경을 건드려 명예훼손으로 기소될 위험이 따른다. 마르코스 부부 공동 독재 정권이 활동가들을 처치하는 죄를 저질렀다는 사실은 37년이 지났으니 이제 말할 수 있어도, 새로 들어선 로드리고 두테르테 정부가 위험하다고 말하려면 표현을 신중히 가려야 한다.

수동태로 구사한 문장은 사실을 진술한다. 능동태로 구사한 문장은 혐의를 제기한다. **파란색 신발을 신은 사망자가 처치되었다**The dead man in blue shoes was salvaged는 문장은 거기서 끝난다. 2016년 7월 1일 제출된 치사 사건 보고서에 적힌 대로 "군중 중 누구도 이 사건에 대해 정확히 설명하지 못했기" 때문이다.

2016년 동사 **salvage**가 다시금 일상으로 들어왔다. 처치는 본질적으로 수동 구문이다. 중독자는 처치되었다. 마약상은 처치되었다. 파란색 신발을 신은 남자는 처치되었다. 머리에 포장 테이프가 칭칭 감기고 그 위에 마커펜으로 웃는 얼굴이 그려 넣어진 남자도 처치되었다.

태에는 문법 측면에서 흥미로운 또 다른 점이 있다. 태는 오직 타동사에만 있다는 것이다. 자동사는 능동태에서 수동태로, 또는 수동태에서 능동태로 바뀔 수 없다. 어떤 문학적 묘기를 발휘해도 재채기나 지각을 수동태로 쓸 수 없다. 누구도 다른 사람의 죽음을 대신 맞이할 수 없다. **죽다**는 자동사이기 때문이다. 누군가가 죽었다. 그가 죽었다. 그녀가 죽었다. 그들이 죽었다. 이들 중 누가 처치되었든 아니든, 죽음을 맞이한 사람은 주어였지 총을 든 남자가 아니었다.

결국 죽음은 모든 태를 사라지게 한다.

제롬 로아가 처치된 밤인 8월 20일 새벽 2시 56분, 나는 처음으로 피살 현장을 취재했다. 마약과의 전쟁이 두 달째 이어지고 있었다. 톤도 지구에서만 살해된 마약 용의자가 벌써 최소한 열여덟 명이었다. 네 명은 정체불명인 무장 괴한이 쏜 총에 맞았고, 열네 명은 체포에 저항했다는 이유로 경찰에 사살되었다.

나는 4차선 도로인 마닐라항 국제컨테이너미널MICT 진입로 옆에 서 있었다. 자정이 삼십 분 지난 시각, 스물일곱 살 청년 제롬 로아가 숨진 채 발견되었다. 일반 오토바이에 양철 사이드카를 덧붙인 여객 운송용 삼륜차, 그러니까 트라이시클 좌석에 웅크린 채였다. 이 빨간색 트라이시클이 세워진 곳은 64번 게이트 밖이었다. 맨발 하나가 난간 위로 걸쳐져 있고, 머리는 방수포로 덮개를 씌운 사이드카와 오토바이 사이에 박혀 있었다. 위장복 무늬 카고 바지나 허리춤 위로 말려 올라간 밝은 파란색 셔츠 어디에도 죽음의 흔적이 없었다. 목덜미 두 곳에 난 총상과 사이드카 뒷바퀴 아래 흥건히 고인 피만 아니면 제롬 로아가 자고 있는 줄 알았을 것이다.

경찰이 쳐 놓은 노란색 출입 통제 테이프 바로 바깥에서 제롬의 할머니가 때 묻은 행주로 연신 땀과 눈물을 닦아 내고 있었다. 이름은 조세핀이고, 나이는 예순일곱이라고 했다. 시신이 발견되었다는 소식을 들은 조세핀은 한달음에 현장으로 내달렸다. 구불구불하게 얽힌 골목길을 내달려 18번 게이트 입구로 빠져나온 뒤, 고속도로를 가로질러 경찰차와 언론사 차량, 한때 제롬이 일했던 운송사의 창문 하나 없는 건물을 지났다. 제롬은 조세핀의 손에 컸다. 자라서는 장거리 트럭 운전사들과 함께 일했는데, 메스암페타민에 취하면 카페인보다 더 오래 잠을 쫓을 수 있다는 말을 들었다. 메스암페타민에 중독되고 만 제롬은 일자리를 잃었다. 길거리에서 생활했고, 인도 옆에 아무렇게나 세워 놓은 트라이시클이 있으면 거기 들어가 잤다. 변변찮은 벌이로는 마약은커녕 입에 풀칠하기도 바빴다. 두테르테가 당선되자, 제롬은 조세핀에게 마약을 끊고 다시는 손대지 않겠다고 약속했다.

조세핀이 범죄 현장에 도착했을 때는 제롬의 시신이 이미 치워진 뒤였다. 조세핀은 손주의 얼굴을 보지 못했다. 경찰이 제롬의 시신을 파란 방수포로 싼 다음 소형 트럭 뒤 칸에 실었다.

조세핀은 제롬이 발견된 피투성이 좌석을 다독이듯 두드리며 나직이 속삭였다.

제롬, 우리를 위해 기도해 주렴.

조세핀은 화내지 않았다. 제롬이 처치된 이유를 받아들였다. 암살범들이 아마 우리 아이가 마약을 끊은 줄 모르고 살해 대상으로 정했을 거예요.

필리핀에서 **salvage**는 모순어다. 상반된 두 뜻이 있고, 때에 따라 모순된 뜻을 동시에 나타내기도 한다. 두테르테가 벌인 마약과의 전쟁은 피살자들을 처치한 뒤, 그 시신을 산 사람들에게 보내는 경고로 바꾼다. 바람에 펄럭이는 골판지에 '나는 마약상이다. 나처럼 되지 마라'라고 적혀 있었다.

나는 취재 차량이 줄줄이 떠난 뒤에도 현장에 남았다가, 구경꾼들이 모여 있는 곳으로 다가갔다. 이들은 제롬 로아의 시신이 실려 가는 모습을 트라이시클에 기댄 채 지켜봤었다. 제롬을 아는 사람들이었지만, 눈물을 흘리지는 않았다.

카메라 불빛이 사라지니 사방이 어두웠다. 그래서 물었다. "여기 살면 위험하지 않나요?"

어떤 사람이 아뇨, 라고 말하더니 별것 아니라는 듯 어깨를 으쓱했다. 자기네 같은 사람한테는 위험하지 않다는 뜻이었다.

"처신만 잘하면 안전해요."

엘로이사 로페스의 첫 야간 취재는 시신 다섯 구로 시작되었다. 피살자들이 살해된 말라본 공동묘지였다. 이곳의 오래된 묘비들 사이로 극빈층이 판잣집을 짓고 모여 살았다. 사망자들은 오토바이를 탄 남성들이 쏜 총에 맞았다. 셋은 즉사했고, 둘은 병원으로 옮겨졌다가 숨졌다. 현장에 '마약 밀매꾼'이라고 휘갈겨 쓴 골판지가 남아 있었다.

엘로이사는 현장 사진을 찍었다. 질문은 한마디도 하지 않았다. 당시 갓 스물을 넘긴 엘로이사는 대학 때 처음으로 사진을 발표했다. 기공식을 마친 현장을 배경으로 여섯 사람이 리본이 묶인 삽을 들고 서 있는 사진이었는데, 이 사진이 대학 신문 1면을 장식했다. 사진 위 바이라인에 10포인트 크기의 산세리프체로 박힌 "**엘로이사 로페스**"가 보기만 해도 짜릿했다. 졸업 뒤 지방 신문에서 기자증을 받은 엘로이사는 기사당 5달러를 받는 프리랜서 기자로 일했고, 박봉 때문에 모자란 생활비는 주말에 생일 파티, 세례식, 식당 메뉴판을 촬영해 보충했다. 엘로이사가 세 든 코딱지만 한 아파트의 벽에 페인트가 마르기도 전에 시신들이 발견되기 시작했다.

엘로이사는 스키니진에 스니커즈 차림으로 커다란 카메라를 꽉 쥐고서 야간 취재반을 따라 범죄 현장을 돌아다녔다. 죽은 사람을 찍겠다는 의도는 없었지만, 사망자는 곧 기사였다. 자신이 다른 야간 취재반처럼 뛰어난 사진기자인지도 알고 싶었다.

마약과의 전쟁이 석 달째로 접어들었을 때 문제의 사진을 찍었다. 장소는 엘로이사가 첫 야간 취재에 나섰던 바로 그 공동묘지였다. 현장에 너무 늦게 도착해 시신은 보지 못했다. 경찰이 이미 철수한 뒤였다. 남아 있는 사람은 묘비 옆에 앉아 흐느끼는 피해자의 아버지와 그 뒤에 멍한 표정으로 서 있는 어머니였다.

"피해자가 마약상일 줄 알았어요. 그런데 아니었어요." 엘로이사가 내게 말했다.

시신의 주인은 열일곱 살 소녀였다. 이웃이 찾아낸 시신은 알몸에 피투성이 상태였고, 입에 팬티가 욱여넣어져 있었다. 용의자는 소녀에게 함께 산책하자고 했던 이웃 남성이었다. 경찰서가 취재진으로 북적였다. 소녀의 아버지가 울먹이며 더듬더듬 말을 이었다. 경찰과 카메라에 에워싸인 용의자가 몸을 움츠렸다.

경찰은 용의자가 술에 취한 마약 중독자라고 밝혔다.

경찰서 안에 땀 냄새와 분노가 진동했다. 용의자는 키가 크고 비쩍 마른 체형이었다. 한쪽 귓불에 귀걸이를 했는데, 귓불에 여전히 피가 얼룩져 있었다. 귀, 코, 셔츠, 꾀죄죄한 반바지에도 피가 묻어 있었다. 수갑을 찬 용의자는 안절부절 어쩔 줄을 몰랐다. 엘로이사는 "그 남자가 모든 걸 부인했지만, 범인처럼 보였어요. 그 사람은 내가 생각했던 중독자의 모습, 그대로였어요"라고 말했다.

한 남자가 **이 씨발놈의 개새끼야**, 라고 언성을 높였다. 그 남자가 경찰이었는지 기자였는지는 확실하지 않다. 사방에서 욕설이 쏟아졌다. 이 씨발 벼락 맞을 개새끼.

지저분한 타일 위에 카메라를 들고 쪼그려 앉아 있던 엘로이사도 조용히 욕을 내뱉었다. 개새끼. 씨발 개새끼. 그러다 경찰서 밖으로 나와 취재 차량에 탄 뒤 문을 잠갔다. 그리고 울음을 터트렸다.

"그날 밤에는 나도 그 용의자가 죽기를 바랐어요."

경찰서 안에서 죽은 소녀의 아버지가 말을 이었다. 저 사람을 죽인들 의미가 없어요. 그런다고 내 딸이 돌아오는 게 아니잖아요.

엘로이사는 그날 밤 찍은 사진 한 장을 갖고 있다. 흐느끼는 아버지와 슬픔에 젖은 어머니를 찍은 사진이다. 이 사진은 엘로이사의 이름으로 한 차례 신문에 실렸다. 그날 밤 이후로 엘로이사는 더 많은 사진을 찍었다. 어떤 시신은 여자였고, 어떤 시신은 남자였다. 머리뼈만 남은 사체일 때는 머리뼈를 찍었다. 엘로이사는 어린 소녀를 죽인, 귀걸이를 한 그 용의자가 그 뒤로 어떻게 되었는지 모른다.

지금 엘로이사는 그 사람이 살아남았기를 바란다.

비사법 살해는 새로운 용어가 아니다. 엘살바도르 내전 때 일어난 반정부 운동가 수백 명의 처형, 1973년 아우구스토 피노체트가 집권했을 때 칠레사회당 당원 수천 명의 숙청, 미국 민권운동이 일어나기 전 노예 신분에서 해방된 아프리카계 미국인들이 당한 린치가 모두 비사법 처형과 결부된다. 필리핀에서는 이 용어가 2000년대 MILF를 향한 '전면전' 기간에 공산주의자로 의심되는 사람들을 "빈틈없이 골라내고 계획적으로 표적으로 삼아" 처형한 일과, 악명 높은 로드리고 두테르테 시장 시절 다바오시에서 활동했던 암살단을 묘사하는 데 사용되었다.

UN이 일반적으로 규정하는 비사법 처형은 "법의 테두리 바깥에서 개인을 고의로 살해하는 행위"다. 그래서 UN 인권최고대표사무소OHCHR는 두테르테 정권이 마약과의 전쟁을 시작했을 때 "비사법 처형과 살인이 급증 중"이라고 규탄했다.

2016년 9월 초 당시 래플러 편집장 글렌다 글로리아가 전사 이메일을 보내 기자들은 모두 이 용어를 숙지하라고 독려했다. "국가 세력 또는 비국가 세력이 재판 절차와 법체계, 합법적 치안 활동과

방위 활동을 벗어나 생명권의 보편적 기준을 위반해 저지르는 살인을 폭넓게 언급하려면" 이 용어를 사용해야 했다.

경찰에 따르면 마약과의 전쟁이 벌어진 뒤로 6주 동안 899명이 살해되었다. 로날드 '바토' 델라 로사* 경찰청장이 설명했듯이 "사망자들은 수로를 따라 떠다니다 발견되기도 하고, 손이 묶이고 얼굴, 눈, 입에 테이프가 감긴 채 길가에 버려지기도 하고, 오토바이에 탄 남성들에게 살해되거나, 그냥 총에 맞기도 했다."

델라 로사 청장은 이런 사망자들에게 로드리고 두테르테가 당선되기 전에는 사용된 적이 없는 새로운 명칭을 붙였다. 사망자들은 이때부터 "단속 중 사망자"로 불리다 나중에는 "단속 중 치사 사건"이 된다.

"국가가 주도하지 않으니, 이런 사건들은 비사법 살해가 아닙니다. 우리는 이런 사건을 단순 치사라 부릅니다."

델라 로사는 살인이 아니라 사망이다, 살인 사건이 아니라 치사 사건이다, 라고 강조했다. 경찰청은 단 한 번의 정교한 말장난으로 행정 용어에서 살해 의도를 삭제해, 국가가 주도한 처형을 흔하디흔한 범죄로 축소했다.

국회의원들도 이 행위에 동참했다. 하원 부대변인 그웬돌린 가르시아는 위키피디아의 용어 정의를 근거로 들어 '비사법 살해'라는 말을 사용하는 데 이의를 제기했다. 그리고 의회 용어에서 비사법 살해를 없애자고 제안했다. 이 제안에 따르면 앞으로 공식 청문회, 조사, 보고서에서 더는 비사법 살해를 사용하지 않아야 했다.

---

* 2019년 상원의원으로 당선되었다.

가르시아가 발의한 법안은 재청되고 승인되었다.

라피 레르마가 죽은 사람을 처음 찍은 것은 처음으로 야간 취재에 나선 날이 아니었다. 라피는 이미 2007년《필리핀 데일리 인콰이어러》의 신참 사진기자일 때 야간 취재반에 배정되었다. 로드리고 두테르테가 대통령으로 당선된 2016년 무렵에는《인콰이어러》가 야간 취재반을 운영하지 않은 지 오래였고, 라피는 서른여덟 살의 경력 십 년 차 일반 취재 사진기자였다. 라피는 앞으로 살인이 벌어질 테고 분명히 밤에 일어나리라고 확신했다. 그래서 야간 취재반에 자원했다. 편집장도 동의했다. 본격적으로 취재에 착수하기 한 주 전, 라피는 야간 취재에 적응할 셈으로 카메라를 들고 마닐라경찰청을 찾았다.

"그게 시작이었어. 지금도 기억해. 마닐라경찰청에 들어선 지 십 분 만에 벌써 신고가 들어오더라고. 그래서 우리가 범죄 현장으로 출동했지."

현장은 마닐라 판다칸 지구였다. 피살자는 세 명이었다. 경찰이 용의자라 부른 이 피살자들이 체포에 저항하다 경찰의 작전에 사살되었다고 했다. 급습이 벌어진 집 안으로는 어떤 기자도 출입이 허용되지 않았다. 라피는 옆집 발코니로 올라가, 경찰들이 현관문 밖으로 시신을 옮기는 모습을 찍었다. 이웃들이 라피에게 손짓으로 기둥 옆에 서 있는 어린 여자아이를 가리켰다. 죽은 남성 중 한 명의 딸이었다.

"아이가 뭐랄까, 거기 가만히 서 있더라고. 그때 처음으로 충격을 받았지. 경찰이 아이 아빠의 시신을 밖으로 옮길 때 아이를 바라봤는데, 아이가 거기서 가만히 지켜만 보더라고. 울지도 못하고. 아마 살해된 사람들이 마약 밀매꾼으로 낙인찍혔기 때문에 그랬을 거야. 심판이라도 받은 것처럼 말이야. … 그런데 슬픈 기색도 없더라고. 그때는 이해하지 못했지. 아이는 언론이 인터뷰를 요청하자 그냥 자리를 떴어. 시신들이 운구차에 실렸을 때, 온갖 사람이 우르르 몰려들어 구경이라도 난 것처럼 사진을 찍었어. 시신에 대고 욕지거리를 하는 소리도 들리고. 개새끼들, 짐승만도 못한 놈들… . 그때가 처음이었어. 그런 욕망을 본 게. 알잖아, 누군가가 살해되기를 바라는 욕망. 그전에도 야간 취재반으로 일한 적은 있지만, 그런 일은 한 번도 없었어."

야간 취재반은 다시 마닐라경찰청으로 돌아갔다. 다섯 시간 뒤 무전기에서 지지직거리는 소리와 함께 속보가 터졌다. 태프트 애비뉴에서 시신 한 구가 발견되었다는 소식이었다. 취재진은 부리나케 차로 달려갔다. 경찰청에서 멀지 않은 곳이었다. 하얀 마대 안에 태아처럼 웅크린 시신이 들어 있었다. 죽은 남성의 손목과 무릎이 노란색 나일론 끈으로 꽁꽁 묶여 있었다. 얼굴에는 포장용 테이프가 칭칭 감겨 있었다. 자루 안에 쑤셔 넣은 골판지에는 마약 중독자라고 적혀 있었다.

익숙한 이 경고와 함께 더 작은 글씨로 다른 메시지가 덧붙여 있었다. "다음은 네 차례야."

라피의 귀에 울음소리가 들렸다. 여성이 날카롭게 통곡하는 소리였다. 라피가 고개를 들어보니 차선을 나누는 커다란 콘크리트 화분 위로 한 여성이 순찰차의 번쩍이는 불빛을 받으며 서 있었다. 중년이었고, 머리를 대충 묶어 올린 모습이었다. 한쪽 어깨에 수건이 걸쳐져 있었다. 여성이 울면서 소리를 질렀다.

기자들이 여성에게 죽은 남성을 아느냐고 물었다. 여성은 피살자를 알지 못했다.

"우리 모두, 마치 그게 일상인 것처럼 아무렇지 않게 자기 일을 하고 있었어." 라피가 말했다. "그때 그 여성이 우리에게 소리친 거지. '당신들은 심장이 없어? 양심도 없냐고.' 그 여성이 정말로 죽은 남성을 몰랐는지는 모르겠어. 알았을 수도 있고, 몰랐을 수도 있지. 그래도 그 사람은 인간다웠어. 그날 밤을 유일하게 이해한 사람 같았어."

이 땅을
망치려는 자들에게

로드리고 두테르테 대통령은 단 한 번도 범죄자를 살해하라고 촉구한 적이 없다. 두테르테는 살인, 살해 같은 단어를 아주 신중하게 피했다.

범죄자들은 "비참한 죽음을 맞아야 합니다." 범죄자들을 "지구상에서 쓸어 내야 합니다." "그런 멍청이들을 도륙해 버리겠습니다." 두테르테는 할 수만 있다면 자신이 직접 그렇게 하겠다고 말했다. 범죄자들을 배에 태워 태평양에서 익사시키자고 했다. 헬리콥터 밖으로 밀어 버리자고도 했다. 범죄자들을 "밧줄이 아니라" 칼날처럼 날카로운 가시철사로 목매달자고 했다. "그렇게 목을 매달면 머리는 위에 남고 나머지만 아래로 떨어집니다."

두테르테는 murder(살인)라는 단어를 매우 신중하게 사용했다. 로드리고 두테르테가 kill(죽이다)이라고 말할 때는 살인을 뜻하지 않았다. 두테르테에게 살인이란 손발이 묶인 채 살려달라 애원하는 사람을 죽이는 것이었다.

"나는 전쟁을 선포합니다. 전쟁이란 그런 겁니다. 저들은 왜 전쟁이 불법이라고 말하는 거죠? **Papatay ako ng tao para sa bayan ko**라고 말하는 것이 왜 잘못입니까? 말해봐요, 그게 범죄입니까?"

Papatay ako ng tao para sa bayan ko. "나는 조국을 위해 사람을 죽이겠습니다"라는 뜻이다.

로드리고 두테르테는 자신을 암살자, "그저 평범한 암살자"라고 불렀다. 그러면서도 자신은 살인자가 아니라고 단호하게 부인했다. 수많은 연설에서 개자식들을 죽게 하겠다고 약속하면서도 단 한 번도 그들을 살인하라고 다그치지 않았다. 다만 그들을 향해 거칠게 큰소리치고 협박했다. 그러다 교묘히 말을 돌렸다. 때로는 농담일 뿐이라고 발뺌했다. 때로는 자신을 사면하겠다고 했다. 말라카냥궁에서 진행된 한 연설에서는 "내가 퇴임하면 기소하십시오. '인도에 반한 범죄에 대해 로드리고 두테르테에게 사면을 허용한다.' 서명 로드리고 두테르테"라고 발언했다.

'살인죄'의 성립 요건은 피해자가 사망하는 것만이 아니다. 필리핀 개정 형법 248조에 따르면 어떤 행위를 살인이라 부르려면 여섯 가지 요건 중 하나라도 충족해야 한다. 이를테면 피해자가 음모로 사망하거나, 용의자가 "우월한 힘을 이용"하거나 "명백한 사전 계획에 따라" 피해자를 죽여야 한다. 이중 어떤 요건도 해당하지 않으면 사람을 죽이는 행위가 보석으로 풀려날 수 있는 치사죄로 축소된다.

로드리고 두테르테에 따르면, 두테르테가 누군가를 죽이라고 내린 명령은 살인 면허가 아니었다. 필리핀에서 치사죄는 징역 12년에서 20년 형에 처하는데, 두테르테의 명령은 치사죄의 구성 요건에도 해당하지 않았다. 두테르테 대통령은 맡은 바 임무를 수행한 경찰이 그 때문에 단 하루라도 감옥에서 보내는 일은 없어야 한다고 못 박았다. 여기서 말하는 임무란 "사람을 죽이는 임무"일 때가 숱했다.

필리핀어에는 영어 murder에 해당하는 단어가 없다. **Patayin**과 **paslangin**이라는 말이 있기는 한데, 둘 다 '죽이다'라는 뜻이다. 우리 필리핀은 미국 식민지 시절의 잔재 탓에 법조문과 판결문을 대부분 영어로 쓰고 말하지만, 필리핀어는 사전 계획에 따라 누군가를 죽이는 행위와 우발적으로 누군가를 죽게 하는 행위를 구분하지 않는다. 하지만 두테르테는 이 차이를 구분해 거듭 명확하게 언급했다.

"나는 뒤에서 사람을 죽이라고 말한 적이 없습니다. 그건 살인이니까요. 내가 말한 건 전쟁이었습니다. 나는 마약쟁이들에게 전쟁을 선포하려 합니다. 이 땅의 젊은이들을 망치려는 자들에게 전쟁을 선포하려 합니다. 이미 말했듯이, 내가 너희들을 죽여 버릴 거야."

형법 11조는 사람을 죽이는 행위에 여러 항변 사유를 제공한다. 11조 1항에 따르면 "자기 인격이나 권리를 지키고자 행위한 자"에게는 살인 혐의를 적용하지 않는다. 11조 5항에 따르면 "임무를 수행하거나, 적법하게 권리 또는 공직을 행사한 자"는 면책한다. 11조 6항에 따르면 "상급자가 적법한 목적으로 내린 지시에 따른 자"는 면책한다. 이런 조건에서 사람을 죽였다고 증명된 사람은 누구든 형사 책임을 지지 않는다.

2017년 두테르테는 "나는 현직 대통령입니다"라고 말했다. "마약 사범들과의 싸움은 내 임기 마지막 날까지 이어질 겁니다. 꼬박 육 년 동안이요. 오늘 밤 또 누군가가 죽임을 당해도 나는 신경 쓰지 않습니다."

마약과의 전쟁에 필요한 것이 이런 허구였다. 필리핀의 미래를 위협하는 자들은 살 권리를 잃었으니 죽음을 맞을 것이다. 대통령에 취임하면 마약왕을 잡거나 죽인 사람에게 포상금을 지급하겠다. 경찰들에게 "그런 자들을 사냥해 죽이라"고 명령하겠다. 마약 용의자의 이웃에게 총이 있다면 이웃들이 그자들을 쓰러뜨릴 것이다. 두테르테는 "내가 여러분의 뒷배가 되어 주겠습니다"라고 장담했다. 마약 용의자들은 물에 빠져 죽고, 칼에 찔려 죽고, 총에 맞아 죽고, 땅에 묻혀 죽고, 마닐라만에 던져지고, 물고기 밥이 되고, 연옥에 떨어질 것이다. 이런 행위는 살인이 되지 않을 것이다. 이것은 살인이 아니라 정의 구현이기 때문이다. 이런 말들은 무력 사용을 합리화하려는 뜻이 아니었다. 선전포고도 아니었다. 처형을 부추기는 요구였다.

"이건 단순한 정의 구현입니다. 절대 살인이 아닙니다."

어디에서 이 이야기를 꺼내든, 출발은 염소였다.
"있는 그대로 이야기하겠습니다."

두테르테가 다바오 시장이던 시절, 다바오의 시골 지역인 만두그에서 어느 가족이 다 모이는 크리스마스 파티가 열렸다고 한다. "그래서 온 가족이 한자리에 모였습니다. 문제의 중독자도 왔지요. 녀석이 누이가 안고 있는 젖먹이 여자아이를 보더니 말했어요. '그러니까 얘가 내 조카군.'"

아이는 태어난 지 열여덟 달째였다. 남자가 아이를 안아 올리며 말했다. 예쁘네, 누이보다 더 예뻐. 밤새 떠들썩한 파티가 이어지던 중 아이 엄마가 살펴보니 딸아이가 보이지 않았다.

가족은 아침에야 강둑에서 아이를 찾아냈다. 아이는 배가 갈린 채 죽어 있었다. 경찰이 아이 삼촌을 붙잡아 경찰서 유치장에 가뒀다. 두테르테 시장이 경찰서로 들이닥쳤다. 아이 삼촌에게 왜 그랬느냐고 다그쳤다. "녀석이 내게 뭐라고 했게요? '아, 내가 원래 그런 놈이에요. 시장님. 씹할 상대가 없을 때는 그냥 염소랑 하거든요.'"

죽은 아이의 삼촌이 했다는 발언은 내가 틀림없는 사실이라고 보도할 수 없는 것이다. 물론 이 발언이 사실일 수도 있다. 하지만 두테르테 시장이 지어낸 것일 수도 있다. 확실히 말할 수 있는 사실은 이렇다. 1990년대 초 다바오시 시내를 벗어나 흙길과 작은 농가가 보이는 농촌 마을 만두그의 강가에서 어린아이가 숨진 채 발견되었다. 사건이 일어난 시기는 12월이었고, 현장을 취재한 기자들은 이 사건을 절대 잊지 못했다. 이들은 지금도 아기의 보드라운 살갗이 찢긴 모습을 기억할뿐더러, 한 기자는 가냘픈 목이 무언가에 베여 있었다고 했다. 기자들은 두테르테가 경찰서에 들이닥쳐 취재진을 밖으로 쫓아낸 상황을 기억한다. 두테르테가 두툼한 주먹으로 합판 벽을 탕탕 치는 소리가 밖에서도 고스란히 들렸다. 밖으로 나온 두테르테를 보니 주먹이 벌겋게 멍들어 있었다고 한다.

두테르테는 대통령이 된 뒤 이 이야기를 여러 차례 언급했다. 그때마다 깊은 인상을 남겨 군중의 마음을 사로잡은 결정타가 염소였다.

팜팡가에서 두테르테가 물었다. "그런 대답을 듣는다면, 여러분은 어떻게 하시겠습니까?"

마닐라에서도 물었다. "여러분이 시장이라면, 그리고 그런 대답을 듣는다면, 여러분은 어떻게 하시겠습니까?"

열광하는 톤도의 군중에게 물었다. "제가 어떻게 했을 것 같습니까?"

두테르테는 자기가 어떻게 했는지는 자세히 설명하지 않았다. "뭔가 하기는 했습니다. 하지만 언론이 여기 있으니, 내가 무얼 했는지는 말하지 않겠습니다." 두테르테는 운 좋게도 그해 크리스마스 때 누군가에게 총신이 짧은 루거 리볼버를 선물 받았다고 에둘렀다. "때와 장소가 아주 딱 맞았어요. 개새끼가 마침 경찰서에 있었으니까."

두테르테 대통령이 전한 교훈은 강간범은 처벌받거나 두들겨 맞거나 죽임을 당한다는 것이 아니었다. 교훈은 용의자에게 있었다. 용의자의 마음에 괴물이 자리 잡고 있다는 것이었다. 두테르테의 의도는 적이 괴물이라고 알리는 것이었다. 중독자. 강간범. 어린아이를 죽인 자. 염소와 성교하는 자. 이런 이미지가 사람들의 머릿속에 새겨진다. 거친 풀밭에 버려진 자그마한 젖먹이의 망가진 몸. 몇 시간 전만 해도 아이를 뿌듯하게 바라봤던 아이 엄마의 흐느낌, 두려워하기는커녕 벌겋게 충혈된 눈으로 메스암페타민에 취해 부끄러운 줄도 모르고 천하태평인 삼촌. 중독자가 젖먹이를 강간했다. 두테르테 시장이 분노했고, 다바오시는 이를 이해했다. 그들도 분노했기 때문이다.

두테르테 대통령은 이 이야기를 여섯 번 언급했다. "저까지 정신이 나가 미친 짓을 했다면 이해해 주세요." 한 중독자의 목숨을 끊는 것만으로는 충분하지 않았다. 중독자가 차고 넘쳤기 때문이다. 만두그에서 그 젖먹이에게 일어난 일이 "한 번, 두 번, 세 번, 네 번, 다섯 번, 여섯 번도 아니고 매일 필리핀 전역에서" 일어났기 때문이다.

마약 중독자를 식별하려면 먼저 치아를 살펴봐야 한다. 빈틈이 없는지 들여다봐야 한다. 있어야 하는데 없는 것에 주목해야 한다. 중독자에게 질문을 던지면, 생뚱맞은 어리석은 답이 나온다. 마약 중독자라면 말을 더듬고 횡설수설할 것이다. 이를 갈다가 씩 웃을 것이다. 이것이 두테르테 대통령이 말한 중독자 식별법이다. "있잖습니까, 마약에 빠진 사람을 알아볼 방법이 있습니다. 마약 중독자한테서는 고약한 냄새가 납니다. 중독자들은 목욕을 하지 않고, 잠을 자지 않고, 사람들 앞에서 계속 이를 갑니다. 그래서 중독자 열에 아홉은 이가 하나도 없습니다. 그게 하나의 표시입니다."

UN 마약범죄사무소는 "문제성 마약 사용자를 국제적으로 정의하는 기준"이 부재한다고 인정한다. 두테르테 대통령은 이런 부재를 인정하지 않는다. 대통령에 당선되기 훨씬 전부터 마약 중독자 중에서도 특히 **shabu(샤부)**, 그러니까 결정형 메스암페타민* 중독자들을 한 묶음으로 언급했다. 두테르테가 보기에 이들은 죄다 마약 때문에 뇌가 쪼그라들어 미쳐 버린 범죄자였다. 메스암페타민 중독자는 재활할 가망이 없다는 어느 미국인 의사의 주장을 들

---

* 메스암페타민의 형태는 결정형, 분말형, 정제형 등으로 다양하다.

었기 때문이다. 이 의사는 메스암페타민을 열두 번 이상 투약한 사람은 뇌가 길면 일 년 짧게는 반년 사이에 쭈글쭈글 쪼그라들어 기능을 잃고 "파괴될" 것이라고 주장했다.

취임 28일째인 날 두테르테는 마약 중독자들이 "아이들을 강간하고 있다"고 주장했다. "이자들은 자기 아버지를 죽입니다. 돈을 주지 않는다고 자기 어머니에게 주먹을 날립니다. 여러분도 다 아는 일입니다. 이자들은 돈을 훔칩니다. 마약 없이는 하루도 살 수 없어 남의 돈을 훔치려 합니다."

두테르테 대통령은 마약 중독이 "유행병"이라고, 자신이 당선되기 전 3~4년에 걸쳐 이 역병 때문에 7만 7000명이 사망했다고 주장했다. 두테르테의 주장에 따르면 피해자 7만 7000명은 마약 중독자 손에 목숨을 잃었다. "주로 강간, 연쇄 살인, 강간 치사, 강도 치사, 강도 강간 치사"가 원인이었다.

"알다시피 필리핀이 마약에 오염된 여파로 7만 7000명이 마약과 관련해 사망했습니다. 이걸 누가 책임져야 합니까? 이 무고한 피해자들—강간당한 젊은 여성들, 지프니에서 강도당한 사람들—을 위해 누가 몽둥이를 들어야 합니까? 누가 이들을 위해 답해야 합니까?"

두테르테는 7만 7000명이라는 숫자를 열한 차례 연설과 수많은 인터뷰에서 거듭 언급했다. 3~4년 동안 7만 7000명 사망. 이 수치는 믿기지도 않을뿐더러 실제로도 불가능하다. 두테르테가 당선되기 전 4년 동안, 즉 2012년부터 2015년까지 필리핀 통계청이 보고한 살인 사건은 총 3만 7039건, 치사 사건은 1만 6213건이다. 설사 이들이 모두 메스암페타민에 취해 날뛰던 중독자 손에 목숨을 잃었더라도 총사망자는 5만 3252명으로 7만 7000명에 한참 모자란다. 두테르테 대통령의 주장은 이런 사실에도 어긋날뿐더러, 강간이나 살인이 오로지 마약 사용 때문에 일어난다고 확실하게 단정할 방법이 없다.

그런데도 두테르테 대통령은 메스암페타민 중독자들이 "정말로 미쳤고 제정신이 아니라 인지적 평가를 할 줄 모르므로, 재활이 더는 유용한 선택지가 아니다"라고 언급했다. 이들은 "구제 불능"이므로 연민보다는 자살이 더 어울렸다. 이들은 강간을 위해 강간했는데, 남자들이 아름다운 여성만 강간하던 시절과는 다른 지독한 탈선이었다. "내가 젊었을 때는 강간 피해자들이 죄다 배우였습니다. 아주 아름다웠어요. 피해 여성들이 정말로 매우 아름다워 강간범들이 미쳤다고 비난할 수가 없었다고요." 이제 모든 여성이 강간당할 위험이 있으므로 마약과의 전쟁이 필요했다. 남편이 집을 떠나면 아내가 강간당할 겁니다. 유모, 아이들, 심지어 열한 달, 열여덟 달 된 젖먹이도요. 그게 다바오에서 일어난 일이었습니다.

그러니 그들의 입을 살펴보세요. 머리카락 냄새를 맡아 보세요. 그들이 중얼거리는 소리를 들어 보고, 잠에 드는지 보세요. 이들은 두려움을 모릅니다. 창피함도 모릅니다. 중동에서 해외 노동자로 뼈 빠지게 일하는 성실한 부모의 아들딸들을 폭행합니다. 이들은 소아성애자와 미치광이들입니다. 기괴하기가 짐승 같은 자들입니다. 마약에 빠지면, 마약을 손에 넣으려고 덮어놓고 사람을 죽입니다.

"이들 상당수는 이 지구에서 더는 인간답게 살아갈 능력이 없는 자들입니다."

우리 필리핀에서는 의약품은 좋은 것이고 약은 나쁜 것이다. 필리핀어로 **gamot**(가못)인 의약품은 임상 치료에 쓰이는 모든 물질을 가리킨다. 필리핀어로 **droga**(드로가)인 약은 **불법**이라는 단어를 붙이지 않아도 결정형 메스암페타민, 코카인, 헤로인, 마리화나를 포함해 법에서 공식적으로 위험 약물로 규정한 모든 마약성 약물을 가리킨다. 약국은 법에 따라 이부프로펜 같은 진통제를 파는 곳이지만, 두테르테 대통령이 "세상에나, 나는 약을 혐오합니다. 약을 혐오하므로 사람을 죽여야 합니다"라고 진지하게 말할 때는 월경 전 증후군용 진통제를 단속하자는 뜻은 분명히 아니었다.

두테르테에게는 숫자가 중요했다. 숫자가 문제의 심각성을 드러냈기 때문이다. 여기서 문제란 필리핀 정부의 모든 역량을 쏟아부어야 뿌리 뽑을 수 있는 정신 나간 괴물 무리였다. 두테르테는 필리핀에 존재하는 마약 중독자가 300만에서 400만 명이고 이보다 더 많을 수도 있는데 하나같이 난폭하다고 주장했다. 그런데 이 수치를 제공한 정부의 공식 연구가 언급한 것은 마약 중독이 아니라 마약 사용률이었다. 필리핀 위험약물위원회DDB는 문제성 사용자—두테르테가 격노한 난폭한 중독자—와 생일 파티에서 마리화나를 피운 십 대들을 구분하지 않았다. 2015년 위험약물위원회 기준에 따르면 누구든 13개월 이내에 불법 마약을 한 번이라도 사용하면 "현재 마약 사용자"로 규정되므로, 양쪽 모두 마약 사용자로 분류된다.

필리핀의 불법 마약 사용자 추정치는 2016년 이전까지 거의 10년 동안 꽤 일정하게 유지되었다. 2008년 위험약물위원회가 실시한 전국가구조사에 따르면 필리핀의 최근 마약 사용자는 170만 명이었다. 2012년에는 추정치가 130만 명이었고, 2015년에는 180만 명이었다.

2015년 조사는 베니그노 아키노 3세 대통령 임기 중에 완료되었다. 새 행정부가 출범한 지 석 달째인 2016년 9월, 직업 관료 출신인 신임 위험약물위원회 위원장 벤저민 레예스가 조사 결과를 발표했다. 그러니까 로드리고 두테르테가 집권한 해, 즉 두테르테가 필리핀이 마약왕과 난폭한 중독자들이 지배하는 마약 국가가 될 위험을 제기한 그해, 정부 기관이 직접 추산한 필리핀의 최근 불법 마약 사용자 수가 대략 세계 평균의 절반에 그쳤다는 뜻이다. 그중 메스암페타민 사용자는 절반도 되지 않았다. 설문 조사에 응답한 마약 사용자 대다수가 선택한 약물은 마리화나였다.

두테르테 대통령이 언급한 수치와 위험약물위원회의 공식 조사 결과가 왜 다르냐는 질문이 여러 번 나왔다. 레예스 위원장은 두 수치 모두 설득력이 있다고 답했다. 하나는 과학적 조사에서 나온 수치이고, 다른 하나는 정보기관에서 나온 수치라는 것이 이유였다. 그런데 레예스는 "정보기관이 어떻게 정보를 수집하는지는 제가 잘 모르겠습니다"라고 덧붙였다.

기자 크리스티안 에스게라와 나눈 텔레비전 인터뷰에서 레예스는 자기 상관과 원칙 사이에 끼여 이러지도 저러지도 못했다. 양쪽이 모두 흡족해할 답을 내려 했지만, 실패했다.

에스게라가 물었다. "왜 이런 차이가 나는 겁니까? 정보기관은 마약 사용자가 약 400만 명이라고 말합니다. 하지만 위험약물위원회가 내놓은 공식 수치는 180만 명에 그칩니다."

"글쎄요, 유세 기간에는 여러 곳에서 나오는 데이터를 살펴봐야 합니다. 그런 데이터 출처 모두 근거가 있고요. 설문 조사에서 나오는 자료가 있고, 정보기관에서 나오는 자료가 있습니다. 그러니까 타당한 방식으로 수집한 수치라면, 사용해도 무방합니다."

에스게라가 더 파고들었다. "대통령은 때로 600만 명이라는 수치까지 사용합니다. 현재 이런 수치가 정책의 근거로 쓰이는 만큼, 중요하지 않나요? 공개 토론에서 위원장님에게 제기된 질문 하나가—"

레예스가 말을 끊었다. "수치를 어떻게 사용하느냐가 중요합니다. 특정 집단을 겨냥해 수치를 사용한다면 저는 더 높은 수치를 사용하겠습니다. 수치를 낮춰 잡기보다 높여 잡겠습니다."

이튿날 레예스는 위원장직에서 해임되었다.

두테르테 대통령은 국영 텔레비전 방송에서 레예스를 해고했다. "자리에서 물러나세요. 자기가 일하는 정부를 반박하면 안 되는 겁니다."

레예스가 반박한 것은 정부가 아니었다. 두테르테 대통령이었다.

두테르테는 위험약물위원회가 틀렸다고 주장했다. 두테르테가 언급한 마약 중독자―단순 마약 사용자가 아니었다―는 300만 명에서 370만 명, 400만 명, 500만 명, 600만 명까지 출렁였다. 두테르테는 처음 제시한 300만 명의 근거로 2006년부터 2011년 사이 위험약물위원회의 집행 부서인 필리핀마약단속청PEDA을 이끈 디오니시오 산티아고를 언급했다.

디오니시오 산티아고는 2016년 상원의원 선거에 출마했는데, 두테르테의 지원에도 낙선했다. 당시 대선 후보이던 두테르테는 유세 현장에서 300만 명이라는 수치를 언급할 때 산티아고를 바라보며 확인을 요청했다. 이 수치에 대해 질문받자, 산티아고는 "현장의 실제 상황"을 바탕으로 "어림짐작한 값"이라고 답했다.

레예스가 해임된 뒤, 산티아고가 위험약물위원회 수장으로 지명되었다.

일간지 《필리핀 스타》가 수치에 의문을 제기하자, 마약단속청은 UN 마약범죄사무소에서 공개한 통계를 근거로 이 수치를 산출했다고 답했다.

정부가 근거로 제시한 통계는 이렇다. 2015년 세계마약보고서에 따르면 전 세계적으로 15세에서 64세 사이인 생산 연령 인구의 5.2퍼센트가 불법 마약 사용자였다.

필리핀 국민 중 15~64세 인구는 6510만 명이다.

마약단속청은 한 문서에서 "UN이 제시한 마약 사용자 비율을 적용해 6510만에 0.052를 곱하면 340만이다. 따라서 필리핀의 마약 사용자 추정치는 340만 명이다"라고 주장했다.

이 수치가 의미하는 바는 이렇다. 필리핀 정부는 현장 조사를 진행하지 않은 채 전 세계 평균 마약 사용자 비율을 바탕으로 필리핀의 마약 사용자 수를 340만 명으로 추산했다. 따라서 340만은 필리핀의 마약 보급률과는 거의 상관없는 수치였다. 그런데도 두테르테는 이 수치를 사실로 받아들였다. 340만이라는 수치가 인용되어 점점 늘어나더니, 마침내 메스암페타민에 중독되어 염소와 수간하는 300만에서 800만 명의 좀비 떼가 약 7만 7000명을 강간하거나 살인했다는 주장으로 왜곡되었다.

필리핀 통계청장과 필리핀 개발연구소 PIDS 수석 연구원을 지낸 호세 라몬 알베르트는 인터뷰에서 이렇게 지적했다. "정부의 추론에 따르면 전 세계 마약 보급률 추정치가 요만큼이고 필리핀 인구는 1억 명이니 필리핀의 마약 보급률 추정치는 1억 곱하기 요만큼이다, 라고 말할 수 있습니다. 이런 방식은 전 세계 마약 보급률 추정치가 해당 국가의 보급률보다 높으냐 낮으냐에 따라 부풀려지거나 축소되는 치우친 결과를 보여 줍니다."

마약 보급률은 부풀려졌다 줄어들었다 다시 부풀려지기를 반복했다. 정부의 아첨꾼들은 변동을 따라잡기 바빴다. 두테르테는 그때그때 마음대로 수치를 늘린 뒤 보수적인 추정치라고 주장하곤 했다. 수치가 발표된 뒤로 여러 해가 지났으니 더 많은 사람이 중독자가 되었으리라고 가정해야 타당하다는 것이 이유였다.

어느 연설에서는 "따라서 300만에 100만을 더하면 400만입니다"라고 말했다.

또 다른 곳에서는 "인심을 더 써보세요. 이를테면 70만이라 칩시다. 그러면 370만이죠. 이 정도면 끔찍하게 충격적인 수치입니다"라고 말했다.

로이터 통신은 탐사 취재에서 "총 마약 사용자 수, 치료가 필요한 사용자 수, 소비되는 약물 종류, 마약 관련 범죄의 발생률에 대한 데이터가 과장되었거나 오류가 있거나 아예 존재하지 않는다"고 결론지었다. 마약단속청 관계자들은 로이터에 이런 수치가 "과대 추정된 것"이라고 인정하면서도 한때 "외로운 싸움"이었던 마약과의 전쟁을 공동체가 함께 응원하게끔 유도하는 데 유용하다고 옹호했다.

"나는 그걸 문제로 여기지 않습니다." 마약단속청 메트로 마닐라 지역국장 윌킨스 비야누에바가 로이터에 한 말이다. "두테르테 대통령님은 그저 문제가 매우 심각하다는 것을 우리에게 알리려고 수치를 과장하는 것뿐입니다."

이어 경찰이 필리핀의 바랑가이 총 4만 2065곳 중 1만 1321개 바랑가이가 "마약 영향권"으로 분류된다는 통계를 내놓았다. 필리핀 국가경찰청은 이 통계가 "날로 악화하는 마약 문제가 주로 소외된 빈곤 지역을 제물로 삼는 현실을 보여 준다"고 발표했다.

마약 영향권drug-affected도 **마약 사용자**만큼이나 애매모호한 용어다. **마약 영향권**이란 "몇 명이냐와는 상관없이 마약 사용자, 밀매업자, 제조업자, 대마 재배자, 여러 마약 관련 종사자가 존재한다고 증명된" 곳이었다. 사용자, 중독자, 판매상, 주머니에 마리화나를 넣어둔 사람이 단 한 명이라도 있으면 그 바랑가이는 마약 영향권으로 낙인찍혔다.

증명된이라는 말도 정의가 명확하지 않았다.

2016년 7월, 필리핀 국가경찰청은 지휘 각서 회람 제16-2016호 발부를 신호탄으로 마약과의 전쟁에 공식적으로 착수했다. 회람을 발부한 사람은 두테르테가 다바오 시장일 때 다바오 경찰청장이었던 신임 경찰청장 로날드 '바토' 델라 로사로, 언젠가 내게 자신을 두테르테의 "충직한 병사"로 소개한 사람이었다. 이런 경찰청조차 두테르테 대통령이 수백만 명이라고 주장한 중독자 수치를 두둔하지 않고, 위험약물위원회가 제시한 180만 명을 그대로 인용했다.

행정부의 서면 지시가 없는데도, 경찰청은 마약과의 전쟁이 "임기 첫 6개월 안에 불법 마약을 뿌리 뽑겠다는 로드리고 R. 두테르테 대통령의 선언"에 기반한다고 발표했다. 선거 유세 기간에 여러 번 언급된 이 시한은 두테르테 대통령이 내놓은 정책 계획 중 실행 가능성이 높은 유일한 공약이었다.

마약과의 전쟁은 이후 '더블 배럴 프로젝트Double Barrel Project'*라는 명칭이 붙는다.

"우리는 일석이조를 노릴 겁니다." 델라 로사 경찰청장이 언론에 자랑스레 알렸다. "위쪽에서 겨누는 총열은 고위 표적을 노리고, 아래쪽에서 겨누는 총열은 거리의 잔챙이들을 노릴 겁니다."

은유로 표현한 첫 총열은 정부가 고위 표적이라 부른 마약 연합 조직과 자금줄, 그러니까 흔히 마약왕으로 알려진 대상을 겨냥했다. 두 번째 총열은 거리의 마약상과 마약 상용자를 겨냥했다. 이 작전에는 토캉Tokhang이라는 이름이 붙었다.

토캉은 필리핀의 어떤 언어에도 없는 말이었다. 마약과의 전쟁용으로 특별히 만든 신조어로, 비사야어로 '똑똑 두드리다'를 뜻하는 톡톡toktok과 '요청하다'를 뜻하는 항요hangyo를 결합한 것이었다. 토캉은 "경찰의 주도로 집마다 방문해 불법 마약 관련 용의자들에게 마약 관련 불법 행위를 중단하라고 설득한다"는 뜻이었다. 마약 용의자 명단에 오른 사람들은 마을회관이나 경찰서에 출석해 자수하고 범죄를 인정하라고 권유받았다. 수만 명이 손을 씻겠다고 맹세하고, 함께 마리화나를 피운 친구들의 명단을 넘겼다. 이들은 다시는 죄를 짓지 말라는 경고를 받은 뒤 훈방되어 집으로 돌아갔다.

델라 로사의 작품인 토캉은 무자비한 쇠주먹을 숨긴 벨벳 장갑이었다. 경찰은 토캉이 요구가 아니라 권유라고 설명했다. 토캉 중 용의자가 목숨을 잃는다면, 그건 용의자가 총을 꺼냈기 때문이었다.

---

* 더블 배럴은 총열이 두 개인 총이다.

두테르테 대통령은 단언했다. 저들을 모두 죽입시다. 석 달에서 여섯 달 안에 마약 문제를 뿌리 뽑겠습니다. 실패하면 사임하든가 죽겠습니다.

그런데 용의자들을 죽이는 것이 살인이 되지 않으려면, 경찰이 이들을 죽일 근거가 있어야 했다.

그 근거는 두테르테 대통령이 연설 때마다 빼놓지 않은 경고였다. 경찰 보고서에 적을 수 있고, 두테르테를 가리켜 도살자라고 한탄한 "입만 열면 착한 척하는 인권 활동가들"에게 제시할 수 있는 경고였다. 저들이 난폭하게 저항하면 죽여 버리십시오. 저들이 반격하면 쏴 버리십시오.

저들이 여러분을 죽이기 전에, 저들을 먼저 죽이십시오.

1978년, 마르코스 정권이 계엄령 선포 이후 처음으로 국회의원 선거를 실행했다. 당시 니노이 아키노는 5년 반 동안 독방에 갇혀 있는 신세였다. 그 와중에도 신당을 창당해 후보 스물한 명을 내세웠다. 아키노의 신당은 독재 정권의 거대한 조직에 맞설 수 있는 유일한 야당이었다. 마르코스 정권이 내세운 대표 후보는 메트로 마닐라의 임명직 주지사인 영부인 이멜다 마르코스였다.

포트 보니파시오에 있는 감옥에서 아키노는 이렇게 적었다. "이 선거판은 야당에 불리하게 짜여 있습니다. 그래도 우리는 싸울 겁니다!"

필리핀어로 싸우다를 뜻하는 단어는 라반laban이다.

루마반 샤 Lumaban siya. 그는 싸웠다.

루마라반 샤 Lumalaban siya. 그는 싸우고 있다.

난라반 샤 Nanlaban siya. 그는 맞서 싸웠다.

아키노가 창당한 신당의 이름이 민중의 힘People Power을 뜻하는 필리핀어 라카스 응 바얀Lakas ng Bayan인데, 줄여서 라반Laban이라고 읽었다. 라반당은 1978년 선거에서 단 한 석도 건지지 못했다. 8년이 흐른 1986년 피플 파워 혁명에서 노란색 옷을 입고 에드사를 가득 메운 시위대가 엄지와 검지를 펼쳐 L자 모양을 만들고 입으로는 **라반**을 외쳤다. 기도와 노랫소리를 뚫고 '라반'이 들렸다. 다가오는 탱크를 향해 '라반'을 외쳤다. 나이 든 수녀들이 직접 만든 손팻말에 '라반'을 적어 들고 있었다.

1986년 우리 세대의 이름으로 사람들이 한 일이 이것이다. 나는 한 단어 덕분에 자유롭게 태어났다.

난라반 시라 Nanlaban sila. 그들은 맞서 싸웠다.

라반당이 만들어지고 꼬박 서른일곱 해가 지난 뒤, **난라반**이라는 단어가 경찰의 것이 되었다. 혁명의 상징인 노란 리본은 노란색 출입 통제 테이프로 바뀌었다.

"**난라반 샤.**" 밤마다 경찰이 발치에 놓인 시신을 가리키며 우리에게 말했다. "저 사람이 맞서 싸웠습니다."

로드리고 두테르테 정권에서 **난라반**은 누군가가 맞서 싸웠다는 것만을 뜻하지 않았다. 맞서 싸우다 죽었다는 뜻이었다. 난라반은 심판이자 명분이었다. 동사이자 명사였다. 죽어 마땅한 개자식들이 죽었다는 뜻이었다.

마약과의 전쟁 당시 저항이라는 단어는 이런 상황을 떠올리게 했다. 누군가가 싸우다 죽었다.

중독자를
죽이는 법

　나는 한때 PD로 일했던 방송사에서 두 구역밖에 떨어지지 않은 낡은 아파트에서 8년을 살았다. 마약과의 전쟁 때 야간 취재를 시작한 뒤로 담배는 두 상자씩, 참치 통조림은 한 상자째 쟁여 놓는 법을 배웠다. 옷을 제때 세탁하지 못할 때가 잦아지자, 취재용 작업복을 장만했다. 상의로는 하얀색 버튼다운 셔츠 여섯 벌을 마련해 소매를 네 번 접어 팔꿈치 위로 걷어 올리고 다녔다. 하의는 네이비색 슬랙스를 같은 것으로 왕창 마련했다. 두테르테 대통령의 전쟁이 넉 달째로 들어섰을 때, 키우던 개가 전자레인지 선을 씹고 부엌 바닥을 A4용지 한 장 반 넓이만큼 물어뜯었다. 그 뒤로 또다시 개가 아팠을 때는 어쩔 수 없이 개를 포기해야 했다. 아주 착한 녀석이었으니, 내가 왜 그렇게 결정했는지를 녀석도 이해했으리라고 믿고 싶다. 나는 녀석을 아주 많이 그리워했다.

내 아파트는 5층 건물에 있었는데, 술집과 수녀원을 마주 보는 곳이었다. 수녀들은 본 적 없지만, 이따금 동튼 뒤 술집 스피커에서 나오던 니키 미나즈의 노래가 끊기면 가롤로 보로메오 수녀회 수녀들의 찬송가 소리가 침실 창문으로 들려왔다.

어느 아침 집에 있는데 잘 아는 사진기자가 내가 놓친 범죄 현장의 사진들을 보내 주었다. 죽은 사람이 경찰과 총격전을 벌이다 사망했다고 보고된 사건이었다. 내가 찾은 목격자들은 살인이라고 증언했다. 공식 진술을 취재 중이던 나는 총의 위치를 확인해야 했다.

그 사진기자가 내게 조심하라고 주의를 줬다. 이들은 경찰이야, 무장했다고. 나는 "알아, 그래도 괜찮겠지"라고 답했다.

아무래도 내가 너무 태평스럽게 대답했는지, 그가 몇 분 지나지 않아 부탁하지도 않은 사진을 내게 보냈다. 여러 해 전 찍은 어느 여성 활동가의 시신 사진이었다. 시신은 거친 풀밭에 피투성이가 된 몰골로 놓여 있었다. 얼굴을 심하게 두들겨 맞아 형체를 알아보기 어려웠다. 사진기자가 경고했다. 이게 네가 뛰어들려는 위험이야.

"고마워."

그가 웃는 이모티콘을 보냈다. "나중에 커피 한잔?"

나는 그 아파트에서 나왔다. 그래야 했던 이유는 한둘이 아니었다. 지붕에 물이 샜다. 출퇴근하는 시간이 너무 오래 걸렸다. 너무 많은 사람이 내 주소를 알았다. 하지만 내가 이사한 가장 큰 이유는 그 여성 활동가의 사진이 계속 머릿속에서 아른거렸기 때문이다. 그녀의 머리 아래로 풀이 검붉게 물들어 있었다. 그 사진을 본 뒤로 외벽의 화재용 비상계단을 천천히 올라오는 발소리가 떠오르기 시작했다. 할렐루야를 읊조리는 찬송가 소리가 수상쩍은 말소리로 들리기 시작했다.

　새로 옮긴 아파트는 대학가 대로변에서 조금 떨어진 건물에 있는, 교외 지역의 아파트였다. 머리 위로는 나무가 우거졌다. 자전거를 타는 사람, 달리기를 하는 사람들이 분홍색 기숙사 앞을 줄줄이 지나갔다. 대학 교수, 골든 리트리버, 하얀색 스니커즈를 신고 요가 학원에 가는 젊은 여성들이 있는 동네였다. 두테르테 대통령이 취임 첫해에 모든 공공장소에서 흡연을 금지했지만, 이곳에는 그런 조치를 피할 곳이 있었다. 길 건너 커피숍에 나무가 울타리 노릇을 하는 지붕 달린 데크가 있고, 거기 야외 테이블에 재떨이가 놓여 있었다. 이른 아침이면 새들이 노래하고, 카페 옆으로 졸졸 자그마한 개울이 흘렀다. 웨이트리스들이 미소를 짓고, 다른 손님들은 헤드폰을 끼고 있었다. 내가 노트북을 탁자에 놓고 십 분 정도 자리를 뜨더라도 그대로 있을 곳이었다. 나는 거기서 기사를 쓰고, 줄담배를 피우고, 자릿값으로 두 시간마다 카푸치노를 주문했다. 만약 내가 기자가 아니었다면 로드리고 두테르테의 당선이 내 삶에 실제로 미친 영향이라고는 담배 소비 말고는 딱히 없었을 것이다.

　그런데 하필 기자였으므로, 나는 조직적 살해를 기계적으로 집중 취재하며 밤을 보냈다. 모든 범죄 현장에 적용할 수 있는 논리를, 질문의 순서를 찾아내야 했다. 이 죽음은 처치인가, 자동차를 이용한 총격인가, 함정 수사인가, 시신 유기인가? 암살자는 경찰인가, 자경단인가? 암살자는 몇 명이었는가? 사건은 몇 시에 일어났는가? 누가 신고했는가? 시신 옆에 표지가 있는가, 손이 묶여 있는가, 현장에 총이 남아 있는가, 시신이 가방에 쑤셔 넣어져 있는가, 머리에 비닐이 감겨 있는가?

현장을 한 곳, 두 곳, 세 곳 더 많이 취재할수록 단계가 명확해졌다. 길모퉁이를 확인한다. 수사관을 찾아낸다. 구경꾼들에게 슬며시 다가가 시신의 이름을 아는지 묻는다.

누군가가 우리는 몰라요, 라고 말한다.

다른 사람이 끼어들어, 가족이 오고 있어요, 라고 알려 주기도 한다.

가만히 자리를 지킨다. 울부짖는 소리가 들리는지 귀 기울인다. 군중 속에서 이들을 찾아낸다. 취재용 녹음기 두 개를 모두 켠다. 사과하고, 위로한다. 차분한 목소리로 간단하게 질문한다. 고인은 어떤 사람이었나요? 무슨 일이 있었죠? 당신은 어디에서 왔나요? 고인을 마지막으로 본 게 언제인가요? 고인이 죽었다는 걸 어떻게 알았나요?

나는 줄곧 부탁했다. 그때 상황을 자세히 설명해 주시겠어요? 아는 이야기를 들려주시겠어요?

그리고 확인해야 할 사항들을 점검했다. 점검 사항 하나하나가 혼란스러운 와중에도 중심을 잡게 해주는 버팀목이 되었다. 경찰이 숫자가 적힌 노란색 증거 표시판을 내려놓는 동안, 나는 탄피 개수를 센다. 범죄 현장 조사관이 피해자 주머니를 뒤져 신분증, 메스암페타민이 든 비닐봉지, 현금, 휴대전화를 찾는 모습을 지켜본다. 시체 안치소 이름을 확인한다. 모든 것을 기록한다. 눈에 보이는 모든 세부 사항을.

아스팔트에 토마토케첩처럼 진하게 흘러내린 피.
테이프로 입을 막고, 테이프 끝을 턱에 붙여 놓음.

경찰이 손에 묻은 피를 자기 셔츠에 닦음.

지갑에서 나온 고급 백상지, 타임스 뉴 로만체, 모두 대문자. 나는 마약상이다, 라고 적힘.

반바지, 하와이안 셔츠, 다리 사이에 끼워 놓은 슬리퍼.

범인은 걸어서 현장을 떠남. 도망치지 않음.

이곳은 매주 사람이 총에 맞는 다리였다. 거리 청소부가 "월요일마다 그럽니다. 총소리가 들릴 때는 밖에 안 나가요"라고 말했다. 시체 안치소 직원이 얼룩진 들것으로 시신을 날라 밴에 실었다.

현장에서는 밤이 더디 갔다. 나는 내 일을 했다. 인터뷰를 진행했다. 끈질기게 경찰을 쫓아다녔다. 모든 면에서 나는 제 역할을 하는 언론인으로 비쳤다. 무슨 뜻이냐면, 이따금 기사를 송고하고, 기사를 보내지 못할 때는 그럴듯한 구실을 댔다. 어떤 아이 엄마는 장례비를 보태 줄 수 없느냐고 물었다. 어떤 할머니는 아이를 학교에 보낼 돈이 없다고 하소연했다. 어떤 여성은 가끔 식비, 전기료, 집세, 감옥에 있는 아들을 면회할 돈을 빌려 달라고 간청했다. 나는 그런 요청을 한 번도 들어주지 않았다. 언론계에는 보도 규칙이 있다. 그중 하나가 취재원에게 금품을 주면 안 된다는 것이다. 취재원에게 돈을 준다는 것은 곧 기사를 산다는 뜻이기 때문이다. 아들이 배에 총을 맞고 죽은 여성이 내게 말했다. **그런들 아무도 모를 거예요.** 나는 **내가 알잖아요**, 라고 답했다.

내가 이 이야기를 하는 까닭은 내 반듯함을 보여 주고 싶어서가 아니다. 현장에서 살아남는 데는 양심이 별 쓸모가 없다는 것을 설명하고 싶어서다. 이를테면 한 아버지가 죽은 아들을 추모할 양초 하나

살 돈이 없는 현실에 눈물짓는다고 기록하다가, 내가 아마존 킨들에 내는 돈이면 작은 관 하나를 살 수 있다는 것을 깨닫기도 한다. 나는 규칙을 따랐다. 내가 기댈 것이라고는 보도 규칙이 전부였다.

마약과의 전쟁 초기 두세 해 동안 나는 사랑에 빠졌고, 자전거 타는 법을 배웠고, 성인 남자의 몸 안에 얼마나 많은 피가 흐르는지를 두 눈으로 목격했다. 세상은 계속 돌아갔고, 사람은 계속 죽어 나갔다. 그 뒤로 몇 년 동안 나는 잎이 무성한 나무 아래 앉아 죽은 사람들에 대해 기록했다.

함정 수사는 연애와 무척 비슷해서 은밀한 관계를 동반한다. 경찰이 마약 판매 혐의자의 신원을 파악한 뒤 감시에 들어간다. 대상이 어디를 오가는지 움직임을 기록하고, 공범들을 조사하고, 무엇을 좋아하는지 관찰하고, 나중에 쓸 수 있도록 일상의 미묘한 교류를 기록한다. 추적은 신중을 기울여야 하는 작전이다. 그래서 구애와 비슷하다. 구매자로 위장한 사복 경찰이 용의자를 찾아가 불법 마약 사용자인 체한다. 마약을 살 생각이라고 밝히고, 믿음을 저버리지 않겠다고 약속한다. 물건을 건네받고, 질문과 답변이 오간다. 경찰은 신혼부부에게 쓰는 단어 **성사**consummation*를 이용해 보고서에 작전 완료를 기록한다.

"거래가 성사된 뒤 위장 구매자와 동행자가 용의자를 체포했다."

다른 문구가 등장하는 것은 작전 중 용의자가 사망했을 때뿐이다. 그런데 이 문구가 놀랍도록 정기적으로 등장한다. 한 현장 보

---

*   첫날밤을 치러 혼인을 성립한다는 뜻이 있다.

고서를 보면 "용의자가 경찰의 존재를 눈치챘다"는 문구 바로 뒤에 "용의자가 총을 뽑았다"는 문구가 나온다. 이것이 죽인 자와 죽은 자의 마지막 은밀한 관계다. 한쪽에서는 적을 알아차리고, 한쪽에서는 위협을 알아차린다. 연쇄 반응이 일어난다. 저항하기로 한다. 무기를 뽑는다. 방아쇠에 손가락을 갖다 댄다. 죽은 사람이 땅바닥에 쓰러진다. 서류로만 보면 간결한 문구일 뿐이지만, 현장에서는 이 문구가 사형 선고다.

예컨대 로드리고 두테르테 대통령이 집권한 지 1년 뒤, 즉 마약과의 전쟁이 한창이던 어느 날을 떠올려 보자.

사건이 벌어진 시간은 2017년 8월 15일 새벽 0시 20분이었다. 경찰이 함정 수사를 벌여 결정형 메스암페타민 50그램을 압수했는데, 그 과정에서 남성 두 명이 사망했다.

경찰은 채 24시간도 지나지 않아 시신 서른 구를 더 수습했다.

새벽 0시 20분, 용의자 버나드 리자르도와 저스틴 부카카우가 "위장한 사복 경찰과 거래 중인 것을 눈치채고서 수사팀에 잇달아 총을 발사함. 체포를 피하려는 몸부림이 짧은 총격전으로 번져 결국 용의자들이 사망함."

새벽 0시 40분, 용의자 지미 곤곤과 바르톨로메 마린이 "형사들의 존재를 눈치채고" 무기를 꺼내 들었다가 "즉사함."

새벽 1시 40분, "알빈이라는" 용의자가 거래 조건에 합의한 직후 "경찰과 거래 중이라는 것을 눈치"채고 "다가오는 수사관들에게 총을 쐈고, 이에 근처에 있던 경찰들이 즉시 대응 사격해 용의자가 사망함."

새벽 1시 45분, 용의자 크리스토퍼 텍슨이 "가짜 구매자가 경찰관이라는 것을 눈치"채고서 "경찰에게 총을 쐈고, 짧은 총격전 끝에 용의자가 사망함."

새벽 2시 25분, 용의자 윌프레도 알라피데가 "구매자가 위장 경찰인 것을 눈치채고 도주를 시도함." 경찰의 추격 과정에서 "용의자와 경찰 사이에 총격전이 일어나 해당 용의자가 즉사함."

새벽 3시, 용의자 제시 안달레스가 "단속팀이 접근하는 것을 알아채고서 경찰관을 향해 총을 발사했고, 경찰이 즉시 대응 사격해 총격전이 발생함." 용의자는 "여러 부위에 총상을 입고 급히 병원으로 이송되었지만, 도착 즉시 사망 선고를 받음."

새벽 3시 30분, 용의자 제프리 미란다가 위장 수사 중인 경찰과 거래 중인 것을 "깨닫고서 경찰관에게 총을 발사함. 용의자와 수사관들 사이에 총격이 벌어져 결국 용의자가 사망함."

새벽 4시 30분, "마코이라는 가명"으로 알려진 용의자가 "거래 성사" 뒤 체포에 저항하다 "총기를 꺼내 구매자로 위장한 경찰을 쐈지만 빗나감." 경찰 지원 인력이 "대응 사격해 용의자가 현장에서 즉사함."

하루 사이 사망한 서른두 명은 전국 사망자가 아니었다. 모두 주 하나에서 발생한 사망자였다. 그날 밤 마닐라 북쪽 불라칸주 경찰들이 67건의 함정 수사를 진행하던 중 용의자 서른두 명과 총격을 벌였다. 그리고 서른두 명 모두 총상으로 사망했다.

이튿날 정부 산하 뉴스 통신사가 "마약상 피살"이라는 제목으로 기사를 내보냈다. 그런데 사망자 몇몇은 경찰이 이름조차 파악하지 못한 사람들이었다. (마지막 사망자는 "신원 확인자"로만 언급되었다.) 불라칸주 경찰서장 로메오 카라마트 주니어 총경은 "체포된 용의자 대다수와 달리, 사망자 상당수가 경찰에 항복하기보다 끝까지 싸우려 했으므로 이들이 이미 제정신이 아니었던 것이 분명하다"고 밝혔다.

백 명 넘는 용의자가 "순순히 굴복해" 체포되었다. 무력으로 저항한 용의자 서른두 명은 모두 총에 맞아 사망했다. 경찰은 단 한 명도 다치지 않았다. 다친 용의자도 없었다. 이 설명을 믿으려면 불라칸주 경찰의 사살 성공률이 100퍼센트라고 믿어야 한다. 이는 2016년 로이터 취재진이 마약과의 전쟁에 대해 보도한 믿기지 않는 사살 성공률 97퍼센트보다 더 높다. 총격 사살로 악명 높은 리우데자네이루 경찰의 사살 성공률도 83퍼센트에 그친다.

불라칸주 경찰의 한 경정은 보고서에 "다행히 경찰 쪽에서는 한 명의 사상자도 없었다"고 적었다.

이들의 죽음은 살인 사건이었을까? 경찰은 이들의 죽음을 살인 사건이라 부르지 않았다. 이 죽음들이 살인이 아니라면, 불라칸 경찰은 갓 들어온 햇병아리조차 총격전이 벌어질 때마다 쏘는 족족 치명상을 입힐 만큼 사격 솜씨가 빼어난 저격의 명수였을까? 이 죽음들이 살인이 아니라면, 단 하루 사이 스물다섯 건의 총격전을 벌이고도 어떻게 경찰 쪽 사상자가 단 한 명도 없을 수 있을까? 이 죽음들이 살인이 아니라면, 왜 용의자가 경찰에게 쏘았다는 총알은 하나같이 다 빗나갔을까?

경찰은 **운이 좋았다**고 주장했다.

두테르테 대통령은 잘됐다고 격려했다.

필리핀 국민이 적어도 서른두 명이나 국가 무력에 처참한 죽음을 맞은 지 하루가 지난 2017년 8월 16일, 두테르테 대통령은 더 많은 사람이 죽기를 바란다는 희망을 드러냈다.

8월 16일 오후 말라카냥궁 히어로홀에 붉은 카펫이 깔렸다. 단정한 옷차림에 머리를 말끔하게 단장한 참석자들이 고급 목공예 의자에서 일어나 대통령의 입장을 박수로 환영했다. 공영 텔레비전에 자기네 얼굴을 내보내는 중인 카메라를 신경 쓰는 모습이었다. 이들은 대통령 선거 기간에 두테르테를 지지한 단체인 반범죄·부패 의용대Volunteers Against Crime and Corruption, VACC의 창립 19주년을 축하하고자 모인 사람들이었다.

로드리고 로아 두테르테 대통령이 파인애플 섬유로 짠 전통 의상 바롱 타갈로그를 입어 격식을 갖췄다. 비록 위쪽 단추 두 개를 채우지 않았지만, 일할 때 체크무늬 반소매 셔츠를 즐겨 입는 사람치고는 보기 드물게 예의를 갖춘 차림이었다. 두테르테가 성큼성큼 단상으로 걸어갔다. 제복을 입은 보좌관이 두툼한 서류철을 건넸다. 안에 든 것은 언론이 고위층 마약 혐의자 명단이라 부르던 문서의 두 번째 수정본이었다. 두테르테에 따르면 불법 마약 사업에 연루된 모든 공직자의 이름이 여기 적혀 있었다.

두테르테 대통령이 참석자에게 환영 인사를 건넨 뒤 VACC의 창립 기념일을 축하했다. 그리고 연설문이 적힌 종이를 흔들더니, 범죄와 부패의 희생자들은 두 쪽짜리 연설문보다 더 나은 대우를 받을 자격이 있다고 말했다. 46분 동안 이어진 즉설 연설에서 두테르테가 전날 발생한 사망 사건을 언급했다.

"불라칸에서 대규모 급습으로 서른두 명이 일찌감치 사망했습니다. Maganda 'yun."

필리핀어 마간다 maganda는 영어로 'beautiful'이라는 뜻이다. 'good'이라는 뜻도 있다. 이날 대통령이 무슨 뜻으로 이 단어를 썼는지는 확실하지 않지만, 영어를 사용하는 필리핀 언론이 모두 **beautiful** 대신 **good**을 택한 데는 이유가 있다. **good**도 터무니없는 표현이지만, **beautiful**보다는 훨씬 덜 충격적이었기 때문이다. **beautiful**을 선택했다면 만족하는 느낌을, 잔혹함을 미화하는 느낌을, 민주공화국의 총사령관이 자기 국민을 무자비하게 죽이는 데서 만족을 넘어 기쁨을 느낀다는 인상을 줬을 것이다.

두테르테의 잦은 폭력 옹호 발언을 기사로 다룬 우리는 자유 언론의 구성원들을 겨냥해 막무가내로 협박을 일삼는 사람에게 유리한 뜻을 선택함으로써 신의 성실을 지켰다. 우리는 두테르테가 말한 **푸탕 이나** putang ina를 '갈보 새끼'가 아니라 '개자식'으로 옮겼다. 대통령 대변인이 능청스럽게 내놓는 변명을, 이를테면 대통령의 말은 "곧이곧대로 보다는 그 아래 깔린 진심을" 읽어야 한다, 대통령의 말은 "창의적인 상상력"을 발휘해 해석해야 한다, 대통령이 계엄군에게 강간해도 좋다고 부추긴 것은 "고조된 감정에서 나온 허세"일 뿐이다, 같은 해명을 그대로 보도했다.

나는 내 소셜미디어에 대통령의 발언을 인용했다. "두테르테 대통령이 '불라칸에서 대규모 급습으로 서른두 명이 일찌감치 사망했습니다. 좋은 일입니다'라고 발언했다."

한 독자가 거기에 댓글을 남겼다. "엄밀히 말해 두테르테는 서른두 명이 죽은 것을 좋은 일이라고 말하지 않았습니다. 아름다운 일이라고 말했지요. 번역 때문에 그 비뚤어진 성미를 놓치게 하지는 맙시다."

2017년 8월 16일 오후, 두테르테 대통령이 한 말은 이것이다.

"불라칸에서 대규모 급습으로 서른두 명이 일찌감치 사망했습니다. 아름다운 일입니다. 우리가 앞으로 날마다 서른두 명씩 더 죽인다면, 필리핀을 괴롭히는 골칫거리를 줄일 수 있을 겁니다."

두테르테 대통령은 많은 것을 가리켜 아름답다고 표현했다.

잠옷도 아름답고, 도로도 아름다웠다. 연방제, 스카우트 레인저 연대*의 숙소, 기차도 아름답고, 캄보디아 국왕의 어머니가 젊었을 때 모습도 아름다웠다. 강간당한 여배우도 아름다웠다. 죄수들에게 강간당한 뒤 살해된, 두테르테 자신이 가장 먼저 했어야 했다고 아쉬워한 백인 선교사도 아름다웠다. 자기 여자 친구 중에는 나이가 많은 여자 친구가 "다른 여자 친구보다 더 아름다웠다." 민다나오섬도 아름답고, 다바오시의 딸들도, 두테르테 자신의 딸들도 아름다웠다. 다바오시는 "설사 모든 사람이 죽더라도" 그 자체로 아름다웠다. 딱히 순서는 없었다. 두테르테를 찬양한 노래, 국제마약

---

* 필리핀 육군 소속 특수작전부대.

통제위원회 International Narcotics Control Board의 안내 책자에 소개된 말들, 독일계인 전 부인, 대통령이 아니라 시장으로 불리는 것, 군경과 자신의 신뢰 관계도 아름다웠다. 필리핀 여성은 아름다울뿐더러 "좋은 향기"가 났다. "아름다운 여성들을 바라보는 것이 시장의 행복"이었다. 허리춤에 찬 권총도 아름다웠고, 두테르테 교파도 아름다웠다. "여기서는 무엇도 죄가 되지 않습니다. 마시고 싶은 대로 마시고, 마누라가 여러분을 죽이지만 않는다면 원하는 여성을 모두 가질 수 있습니다." 자신이 부정부패, 범죄, 마약을 뿌리 뽑으면 필리핀도 아름다워질 것이라고 했다. 버락 오바마 미국 대통령, 미국 국무장관, UN 인권위원회, EU를 모욕하는 것도 아름다웠다. 타기그시의 여성 시장도 아름다웠고, 멜라니아 트럼프도 아름다웠다. 오토바이, 그중에서도 할리데이비슨 스포스터 750이 아름다웠다. 경제도 아름다웠다. "머리에 총구가 하나뿐인" 시신도 아름다웠다. 비사야제도의 해변, 일로일로의 극장들도 아름다웠다. 제65회 미스 유니버스 대회 참가자들도 아름다웠다. 포경수술을 한 자기 성기도 아름다웠다. 러시아인과 결혼한 필리핀 여성도 아름답고, "카가얀데오로의 뽀얗고 나긋나긋한 여성들"도 아름다웠다. 특정 병원들, 해 질 무렵 하늘, 국방부 장관의 머리칼, 대통령 전담 간호사도 아름다웠다. 중국과 자신의 관계, 나이트호크 45구경 권총, 페닌슐라 호텔의 침구도 아름다웠다. 로브레도 부통령도 아름다웠다. 그래서 공개 석상에서 부통령의 무릎을 언급하며 "로브레도 부통령에게 '부통령님, 다음에는 반바지를 입는 게 좋겠습니다'라고 조언하고 싶었어요."라고 발언했다. 어느 기자가 신은 빨간 구두, 기강이 잡힌 국민, 다바오시의 미란다 다리, 마라위시,

중동 사람들, "멋진 무슬림 부족"도 아름다웠다. 중국산 저격총, 제리코 권총, 미국산 바렛 저격총, 글록 권총도 아름다웠다. 자기가 만났던 리아라는 여성은 "몸매가 거의 완벽했다"고 칭찬했다.

그리고 8월 16일, 자신이 보호하겠다고 약속한 경찰관들이 서른두 명을 죽인 것도 아름답다고 말했다.

아름답다라는 단어를 왜곡한 사람은 로드리고 두테르테만이 아니었다. 이미 1970년대에 또 다른 독재자가 필리핀 국민에게 아름다움의 뜻을 재정의했다. 그 사람은 강철 나비, 이멜다 마르코스였다. 부부 공동 독재 정권의 한 축인 이멜다는 아름다운 것에 탐닉하다 국고를 탕진했다.

"아름다워지는 데는 돈이 많이 들지 않습니다. 남부끄럽지 않게 아름다워지는 데는 약간의 노력만 있으면 돼요. 물론 어느 정도 노력은 해야죠. 노력은 보답받아요. 안타깝게도 사람들은 아름다움을 사치나 경박스러움, 아니면 낭비로 여기죠. 아름다움은 수련이고, 예술이고, 조화예요. 이념적으로든 신학적으로든 아름다움은 신이고, 사랑의 구현이랍니다. 이 세상에서 우리가 도달해야 할 궁극의 목표는 아름다움이에요."

불라칸에서 서른두 명이 죽던 날, 두테르테 대통령이 추구한 아름다움은 이미 실패한 상태였다. 두테르테는 취임 뒤 석 달에서 여섯 달 안에 마약, 범죄, 부정부패라는 해악을 뿌리 뽑겠다는 공약을 내걸고 대통령에 당선되었다. 그리고 "변명의 여지가 없다"고 인정한 뒤, 자신이 약속했던 시한을 여섯 달 더 연장했었다.

변명하지 않겠다고 장담했던 그 사람은 취임한 지 1년이 지나 히어로홀 무대에 선 그날, 갖가지 변명을 늘어놓기에 바빴다. 다바오에서는 기강을 잡는 데 성공했는데, 필리핀이라는 국가는 다바오시와 너무 다르다. 정부 기관들이 부패했다. 필리핀은 단결할 줄 모른다. 지방자치단체장들이 마약왕들에 매수되었다. 언론이 "나를 두들겨 패고 있다." 인권 단체들이 "너무 많은 소란을 일으킨다." 초강대국인 미국조차 마약 문제는 해결하지 못했다. 자기가 계속 일하고 죽이고 싸우는데도, 사람들이 불만투성이다.

"그들을 죽일 때 무슨 일이 벌어지는지 보세요. 내가 보기에는 또다시 떠들썩한 항의가 일어날 겁니다. 대규모 합동 작전 중에 사망한 서른두 명을 놓고 또다시 정의를 외치며 슬퍼할 겁니다."

바로 그날, 두테르테는 환호하는 정치 엘리트 앞에서 명단이 적힌 두툼한 서류철을 제시했다.

긴 명단이었다. "하지만 신의 가호가 있다면, 언젠가는 이 명단이 사망 증명서가 될 것입니다."

두테르테는 말했다. 마약 중독자를 죽이려면 여러분이 임무를 수행하는 중이어야 합니다. 주머니에 영장을 갖고 있거나, 결정형 메스암페타민을 거래하는 현장을 지켜봐야 해요. 여러분의 권한을 밝혀야 합니다. 이건 반드시 지켜야 하는 규칙이에요. 여러분이 경찰이라고 말하세요. 체포를 위해 출동했다고 알리세요. 중독자에게 포기하고 투항해 같이 경찰서로 가서 심문과 조사를 받으라고 하세요. 여러분의 임무는 중독자를 구금하는 것입니다. 그런데 중독자가 저항할 때는 굴복시키는 것이 여러분의 임무입니다. 중독자가 주머니에 손을 넣거든 여러분은 여러분의 총에 손을 뻗으세요. 중독자의 무기가 여러분의 목숨을 위협한다면—당연히 그럴 겁니다. 범죄자는 중독자고, 모든 중독자한테는 무기가 있으니까요―이때는 중독자를 쏘는 것이 여러분의 임무입니다.

이것은 살인 사건일까요?

아니면 치사 사건일까요?

중독자의 죽음이 여러분 책임일까요?

중독자를 죽이려면 두려움을 느껴야 합니다. 두려움은 선행 조건입니다. 목숨을 건지는 것 말고는 여러분에게 어떤 의도도 없어야 합니다. 분노나 편견, 낮술의 영향으로 움직여서는 안 돼요. 자신이 죽으면 아내가 과부가 되는 것이 두렵습니다. 아이들이 고아가 되는 것이 두렵습니다. 그래서 방아쇠를 당깁니다. 여러분이 당기는 방아쇠가 권총이 아닌 기관총에 붙은 것이라면 총알이 어디로 가는지는 여러분 소관이 아닙니다. 총알이 중독자에게 명중합니다. 중독자 뒤에 있는 사람 다섯을 맞힙니다. 중독자가 죽습니다. 다른 다섯 명도 죽습니다. 열 명, 백 명이 죽습니다. 총알이 팅팅 튕겨 나갑니다.

"중독자 뒤에 있는 다섯 사람을 죽이더라도, 여러분은 임무를 수행하는 중입니다. 그건 변명의 여지가 있지요."

중독자를 죽일 때 문제가 되는 것은 여러분이 어떤 사람이냐가 아닙니다. 여러분이 무슨 일을 하는 사람이냐예요. "임무를 수행 중인 한, M-16 소총의 방아쇠를 꾹 당겨 범죄자를 쏘고 온 세상을 쏘더라도 괜찮아요. 세상사가 그런 겁니다. 그때 여러분은 어디 있습니까? 무슨 일을 하는 사람입니까?"

여러분이 경찰이라면, 그리고 죽은 경찰과 죽은 중독자 중 하나를 선택해야 한다면, 여러분의 임무는 명확합니다. "여러분의 임무는 죽이는 겁니다." 일반인이 다른 인간에게 총알을 박아 넣는다면 정당방위를 주장할 수 있습니다. 경찰 배지를 단 사람이 다른 사람에게 총을 쏜다면, 정당방위를 주장할 권리뿐 아니라 임무 수행의 적법성까지 추정받을 수 있어요.

두테르테 대통령은 이것이 합법이다, 이것이 옳다고 말했다. 관료들도 줄줄이 같은 발언을 반복했다. 경찰청 대변인 존 불랄라카우 경무관은 대법원에 출석해 "법정에서 달리 증명되지 않는 한, 법 집행관은 계속 적법성을 추정받는다"고 발언했다. 케손시 경찰청장 길레르모 엘레아자르는 인터뷰에서 내게 "그건 현장에서 실제로 일어나는 일입니다. 현장은 우리가 적법성을 추정받는 곳이죠"라고 답했다.

필리핀의 법리 대다수가 그렇듯, 적법성 추정presumption of regularity도 미국 법리에서 빌려 온 것이다. 그 뿌리는 라틴어 문구 omnia praesumuntur rite et solemniter esse acta donec probetur in contrarium에 있다. "반대 내용이 증명되기 전까지는 모든 것이 적법 절차에 따라 정당하게 수행되었다고 추정한다."

현대 필리핀에서는 임무 수행의 적법성을 법원 규칙과 개정 형법 양쪽에서 모두 다룬다.

법원 규칙 3조 131항에 따라 적법성 추정은 "반박되지 않는 한 충족된다"고 간주하지만, "다른 증거가 있으면 반박하고 무효화할 수 있다." 경찰은 공무를 규정에 맞게 수행하는 것으로 추정받는다. 만약 이를 반박하는 증거가 하나라도 제시된다면 추정은 무효가 된다. 개정 형법 11조 5항은 "임무를 이행하거나, 권리 또는 직무를 합법적으로 행사하는 역할을 한 자는 어떠한 형사 책임도 지지 않는다"고 규정한다. 적법성 추정은 사후에 법정에서 제기하는 것이 목적인 방어 수단이다.

두테르테 정권에서는 적법성 추정이 "합법적인 경찰 활동" 중 마약 용의자가 사망한 수많은 사건 가운데 기소된 사건이 거의 없는 이유를 정당화하는 근거로 주장되었다. 그런 사건들은 대개 해결된 것으로 표시된다. 죽인 사람이 누구인지는 안다. 하지만 그 사람은 살인을 저지른 것이 아니다.

적법성 추정은 신의 성실을 주장하는 것이다. 경찰이 중독자를 죽인 것은 중독자가 **난라반**, 즉 공권력에 맞서 싸웠기 때문이다. 반대 증거가 제시되지 않는 한 경찰의 행위는 정상이고, 적합하고, 온당한 것으로 간주된다. 경찰이 신뢰받는 까닭은 경찰이기 때문이다. 중독자는 범죄자다. "따라서 중독자가 체포에 격렬히 저항하면 마음 놓고 죽여도 된다." 저항을 제압하는 것은 경찰이라면 마땅히 신과 헌법과 필리핀의 모든 제정법에 따라 수행해야 하는 임무다.

대통령의 말을 들어 보라. "내가 경찰에게 말했습니다. '공권력을 남용하지 마세요.' 여러분은 합법적으로 저자들을 죽일 수 있습니다. 그런데 무엇 하러 불법적으로 죽입니까?"

마약 중독자를 죽이려면 모든 요소가 맞아떨어져야 한다. 임무를 수행 중인 경찰이 있어야 한다. 공권력을 부정하는 범죄자가 있어야 한다. 폭력을 수반한 위협, 목숨을 잃을 위험, 치명적인 폭력의 징후가 있어야 한다. 이런 요소들이 마약과의 전쟁 기간에 적어도 6252번이나 맞아떨어졌다. 물론 경찰 6252명이 용의자 6252명을 죽였는지, 아니면 일부 경찰이 신성한 임무를 여러 번 수행했는지는 명확하지 않다.

경찰이 열일곱 살인 사촌과 함께 있는 어느 젊은이를 죽였을 때 이런 요소들이 맞아떨어졌다. 사촌에 따르면 이 경찰은 용의자가 죽었다고 보고한 뒤 엄지를 치켜세웠다.

경찰 서른한 명이 해 볼 테면 해 보란 듯 권총을 들고 저항하는 쓰레기 세 명을 "대응 사격 말고는 다른 선택지가 없다"는 이유로 사살했을 때도 이런 요소들이 맞아떨어졌다. 죽은 남성 한 명은 이름만 확인되었는데, 그 이름은 부하이Buhay, 생명이라는 뜻이었다.

케손시 제6경찰서에서 열일곱 해를 근무한 베테랑 경찰 아얀 포르미예사에게도 이런 요소들이 맞아떨어졌다.

방아쇠를 당긴 2016년 8월 21일, 포르미예사는 혼자가 아니었다. 사건 발생 뒤 작성된 공식 문서에 따르면 포르미예사와 함께 10번 도로를 걸어 내려간 사람이 세 명 더 있었다. 팀장인 에밀 가르시아 경감, 그리고 신입 순경인 제임스 아가라오와 멜초르 나비자가였다.

이날 임무는 딱히 특별한 것이 없는 작전이었다. 네 사람은 토캉 작전에 따라 용의자를 방문하는 중이었다. 목적지는 케손시 파야타스*에 있는 용의자 마르셀로 다아 주니어의 집이었다.

토캉 작전을 수행하려면 경찰이 마약 연루자를 찾아내 문을 두드린 뒤 당국에 자수하라고 권유해야 했다. 그런데 이날은 경찰이 문을 두드릴 시간이 없었다. 용의자들이 경찰이 찾아온 것을 "눈치"챘기 때문이다. 용의자 다섯 명이 모두 총을 꺼냈다. 그리고 발

---

* 파야타스는 쓰레기 매립지가 있는 곳으로, 쓰레기 산이라 불릴 만큼 환경이 열악하다.

사했다.

경찰은 몸을 숨겼다. 자기들이 경찰관이라고 밝혔다. 용의자 중 한 명인 에프렌 모리요가 소리쳤다. "Hindi kami papahuli ng buhay!"

죽었으면 죽었지, 붙잡히지 않을 거야!

경찰에게는 선택의 여지가 없었다.

경찰은 공동 진술서에 "우리 팀이 대응 사격에 나섰다"고 적었다. 이 대응 사격으로 용의자들이 "즉사"했다. 경찰은 용의자 넷이 사망했다고 보고했다. 서른한 살 마르셀로 다아, 스물세 살 라피가보, 서른여섯 살 안토니 코멘도, 나이와 이름이 불확실한 "헤스"라는 남성. 이들은 모두 **난라반**했다.

이 사살은 합법이었을까?

정당방위 차원에서 행한 것일까?

임무 수행 중 행한 것일까?

대통령의 지시로 행한 것일까?

현장 바로 옆에서 텔레비전 뉴스 제작진과 인터뷰한 에밀 가르시아 경감은 용의자들이 리볼버 권총과 45구경 권총으로 무장한 상태였다고 답했다. "우리가 방에 다가가는데, 갑자기 용의자들이 나와 우리에게 총을 쐈습니다."

경찰은 범죄 현장 수사관들이 수집한 증거들을 하나씩 열거했다. 권총 다섯 자루, 결정형 메스암페타민으로 의심되는 물질이 밀봉된 작은 비닐봉지, 갖가지 마약 관련 도구가 나왔다.

인명 사고가 발생하고 한 주 뒤, 경찰서장은 사건 경위서를 제출하며 이 작전팀을 이렇게 최종 평가했다. "포상 및 표창 추천."

중독자를 죽이는 법

데이비드 흄이 제시한 인과 규칙성 이론regularity theory of causation은 결과가 원인에 따라 변함없이 일관되게 나타난다고 전제한다. 흄은 규칙성을 결정하는 조건을 세 가지로 보았다. 첫째, 원인이 결과보다 시간상 먼저 발생해야 한다. 둘째, 그 원인이 해당 결과와 근접한 것이어야 한다. 셋째, 실제 사례들이 유사해야 한다. 즉 원인이 비슷하면 모두 같은 결과로 이어져야 한다.

어떤 총격전이 있다고 치자.

중독자가 저항하자, 경찰이 대응 사격한다. 원인이 먼저고, 결과가 나중이다.

중독자가 총을 잡자, 경찰이 방아쇠를 당긴다. 결과에 가까운 근접 원인이다.

수천 명의 위험한 용의자가 난폭하게 저항한다. 이들이 경찰 손에 무력화된다. 원인과 결과로 구성된 이야기가 거의 완벽하게 반복되며 다음 이야기로 이어진다.

두테르테 대통령은 주장했다. "자, 누군가가 총을 꺼내면, 누군가가 대응 사격을 하면, 이 경찰은 머릿속으로 생각합니다. '아, 이런. 저 녀석이 먼저 나를 쏘겠는걸. 이러다 정말로 죽을 수도 있겠어.' 그럼 경찰이 총을 쏠 수 있습니다. 여기에 작용한 요인은 무엇일까요? 첫째, 자기방어입니다. 범죄자는 정말로 상대를 죽일 테니까요. 둘째, 임무 수행입니다. 법에 따르면 어떤 수단을 써서라도 범죄자의 저항을 제압해야 하니까요."

흄은 규칙성이 성립하려면 원인과 결과가 정기적인 연속성에 기반해 규칙적으로 연결되어야 한다고 주장했다. 우리 마음은 원인에서 결과를 추론하려 할 것이다.

그런데 저항이 원인이 아니라 결과라고 가정해 보자. 인과 관계의 사슬을 한 단계만 뒤로 거슬러 올라가 보자. 왜 용의자는 목숨을 위협할 가능성이 큰 공권력을 마주한 상황에서 굳이 저항을 선택했을까? 현지 주민이 넷이나 포함된 남성 다섯이 왜 일요일 오후에 총을 소지하고 있었고, 사전 상의도 없었는데 여자 친구와 누이와 아이들이 있는 가운데 서로 약속이나 한 듯 순식간에 동시에 총을 들어 올려, 죽거나 평생 도망치며 살아야 할 결정을 했을까? 경찰은 그중 한 명이 "죽었으면 죽었지, 붙잡히지 않을 거야"라고 외쳤다고 주장한다. 경찰 측에 따르면 경찰은 집에 있는 남성들과 평화롭게 대화하고자 "그 장소로 느긋하게 걸어갔을" 뿐이다.

죽었으면 죽었지, 붙잡히지 않을 거야. 우리는 죽음을 무릅쓰기로 작정했어.

두테르테 대통령 각하에게는 답이 있다. 이들은 중독자였다. 중독자가 다 그렇듯, 이들도 난폭하게 저항했다. 이들은 "편집증에 시달렸고, 언제나 무장한 상태"였다. 대통령은 이것이 이들의 "일반적인 행동"이라고 말했다.

"그자들은 정말로 대응 사격합니다. 편집증에 시달리고 늘 환각에 빠져 있는 데다, 거의 늘 살상 무기를 갖고 다니며 끝까지 싸우려 드니까요."

사람을 죽이는 행위가 살인이 되지 않으려면 이유가 있어야 했다. 난폭하게 저항하는 자는 죽여야 했다. 이들이 난폭하게 저항하는 까닭은 중독자였기 때문이다. 중독자는 모두 폭력성을 띠므로 이들을 모두 죽여야 했다.

그렇다면 편집증을 앓는 중독자가 수백만 명으로 추정된다고

할 때, 필리핀 전역에서 경찰과 충돌하는 과정에 수천 명이 아니라 수백만 명이 죽임을, 합법적 죽임을 당해야 한다고 가정해야 타당할 것이다. 그런데 경찰은 자기네 행위를 변호할 목적으로 반대 관점에서 통계를 강조한다. 경찰청 대변인 불랄라카우는 죽을 수도 있었던 수백만 명이 죽지 않았다고 주장했다. 그에 따르면 마약 중독 혐의자와 마약 판매 혐의자 130만 명이 평화롭게 자수한 사실이야말로 국가가 대량 학살을 주도하지 않았다는 증거였다. 불랄라카우는 언론에 "비사법적 살해에 대한 주장이 사실이라면, 이렇게 자수한 사람과 체포된 용의자들도 살아 있지 않아야 합니다. 체포되거나 자수한 사람에 견줘 죽은 사람의 비율은 0.3퍼센트뿐이므로, 논리상 비사법적 살해는 배제됩니다"라고 말했다.

8월 21일, 토캉 작전을 지휘했던 엘레아자르 케손시 경찰청장도 같은 말을 했다. 엘레아자르는 경찰의 마약 소탕 작전에서 치명적 충돌이 일어나는 경우는 6퍼센트뿐으로, "비중이 낮다"고 주장했다.

그렇다면 어느 쪽이 사실일까? 이들은 본디 저항하기 마련인 중독자이므로 죽어야만 할까? 아니면 중독자인 이들이 살아 있다는 사실이 경찰의 뛰어난 역량을 증명할까?

결국 적법성 추정은 마음이 무엇을 추론하느냐에 좌우된다. 두테르테 대통령이 지시한 대로 합법적으로 죽이고, 두테르테가 정의한 대로 임무를 수행하고, 계속 활동하고 효과를 거둬 적을 섬멸하려면, 이 모든 것을 완수하려면, 필리핀은 중독자와 총기 사이에 되돌릴 수 없는 연관성을 만들어야 한다. 두테르테가 연설마다 강조했던 것이 그런 연관성이다. 그런 연관성이야말로 정상이고, 허용되고, **인과 관계의 규칙에 합당하다.**

예컨대 아얀 포르미예사 경장은 자기가 에프렌 모리요라는 젊은 남성이 "죽었으면 죽었지, 붙잡히지 않을 거야"라며 총을 휘두르고 악을 썼다고 생각한 이유를 내게 정확히 설명했다.

"중독자들은 그러니까요. 늘 제정신이 아니거든요. 그게 그 사람들 본모습입니다."

2016년 8월 21일 케손시 파야타스에서 일어난 일을 달리 설명하는 이야기가 있다.

그날 거기 용의자 다섯 명이 있었다. 마르셀로 다이는 앞마당의 창고 아래 놓인 당구대에서 당구를 치고 있었다. 마르셀로 옆에는 이웃인 헤시에 쿨레, 안토니 코멘도, 라피 가보, 그리고 오래전 다른 곳으로 이사했다가 그날 잠깐 들른 어릴 적 친구 에프렌 모리요가 있었다.

마르셀로는 트럭 운전기사의 보조로 일했다. 여자 친구, 그리고 세 아이와 함께 사는 집은 삼십일 년 전 자신이 태어난 허름한 판잣집에서 겨우 몇 발짝 떨어진 곳이었다. 파야타스의 주거지 대다수와 달리, 다이의 집은 외진 공터에 자리 잡고 있어 큰 도로에서 나무가 우거진 내리막길을 한참 걸어 내려가야 했다. 나무가 울창했지만, 근처 쓰레기 매립지에서 나오는 악취를 막는 데는 별 소용이 없었다. 다이의 가족은 방수포와 합판을 얼기설기 이어 붙인 불법 가옥에서 옹기종기 모여 살았다. 양철 지붕은 커다란 돌덩이와 세면대로 눌러 놓았고, 옆에는 어린이 TV 프로그램 〈블루스 클루스〉가 그려진 부서진 도어 스톱이 놓여 있었다. 집 주변을 18미터 깊이의 계곡이 휘감고 있었다.

무더운 날의 오후였다. 시곗바늘마저 느릿느릿 돌았다. 마르셀로, 헤시에, 에프렌은 당구를 쳤다. 안토니와 라피는 해먹에 누워서 졸다가 먹을 것을 찾아 집으로 들어갔다. 여자들, 그러니까 마르셀로의 이모, 누이, 같이 사는 여자 친구는 텔레비전을 보았다. 아이들은 풀숲에서 거미를 쫓았다.

오후 세 시가 조금 지났을 때 정문 쪽에서 덜컹거리는 소리가 들렸다. 당구를 치던 세 사람이 고개를 들어 정문을 살폈다. 문밖에 남자 다섯, 여자 둘, 총 일곱 명이 서 있었다. 모두 경찰 제복 차림이 아니었다.

그중 한 남자가 총을 꺼내 들더니 외쳤다. "다들 꼼짝 마."

마르셀로와 친구들이 두 팔을 들었다. 경찰이 이들의 손을 묶고 수갑을 채우고 두들겨 팼다. 수갑이 모자라자, 한 경찰이 창고 지붕에서 전기선을 뜯어냈다. 뒤이어 경찰들이 집을 샅샅이 뒤지더니 휴대전화, 태블릿, 라이터, 마리화나용 물 담뱃대, 알루미늄 포일, 체중계, 새로 산 소독용 알코올 한 병을 수거했다.

"경찰이 내 보청기를 가져갔어요." 그 자리에 있었던 여성 한 명이 나중에 내게 한 말이다. "그래서 당신 말이 잘 안 들려요. 새로 산 보청기를 그자들이 가져가서요."

남자 경찰 한 명이 집 밖으로 나갔다. "아무것도 못 찾았어."

예순아홉 살이던 마르셀로의 아버지가 계곡에서 바나나밭을 일구다 소란스러운 소리를 들었다. 힘겹게 비탈진 길을 올라와 보니, 아들 마르셀로를 포함한 다섯 명이 손에 수갑을 차고 몸이 묶인 채 집 옆에 앉아 있었다. 마당이 시장통처럼 붐볐다. 자신을 지휘관이라 칭한 경찰 한 명이 마르셀로의 아버지를 밀쳤다. 마르셀로의 아버지를 가리켜 주모자라며 팔을 잡으려 했다.

"자기네가 임무를 맡았다고 했어요. 자기네가 경찰이라고도 했고요."

여전히 수갑에 손이 묶인 마르셀로가 아버지에게 소리쳤다. "제가 해결할게요. 제 잘못이니까 가세요."

마르셀로의 아버지는 자리를 떴다. 회한으로 남는 결정이었다.

마르셀로의 아버지가 떠난 뒤, 경찰이 다섯 명의 수갑을 풀어줬다. 훌쩍이던 여동생을 쫓아냈다. 그리고 다섯 청년을 뒤뜰로 데려갔다. 빨간색 스웨트셔츠를 입은 남자 경찰, 그러니까 목격자들이 아얀 포르미예사라고 지목한 남자가 에프렌과 마르셀로를 맡았다. 포르미예사가 뒷마당 바로 옆에 방수포로 얼기설기 만든 창고 안으로 두 사람을 밀어 넣었다.

두 사람은 앉으라는 지시를 들었다. 그래서 앉았다. 마르셀로는 나무 의자에, 에프렌은 팔걸이에 걸터앉았다. 아얀 포르미예사 경장이 총을 꺼내 총구를 겨눴다.

에프렌이 두서없이 속사포처럼 말을 쏟아냈다. 나는 아무것도 몰라요. 결백해요. 나는 거리에서 과일을 파는 노점상일 뿐이에요. 다른 건 전혀 손대지 않아요.

"정말이야?" 포르미예사가 물었다. "정말이냐고?"

총알이 에프렌의 가슴팍, 심장 바로 아래 박혔다.

에프렌의 사지가 자기를 죽인 사람에게서 고개를 돌린 채 단단한 땅바닥에 축 늘어졌다. 그사이 포르미예사가 에프렌의 친구 마르셀로에게 잇달아 빠르게 세 발을 쐈다.

뒤뜰에서 총소리가 더 들렸다.

창고 밖으로 나온 포르미예사가 부하들에게 지시했다. "어떻게 해야 하는지 알지? 범죄 현장 수사대에 연락해. 증거는 남겨 두고. 용의자가 모두 반격했다고 하고."

다른 여성들은 집 안에 갇혀 있었다. 1.5킬로미터 정도 떨어진 곳에 사는 또 다른 이모가 소란스러운 소리를 듣고 다아 가족의 집 경계에 울타리처럼 자란 나무쪽으로 와보았다. 그녀는 뒤뜰 바로 앞에서 걸음을 멈췄다. 진술서에 따르면 이 여성은 라피와 안토니가 땅바닥에 축 늘어져 있는 모습을 보았다. 총을 맞은 자리에서 피가 흐르고 있었다. 무릎을 꿇고 있는 헤시에 쿨레도 봤는데, 총상은 당했어도 아직 살아 있었다고 한다.

아마도 경찰이었을 남자가 그녀의 앞을 가로막았다. 그녀가 소리를 지르고 악을 썼지만, 남자에 밀려 문밖으로 쫓겨났다. 겨우 1미터 남짓한 낮은 문은 철망을 재활용해 만든 것이었다.

그녀의 귀에 경찰 한 명이 외치는 소리가 들렸다. "경장님, 한 명이 아직 살아 있습니다."

총소리가 두 번 더 들렸다.

이날 나무 위에 올라가 있던 어느 십 대 소년이 위에서 총격 장면을 지켜보았다. 소년은 헤시에의 여자 친구에게 헤시에가 마지막으로 죽었다고 귀띔했다. 헤시에가 총을 든 경찰의 바짓가랑이를 두 손으로 붙잡았다고 했다.

"그게 도저히 이해가 안 돼요." 헤시에의 여자 친구가 내게 말했다. "헤시에는 무릎을 꿇었어요. 경찰의 바짓가랑이를 붙잡았어요. 헤시에가 죄를 지었다면, 그건 법을 어긴 죄예요. 경찰에게 죄를 지은 게, 경찰이 그렇게 헤시에를 죽여도 되는 죄를 지은 게 아니에요. 헤시에는 울고 있었어요. 죽고 싶지 않았다는 뜻이죠. 살고 싶었으니까요. 그래서 살려달라고 애원했어요."

마르셀로의 동거녀가 집 밖으로 뛰쳐나왔다. 뒤뜰에 널브러진 시신 세 구가 보였다. 마르셀로의 시신은 아니었다. 경찰이 그녀를 붙잡았다. 경찰은 그녀가 지켜보는 가운데 그녀의 작은 가게에서 음식과 담배를 훔쳤다. 당구대에 앉아, 다아 가족이 먹으려고 마련한 음식을 먹었다.

마르셀로의 어머니가 길에서 남편을 만났다. 순간, 아들이 곤경에 처한 것을 알아차린 그녀가 언덕을 달려 올라가 대문과 당구대를 지나 집 안으로 들어갔다. 그녀의 매트리스가 갈가리 찢겨 있었다. 뒤뜰로 가니 헤시에 쿨레가 무릎을 꿇고 엎드린 채 죽어 있었다. 머리는 꼭 맞잡은 두 손에 올려져 있고, 가슴팍은 축축한 풀밭에 닿아 있었다. 비에 젖은 라피 가보와 안토니 코멘도의 시신을 지나니, 마침내 마르셀로가 태어난 해에 그녀가 심은 타마린드 나무에 마르셀로가 기대앉아 있는 것이 보였다.

마르셀로의 오른쪽 다리가 왼쪽 다리 위에 포개져 있었다. 왼쪽 눈썹 위에 난 총알구멍이 까만 별 같았다. 입에서는 피가 흘러나왔다.

그날 밤 마르셀로의 부모는 집에서 잤다.

"우리가 왜 떠나야 하는데요? 그들은 원하는 것을 얻었는데. 안 그래요?"

마약과의 전쟁 기간 대부분 동안 작전 절차를 좌우한 교전 규칙은 2013년 발행된 필리핀 경찰업무편람 개정판에서 찾아볼 수 있다.

경찰업무편람 7조는 이 문장으로 시작한다. "경찰 작전 중 과도한 무력 사용을 금한다."

예외는 없다. 임무를 수행 중인 경찰은 필요하고 합당한 무력을 사용할 수 있다. 경찰은 "무력의 합당성"을 판단하는 데 유효한 여러 요인을 고려해야 한다. 이를테면 공격자의 수, 무기의 크기와 특성, 공격자의 신체 조건, 공격이 벌어진 원인과 장소를 따져야 한다.

타당한 무력을 유지할 책임은 작전을 지휘하는 경찰관에게 있다. 해당 지휘관은 작전 구역에 있는 모든 경찰관을 통제해야 하고, "무장 대치가 벌어지는 동안 인명과 재산을 보호하도록 필요하고 합당한 무력을 행사하는 데 요구되는 모든 가용 수단을 동원"해야 한다.

경찰업무편람 곳곳에 **합당한**reasonable이라는 단어가 매우 자주, 매우 가볍게 사용되므로, 편람을 처음 작성한 사람들이 경찰의 합리적인 판단력을 마음 깊이 확고하게 신뢰했다는 생각이 들 것이다. 경찰은 "건전한 재량권"을 행사해야 한다. 경찰의 목적은 명백하고 임박한 위험을 "진압"하는 것뿐이다. 무력은 "저항을 제압하기에 충분한 정도"여야 한다. 화기를 사용하려면 "실제로 실재하고 임박한" 위험이 존재해야 한다. 최근 개정된 경찰업무편람은 예방, 격퇴, 저지가 목적일 때만 무기 사용을 허용한다.

"되도록 머리나 다른 급소를 가격하지 말아야 한다. 사람이나 용의자가 다친다면 되도록 빨리 응급 처치를 하거나 가장 가까운 병원으로 이송해야 한다."

법과 작전 절차에 따라 정의된 임무 수행은 적절하고 합당하고 타당하고 **인과 관계 규칙에 맞아야** 한다. 이는 경찰이 내부 강령의 기준을 준수하며 작전을 펼친다고 전제한다.

그런데도 최고사령관 로드리고 두테르테 각하는 연설 때마다 부하들에게 법 정신은 물론이고 법조문까지 위반하라고 지시했다.

필리핀해군 동민다나오 사령부를 찾아 작전 중 사망한 군인들을 추모하는 연설에서는 "쏴 버리세요"라고 말했다. "무언가를 움켜잡으려는 행동은 적대적인 움직임입니다. 그들이 총을 꺼낼 때까지 기다리지 마세요. 그렇죠, 그렇게요. 만약 그들이 그저 몸을 긁적이는 거라면, 뭐, 참 안됐긴 합니다."

필리핀 국가경찰청이 격년으로 주관하는 제9회 전국 여성 경찰 간부 회의에서도 비슷한 발언을 했다. "무기가 있다면, 게다가 치명적인 무기라면 여러분을 죽일 수 있습니다. 따라서 상대가 항복을 거부하고 난폭하게 저항하면, 그냥 죽여야 합니다."

로이스 호텔&카지노에서 열린 제29회 필리핀 검찰 연례 총회에서는 마찬가지였다. "난폭한 저항을 맞닥뜨렸을 때, 그래서 목숨이 오갈 때는 그들을 사살하십시오. 우리 모두 압니다. 그게 내 명령입니다."

마라위시의 전투지휘부를 방문했을 때는 이렇게 말했다. "여러분은 여러분이 죽인 누구에게도 책임이 없습니다. 거듭 말하건대 여러분은 임무를 수행하는 중이기 때문입니다. 이자들의 임무는 항복하는 것이지 맞서 싸우는 게 아닙니다. 이자들이 맞서 싸운다면 …. 글쎄요, 그래서는 안될 겁니다. 그러다 죽을 테니까요."

동민다나오군 사령부 창설 11주년 기념식에서도 이런 발언이 이어졌다. "상대가 반격하면, 그자가 45구경 권총을 들고 있다는 생각이 든다면, 정말로 내가 죽겠구나 싶으면, 그 개자식을 죽이십시오. 사람들 말마따나, 그건 그자가 자초한 겁니다."

두테르테 대통령은 모든 경찰에게 약속했다. 임무 수행 중 사람을 죽였다고 주장하면 믿겠다고. 자기 명령을 따르다 기소되어 유죄 선고를 받는 경찰이 생기면 누구든 사면하겠다고. "두려워하지 마세요. 상대가 저 얼간이들이라면, 그자들이 여러분의 도시를 망가뜨린다면, 죽이는 것을 두려워하지 마십시오."

두테르테는 자기가 1988년 이후 모든 선거에 승리한 비결이 이것이라고 주장했다.

"내 비결은 간단해요." 새로 선출된 시장들을 말라카냥궁으로 초대해 축하하는 자리에서 한 말이다.

"핵심은 진심입니다. '이 개자식아, 그러지 마, 안 그러면 내가 너를 죽여 버릴 거야'라고 말할 때, 실제로 그자를 죽이는 사람은 여러분이 아닙니다."

그리고 고개를 젖히더니 히죽 웃었다. "쉿, 경찰이죠." 이어서 상상 속 경찰에게 문제를 처리하라고 명령하듯이 여기저기를 손가락으로 가리켰다.

그러다 웃음을 터트렸다.

"고맙습니다, 여러분. 축하하고요."

맞은편에 앉은 남자는 이가 튼튼했다. 이를 갈지 않았다. 말을 더듬지도 않았다. 환각을 일으키지도 않았다. 어린아이, 염소, 어머니를 강간한 적도 없었다. 긴장감이 느껴졌고 세이프가드 비누 냄새가 났다. 남자에게 편집증 환자냐고 묻지는 않았지만, 정말로 그에게 편집증이 있더라도 이해했을 것이다. 경찰은 그를 "마약 사범" 명단에 올렸지만, 남자는 자기 생각에 불법 마약에 손댄 적이 없다고 말했다. 그리고 셔츠를 벗어 좁은 가슴팍에 생긴 거무스레한 상처 두 곳을 가리켰다. 오른쪽 가슴 아래, 그리고 왼쪽 가슴에 난 상처였다.

8월 21일 아침, 두 아이의 아버지인 과일 노점상 에프렌 모리요가 동생의 반바지와 아버지의 셔츠를 입고 집을 나섰다. 어머니에게는 옛 친구 마르셀로가 지금도 살고 있는 케손시 파야타스에 간다고 알렸다. 마르셀로에게 받을 돈이 있는데, 이참에 그 돈을 돌려받으려는 참이었다.

가슴팍에 총알이 박혔을 때 에프렌 모리요는 어떻게든 살아야겠다고 다짐했다.

총알이 발사되고 갑자기 피가 쏟아져 속옷을 적시는 그 짧은 시간에 에프렌은 판단했다. 사지를 축 늘어뜨린 채 땅바닥에 꼼짝도 하지 않고 누워 어떻게든 숨을 참으려 했다. 겨우 다섯 걸음 떨어진 곳에서 아얀 포르미예사 경장이 마르셀로 다아를 쐈다. 총성이 들리는 가운데 에프렌은 기도했다. 비명이 들리는 가운데 에프렌은 기도했다. 어린 두 아이를 떠올리며, 제발 살아갈 힘을 달라고 기도했다. 간절히 기도했다. 그리고 경찰이 자리를 떴다.

에프렌은 기다렸다. 귀를 기울여 이제 혼자뿐이라는 확신이 들자 비틀거리며 일어섰다. 잠시, 죽은 이들에게 인사를 남겼다. 그들에게 **나 좀 도와줘**, 라고 부탁한 뒤 비탈길 아래로 몸을 던졌다.

죽을 수도 있다는 생각은 들지 않았다. 오로지 도망쳐야 한다는 생각뿐이었다. 한 시간 반 뒤, 에프렌은 다시 비탈길을 벗어나 고속도로로 나왔다. 피투성이 몰골로 가슴팍에 구아바 잎을 움켜쥔 채.

두테르테 대통령은 말했다. 그자들이 움직이면 죽이세요. 항복을 거부하면 죽이세요. 머리를 쏘고, 심장을 쏘십시오, 그자들을 쏘아 죽이십시오.

여기에는 적법성 추정이 작동했다. 쏘십시오, 쏘아 죽이십시오.

그런데 예외가 발생했다. 로드리고 두테르테가 경찰에게 경고했던 작전 실패 말이다.

다섯 명이 총에 맞았다. 넷은 죽었다. 그러나 한 명은 살아남았다.

에프렌 모리요가 고속도로를 찾아낸 시각은 오후 4시가 넘어서였다. 총알이 가슴팍을 관통한 지 한 시간도 더 지난 뒤였다. 케손시에 있는 병원에 가기에는 엄두가 나지 않았다. 경찰이 자기를 찾아내 끝장을 낼까 두려웠다. 주유소 근처에서 옛 친구를 발견했다. 자신을 집 근처 리잘시에 있는 병원에 태워다 달라고 간청했다. 친구는 겁에 질린 와중에도 에프렌을 지프 뒷자리에 태워줬다. 에프렌이 병원에 도착했을 때는 근무 중인 의사가 없었다. 간호사가 상처에 붕대를 감으려 했지만, 피가 뿜어져 나와 거즈와 반창고를 흠뻑 적셨다. 에프렌은 의식을 잃지 않았다. 친구에게 자기 집에 가서 어머니를 데려와 달라고 부탁했다. 어머니는 몇 시간이 지난 10시 반이 되어서야 도착했다. 아들을 찾아 파야타스에 갔다가 에프렌이 죽었다는 소식을 들었다고 했다.

하필 병원 바로 옆에 경찰서가 있었다. 오래지 않아 리잘시 경찰이 찾아왔다. 경찰은 에프렌에게 무슨 일이 있었는지 물었다. 케손시 경찰에게 전화한 뒤, 에프렌에게 도와주겠다고 약속했다. 에프렌은 모든 사실을 이야기했다.

밤 11시가 지난 시각, 구급차가 케손시 제6경찰서로 출발했다. 경찰이 창문으로 다가와 안을 들여다보았다. 에프렌이 옆에 앉은 어머니의 손을 잡고서 비명을 지르고 또 질렀다. 통증이 있었지만, 그 때문에 울부짖은 것은 아니었다.

"일부러 난리를 쳤죠. 한 경찰이 하는 말을 들었거든요. '이 녀석 질기네. 오후 3시에 총에 맞았는데 아직도 살아 있어.'"

구급차는 반 시간 가까이 경찰서에 서 있었다. 에프렌이 응급실로 옮겨진 시각은 자정이었다. 리잘시 경찰은 떠났고, 케손시 경찰이 에프렌을 수갑으로 병상에 묶어 놓았다. 경찰은 에프렌을 폭행 혐의로 기소하겠다고 했다. 한 시간 뒤 의사들이 살펴보니 가슴으로 들어간 총알이 폐 바로 아래를 지나 갈비뼈 사이로 빠져나간 상태였다. 에프렌은 왼쪽 손목이 병상에 묶인 채 열흘 동안 입원했다.

에프렌의 가족은 집을 팔아 보석금과 병원비를 치렀다. 경찰은 에프렌이 마약상이라고 주장하면서도, 불법 마약 소지 및 판매 혐의로는 기소하지 않았다.

에프렌은 법원에 출두했다. 그리고 맞서 싸웠다.

국가를 상대로 소송을 제기하고 형사 고소도 진행했다. 혐의는 한두 개가 아니었다. 살인 미수, 살인, 강도, 마약 및 총기 소지 조작. 무료 변론을 맡은 인권 법률 회사인 필리핀 국제법센터 CenterLaw가 비영리 단체인 인권의사회PHR에 마르셀로 다아, 헤시에 쿨레, 안토니 코멘도, 라피 라보의 총격 사망에 대한 독립적인 법의학 분석을 의뢰했다.

인권의사회는 1997년 노벨평화상을 수상한 지뢰금지국제운동 ICBL의 공동 창립 단체 중 하나로, 인권 침해를 기록하는 기준을 세웠고 고문과 비사법적 처형을 조사하는 데도 동참했다. 치안 병력과 충돌하다 고문과 부상을 겪은 생존자들에 대한 평가를 100건 넘게 감독했던 호머 벤터스 박사가 법의학 문서의 초기 분석을 진행했다. 벤터스는 에프렌 모리요의 진술이 "이용 가능한 증거와 일치한다"고 결론지었다.

또 다른 독립적 분석은 인권의사회의 법의학 전문 자문위원이자 미국 법의학 아카데미 특별 회원인 니잠 피어와니 박사가 작성했다. 피어와니는 케손시 경찰이 "피해자 4인이 경찰을 향해 무기를 겨누다 사살되었다는 주장을 입증할 경험적 증거를 내놓지 못했다"고 결론지었다. 인권의사회의 광범위한 보고서는 범죄 현장 수사관이 수사 절차에서 저지른 여러 실수를 지적했다. "특히 케손시 제6경찰서 수사관들과 다아 가족이 '마약 단속' 때문에 총격전을 벌였다고 알려진 상황에서" 시신에 "종합적인 사후 약물 검사"를 진행하지 않은 점은 "매우 이례적"인 실수였다.

피어와니 박사는 총알 여러 발의 궤적이 위에서 아래로 향한다는 사실을 찾아냈다. 피해자들이 사살될 때 무릎을 꿇고 있었다는 목격자의 증언과 일치하는 결과였다. 피어와니의 보고서에 따르면 라피 가보는 등 뒤에서 두 발을 맞았다.

피어와니 박사의 의견도 벤테스 박사와 같았다. "부검 결과가 목격자의 진술을 뒷받침한다는 것이 내 의견입니다."

경찰은 일단 부인했다. 경찰에 따르면 모리요는 거짓말을 하고 있었다. 목격자도 거짓말을 하고 있었다. 모리요와 목격자의 주장은 "사건을 영화, 비극, 신파, 극적 요소를 뒤섞어 읊어 대는 각본"이었다. "바보 같은 헛소리"였다. "새하얀 거짓말"이었다. 임무 수행 중에는 적법성을 추정받는다는 것을 고려하지 못한 주장이었다.

경찰은 해당 사건이 표준 절차에 따른 작전이었다고 주장했다. 진술서를 새로 제출하고 말을 바꾸기 시작했다.

사실은 현장에 출동한 경찰이 네 명이 아닌 세 명이었다고 주장했다. 빠진 사람은 에밀 가르시아 경감이었다. 여러 경찰 보고서 맨 위에 이름을 올렸고, 사건 발생 뒤 제복 차림으로 현장에 있었고, 카메라 앞에 나서 "갑자기 용의자들이 나와 우리에게 총을 쏘았습니다"라고 발언했고, 용의자들이 꺼냈다는 총의 제조사와 모델을 설명했던 가르시아 경감이 자기가 현장에 있었다는 주장을 모두 철회했다. 나는 거기에 없었습니다. 아얀 포르미예사가 현장을 지휘했습니다. 가르시아는 치명적일 뻔했던 무장 충돌 현장에 출동했다고 잘못 보고했다면서도, 그것이 "사소한 실수"였을 뿐이라고 둘러댔다.

사소한 실수는 이것만이 아니었다.

용의자는 사실 다섯이 아니라 일곱이었다.

따라서 도주자는 하나가 아니라 셋인데, 은닉했던 대량의 마약을 갖고 있을 가능성이 컸다.

도둑질은 없었다. 경찰은 다아 가족의 식량을 가져오지도, 차려진 음식을 먹지도 않았다. 시간이 없어 점심을 먹지 못했던 포르미예사가 너무 배고파 부하 한 명에게 음식을 사 오라고 부탁했을 뿐이었다. 포르미예사가 물을 마실 때 다아 가족의 컵을 사용한 것은 사실이지만, 사 온 음식을 먹고 마셨을 뿐 다아 가족의 숟가락이나 포크, 접시는 손도 대지 않았다고 단언했다.

그리고 마침내 놀랍고도 새로운 사실이 드러났다. 총을 쏜 사람이 출동한 경찰 전체가 아니라 단 한 명이었다.

가르시아 경감은 현장에 없었다. 신입 경찰은 총을 꺼내지도 않았다. 자기 목숨이 위험하다고 생각한 사람은 경찰에서 지급받은 권총 한 정을 갖고 있던 아얀 포르미예사뿐이었다. 포르미예사는 신과 법과 헌법의 이름으로 총을 쐈다. 움직이는 표적 다섯에게 열네 발을 발사했다. 열두 발이 용의자의 머리와 몸통에 명중했다. 포르미예사는 총상 하나 없이 현장에서 걸어 나왔다.

이것은 살인이었을까?

치사 사건이었을까?

용의자들의 죽음은 포르미예사 책임이었을까?

검사가 포르미예사에게 물었다. "그러니까 말씀하신 대로 증인은 두 남성이 총을 쏘고 뒤이어 세 남성이 총을 쏘자, 거기에 대응해 총을 뽑으셨다는 거군요. 맞습니까?"

"네, 검사님"

"그럼 총격 뒤 무슨 일이 벌어졌습니까?"

"악한 셋이 땅에 쓰러졌습니다."

"그리고요?"

"그리고 나서 에프렌 모리요가 몬탈반 쪽으로 흐르는 강을 이용해 도주했습니다."

"에프렌 모리요는 쓰러진 셋 중 하나가 아니었군요."

"네, 검사님."

"모리요는 증인과 총격을 벌였던 남성 중 하나인 겁니까?"

"네, 검사님."

"그래서 에프렌 모리요가 도망칠 수 있었군요."

"네, 검사님."

"쓰러진 네 명은 어떻게 됐습니까?"

모리요의 변호를 맡은 국제법센터 자문 변호사 길 아키노가 이의를 제기했다. "판사님, 검사 측 발언이 사실을 호도하고 있습니다. 목격자는 쓰러진 사람이 셋이라고 말했습니다."

판사가 "인정합니다"라고 말했다. "검사 측, 다시 질문해 주세요."

검사가 질문을 바꿨다. "그러니까 증인은 악한 셋이 무력화된 것 같았다고 말씀하셨죠. 맞습니까?"

"네, 검사님."

여기서 죽음을 표현하는 또 다른 단어가 등장한다. **무력화되다** neutralized.

지휘 각서 회람 제16-2016호에 명시된 '더블 배럴 프로젝트'가 어떤 목표보다 중요하게 추구하는 것이 "전국의 불법 마약 사범 무력화"다. 인권 변호사들은 이것이 살해 명령이라고 주장한다. 이들은 무력화라는 단어를 근거로, 고등 법원에서 마약과의 전쟁을 추진한 기구 전체에 적법성 문제를 제기했다.

지휘 각서 회람 어디에도, 필리핀 법률 어디에도 **무력화** neutralization 라는 단어가 정의되어 있지 않다. 무료법률지원단FLAG 소속 변호사들은 "무력화하다는 죽인다는 뜻이다"라고 적었다.

정부는 **무력화하다**neutralize가 "저항을 제압하다"라는 뜻일 뿐이라고 주장했다. 그것이 상처를 입힌다는 뜻인지 죽인다는 뜻인지는 상황의 긴급성에 달렸다. 긴급한 상황은 많다. 타를라크주 콘셉시온에서 스물여섯 살 레이먼드 유물이 무력화되었다. 마닐라시 퀴아포의 카셀 거리에서 제프리 크루즈가 무력화되었다. 사마르섬 토박이 월브레도 차베냐는 "다른 용의자가 도망치는 사이 무력화되었다." 올롱가포시에서는 존 라이언 발루요트가 "완전히 무력화되었다." 셔츠 색깔로만 구분될 뿐—한 명은 흰색, 한 명은 회색—이름은 확인되지 않은 남성 용의자 둘이 모두 무력화되었다. 경찰 주장에 따르면 케손시의 페르난도 구니오가 "경찰 수사관의 존재를 눈치채고" 권총을 꺼내 발사하는 바람에 경찰이 어쩔 수 없이 "해당 용의자를 무력화"했다. 마흔두 살 아넬 크루즈와 쉰한 살 올리버 레가니트가 "옥수수밭 한복판에 숨으려다 무력화되었다." 경찰 측 주장으로는 레나토 델라 로사, 일명 제이-제이 토요가 총을 쏜 뒤 궁지에 몰렸다가 "경찰의 대응 사격에 무력화되었다."

이들은 모두 사망했다. 하지만 이 모든 사건의 공식 보고서를 보면 서술 과정에서 이들 누구도 죽은 것으로 언급하지 않는다. 동사로든 명사로든 무력화된 것으로 표현한다. 예컨대 저스틴 부카카우와 버나드 리자르도를 사살한 불라칸 경찰은 "무력화된 용의자들이 신체 여러 부위에 총상을 입었다"고 서술했다.

논쟁이 대법원으로 이어졌지만, 로드리고 두테르테 대통령은 말라카냥궁에서 진행된 기자회견에서 자신이 정의한 무력화의 의미를 이미 제시했었다. 그는 정부가 "비사법 살해에 관여하지 않습니다"라고 단언했다. 국영 언론에 자신이 보고받은 마약 관련 사건의 목록을 공개하라고 요구하겠다고 말했다. "누가 죽었고, 누가 죽지 않았는지 알 수 있을 겁니다."

"그런데 죽은 사람은 실제로 그렇게 많지 않습니다. 기호를 보면 알 수 있듯이, A-A-A-A-A-A가 나옵니다. 그건 체포된 사람들입니다. N이 나오면 그건 무력화된 사람들입니다. 죽은 사람들이죠."

법원에 출두한 아얀 포르미예사 경장이 증인석에 앉았다. 검사에게 증언하기를, 모리요에게 일행이 있었는데 모리요가 도망쳤다고 말했다.

"모리요와 일행인 사람은 어떻게 됐습니까?"

"그 사람은 뛰어갔습니다. 판잣집으로 뛰어들었어요."

"그리고요?"

"확인해 보니 이미 난처한 상황에 있었습니다."

모리요의 일행이란 마르셀로 다아였고, 난처한 상황이란 마르셀로 다아가 귀에 총을 맞고 죽었다는 것이었다. 몇 번을 들어도 도무지 이해되지 않는 이야기였다. 남자들이 마법처럼 땅바닥에 쓰러졌다. 경찰 지휘관이 난데없이 사라졌다. 신입 경찰은 얼어붙어 꼼짝도 하지 못했다. 도주하는 무장 용의자 넷을 외로운 영웅이 제압했다. 총알이 날아다니는 와중에 용의자 중 누구도 아얀 포르미예사 경장을 맞히지 못했다.

용의자 넷이 모두 무력화되었다. 현장에서 죽었다. 이 모든 것이 임무 수행 중이라는 이유로 정당화되었다.

경찰은 이것이 진실이라고 주장했다. 합당했다고 주장했다. 적절했다고 주장했다.

　인과 규칙에 따른 적법한 조치였다.

　한 남자가 친구들의 시신을 비틀거리며 지나쳐 간 지 다섯 해가 지난 2023년 3월 17일, 케손시 메트로폴리탄 지방법원 133 재판부는 필리핀 국가경찰청 소속 경찰관 폭행 혐의에 대해 에프렌 모리요에게 무죄를 선고했다. 총격 당시 현장에 있었다고 추정되는 경찰 세 명이 모두 모리요가 총을 쏘는 것을 보지 못했다고 인정했다. 애초에 경찰이 모리요의 일행 네 명을 사살한 정당한 근거로 삼은 것이 바로 모리요의 총격이었다.

　재판부에 따르면 파야타스 살상 사건의 경우 무죄 추정이 적법성 추정보다 우선했다. 모든 면에서 경찰관 네 명은 공식적으로도 기록으로도 거짓말을 했다. 에밀 가르시아 경감이 거짓말을 했다. 아얀 포르미예사 경장이 거짓말을 했다. 제임스 아가라오 순경과 멜초르 나비자가 순경이 거짓말을 했다. 이들의 거짓말이 드러나고 뒤이어 경찰이 패소한 유일한 이유는 로드리고 두테르테 정권에서 일상이 된 경찰과의 치명적인 충돌 상황에서 단 하나의 예외가 발생했기 때문이다. 그것은 에프렌 모리요였다.

　국가경찰청 본청 캠프 크라메에서 두테르테가 경찰에게 말했다. "하지만 나는 늘 여러분에게 말했습니다. 여러분이 총을 쏴야 한다고, 쏴서 죽여야 한다고. 인권을 내세우는 얼간이들이 투덜대는 게 바로 이것입니다. 말하자면, 내가 '저들을 쏴 죽이겠다'고 말할 때는 심장이나 머리를 쏘면 좋겠습니다. 그래야 문제가 끝납니다. 돈이 있는, 예컨대 수십억 페소가 있는 자들을 그냥 체포만 하면, 그들이 언제고 빠져나가 최고의 변호사를 선임합니다. 필리핀이 이렇게 오랫동안 상원의원이나 시장들의 친척과 충돌할 때마다 고비를 맞았던 것이 바로 이 때문입니다."

에프렌 모리요는 상원의원이나 시장의 친척이 아니다. 그러기는커녕 글을 읽을 줄도 쓸 줄도 모른다. 모리요의 변호사는 무료로 변론을 맡는다. 가족은 여전히 두려움에 떨며 산다. 모리요가 예외가 된 까닭은 그가 가난해서도 문맹이어서도 용감해서도 아니었다. 살아 있기 때문이다.

다섯 명이 총에 맞았다. 넷은 죽었다. 그러나 한 명은 살아남았다.

내 친구
도밍고 서장

플라자 후고에 있는 로베르트 도밍고 서장의 사무실은 격식에 얽매이지 않고 효율적으로 돌아가는 것이 사무실 주인을 빼다 박은 모습이었다. 도밍고는 키가 작고 어깨가 떡 벌어진 다부진 체격이었다. 하얀색 티셔츠를 제복 바지 안에 집어넣어 입었고, 파란색 제복은 책상 옷걸이에 걸어 두었다. "제복은 안 입어도 되겠지요?" 도밍고의 뒤편 벽에는 필리핀 국립경찰학교 1999년 졸업생 사진을 담은 액자가 걸려 있었다.

마닐라시의 경찰 담당 구역은 14개로 나뉜다. 제1경찰서부터 제14경찰서까지 경찰서마다 경찰서장이 존재하고, 이들이 본서뿐 아니라 지정된 담당 구역 곳곳에 흩어져 있는 지구대까지 감독한다. 도밍고가 맡은 산타아나 지구는 16세기에 프란치스코 사제들이 성녀 안나의 이름으로 세운 지역으로, 인구가 대략 19만 5000

명이다. 제6경찰서는 필리핀이 일제 강점에서 해방된 것을 알리는 종을 울렸던 '버려진 자들의 성모 성당', 즉 산타아나 성당이 드리운 그림자에 가려 있었다.

제6경찰서 서장 도밍고 경정은 기뻤다. 두테르테 정부가 경찰에 힘을 실어줘 기뻤다. 약속된 임금 인상도 만족스러웠다. 경찰이 법률 지원을 받는 것도 기뻤다. 경찰이 대통령의 지지를 받는 것도 기뻤다. "말하자면 이제 우리한테 지원군이 생겼잖아요." 특히 일찍 집에 들어오라고 매일 단속해야 했던 열여덟 살 아들이 아무 때나 밖에 나갔다가 털끝 하나 다치지 않고 돌아올 수 있는 것이 매우 기뻤다. 도밍고가 담당하는 거리는 안전했다. 톤도, 푼타 산타아나, 조벨 로하스처럼 한때 밤이면 인파로 북적이고 술에 취한 온갖 사람이 맥주병을 들고 앉아 수다를 떨던 마닐라 어느 지역에 가더라도 이제는 인적이 없고 조용하기만 했다.

"그래서 우리 순찰대는 밤 열 시, 열한 시쯤 경광등을 켜고 순찰을 돌며 안전을 위해 사람들을 모두 들여보냅니다. 그러면 사람들이 고마워하죠. '경찰관님 고맙습니다. 경찰관님이 그자를 잡아서 다행입니다.' 사람들이 그렇게 말합니다. '경찰관님, 고맙습니다.'"

제6경찰서가 잡은 남성, 급습한 남성, 그래서 산타아나 주민이 경찰에 이토록 많은 감사를 전하게 한 남성은 도밍고가 "우리 구역의 골칫거리"라고 부른 부와야였다.

소문에 따르면 부와야는 산타아나에 발을 들인 사람 중 가장 거칠고 못된 개자식이었다. **부와야**는 별명으로, '악어'라는 뜻이었다. 경찰부터 바랑가이 캡틴, 한밤중에 내가 앉아 있던 길가에 멈취 섰던 트라이시클 기사까지 누구나 부와야에 대해 할 말이 있었다. 사람들은 부와야가 덩치가 크고 사나운, 키가 185센티미터쯤 되는 괴물 같은 인간이라고 말했다. 이들은 부와야가 12월 31일 밤에 허공에 대고 총을 쏘았다고 했다. 이웃의 금품을 훔쳤다고 했다. 시장 집에 침입했다고 했다. 자기 누이를 두들겨 팼다고 했다. 문을 부수고, 합판으로 만든 벽에 총을 쐈다고 했다. 부와야는 대개 술에 취해 있거나 약에 취해 있거나, 아니면 둘 다였다고 했다.

산타아나 경찰에 따르면, 마약과의 전쟁이 선포된 지 한참이 지나서도 부와야는 법과 질서는 엿이나 먹으라는 듯 여전히 약을 팔았다. 부와야 체포는 성공 사례였다. 언론에 마약과의 전쟁을 증명하는 예로 제시된, 지역 사회의 협력 사례였다.

"부와야는 토캉을 믿지 않았어요." 도밍고가 내게 말했다. "그래서 우리가 부와야를 맞닥뜨렸습니다."

영어 encounter는 동사이자 타동사다. 우리는 난기류를 만난다. 반대를 마주한다. 장애물을, 도둑을, 오탈자를, 예산 초과를, 산속의 매복 공격을 맞닥뜨린다. 집으로 가는 길에 개를, 사랑하는 친구를 마주친다.

결과가 전화번호 교환으로 끝나든 마상 결투로 끝나든, 단어 encounter는 우연을 묘사하는 특징이 있다. 우리는 뜻하지 않게 교통 체증을 만나고, 비를 만난다. 혹시 마트에 갔다가 같은 통로를 지나는 전 남자 친구를 마주칠까 싶어 빨간 립스틱을 바를 수도 있다. 이런 만남은 뜻하지 않게 어쩌다 일어난다. 우연한 만남을 계획할 수는 있어도, 발생 시기를 계획할 수는 없다. 그럴 수 있다면 구글 캘린더에 일정을 표시할 수 있을 것이다.

도밍고가 말했다. "우리가 부와야를 맞닥뜨렸습니다."

그 뜻은 "우리가 부와야를 죽였습니다"였다. 크게 말하지는 않았어도, 도밍고는 부와야가 죽었고 경찰의 손에 죽었다는 것을 내가 알아들으리라 생각했다.

이런 용례는 필리핀에 국한되지 않는다. 2017년 9월 《옥스퍼드 영어 사전》은 단어 encounter의 항목에 초안 하나를 추가했다.

Encounter, 명사. 남아시아. 범죄 용의자를 죽이는 결과로 이어지는 경찰의 폭력 사건. 흔히 가짜 조우, 경찰과의 조우처럼 수식어와 함께 사용된다.

사전은 추가된 뜻 아래 작은 글씨로 주의 사항을 적어 놓았다.

때로는 완곡어법에 쓰여, 고의적인 행위를 우연한 사건인 척 묘사한다고 암시한다.

부와야의 죽음은 투표함에서 비롯했다.

경찰에 따르면 7월 어느 날, 산타아나 지구 767 바랑가이의 주민 약 800명이 농구장에 모였다. 바랑가이 홀* 관리들이 말했다. 비방이나 마녀사냥이라는 말이 나오지 않도록 못을 박고자, 참석한 주민이 모두 투표를 진행하겠습니다. 적법 절차를 따르고, 법규를 지킬 겁니다. 투표용지에 이름을 적으면 됩니다. 남녀 모두 의견을 낼 권한이 있습니다.

---

* 바랑가이의 행정 업무를 담당하는 곳이다.

마약상이 누구인지 알려 주십시오. 명단을 작성해 주세요. 가장 질 나쁜 사람을 맨 위에 적으세요. 익명으로 적으셔도 됩니다. 본인 이름을 적지 않아도 괜찮아요.

참석한 주민이 모두 줄을 섰다. 탁자 위에 놓인 투표함에 명단을 넣었다. 바랑가이 홀 관리들이 투표를 집계해 결과에 서명한 뒤 경찰에 제출했다.

이때 맨 앞에 나온 이름이 부와야였다. 같은 바랑가이 주민이 선량하고 공정하고 민주적인 방식에 따라 진행한 심사에서 대다수가 부와야를 지역 사회를 위협하는 인물로 선정하는 데 호응했다.

2016년 8월 28일 아침, 경찰 20명이 에스트라다 거리의 길모퉁이에서 임무에 착수했다. 위장한 경찰 한 명이 계단을 올라가 부와야의 집 문을 두드렸다. 상대가 마약을 건네자, 경찰이 돈을 건넸다. 부와야가 경찰의 불룩한 옷매무새에서 총을 알아차리고 리볼버를 꺼냈다.

경찰의 방아쇠가 더 빨랐다.

도밍고는 "주민들이 부와야의 이름을 적었어요"라고 말했다.

처음 도밍고를 인터뷰하러 제6경찰서에 들렀을 때만 해도 나는 이런 일이 있었다는 것을 전혀 몰랐다. 부와야의 이름을 들어 본 적이 없으니 부와야에 대해 묻지도 않았다. 이야기를 꺼낸 사람은 도밍고였다. 도밍고는 부와야가 반격했다고 주장했다. 부와야는 사망자였다.

부와야의 가족은 다른 이야기를 했다. 나는 산타아나 피살 사건의 생존자와 목격자를 위해 국제법센터가 대법원에 제출한 탄원서에서 이들의 이야기를 발견했다. 부와야가 사망한 지 일 년이 더 지나서야 제기된 소송은 제6경찰서를 "조직적 폭력", 구체적인 괴롭힘, 물리적 위협, 불법 체포, 피살 사건 조사 불이행으로 고발했다. 기소 대상으로 이름을 올린 경찰관 중 한 명이 로베르트 C. 도밍고였다. 증인 39명이 진술서를 제출했다.

그중 한 명이 라이언 에더, 일명 부와야와 사실혼 관계였던 발레리였다.

발레리는 법원 진술서에서 흔히 보이는 어색한 말투로 경위를 이야기했다. 그날 총을 든 남자들이 갑자기 침실로 들이닥쳤다. '별첨-T'로 표시된 첨부 문서에 따르면 발레리는 "그중 한 남자가 라이언에게 총을 겨눴습니다"라고 증언했다. "다른 남자가 무릎을 꿇고 제게 총을 겨눴습니다. 우리 둘 다 침대에서 벌떡 일어났습니다."

공포에 질린 라이언은 무장한 남자들에게 애원했다. 항복할게요. 반항하지 않을게요. 라이언이 무기가 없다는 것을 증명하고자 흰색 티셔츠와 회색에 주황색이 섞인 농구 바지를 벗기 시작했다.

라이언의 머리에 총을 겨누고 있던 남자가 발레리를 가리켰다. "여자를 아래층으로 데려가."

"제발 발레리를 해치지 말아 주세요." 라이언의 목소리가 들렸다.

총을 든 남자가 발레리의 팔을 붙잡고 문밖으로 끌고 나가 좁은 계단을 내려갔다. 일 층에 다다른 바로 그때, 두 발의 총성이 울렸다.

발레리에 따르면 마약 단속도, 마약 판매도, 저항도 없었다. 경찰은 불법 약물 사용 혐의로 발레리는 물론이고 라이언의 어머니와 사촌까지 체포했다. 어느 방으로 끌고 가더니, 하얀 가루가 든 봉지와 총이 가지런히 놓인 탁자 옆에 서라고 지시했다. 그리고 사진을 찍었다. 경찰은 "그냥 언론용이야"라고 발레리를 안심시켰다.

발레리는 경찰이 석방을 빌미로 가족에게서 3만 페소를 갈취했다고 말했다. 석방 약속은 거짓이었다.

발레리는 감옥에서 작성한 탄원서에 이렇게 적었다. "경찰이 총을 쏴 라이언을 죽였습니다. 라이언은 조금도 저항하지 않았습니다."

배지 번호 0-08627, 도밍고 경정은 담배를 피우고 있었다. 늦은 오후였다.

도밍고가 훅, 담배 연기를 내뿜은 뒤 내게 말했다.

"죽을 차례가 됐다면, 죽는 거예요."

제6경찰서 서장은 겁쟁이가 아니었다. 도밍고가 겁쟁이가 아닌 까닭은 그의 상관들이 겁쟁이가 아니기 때문이었다. 대통령이 겁쟁이가 아니었다. 경찰청장이 겁쟁이가 아니었다. 도밍고는 휘하 경찰 280명에게 감히 겁쟁이가 되어서는 안 된다고 지시했다. 마약과의 전쟁을 이끄는 요식 체계가 도밍고의 책상을 뒤덮었다. 우려하는 시민이 팩스로 보낸 투서, 재판 절차 중 증언 지침을 담아 본청에서 내려보낸 서류철, 자기 동네에는 마약이 돌아다니지 않는다고 증명하는 바랑가이 캡틴들의 서한. 도밍고에 따르면 산타 아나 지역 70퍼센트에서 마약 거래가 사라졌다.

도밍고는 요즘이야말로 필리핀 경찰의 황금기죠, 라고 호언했다.

도밍고는 톤도에서 나고 자란, 톤도 사람이었다. 도밍고의 아버지는 사서였고, 어머니는 도밍고가 열세 살일 때 세상을 떠났다. 가족은 할아버지에게 물려받은 얼마 안 되는 임대료 수입으로 먹고살았다. 도밍고는 필리핀 폴리테크닉대학에서 라디오방송학으로 학위를 받았는데, 페디캡* 기사와 패스트푸드점 아르바이트로 학비를 충당했다. 그리고 대학을 졸업하자마자 경찰학교에 들어갔다. "내가 원해서 경찰에 들어갔어요. 필리핀 경찰이 나한테 들어오라고 한 게 아니라요. 나는 경찰이 되고 싶었거든요."

도밍고는 교통 관리계에 배치되었고 승승장구했다. 수도권 경찰청 대변인으로 승진했고, 기자회견장에 나와 경찰 채용 기회와 쇼핑몰 내 야구 모자 착용 금지를 발표했다. 자기 말로는 내셔널 지오그래픽 협회에 회비를 내는 정회원이었다. 책을 즐겨 읽었고, 영화를 즐겼다. 공개 석상에서 뜬금없이 한 독일인 외신 기자에게 산타아나의 여성 경찰이 하나같이 미인이고 백인 남성을 좋아한다고 알리기도 했다. 누가 봐도 코가 서구인인 그 외신 기자에게 "산타아나 여경은 다 독신입니다. 다들 코카시아인종을 좋아하고요"라고 말했다.

내가 도밍고를 인터뷰하게 된 계기는 도밍고의 부하들이 또 다른 맞닥뜨림 중에 미성년자가 포함된 젊은 남성 셋을 죽인 사건이었다. 이 소식이 빠르게 퍼졌다. 목숨을 잃은 젊은이 중 한 명이 간절히 경찰이 되고 싶은 마음에 장학금으로 범죄학을 공부하는 착실한 스무 살 청년 제퍼슨 부누안이었다. 나는 주민들과 이야기를 나누고 바랑가이 홀 관리들을 찾아갔지만, 도밍고와 직접 인터뷰하지는 못했다. 당시 나는 마닐라의 치사 수사관들에게 명함과 던킨도너츠 한 상자를 남기는 것으로 나를 소개하는 중이었다. 내가 엉뚱한 경로로 연락을 시도했거나, 부적절한 시간에 찾아갔거나,

---

* Pedicab. 오토바이 대신 자전거를 이용하는 삼륜 자전거 택시.

틀린 번호로 메시지를 남겼을 수도 있다. 도밍고가 이 미성년자 사망 사건으로 온라인에서 호된 비난을 받는 중이라 다른 기자와 인터뷰하기를 꺼렸을 수도 있다. 아무런 반응이 없자, 나는 여러 기자가 나보다 먼저 썼던 방법을 시도했다. 그 백인 남성 기자에게 도움을 청한 것이다.

기자의 이름은 카르스텐 슈퇴르머였다. 나는 슈퇴르머의 이름을 빌려 도밍고의 사무실 문턱을 넘을 수 있었다. 슈퇴르머는 내가 마긴다나오 학살 이후 알게 된 오랜 친구로, 마닐라를 중심으로 활동하는 독일 외신 기자였다. 도밍고는 슈퇴르머를 좋아했다. 슈퇴르머의 매력 때문이었는지 슈퇴르머가 프리랜서 기자로서《내셔널 지오그래픽》에 기고한 기사 때문인지는 몰라도, 슈퇴르머는 용케도 비디오카메라를 켠 채 도밍고를 그림자처럼 따라다니며 촬영했다. 도밍고와 함께 순찰차에 탔고, 서장실에서 도밍고를 인터뷰했다. 토캉 작전 때 도밍고가 여러 집을 찾아다닐 때도 함께했다.

나는 슈퇴르머가 순찰차에 동승했을 때 찍은 원본 영상을 보았다. 도밍고는 뒷좌석에 앉아 있고, 슈퇴르머는 카메라를 든 채 앞좌석에 있었다.

"이제 마약 사용자, 마약 밀매업자 소굴로 가 보자고!" 도밍고가 외쳤다.

도밍고는 영어로 모든 단어를 또박또박 발음하며 말했다. 여기서 주목할 것은 도밍고가 선택한 단어다. 도밍고는 불법 마약 혐의자의 **거주지**를 방문한다고 말하지 않았다. 서방 세계를 마약 밀매업자와 마약 사용자의 **소굴**로 안내하고 있었다. 그리고 용의자들의 현관문을 두드릴 예정이었다. 도밍고는 용의자들에게 투항해

협조하는 선택지를 제시하겠다고 설명했다.

순찰차에서 내린 도밍고가 산타아나의 거리를 성큼성큼 걸어갔다. 제복 차림의 경찰들과 해당 바랑가이 홀 관리 한 명이 뒤따랐다. 바랑가이 홀 관리가 도밍고의 길잡이 역할을 맡았다. 도밍고가 방문 대상을 골라 달라고 미리 요청해 둔 상태였다.

도밍고가 필리핀어로 바랑가이 홀 관리에게 상대가 경찰의 방문에 대비되었는지를 물었다.

그리고 "그 사람에게 아무 일도 일어나지 않을 겁니다"라고 바랑가이 홀 관리를 안심시켰다. "우리는 그 집 문을 두드리기만 할 거예요. 문 두드리기. 그게 이 작전의 유일한 목적입니다."

"네, 서장님. 그 사람한테 설명해 뒀습니다." 바랑가이 홀 관리가 말했다.

"뭐, 그건 상관없습니다. 자, 갑시다. 그게 우리가 할 일이니까요." 도밍고가 잠시 말을 멈췄다. "그런데 그 사람한테 총이 있나요?"

"아닙니다. 서장님."

"잘됐네요. 우리는 그 집 문을 두드리고, 그 사람한테 옷을 갈아입으라고만 할 겁니다. 이건 그냥 영상 촬영이 목적이에요."

"어, 서장님―"

"그냥 다큐멘터리를 찍는 겁니다."

슈퇴르머가 통역가를 대동했지만, 카메라가 돌아가고 있어 실시간 통역은 하지 않았다. 일행이 마약 사용자의 소굴로 걸어갔다. 외벽을 널빤지로 마감하고, 목재 대문을 달고, 화분에서 식물이 자라는 소박한 집이었다.

"노그?" 도밍고가 소리쳤다. "노그? 노그, 나 도밍고 경정이야. 노그, 도밍고 경정이라고. 나 누군지 알지, 노그? 나 알지, 노그? 나 알잖아, 노그."

도밍고가 카메라를 향해 영어로 말했다. "필리핀에서는 이렇게 합니다."

대문이 열려 있었다. 도밍고가 문을 닫은 다음 노크했다. 그리고 "이봐요, 노그노그씨!"라고 외쳤다.

도밍고가 다시 카메라 쪽으로 몸을 돌리더니 영어로 말했다. "이렇게요. 이제 시작해 볼까요?"

노그라는 남성은 마약을 했다고 자백한 사람이었다. 이럴 경우 토캉 작전은 필요하지 않았다. 도밍고가 방문하기 훨씬 전 자수했기 때문이다. 당시 슈퇴르머는 몰랐지만, 이 모든 호들갑이 정확히는 독일 텔레비전 프로그램을 위해 계획된 연출이라는 것을 도밍고도 알고, 바랑가이 홀 관리도 알고, 경찰도 알고, 노그도 알았다. 그렇다고 노그의 두려움이 줄어들지는 않았다.

집안에서 목소리가 새어 나왔다. "잠깐만요, 서장님. 옷을 입는 중입니다."

"괜찮으니까 아무 셔츠나 입어, 노그."

"잠깐만요, 서장님. 조금만 기다려 주세요."

도밍고가 필리핀어로 말했다. "이봐, 노그. 그냥 다큐멘터리를 찍는 거라니까."

"다 됐습니다, 서장님."

인도로 나온 남자는 키카 크고 비쩍 말라, 초록색 폴로 셔츠를 입으려고 허둥지둥거릴 때 살갗 아래로 보인 갈비뼈가 앙상했다.

소매를 팔에 꿰려고 버둥거리는 사이, 도밍고가 영어로 첫 질문을 던졌다.

"밀매업자야, 사용자야?"

노그가 필리핀어로 답했다. "전에 말씀드렸듯이 서너 번 해 봤습니다, 서장님."

다그치는 소리에 노그가 낮은 목소리로 자기는 마약 사용자라고 자백했다.

"마약을 판 적은 없고?"

"없습니다, 서장님." 노그는 열중쉬어 자세로 서 있었다. 미소를 지으려는 모습에서 긴장감이 그대로 묻어났다.

"그래도 예전에는 활동하지 않았나?"

"아닙니다, 서장님."

"그래, 다행이군." 도밍고가 미소 짓는 얼굴로 말했다. "내가 무슨 말을 하려는 거냐면, 자네가 바뀌어야 한다는 거야."

노그가 머리를 끄덕였다. "네, 서장님."

"내가 하고 싶은 말은 이게 다야. 자네가 바뀌어야 해. 불법 행위는 그만두고 자네 인생을 살아야 한다고, 알지? 불법 마약에서 빠져나와야 해."

자그마한 남자아이가 천천히 갈색 대문 쪽으로 걸어왔다.

"아이가 있지 않나?" 도밍고가 물었다. 도밍고가 아이에게 가까이 오라고 손짓한 뒤, 카메라를 든 슈퇴르머에게 아이를 보라고 몸짓했다. "노그의 아이입니다." 그런 다음, 계속 고개를 끄덕이는 노그에게 설교를 늘어놨다. "자네가 바뀌어야 해. 자네 아들을 봐. 자네한테 무슨 일이라도 생겨서 죽으면 어떻게 되겠어? 이 아이는 고아가 되는 거야."

노그가 아들의 머리칼을 쓰다듬었다.

"맹세할 수 있겠어?" 도밍고가 물었다.

"네, 서장님. 전에도 맹세했습니다."

"뭐, 또 맹세해야지. 진심으로 맹세해 봐."

두 사람이 오른손을 들어 올렸다. 도밍고가 한 구절을 말하면, 노그가 그 구절을 복창했다.

"나는―자네 이름을 말해야지―불법 마약 사용 및 판매에 연루될 수 있는 모든 불법 활동을 피하고자 필리핀 국가경찰청에 협조할 것을 약속합니다. 신이시여 제게 자비를 베푸소서."

그날 늦게, 슈퇴르머는 통역가에게서 이 방문이 연출일 뿐 그 이상도 이하도 아니라는 설명을 들었다.

"그걸 방송할 생각은 없었어요." 슈퇴르머가 내게 말했다.

영상은 방송에 나가지 않았다.

도밍고 경정에게는 나를 포함해 장문의 특집 기사를 쓰는 기자들이 가장 높이 평가하는 자질이 하나 있었다. 도밍고의 이야기는 기삿거리가 되었다. 내가 처음 서장실을 방문했을 때는 몸을 사리는 것 같았지만, 얼마 지나지 않아 영예로운 마약과의 전쟁을 자세히 설명했다. 내가 던진 모든 질문이 도밍고에게는 경과를 알리고, 핵심을 전달하고, 국가 상황에 대한 고민을 말할 기회였다. "우리는 불법 마약에 아주 진저리가 납니다. 우리에게도 해롭고, 내 아들에게도 해롭고, 사랑해 마지않는 필리핀공화국의 미래 세대에게도 해롭습니다. 우리는 필리핀공화국이 마약 국가가 되지 않기를 바랍니다."

도밍고는 정부 방침을 따랐다. 당당하게 따랐다. 뇌리에 박히는 말들을 쉴 새 없이 쏟아 냈다. 부정을 저지른 경찰에게는 "무관용"이 방침이었다. 부하들은 필리핀을 지키는 "제1의 방어선"이었다. 피살된 마약 밀매업자는 당연히 "현행범"이었다. 여러 면에서 도밍고는 자기 발언에 도취한 통통한 더티 해리였다. "그자들이 한발 빠르면 내가 당하겠지요. 어쩌면 내가 한발 빠를지도 모르고요. 인생은 한 번뿐이잖습니까."

제6경찰서 서장의 책상에서 바라본 황금기는 규율과 공동체 정신이 극치를 이룬 시기였다. 필리핀의 모든 경찰이 최고사령관의 "전폭적인 지지"를 받았다. 위험수당이 인상되었다. 경찰을 변호할 변호사들이 배치되었다. 범죄율이 어느 때보다 낮았다. 십 대들이 거리에서 포켓몬 고 게임을 하며 돌아다녀도 휴대전화를 빼앗기지 않았다. 경찰이 맡은 수사는 냄비 도둑, 가스통 절도, 지프니 강도처럼 대부분 사소한 사건이었다. 최근 일어난 유일한 살인 사건은 취객들이 구운 돼지고기가 짜냐 안 짜냐를 놓고 말다툼을 벌이다 발생한 것이었다.

도밍고는 경찰이 더는 범죄자를 두려워하지 않고, 국민들이 경찰을 두려워하지 않는다고 말했다. 여기서 주목할 것은 경찰이 두려워하지 않은 대상이 국민이 아니라 범죄자라는 것이다.

"이제는 상황이 반대입니다. 우리가 그자들을 추적합니다. 그자들이 몸을 숨깁니다. 그자들이 떠납니다."

이 모든 것이 로드리고 두테르테 덕분이었다.

내가 물었다. "두테르테는 어떤 대통령인가요?"

"전설로 남을 대통령이죠."

나는 인터뷰를 요청한 이유를 조심스럽게 밝혔다. 경찰이 총격전으로 기록한 사건에서 도밍고의 부하들이 젊은이 세 명을 죽였다. 이 사건은 해결된 것으로 분류되었다.

도밍고는 이 일도 **난라반** 사건이었다고 주장했다.

나는 이미 사망자들의 사진을 봤었다. 경찰이 현장을 통제한 직후 찍은 것이었다.

사진 속 방은 폭이 2미터 남짓, 깊이가 3미터 남짓이었다. 철제 이층 침대가 뒷벽에 바짝 붙어 있었다. 바닥을 대부분 차지한 폼 매트리스에 한때 하얬을 지저분한 시트가 덮여 있었다. 사진에 세 사람이 보였다. 피만 없었다면 모두 잠든 모습으로 보였을 것이다. 백내장 때문에 앞이 잘 보이지 않는 열일곱 살 마크 부누안이 침대 아래층에 누워 있었다. 앙상한 무릎을 구부린 채 두 발을 방바닥에 붙이고 있는 모습이, 마치 침대 가장자리에 앉아 있다가 뒤로 넘어간 것 같았다. 가슴에 총 한 자루가 놓여 있고, 야윈 손가락이 총을 쥐고 있었다. 마약상으로 지목된 스물일곱 살 투통 마나오이스는 오른쪽 벽에 몸을 기댄 채 바닥에 웅크리고 있었다. 마나오이스의 머리에서 흘러내린 피가 손 옆에 놓인 총 아래 고여 있었다. 스무 살 학생이자 엄청난 논란을 일으킨 사망자 제퍼슨은 하루 종일 놀다 잠든 아이처럼 팔다리를 펴고 엎드려 누워 있었다. 한쪽 발에는 피가 튀어 있고, 몸 아래에는 보라색 물방울무늬가 있는 헬로키티 베개가 놓여 있었다. 오렌지색 셔츠의 등판으로 붉은색이 흠뻑 배어 나와 있었다.

그림은 모자란 곳이 없었다. 네모난 방에 있는 젊은 남성 셋. 위치가 완벽한 총 세 자루. 이들은 경찰을 맞닥뜨렸다가 무력화되었고, 사건은 해결되었다. 도밍고는 이들이 모두 불법 마약에 연루되었다고 주장했다. 다른 가능성은 없다고 했다. 방이 이렇게 작고 좁은데 잠을 자려고 거기 있었다고는 믿을 수 없다고 했다. 도밍고는 이들이 약에 취하는 것 말고 다른 무슨 일을 하고 있었겠냐고 되물었다.

"녀석들은 정말로 마약 연루자였습니다. 마약 관련 감시 대상자 명단에 있었어요."

"세 명 다요?"

"네, 녀석들은 정말로 감시 대상이었습니다."

마약 관련자 명단은 한두 개가 아니었다.

두테르테 대통령에게도 자신만의 명단이 있었다. 두테르테는 명단에 오른 모든 공무원에게 죄를 뉘우치고 사임하거나, 아니면 죽음을 택하라고 경고했다. 그리고서는 텔레비전 방송에 나가 그 명단을 공개했다. 명단에 판사, 경찰관, 의원, 장군, 시장들이 포함되어 있었다. 두테르테는 이들이 모두 마약 거래에 연루되었다고 비난했다. 명단에 오른 사람들이 마약에 연루되었음을 보여 주는 "첩보"가 있다고 말했는데, 참모들은 이런 첩보를 알지 못한다면서도 대통령이 한 말이니 맞을 가능성이 크다고 옹호했다.

명단 중 몇몇이 사망했다. 남부 마긴다나오주 다투 사우디 암파투안 자치구에서는 경찰 총격으로 보고된 사건에서 구청장과 일행 9명이 사망했다. 미사미스 옥시덴탈주 오자미스시에서는 경찰의 급습으로 시장이 아내와 형제자매를 포함한 일행 14명과 함께 총에 맞아 사망했다. 론다 자치구 구청장은 부구청장이 신원 미상의 무장 괴한에게 습격당한 지 일곱 달 만에 구청장실에서 잠을 자던 중 살해되었다. 알부에라시 시장은 고성능 화기와 결정형 메스암페타민 11킬로그램을 소지한 혐의로 경찰에 구금되었다가 구치소에서 사살되었는데, 경찰은 자기방어 차원에서 시장을 쐈다고 주장했다. 타나우안시에서는 시청 바로 앞에서 국가를 부르던 일흔두 살 시장이 신원 미상의 저격수가 쏜 총에 사망했다. 이 시장은 마약 연루 정치인으로 지목된 뒤로 경찰에 대한 감독권을 박탈당한 상태였다.

여러 번 수정되어 두꺼운 서류철에 정리된 두테르테 대통령의 명단을 보좌관들이 연단으로 가져왔다. 두테르테가 몇몇 이름을 큰소리로 읽고 이따금 개인 의견을 덧붙였다. "두 번이나 습격받았는데 아직도 살아 있다니, 짐승도 아니고." 두테르테는 중간 선거 직전에도 명단을 발표했다.

"네 이름이 여기 있으면, 이 개자식아, 넌 망한 거야. 내가 너를 정말로 죽여 버릴 거야."

A4 용지에 인쇄되어 한 묶음씩 경찰에 배포되는 지역별 감시 대상자 명단은 고위층 마약 혐의자 명단으로 불리지 않았다. 이 명칭은 두테르테가 수집한 고급 표적에만 사용되었다. 지방 경찰 서장들이 쫓는 표적은 정부의 더블 배럴 프로젝트가 겨냥하는 하위 잔챙이들, 즉 길거리 마약상, 메스암페타민 중독자, 소규모 밀매업자들이었다. 이들을 뭉뚱그려 부르는 용어가 마약 연루자 drug personalities였다. 경찰은 이들의 명단을 마약 연루자 명단, 때로는 감시 대상자 명단이라 불렀다. 명단은 바랑가이 마약남용방지위원

회로 알려진 단체가 정리한 것이었는데, 단체의 모든 회원이 주민 중에서 선발해 바랑가이 캡틴의 승인을 받은 자원봉사자였다.

한 바랑가이 캡틴이 내게 마약 중독자를 식별하기가 쉽다고 말했다. 상대한테서 풍기는 "기운"이 진실을 드러낸다고 했다. "눈을 보면 알 수 있습니다."

도밍고는 제보자가 많다고 했다. 제보자들은 "현재 상황에 질려" 정부를 지지했다. 경찰에 직접 신고하는 제보자도 있었다. 바랑가이 캡틴, 시의원, 주민을 포함한 여러 제보자가 문자 메시지와 익명의 파일을 보냈고, 이를 선별해 정리한 명단이 도밍고 같은 경찰서장의 책상에 올라왔다.

새로 자수한 사람이 생긴다는 것은 더 많은 명단을 수집할 기회를 뜻했다.

내가 사진기자와 함께 서장실을 찾았을 때, 도밍고가 정보 수집 과정을 설명해 주었다. 도밍고가 자리에서 일어나더니 자기를 가리키며 말했다. "예를 들어 도밍고가 자수합니다. '마약을 어디서 구했지?'라는 질문을 받겠죠. '저기, 페드로한테서요.' 이제 경찰이 페드로를 찾아갑니다. '페드로, 약을 어디서 구했지?' '파트리시아한테서요, 서장님.'"

도밍고가 나를 가리켰다.

"파트리시아 2점. '너, 너는 약을 어디서 구했어?' '파트리시아한테서요.' 3점. 여기서 연결 고리를 만들 수 있어요, 그렇죠? 자, 보세요. 도밍고는 페드로한테서 받고, 페드로는 파트리시아한테서 받는데, 여기 다른 사람은 직접 파트리시아한테 가고, 또 다른 사람은 페드로를 거쳐 파트리시아한테 갑니다. 이름이 가장 많이 언급되는 사람은 제외합니다. 이게 무슨 뜻이냐면 이 사람이 약을 유통한다는 겁니다, 맞죠? 이제 우리가 바랑가이 홀로 가서 이 사람이 누구인지 확인합니다. 그리고 그 사람 집으로 가서 문을 두드리지요. '파트리시아, 그만두는 게 좋을 거야. 우리가 인터뷰로 확인해 보니, 사람들이 계속 당신 이야기를 했거든. 사람들이 계속 당신을 지목했어.' '아, 네, 서장님.' '시간이 된다면, 괜찮다면, 자수하는 게 좋겠는데.' '생각해 보겠습니다, 서장님.' 파트리시아가 나타나지 않더라도 괜찮습니다. 그래도 우리는 감시합니다."

자수한 사람들은 서약서에 서명해—양식은 도시와 경찰서에 따라 다르다—"본인이 마약에 연루된 것이 아무런 이득이 없었다"는 것을 새롭게 깨달았다고 맹세한다. 자수한 사람들은 '교화인'이라는 또 다른 감시 대상자 명단에 올라 얌전하게 지내는지를 감시받는다.

도밍고는 슈퇴르머에게도 이 과정을 설명했었다. "그 뒤로 우리가 다시 한번 방문을 진행합니다. 확인은 바랑가이 홀에서 합니다. 이 사람이 바랑가이 홀 관리입니다." 도밍고는 노그의 집까지 동행한 바랑가이 홀 관리를 가리켰다. "이 직원이 확인할 겁니다. 만약 감시 대상이 다시 마약에 손대면 우리가 보고합니다. 그리고 체포하러 가지요. 녀석을 상대로 작전을 수행합니다."

내가 도밍고를 만난 2016년 8월 무렵, 그러니까 두테르테 대통령이 전쟁을 선포한 지 한 달이 조금 지났을 때 적어도 14만 4202명이 전국 마약 감시 대상자 명단에 올랐다. 경찰서마다 할당량을 기준으로 작전을 수행했는데, 할당 비율이 중앙 정부가 근거 없이 추정한 인구 대비 마약 사용자 수에서 산출한 것이었다. 할당량을 자수한 사람, 체포한 사람, 죽은 사람 중 누구로 채울지는 별로 중요하지 않았다. 마닐라시 할당량 중 도밍고가 맡은 몫은 2000명이었다. 자수한 사람은 절반이 조금 안 되었고, 죽은 사람이 수십 명이었다. 날이 갈수록 필리핀 전역에서 사망자 수가 가파르게 늘었다.

도밍고는 이것이 국가가 죽음을 부추겼다는 뜻은 아니라고 말했다. 중요한 것은 할당 비율이었고, 노그처럼 손을 들어 올리고 다시는 죄를 짓지 않겠다고 맹세한 사람들에 비하면 사망자 수가 훨씬 적었다.

"메트로 마닐라 전체에서 자수한 사람의 수는 많이 잡아 70만 명이지만, 피살된 사람은 겨우 3000명입니다. 10퍼센트도 안 될걸요. 너무 많은 사람이 저항하는 것뿐입니다."

내가 도밍고와 관련해 쓰려던 기사는 경찰이 되고 싶었던 청년 제퍼슨 부누안 피살 사건을 다룬 탐사 보도였다. 이 기사는 게재되지 않았다. 취재원 상당수가 발언을 취소했기 때문이다. 목격자들과 생존자들이 두려움에 떨었다. 한 취재원이 물었다. "〈더 퍼지〉 봤어요?" 들어 본 적 없는 제목이었다. "영화예요." 취재원은 친구들과 함께 이 영화를 보았다고 했다. 미국이 배경인 영화에서 경제가 무너진 뒤 집권 여당이 1년에 단 하루, 불순분자 제거를 허용하는, 그래서 살인을 포함한 모든 범죄가 합법이 되는 연례행사를 허용하는 법안을 통과시킨다. 취재원이 내게 말했다. "밤에 여기가 그런 곳이 돼요. 제거가 일어나요."

그래서 나는 더 유연하게 산타아나 지구, 부와야라는 남성, 대통령을 우상으로 여기며 자신의 전쟁을 수행하는 십자군 같은 경찰을 다룬 기사를 썼다. 제6경찰서에 제기된 혐의를 열거했다. 제퍼슨 부누안의 죽음은 처형이라며 인권 활동가들이 주장한 근거도 제시했다. 도밍고의 선동성 발언을 두테르테 대통령의 발언과 나란히 배치했다.

나는 이 기사에 〈마약과의 전쟁: 전설로 남을〉이라는 제목을 붙였다. 기사는 두테르테 대통령과 도밍고의 발언을 나란히 비교하는 것으로 끝을 맺었다. 선거 운동 기간에 두테르테는 자기 자녀 중 누구도 마약에 연루되지 않았지만, 만약 연루된 자녀가 있다면 살해를 명령하겠다고 말했다.

도밍고의 아들도 경찰이 되고 싶어 했다. 도밍고에게 대통령의 약속에 대해 물었다. 자기 아들이 중독자라면 도밍고는 자식을 죽이라고 명령할까? 도밍고는 어깨를 으쓱하며 답했다. "고통스러운 현실이겠지만, 틀림없이 그럴 겁니다. 마약 중독자를 어디다 쓰겠어요, 안 그래요? 내가 보기에는 그렇습니다. 마약 중독자 아들은 쓸모가 없을 겁니다."

내 생각에 이 발언은 두테르테 대통령의 불법적인 마약과의 전쟁을 생생하게 드러내는 설명이었다. 기사가 나간 뒤 도밍고한테서 연락이 오지는 않았다. 유족들에게서도 연락이 오지 않았다. 분명히 내가 어디선가 실수를 저질러 나나 취재원들을 표적으로 만들었을 것이라는 걱정이 들었다. 이 막연한 불안은 이층 침대에 있던 열일곱 살 소년을 죽였던 남자들을 기사로 다뤘다는 사실 말고는 설명이 불가능했다. 목격자들은 발언을 취소했다. 그렇다고 내가 기사에서 내 이름을 뺄 수는 없었다.

2016년 말 어느 밤, 나는 톤도 라크샤바고 거리에 있는 제1경찰서에 들렀다. 이른 저녁이었다. 아직 시신은 나오지 않았지만, 대마를 키우던 두 남자가 제1경찰서 경찰들에게 체포됐다는 제보가 있었다. 안내데스크의 일지 옆에 키가 30센티미터밖에 안 되는 문제의 대마가 화분에 어설프게 심겨 있었다. 나는 당직인 경찰에게 소개를 마친 뒤, 경찰서장과 인터뷰할 수 있느냐고 물었다. 경찰관이 서장실로 사라졌다. 우리는 답을 기다렸다.

성큼성큼 걸어 나온 사람은 도밍고 경정이었다. "트리시!"

도밍고가 제6경찰서에서 전출되었다는 것은 어렴풋이 알고 있었다. 서장들은 관례상 몇 년마다 근무지를 옮겼다. 도밍고는 나를 보고 좋다 못해 기뻐하는 것 같았다.

도밍고가 대마초를 가리키며 자란 지 여섯 달 된 것이라고 알려줬다. 암거래 가격은 1달러가 조금 넘었다. 어느 판잣집 뒤편에서 압수한 증거였는데, 압수한 대마초가 더 있을 것 같았다.

도밍고가 대마 잎을 하나 잡아당기며 말했다. "이거 봐요. 귀엽지, 안 그래?" 그러더니 웃음을 터트렸다.

그제야 나는 경찰서의 작은 접수실 구석에 깡마른 두 남자가 몸을 움츠리고 있는 것을 알아챘다. 서로 수갑으로 묶인 상태였다. 도밍고가 손가락으로 가리키자, 두 남자가 셔츠 뒤로 얼굴을 숨겼다. 발견된 대마는 이들이 기르던 것이었다.

"이 둘은 멀쩡해요. 우리한테 적대적이지 않았거든." 도밍고가 설명했다. 그리고 두 남자에게 직접 말을 걸었다. "너희는 총이 없었잖아, 그치? 천만다행인 줄 알아야 해. 너희가 맞서 싸우지 않았잖아."

도밍고가 나를 바라보며 씩 웃었다. "내가 이 둘은 안 죽였어요. 우리가 찾아낸 물건으로 따지면 죽이고도 남았지만. 그건 살해 같은 거지."

"'살해 같은 거'라고 했는데, 무슨 뜻이죠?"

도밍고는 나더러 두 남자를 보라고 했다. 나는 시키는 대로 했다. "봐요, 저런 녀석들을 죽일 수는 없거든. 맞서 싸우지 않을 걸 아니까. 여기, 여기로 와 봐요. 그것 좀 보여 줘 봐. 여기, 우리가 이것도 찾아냈어. 대마씨야."

도밍고가 손바닥 가득 씨앗을 털어 냈다.

"이게 대마씨에요?"

"그럼. 우리가 압수한 것 중 일부지." 도밍고가 한 경찰에게 서랍 하나에 든 것을 모두 꺼내 보라고 지시했다. "잘 펼쳐 봐. 이것도 대마씨."

도밍고가 내게 보여 주고 싶은 것이 하나 더 있었다.

이쪽으로 오라며 나를 자기 사무실로 안내했다. 그리고 저기 보라며 손가락으로 무언가를 가리켰다.

나도 모르게 웃음이 터졌다.

정확히 벽 한가운데, 내가 한 달 전 래플러에 실었던 특집 기사의 스크린샷 인쇄본을 담은 액자가 걸려 있었다. 페이스북 게시물에서 가져와 엉성하게 잘라낸 사진은 화소가 보일 정도였다. 표지 사진은 당당하게 경찰 제복을 차려입은 도밍고가 낡은 플라스틱 탁자에 앉아 담배를 피우는 모습을 찍은 것이었다. 탁자 옆 벽에 "엿 같은 시스템, 엿 같은 경찰"이라고 쓴 낙서가 보였다.

도밍고가 미소를 지으며 말했다. "글을 존 그리샴처럼 쓰시대."

"고맙습니다, 서장님."

우리는 함께 담배 몇 대를 피웠다. 도밍고가 자기 사무실을 드나드는 사람들에게 나를 소개했다.

"이쪽은 내 친구 트리시야."

나는 대학 1학년 이후로 트리시라 불려본 적이 없었다. 한 친구가 좋은 뜻에서 트리시라는 이름이 내게 어울리지 않는다고 말해줬기 때문이다. 알고 보니 트리시는 치어리더이자 A+를 놓치지 않는 학생을 상징했다. 예쁘게 매니큐어를 칠한 손톱, 바람결에 살랑살랑 흩날리는 머리카락, 늘 미소 짓는 얼굴, 수업이 끝나면 데리러 오는 운전기사를 둔 여학생에게 어울리는 이름이었다. 트리시는 자기 발에 걸려 넘어지지 않았고, 설사 넘어져도 거친 말을 내뱉지 않았다. 트리시는 품위 있고, 상냥했다. 나는 팻이지 트리시가 아니었다.

취재원을 만날 때 나는 "팻입니다"라고 나를 소개하곤 했다. 팻으로 불러 주세요.

도밍고는 예외였다. 도밍고가 나를 트리시라 부르기로 마음먹었고, 그래서 나는 트리시로 남기로 했다. 도밍고는 나를 트리시로 부르는 것을 좋아했고, 나는 바로잡지 않았다.

밤늦게 내게 전화할 때마다 도밍고는 "트리시"로 말문을 열었다. 때로는 내가 쓴 기사를 읽었다고 전화했고, 때로는 자기 일과를 말하려고 전화했다. 가끔은 내가 먼저 전화해 어느 사건의 배경을 묻기도 했다. 도밍고는 내가 주저 없이 연락할 수 있는 유일한 경찰 취재원이었다.

내 편집장 글렌다가 도밍고와 계속 친분을 유지하라고 권했다. 경찰 내부에 아는 사람이 있는 편이 좋을뿐더러 전쟁 중에는 더 안전하다는 것이 이유였다. "그런 취재원은 놓치지 말아야 해." 글렌다가 그러고는 씩 웃었다. "알았지, 트리시?"

2017년 1월 초, 마약과의 전쟁이 거의 일곱 달째로 접어들었을 때, 마닐라와 나보타스시 경계에서 한 젊은 트랜스젠더 여성이 피살되었다. 이름은 하트 데 차베스였다. 그녀는 여성이 되기로 한 뒤 자기 이름을 하트로 정하고, 머리를 길게 기르고, 호르몬 약제를 복용하고, 낮에는 미용실에서 수건을 빨고, 밤에는 가정부로 일했다.

하트가 마약 거래를 시작한 시기는 두테르테 대통령이 당선된 직후였다. 이미 방송에서 두테르테의 협박을 들었던 어머니 엘레나는 하트의 마약 거래에 경악했다.

하트는 경고를 무시했다. 10달러짜리 거래는 경찰이 눈길조차 주지 않으리라고 장담했다. 하트의 예측은 빗나갔다. 하트의 이름이 100명 넘는 사람을 포함한 감시 대상자 명단에 올랐다. 통지서가 날아왔고, 경찰이 찾아왔다. 하트는 자수했고, 나보타스시 당국에 직접 서약서를 제출한 마약 연루자 수천 명 중 한 명이 되었다. 마약 사용자와 판매자를 대상으로 사흘간 진행된 전액 무료 세미나에 참석하라는 연락을 받았지만 참석하지는 않았다.

2017년 1월 10일, 하트와 어머니 엘레나, 언니 아리안이 함께 사는 집에 복면을 쓴 남자 일곱 명이 들이닥쳤다. 이들이 노린 사람은 하트였다. 한 남자가 하트의 머리채를 잡고 탁자에 머리를 내리쳤다. 다른 남자가 하트의 얇은 검은색 스웨터 앞자락을 움켜쥐고 하트를 집 밖으로 끌고 나갔다.

하트가 소리쳤다. 엄마, 도와줘!

남자 한 명이 집안에 남아 엘레나와 아리안에게 총을 겨눴다. 이 남자가 떠나자 두 사람은 허겁지겁 일어나 현관문 밖으로 달려 나갔다.

밖에 복면을 쓴 일행 중 한 명이 있었다. "선생님, 제발요, 제 딸은 어디 있나요?"

"모퉁이에요. 순찰차에 태웠어요."

엘레나와 아리안이 비틀거리며 달려가다, 복면을 쓴 남자 둘을 마주쳤다.

"선생님, 부탁드립니다. 제 딸은 어디 있나요?"

"도망쳤어요."

목격자들에 따르면 남자들이 하트를 끌고 길을 내려갔다. 앞장선 남자가 두 손으로 총을 붙잡고 있었다. 이 남자가 사람들에게 모두 집에 들어가라고 명령했다. 사람들은 다들 문을 걸어 잠갔다. 창문을 닫았다. 거리 전체에 하트의 비명이 울려 퍼졌다. 한 십 대가 하트가 발에 차이며 어느 판잣집으로 끌려 들어가면서 도와달라고 애원하는 소리를 들었다. 이웃의 귀에 잇달아 총성 세 발이 들렸고, 십 초 뒤 다시 총성 한 발이 들렸다. 아리안은 맨발로 갓난아이를 안고, 엘레나는 어둠 속에 절뚝거리며 모퉁이를 돌았다.

두 사람은 어느 빈집에서 하트를 발견했다. 하트의 뺨에 총상 자국이 있었다.

피살 사건이 발생하고 몇 시간 뒤 작성된 현장 보고서는 시신이 발견된 장소만 밝힐 뿐, 하트 데 차베스가 어떻게 사망했는지는 정확히 설명하지 않았다. 무장 괴한이나 하트의 비명은 한마디도 언급하지 않은 채, 나보타스시 산호세의 "어느 집에서 남성 시신이 발견되었다"고만 적었다.

하트의 가족은 나보타스경찰청을 살인 혐의로 고소했다. 나보타스시는 책임을 부인했다. 나보타스 경찰청장 단테 노비시오는 하트의 죽음이 마약과 연관되었을 가능성이 크고, 범인이 하트 같은 마약 사용자나 판매자일 수도 있다고 주장했다. 경찰이 살해에 관여했다는 증거는 없다고도 말했다. "우리 경찰은 집안에 들어가 사람을 죽이지 않습니다." 노비시오가 내게 한 말이다. 범인이 복면을 썼으므로 해결하기 어려운 사건이라고도 했다. "그래서 이 건은 미제로 남을 겁니다."

하트의 가족은 하트가 피살되기 전 다른 상황이 벌어졌다고 내게 전했다.

나보타스시는 마닐라의 험악한 빈민촌 톤도와 경계를 맞대고 있는데, 거리가 매우 가까워 데 차베스 가족은 톤도의 프리틸 재래시장에서 장을 보았다. 이곳은 마닐라 제1경찰서의 담당 구역인데, 하트가 죽기 사흘 전 마닐라 제1경찰서 산하 지구대 네 곳 중 하나인 프리틸 지구대 소속 경찰에 체포되었다. 엘레나는 내게 프리틸 지구대 경찰들이 석방 조건으로 5만 페소를 요구했다고 털어놓았다.

"몸에서 힘이 쫙 빠지데요. 경찰에 '경찰관님, 저한테는 그런 돈이 없어요'라고 말했어요. 딸애가 엉엉 울면서 그러더라고요. '엄마, 나만 두고 가지 마. 경찰이 나를 데리고 나가 죽일지도 몰라.'"

엘레나는 지구대를 떠났다. 남편의 연금을 저당 잡혀 7000페소를 마련했다. 이 돈을 들고 지구대로 돌아갔는데, 경찰이 액수를 마뜩잖게 여겼다. 경찰이 돈이 더 있나 확인하려고 엘레나의 지갑을 뒤졌지만, 아무것도 나오지 않았다. 하트는 풀려났다. 그리고 사흘 뒤 사망했다.

나는 마닐라 허보사 거리에 있는 프리틸 지구대를 찾았다. 지구대는 비교적 큰 단지 안에 자리 잡은 상자 모양의 작은 하얀색 건물이었다. 건물 왼쪽에 주차장이 있고 뒤편으로 하천이 흘렀다. 하천과 지구대 건물 사이에 좁은 포치가 있고, 거기 플라스틱 탁자 하나와 오토바이 두 대가 놓여 있었다. 파란색 철문이 주차장과 포치를 구분했다. 탁자에 경찰 한 무리가 앉아 있었다.

후문에서 지구대장을 만났다. 이름은 에드윈 푸간이었다. 푸간에게 내 소개를 했다. 왜 찾아왔는지도 밝혔다. 하트가 누구인지, 어떤 상황에서 체포되었는지를 설명했다.

내가 말하는 동안 푸간 경감이 내키지 않는다는 듯 딴 곳만 쳐다봤다.

아뇨, 1월 7일에 데 차베스라는 이름으로 잡혀 왔거나 체포되었거나 조사받은 사람은 없습니다.

내가 녹음기를 꺼내자, 푸간 경감이 입을 다물었다. 더 알고 싶으면 제1경찰서에 있는 본부로 가라고 했다.

제1경찰서 접수처의 담당 경관은 친절한 사람이었다. 제1경찰서 소속 경찰은 다 그랬다. 접수 담당 경관의 이름은 아도니스 수지였다. 수지 경관은 내가 녹음기를 꺼내도 당황하지 않았을뿐더러, 하트를 기억했다.

"그 여자는 여기로 안 왔습니다. 프리틸 지구대에 붙잡혔거든요. 프리틸 쪽에서 전과가 있는지 조회해 달라고 우리한테 요청했는데 결과가 '해당 없음'이었습니다. 그래서 풀어 주었습니다."

"여기서 조회했나요, 프리틸에서 조회했나요?"

"처리는 프리틸에서 했습니다. 거기서 잡아들였으니까요. 거기 지구대에서 작전을 진행했거든요. 잡아들인 사람이 그 여자 말고도 많았습니다. 프리틸 지구대가 잡아들인 사람들 이름을 불러 주며 전과는 없는지, 영장을 받은 적은 없는지, 계류 중인 사건은 없는지 확인했습니다. 그 여자는 결과가 '해당 자료 없음'으로 나왔고, 그래서 바로 풀어 주었습니다."

"그런데 왜 프리틸은 저한테 그런 사람은 붙잡은 적이 없다고 했을까요? 누구의 범죄나 수사 이력도 조회하지 않았다고 하고요?"

"그럴 리가요. 그 지구대가 사람들을 잡아들였어요. … 기자님, 어쩌면 사람이 너무 많아서 잊어버렸을 겁니다. 하지만 저는 그 여자를 기억합니다. 나보타스경찰청에 자수한 사람이었거든요."

"여자처럼 보였던 사람 말인 거죠?"

"네, 그 여자, 그 사람은 동성애자예요. 장례가 두 주 동안 이어졌고요. 거의 두 주요."

나는 수지에게 경찰서장, 즉 푸간의 상관과 이야기하고 싶다고 요청했다. 수지가 나를 곧장 내 친구 도밍고의 사무실로 안내했다. 나는 도밍고에게 하트의 죽음을 설명했다. 프리틸 지구대에 제기된 혐의도 설명했다. 도밍고 휘하의 경찰들이 갈취를 저질렀다는 유족 측 주장을 간략히 설명한 뒤 공식 답변을 듣고 싶다고 요청했다.

도밍고가 유족이 자기와 이야기할 의향이 있을지를 물었다. 내가 유족에게 전화했다. 가족은 그러고 싶다고 했다. 도밍고도 푸간에게 전화해 면담을 요구했다.

도밍고가 부하를 시켜 커피를 사 오게 했다. 우리는 삼십 분 동안 담배를 피우며 싸구려 저질 소설, 필리핀 영화계의 미래를 이야기했다. 프리텔 지구대장 에드윈 푸간 경감이 구김 하나 없는 제복 차림으로 들어오자, 도밍고가 일어나 나를 소개했다.

"기자님." 푸간이 나와 악수하며 말했다. 이번에는 나를 외면하지 않았다.

우리는 자리에 앉아 엘레나 데 차베스와 아리안 데 차베스를 기다렸다.

누가 문을 열었다.

"저 사람이—" 엘레나가 말했다.

푸간이 벌떡 일어서더니 서장실을 가로질러 엘레나를 껴안았다.

"안녕하세요, 어머님."

우리는 다 같이 도밍고의 책상 주변에 둘러앉았다. 그 바로 위로 걸린 액자에 도밍고를 다룬 내 기사가 들어 있었다. 나는 벌써 녹음기를 켜두고 있었다. 머리 쪽에 마이크가 달린 큼직한 ZOOM H4였다. 이 녹음기를 푸간과 엘레나 사이에 있는 책상에 올려놓았다.

서장실이 비좁았다. 도밍고는 불쾌함을 숨김없이 드러냈다.

엘레나에게 "말해 봐요. 누구에게 돈을 줬는지 기억해요?"라고 다그쳤다.

"예, 서장님." 엘레나가 나지막이 답했다.

"영상에서 누구인지 지목해 봐요! 내가 고소해 버릴 거니까!"

푸간이 재빨리 끼어들었다. "빼앗긴 금액이 얼마입니까? 제가 보상하지요."

"7000—"

"이렇게 하겠습니다. 뭐든 빼앗긴 게 있으시면 갚아드리겠습니다. 개자식."

푸간이 엘레나에게 매달렸다. 목소리가 거의 애교라도 부리는 듯 다정했다. "어머님, 제가 프리틸 지구대장입니다."

"그러시군요, 경관님."

"아마—"

"이봐, 문제는 이거야." 도밍고가 말을 가로챘다. "개자식들, 망할 새끼들, 네 밑에 있는 망할 경찰 놈들. 너는 그 녀석들이 도둑질하지 않게 단속도 못 하고. 개자식들. 너희들도 죽어야 해—"

"정말로 그런 일이 있었어요. 제가 경찰에게 보여 주기까지 했어요. 남편 연금을 저당 잡혔다고요." 엘레나가 하소연했다.

"네, 들었습니다." 푸간이 말했다.

"사진 가져와 봐! 내가 가만두나 봐—"

"저희가 처리하겠습니다. 빼앗기신 현금은 제가 돌려드리지요." 푸간이 말했다.

"네, 경관님." 엘레나가 고개를 끄덕였다.

"그 돈 돌려줘, 개자식들아." 도밍고가 윽박질렀다. "너희들, 너희 개자식들 때문에. 너는 부하란 놈들 단속도 못 하고. 이놈의 개새끼들. 누군지 지목해 봐요! 개놈의 새끼. 수지, 그 경찰 놈들이 내 눈에 띄면 말이야, 죽여 버릴 거야."

문 옆에 수지가 가만히 서 있었다.

"수지, 그 자식들이 내가 어떻게 못 할 거라고—"

푸간이 말을 끊고 엘레나에게 물었다. "그런데 그 일이 언제 일어났나요?"

"―내가 아직 발륨*도 못 먹었다고!"

엘레나가 답했다. "바로 일전에―"

푸간이 말을 끊었다. "따님이 여기 사람이 아니라서 그냥 신원만 조회한 거 아니었나요?"

"맞아요, 경관님."

이때 도밍고가 노발대발 훈계를 늘어놓은 끝에 내 이름을 언급했다. "트리샤는 내가 발륨 먹는 거 알아. 그치, 트리샤?"

모르는 이야기였지만, 맞장구를 치는 것이 좋겠다는 판단이 들었다.

"네, 서장님."

"그리고 제가 하트한테 이제 두테르테 시대니까 행실을 바로 해야 한다고 말했죠?" 푸간이 자기가 유리한 쪽으로 엘레나를 유도하려 했다.

엘레나는 넘어가지 않았다. "그건 제가 한 말이죠, 경관님. 제가 하트한테 마약을 끊어야 한다고 말했어요."

"자네도 동의해?"

하트의 언니 아리안이 끼어들었다. "그 애는 마약을 끊었어요."

"제 기억이 맞다면 기자님을 '선생님'이라고 불렀던 것 같습니다. 제가 그렇게 말했지요?" 푸간이 다시 한번 미끼를 던졌다.

하트와 엘레나를 만났던 기억을 돌연 떠올린 푸간이 이번에는

---

* 신경안정제.

내게 매달렸다.

"파트리시아 선생님, 기억납니다!"

"맞아요, 경관님."

"이제 보니 어머님도 기억나네요." 푸간이 엘레나에게 말했다. "혼비백산하셨잖아요. 그래서 제가 두 사람 모두 집으로 돌아가라고 했고요. 따님에게는 '마약 끊어야 해, 누이'라고 했어요. 제가 따님을 누이라고 불렀어요. 어머님이 딸이 트랜스젠더라고 해서요."

"맞아요, 경관님."

"하지만 저는—"

엘레나가 말을 끊었다. "그 애는 사흘 동안 집 밖으로 나가지 않았어요. 이웃 하나가 우리 집에 와서 하트한테 마약을 사다 달라고 부탁했어요. 그때 애가 정말로 밖에 안 나갔거든요."

"그러니까 따님이 곤란해진 건 사실 이웃 잘못이네요." 푸간은 이렇게 결론 내리고 도밍고를 바라보았다. "이제 기억납니다, 서장님. 그때 밥을 먹다가 제가 말했습니다. '좋아요, 여기 사람이 아니니까 따님을 집으로 데려가세요.'"

기억을 되살린 푸간이 하트가 체포된 날 밤 자기가 프리틸 지구대에 있었다고 인정했다. 엘레나 데 차베스를 보았다고 했다. 엘레나가 노쇠하고 어찌할 바를 모르는 모습이었다고 했다. 그래서 엘레나에게 다가갔다고 했다. 동정심이 들었고, 엘레나를 어머님이라고 불렀다 했다. 부하들에게 들은 바로는 하트가 신원 확인 때문에 붙잡혀 있었다.

푸간은 하트를 "수상한" 인물이라 불렀다. 부하들이 거리에서 하트를 봤을 때 모르는 얼굴이었기 때문이었다.

"그게 우리의 첫 조처입니다." 푸간이 내게 말했다. "여기 사람이 아니면 일단 의심부터 합니다. 우리 경찰은 누가 여기 사람이고 아닌지를 다 아니까요. 하트가 붙잡혀 있었던 건 정말로 신원 확인 하나 때문이었습니다."

그런데 푸간은 **신원 확인**을 무슨 뜻으로 말했는지 정확히 밝히지 못했다.

하트의 몸에서 범죄 행위를 입증할 어떤 증거도 발견되지 않았었다. 푸간에 따르면 하트는 체포되지 않았다. 구금되지 않았다. 다만 **붙잡혀** 있었다. 하트는 붙잡혀 있었고, 모든 과정이 순조로웠다. 푸간은 자기가 엘레나를 안심시켰다고 주장했다. 하트를 훈계했다고도 했다. 그리고 두 사람에게 집에 가라고 했다. 어떤 갈취가 일어났든 자기가 모르는 사이에 벌어진 일이지만, 그래도 자기가 기꺼이 그 돈을 갚겠다고 했다.

제1경찰서 서장실에서 도밍고가 여전히 정의감에 불타 울분을 토해 내고 있었다.

"이 개자식들, 너희 모두 이런 짓거리를 멈추지 않으면 내가 직접 네놈들을 작살내 버릴 거야. 어쨌든 일반인이 너희를 죽이지 못하니, 내가 직접 죽여 버릴 거야. 여기 있는 우리 모두 경찰이니까, 응, 이 새끼야, 그냥 쏴 버리자고. 그런 뻔뻔한 짓은 용납되지 않는다고, 개자식아. 이 개새끼들, 이 나라에서 무슨 일이 벌어지는지 좀 봐. 정 훔치고 싶으면 고콩웨이*한테서 훔치던가. 차라리 부자한테 훔치라고. 하지만 이쪽은 말이야." 그리고 엘레나를 가리

---

* 세부퍼시픽 등을 소유한 JG서밋홀딩스의 회장인 중국계 사업가.

켰다. "이쪽은 찢어지게 가난하다고. 젠장, 집에 갈 차비도 없다니까. 차비 낼 돈도 없다고! 정부가 보호해야 할 사람이 바로 이런 사람이야. 도시 빈민 중에서도 제일 가난한 사람. 그런데 경찰씩이나 되어서 이런 사람들 주머니를 턴다고?"

인상 깊은 훈계였다. 푸간이 낮은 목소리로 조심스레 자신을 변호했다. "저는 그 여자에게 더 나은 인생을 살라는 말만 했습니다."

수지가 색인 카드를 한 묶음 들고 돌아왔다. 카드마다 경관의 성명과 신분증 사진이 들어 있었다. 모두 프리틸 지구대 소속 경찰이었다. 엘레나가 자기 가족한테서 돈을 갈취한 경찰들을 식별할 수 있도록, 도밍고가 수지에게 프리틸 지구대의 인사 카드를 찾아 가져오라고 지시했었다.

도밍고가 일어나 엘레나 옆에 섰다. 엘레나에게 카드를 하나하나 꼼꼼히 살펴보라고 지시했다.

서장실이 한동안 조용했다. 들리는 건 종이 넘기는 소리, 밖에서 틀어 놓은 텔레비전 소리뿐이었다.

"두려워하지 마요." 작은 서장실 안에 도밍고의 목소리가 울려 퍼졌다. "이곳 경찰서장한테 말하는 거잖아요. 내가 여기 서장이라니까! 여기 우두머리라고! 그러니까 겁내지 마요."

"저희가 돕겠습니다, 서장님." 푸간이 말을 보탰다.

"내가 여기 서장이라니까." 도밍고가 다시 말했다.

엘레나가 인사 카드를 넘겨보며 중얼거렸다. 그러다 사진 하나를 가리켰다. "이 사람, 이 사람이 그중 한 명인 것 같아요."

"해당 경찰한테 연락하겠습니다." 푸간이 말했다.

엘레나는 하트를 풀어 주는 대가로 돈을 갈취한 경찰이 다섯 명이었다고 진술했다. 그리고 인사 카드에서 넷을 찾아냈다. 도밍고는 곧장 프리틸 지구대 경찰 네 명의 수사를 의뢰했다. 제기된 혐의는 갈취였다.

도밍고가 내게 문서를 카메라로 찍어도 된다고 허락했다.

우리는 경찰서를 떠났다. 나는 도밍고와 악수를 나눴다. 푸간에게 감사 인사를 건넸는데, 푸간이 나를 선생님이라고 불렀다.

우리가 경찰서에서 멀어졌을 때, 엘레나가 마지막 경찰이 누구인지 안다고 털어놓았다. 두려워서 이름을 말하지 못했다고 했다.

"푸간이었어요. 푸간이 자기 주머니에 돈을 집어넣었어요."

며칠 뒤 엘레나와 아리안을 다시 만났다. 아리안이 말하길, 경찰 한 명이 가족을 찾아와 지폐 뭉치를 건넸다고 했다. 7000페소였다. 정확히 엘레나가 프리틸 경찰에게 갈취당했다고 주장한 액수였다.

그 경찰은 심부름꾼일 뿐이었다. 푸간이 보내서 왔다고 했다.

나는 도밍고에게 전화했다. 우연히 새로운 정보를 얻었는데, 푸간의 진술이 필요하다고 요청했다. 그 뒤로 몇 차례 더 전화가 오갔다. 나는 다시 푸간에게 연락했다. 답변을 거부해도 되지만, 답변을 하겠다면 영상으로 찍어야 한다고 설명했다. 우리는 며칠 몇 시에 만날지를 조율했다. 장소는 도밍고의 사무실로 정했다.

인터뷰 전날 밤, 도밍고가 전화했다. 자정이 다 된 늦은 시간이었다. 건너편에서 흔히 들리던 장난 섞인 농담이 한마디도 없었다.

짧은 통화였다. 묻고 싶은 게 있다고 했다.

"팻, 나를 친구로 생각해?"

도밍고가 이 질문을 반복했다.

솔직히 말해줘.

나를 친구로 생각하나, 팻?

나를 친구로 생각해?

팻, 나를 친구로 생각하냐고?

선뜻 답하지 못하고 머뭇거리던 기억이 난다. 그렇다고 답하면 도밍고가 기사를 취소하라고 부탁할지도 모를 일이었다. 이해 상충이라는 말이 나오는 것은 싫었다. 그렇다고 아니라고 했다가, 휘하에 무장 병력을 200명이나 거느린 경찰의 감정을 상하게 하는 위험을 무릅쓰고 싶지는 않았다. 나는 빙빙 말을 돌리다, 마침내 그렇다고 답했다. 네, 서장님. 서장님을 친구로 생각합니다.

도밍고는 왜 그런 질문을 했는지 말하지 않았다. 나는 질문의 의미가 무엇인지도, 두려워해야 하는 상황인지도 알지 못했다. 이튿날 글렌다 편집장에게 문자를 보냈다. 걱정이 된다고 알렸다. 도밍고의 기분이 좋지 않았기 때문이다. 나는 래플러가 나를 추적할 수 있도록 GPS를 켜뒀다. **"마닐라 라크샤바고에 있는 제1경찰서로 향하는 중. 유쾌하고 악의 없고 고무적인 만남이 될 것이다."**

나는 제1경찰서에서 푸간을 만났다. 도밍고는 자리에 없었다. 직설적인 인터뷰였다.

푸간은 "돈을 요구하는 경찰에 대해 전혀 몰랐다"고 답했다. "경찰이 금품 갈취에 연루될 이유"가 전혀 떠오르지 않는다고 주장했다. 과장이라며 사건 자체를 부인했다. 확신컨대 그런 일은 일어난 적이 없다고 잘라 말했다.

"경찰은 그런 짓을 안 합니다. 잘못이라는 걸 아니까요."

엘레나에게 돈을 보낸 것은 인정했다. 돈은 푸간의 저축에서 나온 것이었다. 그렇다고 이것이 푸간이 유죄라는 뜻은 아니었다. 푸간은 "그저 도왔을" 뿐이었다. "좋은 뜻에서" 그랬을 뿐이었다.

나는 기사를 게재했다. 노비시오 청장의 말대로, 하트 살인 사건은 미제로 남았다.

그 뒤로 도밍고에게서 연락이 뜸해졌다. 당시에는 이 사실을 알아채지 못했다. 석 달 동안 모리오네스 거리 인근의 마닐라 제2경찰서 소속 경찰들을 심층 취재하느라 바빴기 때문이다. 목격자 증언에 따르면 젊은 남성들이 어느 경찰의 총에 잇달아 사살되었다. 이 때문에 델판 지역 주민들 사이에 수군수군 이 경찰을 부르는 별명이 퍼졌다. 그 별명은 '델판의 악귀'였다. 기사가 나간 직후, 도밍고가 전화해 기사 잘 보았다며, 내가 기사에서 자세히 묘사한 인권침해에 혀를 끌끌 찼다. 조금은 의기양양하게, 자기와 자기 부하들은 내가 소개한 경찰들과 달리 인권이 무엇인지 잘 안다고 상기시켰다.

그 통화를 하고 며칠 뒤인 2017년 4월 27일, 인권위원회 조사팀이 정보원에게서 받은 제보를 근거로 도밍고의 제1경찰서를 급습했다. 인권위원회는 독립된 정부 기구로, 계엄령 시기 일어난 잔학 행위 때문에 인권 침해를 조사하고자 만들어진 곳이다. 당시 인권위원장은 학생 운동을 했던 치토 가스콘으로, 두테르테 행정부 안에서 대량 살상에 주저 없이 반대 발언을 하는 몇 안 되는 인물 중 하나였다. 가스콘은 전임 아키노 대통령이 지명한 인사로, 법률상 탄핵당하지 않는 한 임기가 끝날 때까지 교체할 수 없었다.

인권위원회가 제보받은 바에 따르면, 제1경찰서 안에 비밀 구금 시설이 감춰져 있고, 위치는 도밍고가 이끄는 마약단속반 사무실 뒤편이었다. 제보자는 이곳에 마약 용의자로 지목된 사람들이 갇혀 있는데, 구금자 명단에 없는 사람도 있다고 귀띔했다. 사실이라면 이것은 금품 갈취 활동이었다. 용의자들은 경찰이 겁에 질린 가족에게서 흡족할 만큼 돈을 뜯어낸 뒤에야 풀려났다.

평소처럼 사복 차림이던 도밍고는 전임 필리핀 국가경찰청 대변인답게 침착한 태도를 보였다. 취재진이 따라붙은 가운데 인권위원회 조사팀을 이끈 힐베르트 보이세르를 웃음으로 맞이한 뒤 경찰서 내부를 안내했다. 마침내 마약단속반 사무실로 들어간 보이서가 그곳에 있는 민간인 세 명을 발견했다. 경찰은 이들이 조사를 기다리는 용의자라고 설명했다.

도밍고는 보이세르에게 비밀 시설은 금시초문이라고 말했다.

사진기자 라피 레르마가 남성 용의자 한 명이 책장 쪽으로 눈을 깜빡이는 것을 보았다. 방 한구석에 딱 붙어 있는 책장이었다.

"거기 아무도 없나요?" 보이서가 큰소리로 물었다.

사무실 안에 있는 모든 기자가 벽 뒤에서 외치는 뭉개진 목소리를 들었다. "여기 사람 있어요!"

이미 정보원이 손으로 그려 준 사무실 지도를 봤던 보이서가 책장을 앞으로 당겨 보려 했다. 책장이 꿈쩍도 하지 않았다. 그때 라피가 무릎을 꿇고 살펴보다 아래쪽 선반의 턱 뒤편에 숨겨진 잠금장치를 찾아냈다. 라피가 빗장을 풀자 책장이 문처럼 활짝 열렸다. 초췌한 여성 한 명이 불빛에 눈이 부셔 실눈을 뜨고 걸어 나왔다. "제발 우리 좀 꺼내 주세요."

안에 있던 사람들이 한 명씩 비틀거리며 걸어 나왔다. 모두 아홉 명이었다. 이들 뒤로 좁은 복도가 보였다. 대략 폭이 1미터, 길이가 5미터 정도였다. 매우 좁아 한때 안에 밀어 넣어졌던 열두 명이 양팔 벌리기로는 설 수 없는 공간이었다. 깨진 소변기가 있었고, 그 위로 구금된 사람들이 쌓아 놓은 배설물 자루가 있었다. 그날 밤에는 조명도 없었다. 창문도 없었다. 구금소 뒤쪽은 철제 칸살이 쳐져 있고, 그 뒤로 바깥에서 박아 놓은 함석판이 덧대져 있었다.

구금자 몇 명이 간신히 기자에게 사정을 이야기했다. 이들은 경찰이 자기들을 길게는 8일까지 인질로 잡았고 10만 페소를 요구했다고 주장했다. 그중 구타로 생긴 멍 자국을 보여 준 남성은 가족이 돈을 마련하지 못하면 더 심하게 때리겠다는 협박을 들었다고 하소연했다. "우리를 죽여 버리겠다 했어요."

이들 중 누구도 경찰 일지에 이름이 기록되어 있지 않았다. 이들 누구도 기소된 적이 없었다.

도밍고는 이곳이 새로 지은 유치장이라고 주장했다. 전국적으로 방송되는 언론사 세 곳의 카메라가 돌아가는 가운데, 도밍고는 구금자들이 거짓말을 하고 있다고 공언했다. "저들의 말과 우리 주장이 상충하는 상황입니다. 그러므로 우리는 끝까지 싸울 것입니다."

그날 밤 적어도 기자 열두 명이 제1경찰서로 몰려들었는데, 모두 마약단속반 사무실에서 쫓겨났다. 경찰이 자기네가 궁지에 빠졌다는 것을 깨달은 직후였다. 나는 그날 밤 거기 없었다. 다른 기자가 내게 문자로 소식을 전했다. "**너네 도밍고가 걸렸어.**"

구금자 중 누구도 인권위원회로 인도되지 않았다.

"우리가 체포한 자들입니다. 데려가실 수 없습니다." 도밍고의 부하들이 고집을 꺾지 않았다.

이 소식이 모든 주요 언론사의 헤드라인을 장식했다. 이 중 많은 언론사의 경찰 전문 기자가 급습 현장에 있었다.

이튿날 아침 문제의 책장이 사라졌다. 입구 바로 위 벽에 종이 한 장이 붙었다.

거기 적힌 글씨는 '임시 대기 구역'이었다.

도밍고는 직무에서 잠시 배제되었다. 인권위원회는 로베르트 도밍고 경정, 딜란 베르단 순경, 벌리 아폴로니오 순찰대원, 이름이 알려지지 않은 한 명을 옴부즈맨사무국에 고소했다. 혐의는 임의 구금, 중대한 협박, 적절한 사법 당국으로 구금자 인도 지연, 중대한 강압, 중대한 위법 행위, 공익을 해친 행위였다.

고소는 2020년 기각되었다.

인권위원회의 현장 급습이 있고 얼마 뒤, 도밍고가 내게 전화했다.

"트리시, 나 믿지, 그치?"

어떤 사람들은
죽어야 합니다

    2017년 1월 초, 어느 한국인 사업가의 아내가 《필리핀 데일리 인콰이어러》 지면을 빌려 정부의 지원을 호소했다. 남편이 전년도 10월 18일에 실종되었기 때문이다. 이웃들은 이날 오후 2시 무장 괴한들이 저항하는 쉰한 살 남성 지익주를 남성의 차에 밀어 넣은 뒤 달아났다고 주장했다. 살림을 도와주던 가사 도우미도 함께 납치되었다. 이튿날 풀려난 도우미는 납치에 가담한 무장 괴한들이 경찰이었고, 마약 단속을 주장했다고 말했다.
    곧 사건의 경위가 드러났다. 경찰관들이 마약 단속을 가장해 가짜 체포 영장을 내민 뒤 앙헬레스시 자택에서 지익주를 끌고 간 것이었다. 이들은 지익주를 마닐라의 국가경찰청 본청으로 데려가 구금했고, 거기서 경찰청 산하 불법마약단속과AIDG 경찰관이 수술용 장갑을 끼고 포장용 테이프를 이용해 이 사업가를 목 졸라 죽였다. 이들은 지익주의 아내에게 몸값으로 800만 페소를 요구했다가 500만 페소를 받았는데, 그러고도 지익주가 살아 있다는 증거는 제시하지 않았다.

이 사건이 국제적 뉴스가 되었다. 대한민국 대사관이 수사를 요청했다. 상원이 청문회를 열었다. 경찰 두 명이 납치 치사로 기소되었고, 이 중 한 명이 나중에 유죄를 선고받았다. 보도에 따르면 피해자의 머리를 포장용 테이프로 감았고 시신을 장례식장에서 화장했는데 겁에 질린 장례식장 직원이 유골을 변기에 버렸다고 했다.

마약과의 전쟁이 선포된 지 일곱 달째였다. 사망자가 이미 7000명이 넘었는데, 그제야 마침내 로드리고 두테르테가 자진해 경찰의 잘못을 인정했다. 공개석상에서 대한민국 정부에 "여러분의 동포가 사망한 것을 사과합니다. 이런 일이 일어나 매우 유감입니다"라고 발표했다.

로날드 '바토' 델라 로사 경찰청장이 언론 앞에 나와 "내부 자정에 집중"하겠다고 선언했다. 법에 저촉되지만 않는다면 연루된 경찰들을 차라리 죽였을 것이라고 주장했다. 해당 범죄를 모욕적이라고 표현했다. "할 수만 있다면 쥐구멍에라도 숨고 싶은 심정입니다."

로드리고 두테르테 대통령은 이 사건이 창피한 일이라면서도 델라 로사의 사의를 반려했다. 2017년 1월 30일, 두테르테는 자신이 권한을 부여했던 경찰 기관이 마약과의 전쟁에 참여하는 것을 중단시켰다. 이에 따라 경찰 산하 불법마약단속과가 해체되었다. 두테르테는 경찰을 가리켜 "중심부까지 완전히 썩어 빠진 집단"이라고 비난했다. 경찰을 범죄자라 불렀다. 마약과의 전쟁은 계속되겠지만, 불법 마약 소탕에 연관된 경찰 작전은 더 이상 없을 것이라고 약속했다.

그날 밤 내가 아는 한 마약과의 전쟁을 취재하는 모든 기자가 마닐라경찰청 기자실에 모였다. 그리고 기다렸다. 그날 밤 범죄 현장은 없었다. 사망한 마약 중독자도 없었다. 총에 맞은 마약상도 없었다. 마닐라에서도, 칼로오칸에서도, 세부에서도, 나보타스에서도, 케손시 빈민가에서도 사건이 발생하지 않았다. 두테르테 대통령의 발언 뒤로, 크리스마스를 제외하면 일곱 달 만에 처음으로 사망자 명단에 어떤 이름도 추가되지 않았다. 경찰이 총기를 꺼내지 않은 것은 놀랍지 않았지만, 자경단까지 그런 것은 놀라웠다. 처치도 없었고, 차량을 이용한 총격도 없었고, 복면 무장 괴한이 메스암페타민 판매상으로 의심되는 사람의 집 문을 박차고 들어가는 일도 없었다. 제복 차림의 민병대가 총을 내려놨고, 보도 대로라면 이들이 고용한 암살자들도 마찬가지였다. 사망자 수가 7080명에서 멈췄다.

전쟁이, 전쟁이라 불렸던 작전이 변기 물을 따라 내려간 유골과 함께 끝났다.

마약과의 전쟁의 중단은 위선 행위로만 보기 어려웠다. 마약 단속을 맡은 고위 경찰이 부유한 외국인을 납치해 그 아내에게 수백만 페소를 요구한 뒤 외국인을 본청 안에서 죽여도 된다고 여겼다. 모든 사람이 그랬듯, 대통령도 길거리에서 범죄를 저지르고도 처벌받지 않는 현실을 목격하고 충격을 받았다고 발표했다. 두테르테는 경찰을 신뢰한다고 말하면서도 부패했다고 비난했다. 경찰에게 보호를 보장하면서도 죽여 버리겠다고 장담했다. 인권의 거추장스러움에 매일 같이 분노하면서도 인권이 무시되면 격분했다.

도덕적 우위를 주장하면서도 대량 학살을 자랑으로 여겼다. 상스러움을 자처하면서도 도덕성을 약속했다. 법을 비난하면서도 법을 수호하겠다고 맹세했다. 단 한 건의 살인은 발생 가능성을 믿으면서도, 다른 모든 살인 사건은 그 가능성을 부정했다. 암살자를 자처하면서도 암살자들의 존재는 부인했다. 이것이 로드리고 두테르테가 만든 마법 같은 현실이었다. 이 현실이 전국에 방송되어 박수갈채를 받고 빠르게 모방되었다.

이 대목에서 전 세계의 독재자를 이해하려면 조지 오웰의 작품이 필요하다. **이중사고**doublethink란 상충하는 두 생각을 모두 받아들여 동시에 믿는 사고방식이다. 오웰이 《1984》에서 사용한 이 단어는 "일부러 거짓말을 하면서도 그것을 진심으로 믿는" 사고를 가리켰다. 사실은 편리할 때만 이용할 뿐 자가당착이 될 때는 부정하고, "객관적 현실의 존재를 부정하면서도 자기가 부인한 현실을 고려하는 것"이었다. 어떻게 경찰이 살인을 저지르지? 어떻게 경찰이 그자들을 죽이지 않지? 오웰식 거짓말은 이런 식으로 미묘한 차이를 제거한다.

그런데 거짓이 사실로 받아들여지려면 적절한 전달 방식이 있어야 한다. 미국 역사학자 대니얼 J. 부어스틴이 1962년 발표한 《이미지와 환상》에서 **가짜 사건**pseudo-event이라는 용어를 소개했다. 가짜 사건은 자연스레 일어나지 않는다. 주로 보도를 목적으로 존재한다. 어디까지가 사실인지 불분명하다. 성공할 때는 자기 실현적 예언이 된다. 가짜 사건은 실제로 무언가가 발생하므로 선동이 아니다. 인위적이기는 해도 사실이므로 비난에 대응할 방어벽이 된다. "선동은 의견이 사실을 대체한다. 이와 달리 가짜 사건은 합성된 사실로, 사람들이 판단에 참고할 '사실적' 근거를 제공해 간접적으로 사람을 움직인다."

마약과의 전쟁을 중단한 사례에서 가짜 사건은 말라카낭궁에서 하얀 정복을 입고 고개를 숙인 채 땅만 바라보며 자신이 얼마나 슬프고 부끄러운지를 설명하는 델라 로사 경찰청장의 이미지였다. 사랑가니주를 방문한 자리에서 부패한 경찰에게 죄의 "대가를 치르게 하겠다"고 위협하는 로드리고 두테르테의 존재였다.

마약과의 전쟁이 잠정적으로 중단되고 며칠 지나지 않아, 국제앰네스티가 신랄한 보고서를 발표했다. 필리핀 경찰이 성과금을 목적으로 증거를 조작해 마약 용의자들을 암살했다는 주장이었다.[*]

마약과의 전쟁은 궁지에 몰렸다. 전 세계가 필리핀을 주목하고 있었다. 정부가 살인이라고밖에 부를 수 없는 짓을 저지르다 적발되었다. 무엇보다, 손발이 묶여 무방비인 사람을 죽이는 행위가 적법성 추정에 해당한다고 주장할 방법이 없었다.

그러자 자경단이 등장했다.

2017년 2월 9일 오후, CNN 필리핀이 기자회견을 생중계했다. 주요 언론이 회견에 참석했다. 필리핀 국가경찰청 고위 간부 중에서도 최고위 간부들이 회견장에 총출동했다. 이들 뒤로 수사관과 형사들이 늘어섰는데, 이중 몇몇이 로날드 '바토' 델라 로사 청장 뒤에서 고개를 푹 숙이고 서 있던 용의자 셋의 머리를 홱 뒤로 젖혔다.

델라 로사 청장이 말문을 열었다. "이 자들이 그 아이를 죽였습

---

[*] 국제엠네스티에 따르면 경찰들이 '접촉(초법적 처형에 대한 완곡어법 표현)'한 횟수에 따라 현금으로 성과금이 주어지며, 체포할 경우에는 성과금이 없었다.

니다. 그 아이를 납치해 죽인 다음 마대에 집어넣었습니다." 그 아이란 열여섯 살 소년 찰리 살라다가였다. 1월 1일 납치되었다가 하루 뒤 시신으로 발견되는 사이, 찰리는 얼굴에 총을 맞고 마대에 욱여넣어졌다가 마닐라 톤도 지구의 이슬라 푸팅 바토 방파제에 던져졌다. 열네 살인 여동생이 파수꾼연맹CSG이라는 지역 갱단 몇 명을 납치범으로 지목했다.

경찰에 따르면 찰리가 죽은 뒤 파수꾼연맹이 찰리의 가족을 적어도 한 번은 총구까지 겨누며 심하게 위협해, 결국은 견디지 못한 찰리의 어머니 크리스티나가 직접 마닐라경찰청을 찾아 고발했다. 얼마 뒤 경찰이 105 바랑가이 10번 도로에 있는 파수꾼연맹 본거지를 급습했다. 경찰은 휴대전화 여러 대, 38구경 리볼버 한 자루, 사제 산탄총 두 자루, 각종 탄약을 포함한 여러 물품을 압수했다. 파수꾼연맹 단원도 체포했다.

"이게 파수꾼연맹 유니폼입니다." 델라 로사가 등판에 'CSG, 톤도 2, 105 방갈로이'가 적힌 검은색 셔츠를 들어 보였다. "파수꾼연맹은 원래 민간 의용대였는데, 강도 용의자를 죽이는 자경단으로 바뀐 것 같습니다. 그래서 그 아이를 표적으로 삼았고요. 이들이 아이를 죽였습니다. 아이가 도둑질을 했다고 주장하더군요."

한 경찰관이 깡마른 소년이 땅바닥에 팔다리를 벌린 채 축 늘어져 있는 모습을 확대한 사진을 들어 보였다. 시신 일부는 찢어진 마대로 보이는 것 속에 들어 있었다. 델라 로사가 "이것이 처치된 다음 마대에 쑤셔 넣어진 아이의 사진입니다"라고 설명했다.

델라 로사 청장은 용의자들이 자백했다고 주장했다. "지금 여기 있는 자들입니다. 우리는 이들의 총을 모조리 압수했고, 이들은 자신들이 한 일을 인정했습니다."

그리고 용의자 한 명을 마이크 앞으로 불러 "아까 나한테 했던 이야기"를 다시 말해 보라고 명령했다.

"우리 지휘관 마닝이―"

"똑바로. 똑바로 말해야지." 델라 로사가 말을 끊었다.

"마닝 지휘관이었습니다."

"뭐라고?"

"마닝 지휘관입니다, 청장님."

"그게 누구지?"

"우리에게 지시를 내린 사람 중 하나입니다."

마닐라 경찰청장 호엘 코로넬이 델라 로사에 이어 단상에 올라, 필리핀 국가경찰청이 파수꾼연맹을 평화 유지 단체로 공인했었다고 인정했다. 코로넬에 따르면 이들에게 무기를 소지할 권한은 준 적이 없었다. 이들은 적어도 다섯 달 동안 톤도에서 활동했다. 코로넬은 경찰이 "이 단체가 약식 처형에 관여했다는 고발을 여러 건 조사"한 결과, "약 10명이 이런 비사법 처형이나 자경단식 처형"에 관여했다고 발표했다. 그런데 델라 로사는 이 단체의 구성원이 최대 200명일 수도 있다고 주장했다.

코로넬은 파수꾼연맹이 마약 거래와 다른 범죄 활동을 보호하고자 용의자들을 죽였다고 주장했다. 이들은 "사람들에게 두려움과 공포를 퍼트릴 목적으로" 앙숙인 갱단 출신의 용의자들을 표적으로 삼아 살해했다. 피해자들이 경찰을 범인으로 생각한 것은 오해였다.

델라 로사는 경찰청이 문자 메시지와 전략 심문을 통해, 파수꾼연맹이 찰리 살라다가를 죽이기 전 적어도 세 건의 치사 사건을 저지른 사실을 밝혀냈다고 주장했다. 해당 사건들을 "해결된 것으로 간주"하고 이들을 기소하겠다고 발표했다. 용의자 셋은 이미 구금된 상태였다. 경찰청은 주모자로 지목된 리카르도 빌라몬테, 일명 마닝 지휘관을 포함한 다른 셋의 행방을 추적하겠다고 했다.

기자회견은 예상치 못한 사건이었다. 열여섯 살 소년이 사망한 사건이 찰리가 처음도 아니었고, 얼굴에 총을 맞거나 물에 던져진 시신도 찰리가 처음이 아니었다. 게다가 시신을 물에 던지는 것은 대통령 자신이 흔쾌히 인정한 처리 방식이었다.

하지만 찰리는 특별했다. 찰리는 위기에 빠진 대민 홍보를 구해줄 해답이었다. 델라 로사 청장의 말대로, 파수꾼연맹 체포는 "수사 중 사망 사건의 일부, 즉 언론이 비사법적 살해라 부르며 경찰에 책임을 묻는 사건들에 대한 해결책"이었다.

"이번 체포는 이런 수사 중 사망 사건들이 경찰이 재가한 일이거나, 더 나아가 경찰이 저지른 일이라는 비난을 불식시킵니다."

비난이 모두 없어지지는 않았다. 경찰이 자경단을 모조리 체포하지는 않았기 때문이다. 그렇기 때문에 자경단 일부가 입을 열었다. 일부는 내게 연락했다.

나는 여러 달 동안 그런 순간이 오리라 예상하면서도, 혹시라도 기회가 오지 않으면 어쩌나, 자경단이 발을 빼고 사라져 다시는 연락이 되지 않으면 어쩌나 근심했다. 우리는 주유소에서 만났다. 그 사람은 오토바이를 탔는데, 내 카메라맨을 보고 거의 도망칠 뻔했다. 여기자라는 말을 들었으므로 함정에 빠졌구나 싶어 겁이 났기 때문이다. 그는 내가 선팅된 밴에서 나와 담배에 불을 붙이는 모습을 보고 되돌아왔다.

"팻입니다."

남자는 고개만 까딱 끄덕였다.

내가 문이 열린 밴을 가리켰다. 남자가 잠시 망설이다 밴 안으로 들어갔다.

이동하는 동안 남자는 아무 말도 하지 않았다. 내가 무슨 말을 했는지는 기억나지 않지만, 이 남자가 사람을 죽였고 또 죽일 수도 있다는 확신이 순간적으로 들었다. 남자의 무릎이 덜덜 떨렸다. 그걸 보니 마음이 놓였다.

남성의 이름을 알고 신분증 사진도 찍었지만, 여기서는 앙헬이라 부르겠다. 앙헬의 셔츠와 모델 의자가 같은 색이었다. 내 셔츠도 그랬다. 우리는 먼저 앙헬의 가족 이야기부터 나눴다. 학교는 어디까지 다녔는지, 선거나 필리핀의 상황에 대해 어떻게 생각하는지도 이야기했다.

"그 기자회견을 보고 무슨 생각이 들었나요?" 내가 물었다.

앙헬이 부어스틴의 책을 읽어 본 적은 없었겠지만, 기자회견의 본질을 꿰뚫었다.

"경찰이 쇼를 하는 것 같았어요. '이 녀석들을 잡다가 사람들 앞에 세우고, 얘네가 돈을 받고 사람을 죽이는 놈들입니다, 라고 하자.' 그렇게 된 거죠. 공을 과시하듯이요. 하지만 경찰은 자기네가 잡은 녀석들이 우리 같은 녀석들인 걸 알아요. 우리는 경찰의 현장 인력이었어요."

자신을 경찰의 현장 인력이라고 주장한 앙헬은 지휘관 마닝의 지시를 받았다. 앙헬은 경찰의 말이 맞다고 했다. 마닝이 앙헬에게 조직을 만들겠다고 말했었다. "마닝은 우리 임무가 도둑과 마약상을 제거하는 것이라고 했어요. 우리가 톤도를 정화할 거라고요."

앙헬이 파수꾼연맹에 들어간 것은 우연에 가까웠다. 친구들이 먼저 조직원으로 뽑혔는데, 이들이 앙헬의 총을 갖다 달라고 했다. 집합이 있다고 했다. 감시를 위한 집합이라고 했다. 너도 같이 가자. 할 일이 있어.

"나중에 알고 보니, 걔네가 할 일이 있다고 말할 때는 누군가를 죽인다는 뜻이었어요." 파수꾼연맹에 들어간 첫날, 조직원들이 앙헬을 앞에 내세웠다. 길을 따라 내려가니 모퉁이가 나왔다. 표적이 한가로이 걸어왔다.

"친구들이 그 남자를 쐈을 때 나는 대비가 되어 있지 않았어요. '어' 소리밖에 안 나오더라고요."

어, 소리에 단원들이 모두 도망쳤다. 앙헬은 총성이 몇 발이나 울렸는지 기억하지 못했다. 시신이 바닥에 고꾸라진 순간 두 총잡이가 도망갔다는 것만 기억났다.

앙헬은 파수꾼연맹의 베테랑 자경단원이 되었다. 내 취재원들에 따르면, 파수꾼연맹이 한창 기승을 부리던 2016년 7월부터 2017년 초까지 톤도의 파수꾼연맹 제2지부 단원이 약 20명에서 40명 사이였다. 이들은 쓰레기차의 수거원, 지프니 기사, 폐품 수집가, 경비원, 건설 노동자들이었다. 적어도 초기에는 자신들을 로드리고 두테르테가 이끄는 마약과의 전쟁에 나선 군인이라고 굳게 믿은 소규모 군대였다.

앙헬이 자신이 죽인 사람의 이름을 모두 기억하지는 못했다. 다만 이들이 어디에서 총을 맞았는지는 모두 기억했다. 때로는 톤도 바깥에서 표적을 덮쳤다. 자기네가 사는 곳에서 사람을 죽이면 경찰의 주목을 받아 위험해지기 때문이었다. 파야타스에서 남자 둘, 칼로오칸에서 하나를 죽였고, 마지막 하나는 블루멘트리트에서 죽였다. 앙헬은 표적의 이름을 전달받았는지조차 확신하지 못했다.

앙헬에 따르면 사망한 표적마다 지휘관 마닝이 보상금을 정했다. 10만 페소까지 올라간 적도 있지만, 보상금은 대개 3만에서 4만 페소 사이였다. "우리는 표적을 죽였을 때만 돈을 받았어요." 보상금은 암살에 참여한 운전사, 사수, 망꾼, 보조, 마무리 담당이 나눠 가졌다. 앙헬이 가장 적게 받았을 때 액수가 8000페소였다.*

"경찰은 알았어요. 모를 리가 없죠. 경찰이 몰랐다면 우리가 그 지역에서 활동할 수 없었어요."

마닝 지휘관이 이끄는 파수꾼연맹 톤도 제2지부는 더 큰 조직의 일부였다. 2009년 파수꾼연맹주식회사가 필리핀 증권거래위원회에 등록되었다. 이 회사의 설립 목적은 "사회 복지와 발전이라는 범위 안에서" 활동하는 것이었다. 설립자인 알빈 콘스탄티노는 내게 파수꾼연맹이 마태복음 25장 35~46절에 따라 운영된다고 밝혔다. "마태복음에 나오는 그 부분 있잖습니까. '주린 자에게 먹을 것을 주고, 목마른 자에게 마실 것을 주고, 헐벗은 자에게 옷을 입히고, 나그네를 영접한다.'" 이에 따르면 파수꾼연맹은 "약하고 궁핍한 자들의 보호자"가 되어야 했다. 구성원들은 의료반, 구조반, 치

---

* 필리핀 중앙은행에 따르면 2017년 필리핀의 5인 가구당 월 소득이 1만 5000페소였다.

안반에 소속되었다. 이 가운데 경찰과 손잡고 전력 증강 부대 역할을 한 구성원은 치안반이었다.

파수꾼연맹은 해마다 후원금을 모으고 산하 지부에서도 간간이 기부금을 받았는데, 모금액이 가장 많았던 해조차 조직의 실제 지출액에 견줘 절반이 안 되는 12만 페소였다. 콘스탄티노는 파수꾼연맹의 예산을 대부분 자기 가족이 내놓는다고 했다. 이들은 파수꾼연맹을 가족 회사로 여겼다.

"우리가 하느님께 바치는 겁니다. 그분의 이름을 영광스럽게 하고자 우리 자신, 우리 보물, 우리 시간, 우리 노력을 바치는 거죠."

파수꾼연맹이 전국에 구축한 지부는 약 서른 곳이었다. 파수꾼연맹이 로드리고 두테르테의 대선 출마를 공개 지지했던 2016년에는 마닐라 톤도 안에 지부 두 곳이 있었다. 콘스탄티노는 톤도 제2지부가 "수습 지부" 이상으로 성장한 적이 없다고 주장했다.

파수꾼연맹은 톤도 2지부의 단원 모집과 아무 관련이 없다고 단호하게 선을 그었다. 콘스탄티노에 따르면 톤도의 새 지부가 "신입 교육을 받을 준비가 되었다"고 알린 쪽은 경찰이었다. 마닝 지휘관을 소개한 쪽도 콘스탄티노가 신뢰해 마지않는 경찰이었다. 마닝 지휘관에게 순찰대에 합류해 경찰차를 타고 교통을 통제하라고 허용한 이들 역시 경찰이었다. 파수꾼연맹 치안반의 모든 단원에게 직접 명령을 내리고 훈련을 감독한 것도 경찰이었다. 경찰청장은 나와 인터뷰할 때 이를 부인했다. 콘스탄티노는 "경찰이 지시를 내렸습니다. 우리 단원들은 시키는 대로 했을 뿐입니다. 경찰은 제복을 입었으니까요"라고 반박했다.

콘스탄티노에 따르면 전국적 단체인 파수꾼연맹은 자경단식 살해를 지지하지 않았다.

하지만 파수꾼연맹이 자경단 활동을 한다는 것은 주민들이 다 아는 사실이었다. 지역의 한 봉사자가 "그들은 경찰의 살상 무기였습니다"라고 토로할 정도였다.

톤도 105 바랑가이의 허름한 연립 주택가와 판자촌에 무장 자경단이 활동한다는 소문이 퍼졌다. 자경단은 밤늦게, 때로는 새벽에 순찰을 돌았다. 한 주민이 집에 돌아오는 길에 지나가는 자경단을 보고 저 사람들은 누구냐고 물었다. 돌아온 답은 "저 사람들이 파수꾼연맹이야. 마약 사용자와 판매상을 죽인 사람들 말이야"였다.

사망자가 나올 때마다 파수꾼연맹의 악명이 한층 더 높아졌다. 한 주민은 "바랑가이 경비원마저 그 사람들을 두려워했어요"라고 증언했다. 내가 이야기를 나눈 한 여성은 총격전 중에 아이들이 총에 맞을까 봐 두렵다고 했다. 그 지역의 집은 대부분 합판으로 벽을 세운 것이었다. 여성은 "자경단은 꼭 카우보이처럼 총을 쐈어요"라고 덧붙였다.

빈민가를 찾은 한 방문객은 이렇게 말했다. "처음에는 소문을 믿지 않았습니다. 그런데 친구 중에 단원이 몇 명 있었고, 그 친구들이 자기 일이라고 부른 활동을 꽤 떠들썩하게 말해 주었어요. 자경단은 실재했고, 사람을 죽였습니다."

표적에 오른 명단이 주민 사이에 알음알음 퍼졌다. 주민들은 남자 형제, 아버지, 아들들을 톤도 밖으로 내보내 몸을 숨기게 했다. 명단을 들은 한 주민은 "곧 죽을 사람의 이름을 알고 나니 잠을 이룰 수 없었습니다. 명단에 오른 사람의 어머니들을 하나하나 찾아가 도망치라고 말했어요"라고 증언했다.

톤도에서 발생한 사망자가 뉴스에 나오기도 했는데, 매일 전국에서 총에 맞아 사망하는 마약 혐의자의 일부로 보도되었다. 언론에 보도된 톤도 사망자 중 한 명인 에르네스토 사바도는 강도 사건으로 경찰에 붙잡혔다가 감옥에서 풀려난 지 사흘 만에 피살되었다. 주민들은 사바도가 집에 있다 끌려갔다고 증언했다. "그들이 현관 밖에서 에르네스토를 쐈어요. 건물 복도에서, 사람들이 다 보는 앞에서요."

한 뉴스는 사바도가 "애원하는 어머니 앞에서" 살해되었다고 보도했다. 한 타블로이드 신문은 사바도가 "마닐라 톤도에 있는 자택에 강제로 들어온 이웃 한 명과 일당 두 명이 쏜 총에 맞았다"고 보도했다. 이런 기사들은 당국이 용의자 셋을 쫓고 있다는 어느 수사관의 말을 인용했다.

그중 한 명이 나중에 경찰청 본청 캠프 크라메에서 열린 기자회견장에 찰리 살라다가 살인 혐의로 체포되어 수건을 덮어쓴 머리를 푹 숙이고 경찰 고위 인사들 앞에 서 있던 사람이다.

나는 어느 호텔 방에서 또 다른 암살자와 마주 앉았다. 그는 이런 이야기를 했다. "처음에는 사람을 죽이는 게 무서웠지만, 지금은 안 그렇습니다. 마약이랑 비슷하거든요. 사람 죽이는 것도 중독이 됩니다. 그러면 겁이 안 나요."

나는 이 사람을 사이먼이라 불렀다. 진짜 이름은 아니었다. 그가 상관없으니 내가 원하는 이름으로 부르라고 했다. 사이먼은 자기가 나고 자란 곳에서는 배신자나 사기꾼을 묻지도 따지지도 않고 쏴 버린다고 했다. 사이먼은 죽고 싶지 않았다.

나도 마찬가지였다. 사이먼을 만나기 하루 전, 카메라맨과 함께 래플러 회의실에서 경영진을 만나 또다시 자경단원과 인터뷰하는 것이 얼마나 위험할지를 따져 봤다. 글렌다가 당부했다. "그 사람이 비무장 상태인지 꼭 확인해. 녹화하기 전에 몸수색부터 하라고."

우리 답은 걱정 마세요, 였다.

우리는 호텔 방에서 사이먼을 기다렸다. 초인종이 울렸다. 내 연락책이 사이먼을 호텔로 데려왔다.

"팻입니다." 내가 사이먼과 악수했다.

"화장실을 좀 써야겠습니다, 기자님." 사이먼이 말했다.

내가 화장실을 가리켰다. 사이먼이 화장실로 들어갔다. 나는 카메라맨에게 규칙을 상기시켰다. "저 사람에게 총이 있는지 확인하셔야 해요."

카메라맨이 고개를 갸웃했다. "내가 총을 찾아내면 어떻게 되는 거죠?"

전날에는 생각지도 못했던 물음이었다. 화장실 손잡이가 돌아가고 있었다. 우리는 사이먼의 몸을 뒤지지 않았다.

화장실에서 나온 사이먼이 침대 가장자리에 조심스럽게 걸터앉았다. 사이먼에게 마이크를 보여 준 뒤 옷깃에 채웠다. 침대에는 보조용 녹음기들을 펼쳐 놓았다. 사이먼에게 물었다. 담배 피울래요? 네. 사이먼이 담배를 피워 물었다. 나도 한 대 피워 물었다.

그리고 녹음기 버튼을 눌렀다.

"이름을 말해 주세요."

사이먼은 자기가 평범한 사람이라고 했다. 총을 한 자루 갖고 있고, 신앙심이 깊었다. 아내와 아이들이 있었다. 마약이 "사람을 미치게 한다"고 믿었고, 마약 중독자는 죽어 마땅하다는 두테르테의 주장이 옳다고 믿었으므로 두테르테에게 투표했다. 사이먼은 톤도의 대규모 빈민가인 아로마에 살았다. 다 쓰러져가는 두 층짜리 연립주택에 연결된 비포장도로에는 쓰레기와 오래되어 썩은 내가 나는 해피밀이 쌓여 있었다.

"아로마에는 온갖 위험한 인간이 삽니다. 암살자. 중독자. 지명수배자. 그런 인간들이 몸을 숨기려고 아로마로 왔어요."

사이먼이 들려준 이야기에 따르면, 경찰관들이 파수꾼연맹 톤도 2지부―"당신들이 자경단이라 부르는 조직입니다"―에 시체 한 구당 보상금을 주겠다고 약속했다. 사이먼은 마닝 지휘관에게 채용되었다. 마닝이 명령을 내렸고, 단원들은 따랐다. 이 인간, 처리해. 제대로 작업해. 너, 너, 그리고 네가 가. 표적의 이름은 파수꾼연맹 2지부 기지에서 발표되었다. 벽에는 표적의 사진이 붙었다. 표적에는 메스암페타민 사용자, 마약 밀수업자, 도둑, 그리고 가끔은 바람을 피운 남편도 포함되었다. 사이먼은 그때까지 일곱 달 동안 톤도 2지부가 죽인 사람을 약 20명으로 추산했다.

"두테르테가 당선된 뒤 살해가 한 명, 한 명 기계적으로 일어났습니다."

마약과의 전쟁이 시작된 뒤로 2년 동안, 사이먼은 사람을 적어도 2명은 죽였다. 사이먼이 **죽였다**는 말은 사이먼이 직접 총을 쐈다는 뜻이다. 사이먼이 맡은 역할은 작전마다 달랐다. 감시를 맡기도 하고, 망을 보기도 하고. 도주용 밴을 운전하기도 했다. 사이먼이 꺼리는 일은 거의 없었다. 사이먼이 "작업"이라 부른 일에 성공하면 자기 아이들의 미래를 위협하는 범죄자가 한 명 줄어든다는 뜻이었기 때문이다. 자신은 한 번도 돈을 받지 않았다고 주장하지만, 어쨌든 사이먼은 계속 자경단 활동을 했다. 사이먼은 대의를 믿었다.

"나는 정말이지 나쁜 놈이 아닙니다. 아주 나쁜 사람은 아니에요. 어떤 사람들은 죽어야 합니다."

사망한 표적의 명단이 날이 갈수록 더 길어졌다. 사이먼은 사망자 대다수의 이름을 토요, 조셉, JC, 피누노, 시토이 같은 별명으로만 알았다. "우리는 자신만만했습니다. 경찰에게 신분증을 보여 주면 됐으니까요. 보여 줄 신분증이 없으면 이름을 대고 마닝 지휘관의 부하라고 말하면 됐어요. 경찰이 우리를 경찰청에 붙잡아 두겠죠. … 차에 태워 데려가 잡아 놓겠죠. 하지만 경찰에서 우리가 파수꾼연맹이 맞다는 것을 확인하면, 풀어 줘요."

사이먼에 따르면 모든 표적이 경찰 명령에 따라 살해된 것은 아니었다. 표적이 된 한 여성은 지역 주민이 '마미'라 부르는 마약상이었는데, 자신을 노리는 청부살인이 있다는 것을 알고 집 밖으로 나가지 않았다. "그래서 파수꾼연맹이 그 여자 아들에게 분풀이를 했습니다."

앙헬은 "지시에 따라 달랐어요"라고 말했다. "어린아이이냐 어른이냐는 상관없어요. 그게 작업 방식이니까요. 마닝이 누구를 죽이라고 지시하면, 그건 경찰에게 돈을 받았기 때문입니다. 그러면 마닝이 말하죠. '나가서 그놈을 처리해. 그 녀석이 안에 있는 사람들을 여럿 열받게 했어. 해치워.'"

마닝 지휘관이 표적을 발표하면, 4인에서 7인으로 구성된 감시

팀이 활동에 들어간다. 이들이 골목 건너편에서, 길모퉁이 가게의 입구 계단에서 길게는 며칠 동안 표적을 지켜본다. 계획을 세우는 소리에 귀 기울이고, 이웃들과 친해지고, 아이들이 집에 오는 시간을 살핀다. 때로는 창문으로 집안을 들여다보거나, 현관문을 두드려 메스암페타민 한 봉지를 사기도 한다. 문제없어요. 걱정 마요. 이거 받아요. 꼬깃꼬깃 접은 100페소짜리 지폐를 건네는, 친구 사이의 조용한 거래가 일어난다.

표적이 맞는 것으로 확인되면 암살팀을 선택한다. "누군가가 말해요. '너, 너, 그리고 네가 재하고 같이 가면 안전할 거야.'" 앙헬이 상상 속 동료들을 가리키며 설명했다. "앞에 넷, 나머지는 옆에. 모든 구역마다 지원 인력을 둬. 저기 모퉁이, 거기에 지원 인력 둘. 앞에 넷은 오토바이를 타. 반대쪽에 둘 더 넣고. 그렇게 표적이 털썩 쓰러집니다. 중대한 실수는 없어요."

때에 따라 단원이 소유한 밴을 이용하기도 하고, 번호판이 없는 오토바이를 이용하기도 했다. 표적이 첫 총알에 살아남을 것에 대비해 다른 단원이 대기했다. 국수 한 그릇을 먹으며 깐띤*에 앉아 있기도 했다. 길가에 서서 휴대전화를 보기도 했다. 이 단원은 표적이 쓰러지고 총을 쏜 사람이 달아난 뒤에야 움직였다. 표적이 꿈틀거리면 숨통을 끊어 놓을 총알을 날렸다. 그래서 이 사람을 마무리 사수라 불렀다.

"내가 작업을 마무리해요." 앙헬이 말했다.

시간이 걸린 끝에, 자경단은 더 효율적인 살인 방식을 개발했

---

* canteen. 저렴한 서민 식당이다.

다. 그 과정에서 실수를 저질렀다. 뜻하지 않게 열두 살 아이를 쐈다. 표적과 같은 색의 셔츠를 입고 있던 남자를 죽였고, 표적은 그 사이 달아났다. 가끔은 무장한 표적을 보고 공황에 빠져 자신들도 모르게 좁은 골목의 입구에 덩어리처럼 꽁꽁 뭉쳐 서 있었다.

"내가 단원들에게 그러다 우리가 망할 거라고 했습니다." 사이먼이 말했다. "누가 우리에게 총을 난사하면, 우리 모두 죽은 목숨이라고요. '구석구석을 지켜야 해. 한 군데마다 한 명씩. 적이 달아나게 내버려두고 어디로 가든 쫓아가 끝장을 내자.' 그렇게 시토이를 해치웠어요."

마약과의 전쟁이 일곱 달째로 접어든 때였다. 시토이라는 표적은 키가 작고 으스대기 좋아하는 메스암페타민 중독자로, 자기 목에 수류탄 두 개를 매달고 다니곤 했다. 사이먼에 따르면 시토이는 깐면에서 밥을 먹다가 수류탄 하나를 잃어버리기도 해서 위험하기 짝이 없는 인물이었다. 돈이 있으면 메스암페타민을 했고, 돈이 없을 때는 장전된 산탄총을 들이대 마약을 훔쳤다.

사이먼은 시토이를 "경찰의 명령에 따라" 처형했다고 했다.

팀을 꾸려 감시에 들어갔고, 시간과 장소가 정해졌다. 여섯, 어쩌면 일곱 명이었을 암살팀이 연립 주택가를 따라 위치를 잡았다. 이들은 어둠 속에서 시토이를 기다렸다. 모기가 달려들었다. 누구 하나 움직이지 않는 가운데 자정이 지났다. 그때 시토이가 밖으로 나왔다.

자경단원들이 총을 쏘기 시작했다.

"달아날 수 없도록 엉덩이 쪽을 쐈습니다." 사이먼이 말했다. "그러자 시토이가 수류탄에 손을 뻗치더군요. 핀을 테이프로 고정해 놓았는데 그걸 뜯고 있었어요. 그래서 우리가 다시 총을 쐈습니다."

시토이가 바닥에 쓰러졌다. 총을 맞은 가슴 부위에서 피가 흘렀다. "시토이가 울부짖는데, 안 됐다는 생각이 들더군요. '쏘지 마, 쏘지 마!'라고 애원했어요."

사이먼에 따르면 자경단은 시토이를 적어도 여섯 번 쐈다. 등에 한 방, 팔에 한 방, 가슴에 한 방, 머리에 세 방.

자경단원은 경찰에 전화했다. 경찰이 폭탄 처리반과 함께 나타났다. 시토이를 죽인 암살범들은 집에 갔다.

경찰 보고서는 시토이가 "사람을 죽일 마음을 먹고" 수류탄을 들고 있었다고 적었다. 경찰은 주민들을 해칠 수 있는 일촉즉발의 위험 때문에 경찰관들이 발포했다고 발표했다.

폭발물 처리반이 시토이의 손에서 세열 수류탄을 빼냈다. 수사관들이 메스암페타민으로 의심되는 봉지 두 개와 버터플라이 나이프 하나를 압수했다. 경찰은 "시신을 서둘러 살펴본 결과 총상이 발견되었다"고 보고했다.

사이먼은 말했다. "중독자들, 목에 보상금이 걸린 자들, 진짜 범죄자들을 죽인 사람은 우리였습니다. 그런데 수류탄을 쥔 시토이 같은 자들이 사살되었을 때 뉴스에서 멋지게 모습을 보인 사람은 결국 누구였죠? 경찰이었습니다. 하지만 시토이를 죽인 건 그들이 아닙니다. 바로 우리가 시신이 발생할 때마다 경찰에 전화했습니다."

내가 만난 취재원 네 명은 2016년 10월부터 2017년 초까지 특정 경찰서장이 범죄자와 마약 혐의자를 겨냥한 비사법 살해를 지시했다고 밝혔다.

그 서장의 이름을 처음 알려 준 사람은 방송 기자였다. TV 방송국에서 일하는 이 기자는 내가 파수꾼연맹의 이야기를 듣기 오래전부터 이들을 조사하던 중이었다. 그런데 방송국이 취재 승인을 취소했다. 너무 위험하다는 것이 이유였다.

취재가 취소되기 전 이 기자가 어느 자경단원과 전화 인터뷰에 성공했다. 인터뷰에서 이 자경단원이 마닝에게 출격 명령을 내린 경찰서장의 이름을 털어놓았다.

나는 집에서 쉬던 날 그 이름을 들었다. 전화기 건너편에 그 기자가 있었고, 나는 처형을 지시한 사람을 알아내고 싶어 집안을 서성거렸다.

"팻도 아는 사람입니다." 그 기자가 말했다.

"내가요?"

"제1경찰서 서장이요. 내 취재원이 그러는데, 죽이라고 지시한 사람이 도밍고랍니다."

파수꾼연맹 톤도 2지부 소속 암살자들의 말을 믿는다면, 내 친구 도밍고가 톤도의 자경단에게 살인을 위탁했다. 사이먼은 도밍고가 마닝 지휘관에게 표적 명단을 줬다고 했다. 라크샤바고의 제1경찰서 소속 경찰들도 연루되었다고 했다. 톤도 안에서 작업이 있을 때마다 경찰이 자경단에 경계 해제 신호를 보냈다. "그래야 뜻하지 않게 자경단원끼리 총을 쏘지 않을 테니까요."

앙헬도 "지시자는 도밍고였습니다"라고 확인했다. 나중에 여러 사진에서 도밍고의 얼굴을 짚었다. "바로 이 사람이요."

이런 규칙은 효율적이었다. 표적이 쓰러질 때마다 마닝 지휘관이 파수꾼연맹 단원에게 도밍고에게서 보상금을 받아오라고 지시했다. "서장한테서 그것 좀 받아 와."

"그것은 돈을 뜻했어요." 앙헬이 말했다. 보상금은 마닝 지휘관이 자기 몫을 챙긴 뒤 암살에 참여한 단원끼리 나눠 가졌다.

"도밍고는 유명했어요." 앙헬이 말했다. "사람들은 마약 때문에 잡히면 돈을 주고 빠져나올 수 있다는 걸 알았어요. 날치기꾼도 마찬가지고요. 도밍고에게 잡히면, 언제든 빠져나올 수 있었어요."

시토이가 피살된 뒤 TV 방송사에서 뉴스 기사를 하나 내보냈다. 산탄총을 들고 수류탄을 던지려 한 사람, 메스암페타민 중독으로 의심되는 자, 바로 사이먼의 팀이 엉덩이에 총을 쏜 시토이 말이다. 아침 뉴스에 소개된 기사는 작전팀의 경찰서장과 나눈 인터뷰를 포함했다.

마닐라경찰청 제1경찰서 서장 로베르트 도밍고 경정이 카메라를 향해 말했다. "이 사망자, 수류탄을 든 사망자는 제 꾀에 제가 넘어간 겁니다. 이 사람이 수류탄 핀을 뽑으려고 해서 별다른 수가 없었습니다. 우리 경찰에게 선택의 여지가 없었습니다."

나는 이 사건을 취재하는 동안 도밍고에게 전화했다. 도밍고가 바로 전화를 받았다. 내가 비밀 구금소 때문에 전화한다고 생각했던 듯했다. 나는 다른 건으로 전화했다고 알렸다. 도밍고는 늘 그랬듯 유쾌하고 다정했지만, 답변을 거부했다. "답하지 않는 게 좋을 거 같아, 트리시." 나는 제기된 혐의가 구체적이고 범죄에 해당한다고 말했다. 어떤 혐의가 제기되었는지 모른 채 답변을 거부하면 안 된다고 설득했다. 도밍고는 나중에 연락하겠다고 답했다.

도밍고가 문자 메시지를 보냈다. 답변하지 말라는 조언을 받았다는 내용이었다. 그래도 나는 도밍고에게 이메일 주소를 알려 달라고 부탁해, 긴 질의 목록을 보냈다.

도밍고는 이메일을 확인했다고 했다. 하지만 내 친구 도밍고는 살해 지시를 내렸는지에 입을 꾹 다물었다.

나는 몇 달 동안 마닝 지휘관에게 인터뷰를 시도했다. 중재자를 보냈고, 해결사를 고용했다. 바랑가이 캡틴, 바랑가이 사무원, 바랑가이 순찰원에게 약속을 받아냈지만, 이들에게서 돌아온 답은 마닝 지휘관과 연락이 되지 않는다, 시간이 없다더라, 다음에 보자더라, 마닝이 잠깐 들릴지도 모른다, 뿐이었다. 내가 직접 마닝 지휘관이 사는 것으로 보이는 연립주택에 들어가는 것은 래플러에서 절대 허락하지 않았다. 나는 바랑가이 캡틴의 사무실에서 기다리다 해가 지기 시작하고서야 집으로 돌아왔다. 마닝 지휘관은 끝내 나타나지 않았다.

차이 편집장이 문자 메시지를 남겼다. **이제 출국해. 어두워지고 있으니까, 위험한 일은 하지 말고.**

나는 마지막으로 한 번 더 시도했다. 미국으로 떠나는 비행기가 다음날로 예약되어 있었다. 우리가 기사를 내보내기로 한 날이기도 했다. 우리는 내가 그들의 손이 닿지 않는 곳에 있기를 바랐다.

나는 바랑가이 홀 사무원에게 메시지를 보냈다. 마지막 필사의 노력이었다.

답장이 왔다. **있잖아요, 그 사람이 오늘 들를지도 몰라요.**

나는 차이에게 전화했다. 하루만 더 달라고 부탁했다.

딱 하루뿐이야. 차이가 허락했다.

나는 래플러의 차를 타고 바랑가이 홀 주변을 돌았다. 그리고 마침내 바랑가이 홀 바깥, 대문 안에 서 있는 마닝을 발견했다. 사진으로만 마닝을 봤었는데, 모든 사진마다 같은 자세로 서 있었던 덕분이었다.

내가 차에서 뛰어내렸다. 노란 셔츠를 입은 마닝이 대문을 막 열고 있었다.

그때 나는 분명히 알았다. 나는 자경단 전문 기자가 아니야. 기습 인터뷰를 진행하는 기술도 없고, 필요한 기습 인터뷰에 성공한 횟수만큼이나 실패한 횟수도 많다. 상대가 총을 가지고 있든 아니든, 아무것도 모르는 민간인에게 녹음기를 들이댄다는 생각이 불편하기도 해. 하지만 이 사람은 마닝 지휘관이니까 이런 것은 전혀 중요하지 않아.

"선생님"이라고 말하고선 마닝 앞에 섰다. 마닝이 고개를 들었다. "선생님이 리카르도 빌라몬테인가요? 마닝 지휘관인가요?"

"맞습니다."

마닝은 방금 아이들을 학교에 데려다준 길이라고만 할 뿐 말을 꺼렸다. 나를 피해 걸어가려 했는데, 내가 우스꽝스러운 종종걸음으로 뒤따랐다. 마닝이 오토바이에 타려 했다. 나는 미소 짓는 얼굴로 오토바이 앞을 가로막았다.

마닝에게 기자라고 나를 소개했다. 질문에 답해 줄 수 있는지 물었다. 그리고 녹음기를 눌렀다. "지금 녹음 중입니다, 선생님. 경찰이 선생님을 고발한 것이 부당한 처사인가요?"

"정말 부당한 처사입니다. 우리는 아무 짓도 하지 않았어요. 오히려 경찰을 돕고 있었어요. 도대체 왜 이제 와서 우리더러 나쁜 놈들이라는 거죠?"

"경찰은 어떤가요? 경찰이 선생님을 끝내 기소하지 않았나요?"
"그건 끝났습니다. 우리 건은 기각되었어요."
"크리스티나 살라다가가 소송을 취하한 건 말씀인가요?"
마닝이 고개를 끄덕였다.
"알겠습니다. 저희가 사람들에게 듣기로는 파수꾼연맹이 자경단이라던데, 사실인가요?"
"어떻게 우리가 자경단입니까? 우리는 아무 데도 가지 않아요. 아무것도 하지 않고요. 우리는 그저 바랑가이를 도와주고 있을 뿐입니다."

마닝은 자기가 파수꾼연맹 톤도 2지부 소속이 맞다고 했다. 네, 어느 경찰이 나를 점찍어 지부를 이끌게 했습니다. 이유는 단 하나, 내가 아로마의 연립주택 관리소장 대표여서요. 네, 나와 단원들이 바랑가이 순찰을 도왔습니다. "하지만 목적은 평화와 질서를 유지하고 날치기나 소란을 예방하는 것이었습니다. 우리는 말썽을 일으키는 사람들을 혼냈을 뿐입니다."

실제로 마닝은 이 일로 상을 받았다. 박수를 받고, 추천도 받았다. 로베르트 도밍고가 마닝의 자격증에 직접 서명했다. 마닝을 리더로 지목한 사람은 도밍고 휘하의 지구대장이었다. 아뇨, 나는 사람을 죽인 대가로 돈을 받은 적이 없습니다. 사람을 죽이라고 지시받은 적도 없습니다. 누구에게도 사람을 죽이라고 지시한 적이 없습니다. 누군가가 내게 억지 혐의를 제기했지만, 나는 그런 일들과 아무런 상관이 없습니다.

마닝이 내게 물었다. "그들이 뭘 봤답니까? 우리가 무슨 권리로 사람을 죽입니까? 경찰도 아닌데."

내가 사망자들의 이름을 하나하나 불러 주었다.

이 사람을 죽였나요?

이 사람은요?

그럼 이 사람은요?

마닝이 답했다. 나는 아무것도 모릅니다. 우리는 아는 게 없어요. 경찰한테 물어봐요. 질문은 그만하죠. 답변하지 않겠습니다.

"무엇에 답변하지 않겠다는 겁니까, 선생님?"

"벌어진 모든 일에요. 답변하지 않겠습니다."

마닝은 다시금 못 박았다. 경찰한테 물어봐요.

그리고 오토바이에 올라타더니 다급히 사라졌다.

사이먼은 찰리 살라다가 살인이 실수였다고 고백했다. "일단 살라다가를 경찰에 넘겼어야 했어요. 설사 살라다가가 골칫덩어리라고 해도 싸울 기회가 없었으니까요. 우리가 죽였어야 할 인간은 마약상들입니다. 그런 사람들을 죽이면 기분이 좋죠. 중독자들도 죽이면 기분이 좋아요. 하지만 단순한 마약 사용자는, 그 사람들은 피해자일 뿐입니다. 마약을 하다 현장을 우리에게 들켰다면 몰라도요. 그때는 표적이 됩니다."

105 바랑가이에서는 살인 이야기가 사망자가 죽어 마땅한 사람이냐 아니냐에 주로 집중되었다. 시토이는 중독자이자 청부살인업자이기 때문에 죽었다. 토요는 마약상이라 죽었다. 열여섯 살 소년인 찰리 살라다가는 "골칫덩어리라서" 죽었다. 경찰청 본청의 최고위 간부들은 뒤늦게 살라다가 피살에 크게 분노하지만, 파수꾼 연맹 톤도 2지부 단원들은 딱히 놀라지 않았다. 자경단원들은 살

라다가를 가택 침입자, 도둑, 제멋대로 굴고 여자들에게 추근대는 조무래기 망나니라 불렀다. 사이먼은 "우리가 살라다가를 붙잡은 게 한두 번이 아닙니다. 심지어 내가 파수꾼연맹에 들어가기 전에도요"라고 지적했다.

앙헬도 같은 생각이었다. "파수꾼연맹에는 그 사건이 아무것도 아니었어요. 심지어 떠벌리기까지 했어요. '어떻게 되는지 봤지? 다음 조무래기는 누구야? 또 누가 남았지?'"

자경단원들은 찰리가 경고를 받았다고 했다. 바랑가이 캡틴은 찰리가 말썽을 일으켰다고 했다. 한 바랑가이 홀 사무원은 찰리가 죽어서 기쁘다고까지 했다. 앙헬이 이유를 설명했다. "이웃들이 불만이었거든요. 찰리는 도둑질을 하고 도로변에서 날치기를 했어요."

사람들은 찰리가 사적 보복으로 죽었다고 말했다. 달리 말해 찰리는 경찰의 표적 명단에 오른 적이 없었다. 사적 보복은 파수꾼연맹 단원들의 부업이었다. "찰리의 도둑질로 피해가 커서 열 받은 이웃이 있었을 거예요. 그런 사람이 2000, 어쩌면 3000페소를 줬겠죠." 앙헬이 설명했다. 사적 보복의 비용은 많아야 60달러였다.

찰리를 죽인 사람 누구도 얼굴을 가리지 않았다. "그들에게 그건 잘못이라고 말했어요." 사이먼이 말했다. "그들은 신분이 드러날 수 있다는 걸 알았어야 했습니다. '도대체 왜 복면도 안 쓰고 녀석을 덮친 거야?'"

톤도 105 바랑가이에는 낡은 연립주택 안의 텅 빈 곳에 합판으로 지은 판잣집들이 다닥다닥 붙어 있다. 불에 탄 건물 안에 십 대들이 웅크려 앉아 본드 같은 유기 용제를 들이마셨다. 건물 바깥에는 거리를 대신하는 진흙탕 길이 있고, 패스트푸드점의 뒷골목에서 주워 온 먹다 남은 음식들을 그 길에 쌓아 놓고 다시 포장해 한 봉지에 약 50페소, 즉 1달러에 팔았다. 105 바랑가이는 스물두 살 젊은이가 다섯 명을 칼로 찌르고도 한 번도 붙잡히지 않는 곳이고, 어느 저녁 살인을 목격한 사람이 이튿날 자기 집 거실에서 총에 맞을 수 있는 곳이었다.

선출된 바랑가이 캡틴 레니 레예스는 105 바랑가이가 이제 필리핀의 다른 지역에 견줘 폭력 사건이 더 많이 일어나지는 않는다고 말했다. "대통령께서 말씀하신 대로죠. '바뀌고 싶다면, 고향으로 돌아가라.'"

레예스가 보기에 105 바랑가이는 남부 출신인 독재자가 말라카냥궁에 입성한 뒤로 더 평화로운 곳이 되었다. 지난 2년 동안 발생한 살인 피해자의 수를 한 손으로 꼽을 수 있다고 했다. "그래서 대통령께 고맙죠. 여기 상황이 얼마나 좋아졌는지가 보입니다. 대통령께서 우리를 위해 많은 일을 하셨어요. 그분이 내 말을 들을 수야 없겠지만, 무척 감사합니다. 첫째는 하느님께, 그다음으로는 대통령께요."

레예스는 자신이 돌보는 바랑가이에서 한 자경단이 제약 없이 왕성하게 활동한다는 의혹을 거의 걱정하지 않았다.

"사람들이 암살자들에 대해 하는 말이군요. 네. 암살자들이 있었어요. 그런데 뱀 같은 사람은 어디에나 있는 법이잖아요, 안 그래요? 마카티시 같은 휘황찬란한 곳에도 그런 사람이 있어요. 그래서 내가 밤이 되면 사람들이 집에 있어야 한다고 말했던 겁니다. 할 일이 없으면 밤에 돌아다니지 말라, 그게 내가 하는 말입니다. 하느님이 밤은 자라고 만드셨고 낮은 일하라고 만드셨잖아요, 안 그래요? 그러니까 사람들이 자기 집에 가만히 있으면 그런 일은 일어나지 않았을 겁니다."

레예스는 자신이 마닝 지휘관, 그리고 다른 파수꾼연맹 톤도 2지부 단원과 어떤 관계인지는 모호하게 말했지만, 찰리 살라다가의 죽음이 누구 책임이라고 생각하는지는 확실하게 밝혔다.

레예스는 찰리의 죽음이 아이 엄마의 잘못이라고 단언했다. "찰리가 어떤 아이인지 좀 들어보시죠."

레예스의 기억으로는 2016년 12월, 찰리와 최소 두 명의 친구가 바랑가이 홀 관리의 집에 침입했다. 레예스에 따르면 이들은 컴퓨터를 포함해 "손에 잡히는 것들을 모조리" 훔쳤다. 친구들은 잡혔지만, 찰리는 용케도 빠져나갔다.

레예스에게는 아들이 넷 있었고, 넷 다 대학을 졸업한 뒤 전문직에 종사하고 있었다. 그중 한 아들은 미국 스탠퍼드 대학병원에서 일했고, 한 아들은 노르웨이에서 간호사로 일했다. 레예스는 자식은 부모 하기 나름이라고 생각했다. 톤도에 산다고 무조건 마약과 폭력에 빠지지는 않는다는 뜻이다.

"엄마가 애들한테 무심해서 문제가 생길 때가 있어요. 엄마라면 아이들을 잘 돌봐야 해요."

레예스는 크리스티나 살라다가가 본분에 충실한 엄마였다면 찰리가 살아 있었을 것이라고 주장했다.

래플러는 2018년 말 이 이야기를 7부작으로 구성해 〈마닐라에서의 살인〉이라는 제목으로 연재했다. 나는 찰리의 어머니나 다른 유족을 인터뷰하지 않았다. 이들이 다른 곳으로 몸을 숨겼기 때문이다.

사이먼이 내게 물었다. "사망자의 유족이 도망쳐야 한다니, 이

상하지 않습니까?"

나는 그날 이후로 사이먼을 보지 못했다. 사이먼은 저녁 7시가 조금 못 되어 호텔을 떠났다. 작업이 있거든요. 경찰이 오기로 했습니다. 늦고 싶지 않아요.

내가 크리스티나 살라다가를 만난 때는 찰리가 죽은 지 일 년이 더 지나서였다. 장소는 메트로 마닐라의 또 다른 도시에 있는 눅눅한 판잣집이었다. 지붕에서 물이 샜지만, 크리스티나가 법정에서 증언한 내용을 담은 증인 신문 조서의 사본은 비닐봉지에 안전하게 보관되어 있었다.

크리스티나가 아들 찰리를 마지막으로 본 것은 2017년 새해 첫날이었다. 찰리가 가족들을 이끌고 루네타공원으로 갔다. 마닐라시가 주관하는 불꽃놀이를 보려고 사람들이 모여 있었다. 너무 취해 움직이지 못할 것 같았던 아버지까지 온 가족이 함께했다. 가족은 공연을 보고 밝은 불꽃을 구경했다. 찰리는 퍼레이드 그라운드에서 깜빡 잠이 들었다. 가족은 새벽녘에 찰리를 흔들어 깨운 뒤 웃으며 집으로 돌아왔다. 찰리는 집에서 다시 잠자리에 들었다.

아침에 잠이 깬 찰리가 크리스티나에게 컴퓨터 게임을 하러 간다며 셔츠를 벗고 집을 나섰다. 슬리퍼는 문 앞에 그대로 있었다. 정오에 크리스티나가 찰리의 여동생 엑스밀라에게 찰리를 찾아보라고 했다. 엑스밀라를 본 찰리가 아직 게임 중이니 기다리지 말라며 여동생을 돌려보냈다. 날이 어둑해져도 찰리가 돌아오지 않자 엑스밀라가 다시 찰리를 찾으러 나갔다. 엑스밀라가 찰리를 발견한 곳은 시장이었다. 오빠 찰리가 남자들에게 에워싸여 있었다. 남자들이 찰리를 끌고 가는 모습이 보였다. 대부분 엑스밀라가 아는 사람들이었다. 무장한 남성들은 파수꾼연맹 2지부 단원이었고, 그중 한 명이 마닝 지휘관이었다.

"그 사람들을 어떻게 알아봤어?" 내가 엑스밀라에게 물었다. "전부터 알던 사람이었니?"

"네, 우리를 죽이는 사람들이거든요."

엑스밀라가 보기에 찰리가 겁에 질린 것 같았다.

남자들이 엑스밀라에게 집에 가라고 했다. 그대로 집에 돌아간 엑스밀라는 크리스티나에게 아무 말도 하지 않았다. 겁에 질려서 입이 떨어지지 않았다.

크리스티나는 아들을 찾아다녔다. 실종 신고를 했다. 정부의 복지 창구를 돌아다니며 아들을 수소문했다. 마닝을 두 번이나 찾아갔다. 찰리의 친구에게서 마닝과 파수꾼연맹이 찰리와 함께 있는 모습을 보았다는 이야기를 들었기 때문이다. 마닝은 찰리를 풀어줬고 그 뒤로 보지 못했다고 답했다. 크리스티나가 큰아들 크리스토퍼를 시체 안치소에 보냈지만, 아무 소득이 없었다. 찰리가 사라진 뒤로 시신이 있다는 소문이 돌았다. 방파제 너머 마대에 한 아이의 시신이 들어 있다는 소문이었다.

크리스티나는 경찰의 치사 사건 담당 부서를 찾아갔다. 경찰이 사진 한 장을 보여줬다. 자루 안에 찰리가 입었던 반바지를 입은 맨발의 소년이 들어 있었다. 시체 보관소로 찾아간 크리스티나의 남편이 얼굴, 그중에서도 왼쪽 눈 바로 아래 총구멍이 난 아들을 발견했다. 크리스티나는 다시 경찰을 찾았다. 크리스티나는 그때 자기가 운이 좋았다고 말했다. 상담한 경찰이 좋은 사람이었기 때문이다. 그 경찰의 이름은 로살리노 이바이 경위로, 당시 지역 정보작전과 과장이었다. 이바이 경위는 크리스티나의 말에 귀 기울였다. 찰리의 죽음이 파수꾼연맹 때문인 것을 어떻게 아느냐고 물었다. 크리스티나는 그런 이야기를 들었던 사람에게서 전해 들었다고 답했다. 그리고 거기 이바이의 사무실에서 마침내 엑스밀라가 자신이 목격했던 장면을 크리스티나에게 털어놓았다.

"엄마, 그 사람들이 오빠를 데려갔어요."

"누가 데려갔다는 건데?"

"그 사람들이요. 그 사람들이 그랬어요."

"그러니까 누구?"

"파수꾼연맹이요, 엄마."

엑스밀라가 모든 이야기를 한꺼번에 털어놓았다. 찰리가 어떻게 끌려갔는지, 어쩌다 자신이 찰리를 데려가는 사람을 봤는지, 파수꾼연맹이 자신을 어떻게 집에 보냈고 어떻게 입을 다물게 했는지를. 그리고 소문이 퍼졌다. 살라다가 부부가 사실을 알았다. 살라다가 부부가 당국을 찾아갔다. 살라다가 부부가 당국에 진정을 내려 한다.

크리스티나가 내게 말했다. "그 사람들이 우리 집에 왔어요, 선생님. 정말 많은 사람이요. 집까지 찾아왔어요."

"연립주택에 있던 집으로요?"

"네, 총을 들고 왔더라고요."

식구들이 저녁을 먹고 있을 때였다. 크리스티나가 기억하기로 저녁은 콘드 비프*와 쌀밥이었다. 저녁 8시가 지난 때였다. 파수꾼

---

* 염장한 소고기. 필리핀에서 통조림 식품으로 유통된다.

연맹이 한꺼번에 몰려왔다. 열두 명 넘는 무장 남녀가 좁은 집안의 양쪽 벽에 줄지어 늘어섰다. 크리스티나가 이름을 아는 사람들도 있었다. 마닝을 알았고, 야구 모자를 쓴 남자 한 명과 45구경 권총을 찬 남자 한 명도 알았다. 가족을 겨누고 있는 권총을 보니 음식이 목구멍에 컥, 걸리는 느낌이었다. 파수꾼연맹은 큰아들 크리스토퍼를 찾고 있었다.

그들은 살라다가 가족이 찰리의 죽음을 파수꾼연맹 탓이라며 비난한다는 소문을 들었다고 했다. 자기네가 찰리를 죽였으니 이제 크리스토퍼도 죽이겠다고 협박했다.

크리스티나는 크리스토퍼가 여자 친구와 함께 다른 건물에 있다고 말했다. 거기 가봐요. 파수꾼연맹이 떠나자, 크리스티나는 엑스밀라를 따라 집을 나와 골목길을 내려간 뒤 고속도로로 나가 크리스토퍼를 기다렸다. 그리고 온 가족이 도망쳤다.

경찰청 본청에서 기자회견이 열린 뒤, 경찰의 급습을 피했던 사람들이 몸을 숨겼다. 이들은 체포를 두려워했다. 자경단원들은 어디에 있든 총을 소지했다. 심지어 샤워할 때도 권총을 수건으로 감싼 채 몸을 씻었다. 경찰이 마닝 지휘관에 대해 "즉각적인 긴급 추적을 진행 중"이라는 성명을 발표했다.

"그때는 허탈하더군요." 사이먼이 한 말이다. "우리는 월급도 없는 의용대원입니다. 우리가 죽으면 아무것도 못 받아요. 장례식 비용도 부모님이 내야 하고요. 델라 로사 청장은 우리에 대해 알고 있었어요. 그런데도 TV에 나오더군요. 보나 마나 스타가 되고 싶었던 거죠."

델라 로사는 내게 파수꾼연맹 톤도 2지부 자경단원들이 경찰의 지시를 받았다는 의혹은 전혀 모르지만, 그 의혹이 사실이라면 경찰이 자기들과 적극적으로 공모한 자경단원들을 체포하는 것이 말이 되지 않는다고 답했다.

델라 로사는 파수꾼연맹의 주장이 사실이라면, 경찰청이 자기네 청부살인업자들을 체포하는 것은 "멍청한" 짓이라고 주장했다. "그럼 경찰이 연루된 게 드러날 테니까요."

검찰에 출석하기로 예정되어 있던 날, 크리스티나 살라다가는 자기 아들을 암살했다고 이미 자백한 사람들에게 제기했던 납치 및 살인 고발 건을 포함하는 선서 진술서를 철회했다. 철회 진술서에서 크리스티나는 찰리를 죽음에 이르게 한 "사건들을 곱씹어" 보았다고 설명했다. 그리고 모든 고소가 "오해"에서 비롯했다는 것을 깨닫게 되었으니, 연루자로 보이는 모든 남성에게 제기된 "납치 치사와 살인 혐의를 모두 기각"해 달라고 요청했다.

사건이 불기소 처리된 지 일 년이 더 지났을 때, 나는 크리스티나가 말한 좋은 경찰이자 파수꾼연맹을 수사하다 이 조직의 거점을 급습한 로살리노 이바이와 이야기를 나눴다. 이바이는 이 사건이 공정하게 해결되었지만, 정의가 "승리하지는 못했다"고 말했다. 경찰이 파수꾼연맹과 손잡고 일했다는 말은 믿지 않는다고 했다. 이바이가 용의자들을 전략적으로 심문해 나온 결과라고는 마닝 지휘관의 이름뿐이었다. "그저 아주 우연히도, 급습 당시 제1경찰서 서장이 로베르트 도밍고 경정님이었을 뿐입니다."

내 기사가 나가고 일 년 뒤, 그리고 내가 크리스티나를 찾아낸

지 몇 달 뒤인 2019년 어느 늦은 밤, 한 제보자에게서 전화가 왔다. 경찰서에 가보세요. 경찰이 크리스토퍼를 데려갔습니다. 크리스티나가 딸과 함께 경찰서에 있어요.

제보자는 내게 어서 가보라고 했다. 떠들썩하게 주의를 끄세요. 기자님의 영향력을 발휘하세요. 경찰에게 이 건을 취재 중이라고 하세요. 주시하고 있다고 말하세요.

나는 부츠를 신고 녹음기를 챙기고 카메라맨을 불렀다.

경찰서 밖에 크리스티나가 있었다. 크리스티나는 크리스토퍼가 고문을 당했다고 생각했다. 크리스토퍼가 풀려날 준비를 하고 있다며, 날이 밝기 전에 처치될 것이라고 확신했다.

크리스티나가 부탁드립니다, 라고 애원했다.

내가 경사에게 이름을 물었다. 경사의 이름을 적고, 당직자들에게 쉴 새 없이 말을 걸고, 기자 신분증을 과시하고, 이미 한 아들을 잃은 어머니가 겁에 질려 있다는 슬픈 이야기를 풀어 놓았다. 경찰은 크리스토퍼가 괜찮다고 했다. 크리스토퍼는 무사했다. 경찰에 크리스티나가 아들을 볼 수 있게 해 달라고 부탁했다. 미소를 지으며 "청년 어머니를 안심시키려고요"라고 이유를 댔다. 경찰이 쇠창살을 사이에 두고 두 사람이 만나게 허락했다.

가짜 사건은 자연스레 일어나지 않는다. 주로 보도를 목적으로 존재한다. 어디까지가 사실인지 불분명하다. 성공할 때는 자기 실현적 예언이 된다.

내가 떠날 때 크리스티나는 경찰서 안에 있었다. 집에 가지 않겠다고 했다. 경사가 크리스티나에게 물과 앉을 의자를 제공했다. 나는 손을 흔들어 작별 인사를 했다. 경사도 손을 흔들어 답했다.

오직 하나뿐인
자스틴

목격자: 네스토르 로페스, 삼촌

마닐라 톤도

팻: 경찰이 조카를 발로 찼다는 게 사실입니까?

네스토르: 네.

팻: 무슨 일이 있었는지 말씀해 주시겠어요?

네스토르: 그 사람들이 조카에게 총을 쏜 다음 때리더니 발로 찼습니다. 그리고 다시 총을 쏜 다음, 또다시 때렸습니다. 경찰 셋이 돌아가면서요.

인원 확인은 1번으로 시작해 9번에서 끝나곤 했다. JR을 시작으로 자스틴, 오틸, 헤시, 호페트, 에라이, BL, 루이노르를 지나 어린 이기보이까지, 리토 로페스는 수년 동안 매일 밤 1번부터 9번까지 인원을 확인했다. 한 명이라도 없으면 골목길로 나가 큰소리로 이름을 부르고, 십 대인 아이 한 명을 내보내 자리를 비운 아이를 찾게 했다. 리토는 아홉 아이의 안전을 확인할 때까지 이 과정을 계속했다.

아이들이 자랄수록 인원수가 바뀌었다. 아이들이 여자 친구와 남자 친구를 따라 독립해 나갔다가 함께 돌아오기를 반복했고, 그 뒤로 아장아장 걷는 아이들이 꾸준히 늘었다. 아홉 명이 열하나, 열둘, 열셋이 되었다. 결혼한 아이들은 없었지만, 새로 들어오는 식구가 있으면 남편이나 아내로 대했다.

2017년 말 어느 밤에도 리토가 인원을 셌다. 마침 술에 취한 상태라 수를 세는 리토의 목소리가 소란스러웠다. 혀가 꼬이고 몸이 비틀거리는데도, 리토는 어떤 딸이 독립해 나갔고 어떤 아들이 여자 친구를 데리고 들어왔는지를 기억했다. 막내가 대부와 함께 살기로 했다는 것도 알았다. 아내와 함께 데리고 자기로 한 손주 넷이 집에 있는지도 확인했다.

리토는 모든 것을 기억했다. 한 가지 사실만 빼고. 리토가 좁은 집 안을 계속 돌아다니며 이층 침대를 들여다보고 담요를 들춰 보았다.

리토가 외쳤다. 자스틴! 누구 자스틴 본 사람 없어?

리토가 나이가 많은 아들 하나를 깨웠다. 철길에 가 봐. 자스틴에게 집에 오라고 해.

리토의 아내 노르미가 리토에게 물었다.

제정신이야? 자스틴은 죽었잖아.

로페스 가족은 톤도의 빈민가에 살았다. 철로를 중심으로 크게 둘로 나뉘는 이곳은 대가족들로 떠들썩했다. 오토바이가 겨우 지나갈 만큼 좁은 골목길을 따라 늘어선 창고들 뒤로 다 쓰러져 가는 집들이 자리 잡고 있었다. 빈민가 어귀에 접한 양방향 도로를 직선으로 달리면 교통 체증이 일상이고 맥도날드와 쉐이키스 피자 가게, 그리고 혼다와 닛산, 미쓰비시 전시장이 늘어선 주요 간선 도로 호세 아바드 산토스 애비뉴로 이어졌다.

1980년대에는 로페스 가족이 거주하는 75제곱미터의 땅이 두 층짜리 하숙집이었다. 그 시절 가장이던 리토의 아버지 코르넬리오는 셋방 임대, 승객용 지프니 운행, 작은 식료품점, 유리그릇 가게, 그리고 성형하고 연마한 주석 제품 수출을 아우르는 사업체를 운영했다. 코르넬리오는 주석으로 냄비, 케이크 팬, 얼음 바스켓을 뚝딱뚝딱 만들어 내는 장인이었다. 코르넬리오가 그렇게 만든 것 중에 백미 하나가 1970년대에 마르코스의 후원으로 줄곧 열린 미인대회에서 다른 사람도 아닌 미스 유니버스가 직접 들고 등장한 반짝이는 홀이었다.

집안 형편이 기울기 시작한 원인이 1980년대에 일어난 화재 때문인지, 아니면 코르넬리오가 주변 모든 사람에게 투덜거렸듯이 수십 명인 가족을 먹여 살리느라 허리가 휘어서였는지는 확실하지 않다.

그 뒤로 몇 년 사이, 불이 난 자리에 곧 주저앉을 듯한 집 네 채가 들어섰다. 네 집 모두 삐뚤빼뚤 지은 단층집이었고, 그중 세 채는 골목길과 접해 있었다. 그중 한 집에서 코르넬리오와 아내 글로리아가 장성한 아들 둘과 함께 살았다. 바로 뒷집에는 또 다른 아들이 살고, 바로 옆집에는 글로리아의 조카가 살았다. 그리고 마지막 가장 작은 집에서 리토와 노르미가 자녀, 손주들과 함께 살았다. 갓난아이들까지 합치면 리토의 식구는 모두 열여섯 명이었다.

로페스 가족은 코르넬리오의 집에 딱 하나 있는 화장실을 공유했는데, 이른 아침에 받아 놓은 물을 바가지로 떠서 변기 물을 내렸다. 이들은 가구마다 필요한 1달러 상당의 전기를 충전할 선불제 전기 계정도 함께 썼는데, 충전할 때 필요한 열두 자리의 고객 번호를 노르미가 날마다 주문을 외우듯 읊었다. 가족은 일도 함께 해, 코르넬리오에게 주문이 들어올 때마다 주석을 긁어모았다. 이들은 커다란 솥에 담아내는 음식도 함께 나눴다.

두 살배기 어린아이부터 여든두 살 노인까지 총 스물여덟 명인 로페스 가족은 평균 15제곱미터 크기인 비좁은 집 네 채에 다닥다닥 모여 힘겹게 살아갔다. 콜센터 직원, 전기기술자, 마권 업자, 창고 주인이 함께 살았다. 낮에 에이본 화장품 방문 판매원으로 일하는 여성들이 밤에는 피쉬볼 노점상을 했다. 손주들은 이집 저집을 돌아다니며 어른들 무릎 위에 앉고 주머니에서 동전을 꺼내고 어디든 선풍기가 돌아가는 구석을 찾아 몰려 들었다.

첫 철자가 D로 시작하는 자스틴 로페스는 1991년 마지막 날 노르미와 리토의 아들로 태어났다. "아이 이름이 특별했으면 싶어 맨 앞에 묵음인 D를 붙였어요." 노르미가 설명했다.

자스틴이 네 살 때 첫 발작이 일어났다. 마닐라에 물난리가 난 와중에도 노르미가 자스틴을 안고 응급실로 달려갔다. 갖가지 검사를 진행한 끝에 자스틴은 뇌전증(간질)을 진단받았다.

뇌전증 발작은 늘 똑같이 나타났다. 갑자기 자스틴의 팔이 움찔거렸다. 이가 딱딱 부딪혔다. 필리핀어로 **투미릭**tumirik이라 부르는, 눈이 뒤집혀 흰자위만 보이는 증상이 나타났다. 이 증상 때문에 자스틴에게 별명이 붙었다. 발작이 시작되면 여동생이 "티렉!"이라고 외치곤 했다.

가족은 자스틴이 경련을 일으킬 때마다 공공 병원에 데려갔다. 어느 날 한 의사가 자스틴이 발작을 일으키기 시작할 때 어떻게 대처할지를 노르미에게 알려줬다. 몸을 편안하게 해 주세요. 주변 물건은 치워 주세요. 숟가락에 천을 감아 이빨 사이에 물려 주세요. 물에 적신 수건으로 몸을 닦아 주세요. 경련이 지나갈 때까지 부채질을 해 주세요.

자스틴은 노르미의 따뜻한 사랑, 그리고 집안 형편이 여유 있을 때 처방받은 페노바르비탈에 기대 자랐다. 학교는 초등학교 3학년 때 그만뒀는데, 자스틴이 교실에서 발작을 일으키다 죽을까 봐 겁에 질린 교사가 홈스쿨링을 권했기 때문이다. 자스틴도 그러겠다고 했다. 칠판을 바라보고 있으면 머리가 아프다는 것이 이유였다. 자스틴은 학교가 아닌 집에서 공부했고, 식구들이 미니 성경에서 몇 구절을 낭독해 달라고 믿고 맡길 수 있는 수준이 되었다.

가족들은 자스틴이 비록 마약에 손대기는 했어도 착한 아들이었다고 말했다. 자스틴은 동네 아이들과 어울리다 마리화나를 체험했다. 메스암페타민도 사용했다. 가족들은 저스틴이 언제, 어디서 메스암페타민을 접했는지까지는 잘 몰랐다.

노르미가 자스틴을 호되게 꾸짖고, 리토가 마약의 위험성을 타일렀다. 할아버지 코르넬리오는 자스틴이 딴생각을 하지 못하게 온갖 일거리를 찾아냈다. 자스틴은 할아버지의 주석 가게에서 심부름을 하며 돈을 벌었다. 그러다 갓 스무 살이 지났을 때 한 친구를 겨냥한 마약 단속 작전에 걸려 체포되었다. 자스틴은 일 년 뒤 보석으로 풀려났고, 사건은 기각되었다.

자스틴은 집으로, 어머니와 아버지, 그리고 아내라 부른 여자 친구에게로 돌아왔다. 이제 자스틴은 두 아이를 둔 스물한 살의 아버지였다. 좀체 미소를 짓지 않았지만, 아이들에게는 다정해 조카들을 무릎에 앉혀 놓고 어를 때는 종종 웃음을 터트렸다.

로드리고 두테르테가 당선되었을 때 자스틴은 스물네 살이었다. 로페스 가족은 남부 출신 시장에게 투표하지 않았지만, 새로 취임한 대통령이 근처 농구장에 나타나 국민들을 약식 처형하겠다고 위협했을 때조차 딱히 두려움을 느끼지 않았다.

톤도에 소문이 퍼지기 시작했다. 누구누구가 경찰 작전 중에 피살되었다더라. 누구누구는 자경단에게 처치되었다더라. 아이 엄마가 도와달라고 달려가는 사이에 아들이 총에 맞았다더라. 자스틴의 가족은 걱정스러워졌다. 자스틴은 괜찮다고 말했다. 결정형 메스암페타민을 사용하기는 했지만, 판매는 하지 않았기 때문이다.

2017년 5월 18일 이른 오후, 자스틴은 집에 있었다. 그날은 몸이 둔하고 피곤했다. 여러 번 발작이 일어나 누워지냈기 때문이다. 마지막 경련이 있은 지 겨우 하루가 지난 상황이었다.

노르미의 귀에 자스틴의 휴대전화에서 울리는 문자 알림음이 들렸다.

"나중에요. 쉬는 중이고. 식구들이랑 밥 먹고 있어서요." 자스틴이 답문을 보냈다.

식사를 마친 자스틴이 이층 침대 위 칸으로 올라가 여자 친구를 안고 잠들었다. 노르미도 침대 아래 칸에 누워 설핏 잠이 들었다.

침대 위 칸에서 자스틴의 휴대전화가 울렸다.

"누구세요?"

자스틴이 잠시 듣고만 있었다.

"왜요? 무슨 일인데요?"

자스틴이 전화를 끊었다. 노르미에게 누가 기찻길로 나오라고 했다고 알렸다.

노르미가 "그냥 자. 집에 있어"라고 말렸다.

자스틴이 그러겠다고 했다.

휴대전화에서 쉴 새 없이 문자 알림음이 울렸다.

"아무도 아니야." 자스틴이 여자 친구에게 말했다. "온갖 번호로 문자를 보내고 전화를 하네. 그런데 죄다 모르는 사람들이야."

오후 4시, 침대에서 내려온 자스틴이 간식을 사러 나간다고 했다. 자스틴은 노란색 나이키 셔츠를 걸쳤다. 갖가지 색상의 나이키 셔츠가 여러 벌이었는데, 모두 짝퉁이었다.

자스틴의 여자 친구가 집을 나섰다. 노르미는 보고 싶은 일일 드라마가 있어 그날 텔레비전이 제대로 나오는 곳인 시아버지 코르넬리오의 집으로 갔다. 코르넬리오가 집을 나서는 자스틴을 멈춰 세우고 돈을 건넸다. 알루미늄을 주문한 손님이 준 계약금이었다. 자스틴은 다른 도시에 있는 원재료 업체에 다녀와야 했다.

빨리 다녀와라. 코르넬리오가 말했다.

자스틴은 집을 나섰다. 노르미는 앉아서 드라마를 보았다. 자스틴의 할머니 글로리아가 자스틴을 따라가라고 아들 네스토르를 내

보냈을 때도 노르미는 계속 텔레비전을 보았다.

기찻길은 로페스의 집에서 모퉁이를 두 번 돌아 5분을 걸으면 나오는 풀이 우거진 들판을 가로질렀다. 기찻길 양쪽으로 판잣집이 늘어서 있었다.

저녁 어스름이 깔리던 때였다. "경찰처럼 보이는" 남자들이 기찻길을 따라 나타났다. 아이들을 찾고 있던 한 노점상 여성이 남자 중 한 명이 자스틴에게 총을 겨눈 모습을 보았다고 맹세했다.

자스틴이 두 팔을 올리고 있었다.

제발 쏘지 마세요. 제발 쏘지 말아 주세요.

몇 미터 떨어진 곳에 자스틴의 삼촌 네스토르가 서 있었다. 어머니의 재촉에 자스틴을 뒤따라온 네스트로는 난데없이 경찰이 곁을 지나자 그 자리에 얼어붙었다.

젊은 남성 한 명이 달아나는 모습이 보였다.

경찰이 총을 들고 있었다. 권총 소리가 들렸다.

네스토르 로페스는 쓰러진 사람이 조카라는 사실을 미처 알아차리지 못했다. 한 젊은이가 총에 맞았고, 그 사람이 경찰의 총에 가슴을 맞을 때 비명조차 지르지 못했다는 것만 알았다.

자스틴의 눈이 뒤집혔다. 몸이 경련을 일으켰다. 어머니 노르미라면 어떻게 대처할지 알았을 것이다. 자스틴의 얼굴에 부채질을 해주고 천으로 감싼 숟가락을 이빨 사이에 물리고 경련이 가라앉을 때까지 젖은 수건으로 몸을 닦았을 것이다.

하지만 거기에 노르미는 없었다. 몸을 뒤로 젖히고 자스틴 로페스의 뺨을 때린 경찰만 있었을 뿐이다.

"그 사람들이 자스틴의 뺨을 때리더니 총을 쐈습니다." 네스토르가 말했다.

경찰이 다시 자스틴을 쏘고 뺨을 갈기고 발로 찬 뒤, 다시 총을 쏘고 경련이 일어난 뺨을 두툼한 손바닥으로 후려쳤다.

총알들이 깡마른 몸에 어린아이 엄지손톱만 한 구멍을 내며 오른쪽 가슴, 왼쪽 복부, 명치를 뚫고 들어갔다. 묵직한 탄환이 폐와 근육, 간, 신장, 심장을 갈가리 찢어 놓았다. 자스틴의 가슴에 피가 가득 찼다. 장기에 울혈이 생겼다. 몇 시간 전 먹은 피쉬볼이 창자에 아직 머물러 있었다.

자스틴은 스물다섯 살이었다.

그날 저녁 6시 40분, 마닐라 제7경찰서, 일명 호세 아바드 산토스 경찰서의 일지에 사건 기록부가 한 건 등록되었다. "기찻길 옆에서 수행한 경찰 작전"에 대해 들판에서 전화 한 통이 걸려 왔고, 이에 따라 경찰서 당직 수사관이 긴급 출동했다고 적혀 있었다.

노르미는 코르넬리오의 집 밖에 앉아 있었다. 자스틴의 다른 삼촌이 달려와 말했다. 어서 자스틴에게 전화해 봐요.

그럴 수가 없었다. 노르미의 휴대전화가 고장 나 쓸 수 없었다.

그가 다시 기찻길로 뛰어갔다. 그리고 몇 분 만에 돌아왔다. "티렉이 갔어요. 그자들이 티렉을 죽였어요. 티렉을 쐈어요."

노르미가 달려갔다. 미용사인 아들 JR, 도박사인 아들 BL이 뛰쳐나와 함께 달렸다. 어린 딸 루이도 혼자 기찻길로 내달렸다. 노르미가 말했다. 아닐 거야. 자스틴이 아니야. 자스틴일 리가 없어. 다급히 집으로 들어가는 이웃들의 소매를 붙잡았다.

죽은 사람이 뭘 입고 있었어? 뭘 입고 있었는지 말해 줘.

회색이었어.

자스틴은 아니네. 노르마는 숨을 헐떡이면서도 안도했다. 그리고 계속 되뇌었다. 노란색이었어. 자스틴은 노란색 나이키 티셔츠를 입고 있었어.

가족들이 기찻길로 달려갔다. 사람들이 모여 있었다. 경찰이 기찻길 양쪽에 줄지어 서 있었다. 민간인 몇 명이 감시를 받으며 풀밭에 앉아 있었다.

노르미가 경찰을 밀치고 지나가려 했다.

"들어가면 안 됩니다."

노르미가 이유를 물었다. 풀밭에 누워 있는 사람이 아들인지 알고 싶다고 설명했다.

안 됩니다. 방해하지 마세요.

노르미가 눈물을 흘리며 애원했다. 쓰러진 남자가 무슨 옷을 입고 있느냐고 물었다. 반바지는 어떤 색이었느냐고 물었다. 누군가가 답했다. 군복 무늬요. 노란색과 초록색이 섞인.

노르미는 주저앉았다. 자스틴이 입고 나간 반바지였다. 혹시 다른 사람일지도 몰라. 반바지는 같아도, 셔츠가 다르잖아. 자스틴일 리가 없어. 하지만 자스틴일지도 모르잖아.

노르미가 다시 달려가 경찰을 훅 제치고 지나갔다. 시신이 보일 만큼 가까이 다가갔는데, 날이 어두웠고 노르미의 눈도 침침했다.

그 순간 누군가가 손전등을 켰다.

노르미의 한 아들이 말했다.

"엄마, 자스틴 맞아요."

주변에서 속삭이는 소리가 들렸다. 입에서 입으로 소식이 전해졌다. 한 사람을 건널 때마다 목소리가 커지더니, 결국은 열다섯 살인 아들 BL 로페스가 폭발하고 말았다.

"이 개새끼들아. 너희들이 우리 형을 죽였어! 뺨을 갈기고 총을 쐈어. 이 피도 눈물도 없는 새끼들! 총알 한 방으로도 죽었을 사람이야! 총알 하나로도. 그렇게 마른 사람이었다고! 도대체 왜 계속 총을 쏴댄 거야?"

노르미가 BL을 말렸다.

BL은 듣지 않았다. "너희들, 총이 있으니까 뭐라도 되는 거 같지? 총이 없었으면 어땠을 거 같냐? 우리 형한테도 총이 있었어야 했는데. 그랬다면 형이 너희들도 같이 데려갔을 거거든."

경찰이 BL의 목소리를 들었다.

한 경찰이 뒤를 돌아보았다. "멍청한 새끼. 너도 형 따라 보내줘?"

장례식장 차량이 노르미 뒤에 대기하고 있었다. 경찰이 부른 차량이었다. 노르미는 아들의 시신을 경찰에 넘기고 싶지 않았다. 자스틴이 맞다면 아들의 시신을 다룰 사람을 자신이 고르고 싶다고 사정했다. 애통하고 혼란스러운 와중에도 노르미는 현실적이었다. 경찰이 고른 장의사 손에 시신을 맡겼을 때 장례비가 얼마나 많이 들지가 뻔했다.

내가 장례식장을 고르고 싶어요. 제발 그 정도는 허용해 줘요.

경찰이 바랑가이 캡틴이 서명한 서류가 필요하다고 했다.

맏아들인 JR이 노르미를 안심시켰다. 다녀와요. 여기는 내가 맡을게요.

노르미가 자리를 뜨며 말했다. 저 사람들이 자스틴을 데려가게 두면 안 돼.

경찰이 자스틴의 시신을 운송용 가방에 담은 뒤 들것에 실었다.

총격 소식이 코르넬리오의 귀에도 들어갔다. 소식을 듣자마자 코르넬리오도 기찻길로 달려갔다. 전직 권투선수로 마른 근육질에 성깔 있어 보이는 짙은 눈썹의 소유자인 여든 살의 코르넬리오가 날마다 알루미늄판을 구부려온 아귀힘으로 사람들을 밀치고 들어가 들것의 가장자리를 낚아챘다. 만약 코르넬리오가 스무 살이나 서른 살쯤 더 젊었다면 경찰을 그대로 두고 자리를 떴을 것이다. 코르넬리오 로페스는 바보가 아니었다. 집으로 가 총을 빌렸을 것이다. 그리고 돌아와 출입 통제 테이프 안으로 들어갔을 것이다. 입은 꾹 다물었을 것이다. 단 한마디도 하지 않았을 것이다. 그리고 손주를 죽인 개자식을 처형했을 것이다.

그 대신 나이 든 코르넬리오는 손자가 누워 있는 들것을 꽉 붙잡았다.

우리 애는 못 데려가.

한 경찰이 돌아보았다. 덩치가 컸다. 손도 컸다.

이 경찰이 코르넬리오의 팔을 붙잡았다. 그리고 코르넬리오의 가슴팍을 팔꿈치로 세게 쳤다.

코르넬리오가 거의 고꾸라질 뻔했다.

경찰이 45구경 권총을 꺼냈다.

모여든 사람들이 소리를 질렀다. "노인네까지 다치게 할 필요는 없잖아?"

코르넬리오는 비틀거리며 몸을 일으켰다.

코르넬리오가 그때 심정을 내게 들려줬다. "자스틴이 병들어 죽었다면 그렇게 마음이 아프지는 않았을 겁니다. 그런데 개자식들이 한 발, 두 발, 세 발, 네 발, 다섯 발, 여섯 발, 일곱 발, 여덟 발, 아홉 발, 열 발. 어쩌면 열 발이 넘었을지도 모르죠. 이 개자식들은 그냥 냅다 총을 쐈어요. 그 정도면 물소도 살아남지 못했을 겁니다."

노르미가 바랑가이 캡틴을 찾아냈다. 바랑가이 캡틴이 서류에 서명했다. 가족이 시신을 돌려받게 하겠다고도 약속했다. 노르미는 리토가 다른 아이들과 함께 앉아 울고 있는 현관 앞에서 잠시 멈췄을 뿐, 한달음에 길을 되돌아갔다.

노르미가 기찻길에 도착했을 때는 경찰이 이미 떠난 뒤였다. 정신 나간 사람처럼 고래고래 소리 지르던 코르넬리오는 이웃들이 데려가고 없었다.

경찰이 시신을 어디로 가져갔는지 아는 사람이 없었다. 트라이시클을 불러 세베리노 거리로 간 노르미와 아들들은 무거운 발걸음으로 거리를 오르내리며 장례식장 문을 두드렸다.

아뇨. 미안하지만 여기는 없어요. 미안해요.

노르미는 증거가 확실한데도 자스틴이 여전히 살아 있다는 확신을 버리지 못하고, 비틀거리는 걸음으로 길게 뻗은 도로를 내려갔다. 눈물을 흘리고 비명을 질렀다. 그런 노르미가 안쓰러워 보였는지 어떤 낯선 사람이 라디자발 거리 바로 옆에 또 다른 장례식장이 있으니 가보라고 일러줬다.

노르미가 아캉헬장례식장 사무소로 들어가 기찻길에서 발견된 시신이 들어오지 않았느냐고 물었다.

사무원이 그렇다고 확인해 줬다. 그런데 시신은 볼 수 없다고 했다.

노르미가 JR의 휴대전화를 건네받았다. 그리고 장의사 한 명에게 부탁했다. 사진 한 장만 찍어주세요. 부탁합니다.

장의사가 사진을 찍어 돌아왔다.

죽은 아들의 얼굴 사진이 든 휴대전화를 받아 보고서야, 노르미는 아들의 죽음을 믿었다.

같은 날 제7경찰서 서장 알렉스 다니엘이 작성해 제출한 1차 경찰 보고서는 자스틴 로페스를 죽인 사건을 "우발적 무장 충돌"로 기술했다.

보고서는 간략했다. 오후 6시 35분쯤 마닐라 톤도의 기찻길에서 경찰 단속반이 불법 마약 단속 작전을 수행하던 중, 한 경관이 "수상한 행동을 하는 남성을 목격"했다.

수상한 행동에 대한 설명은 없었다. 다만 마약단속반 소속 헤리 헤냘로페 경장에게는 이 행동이 "수상한 인물을 검문"하기에 충분한 사유였다.

헤냘로페가 다가가자 "수상한 남성이 무기를 꺼내 경찰에게 두 발을 쐈지만 모두 빗나갔다."

기찻길에서 일어난 사망 사건은 한 문장으로 요약되었다. 헤냘로페가 "자신과 단속반을 방어하고자 개인 화기를 이용해 대응 사격했고, 그 결과 수상한 인물이 사망했다."

헤냘로페는 고소인이자 피해자로 기술되었다.

알렉스 다니엘 서장은 보고서에 "확인 결과, 상기 용의자는 우리 서의 마약 감시 대상자 명단에 올라 있고, 2017년 5월 14일 오후 1시 30분경 발생한 마이클 투를라 이 팡가니반 피살 사건의 용의자다"고 적었다. 투를라는 자스틴이 피살되기 나흘 전 기찻길에서 살해된 채 발견된 서른아홉 살 남성이었다. 동거 중인 여자 친구가 총소리에 잠에서 깨어 밖으로 나가보니 투를라가 바닥에 등을 댄 채 쓰러져 숨져 있었다. 현장에서는 서로 다른 권총 두 자루에서 나온 탄피가 발견되었다. 최초 목격자는 없었다. 가해자는 "종류를 알 수 없는 총기로 무장한 정체불명의 남성 2명"으로 묘사되었다. 수사관들은 투를라가 불법 마약 활동에 연루되었다는 의혹을 범행 동기로 지목했다. 투를라는 이전에 수감된 전력이 있었다.

경찰은 자스틴 로페스의 피살 사건을 설명하면서, 자스틴을 마이클 투를라 살인 사건의 용의자로 지목했다.

치사수사과가 담당 수사관을 배정했다. 이 수사관이 사건 당일에 자체 보고서를 작성했다. "사망자" 자스틴은 "자기 피로 범벅이 된 채 기찻길에 등을 대고 누워 있었다."

치사 수사관의 보고서가 마이클과 투를라의 연관성을 부연 설명했다. 경찰 단속반이 우연히 수상한 인물을 마주쳤는데, 알고 보니 살인 용의자였다고 적었다. 게다가 자스틴 로페스를 죽인 "범죄 소탕 작전 및 후속 작전"은 "당시 마이클 투를라 살해 용의자였던" 저스틴 카카이 로페스, 일명 티렉을 체포하고자 진행한 표적 검거 작전이었다고 주장했다.

수사관들은 살인 용의자가 기찻길에 앉아 있는 것을 보았다고 진술했다. 헤리헤냘로페 경장은 눈앞에 용의자가 있는 것을 알아차리자마자 경찰이라고 밝혔다.

용의자가 헤날로페를 "밀쳤다."

용의자가 "체포를 피해 달아날 수 있는" 상황이었다.

용의자가 "곧장" 총기를 꺼내 발사했는데, 헤날로페를 맞추지 못했다. "목숨을 잃을 위기에 빠졌다는 것을 감지"한 헤날로페가 "총을 들고 공격하는 용의자에게 대응 사격할 수밖에 없었고, 총에 맞은 용의자는 땅바닥에 쓰러졌다." 헤날로페는 병원에 데려갈 의도로 "즉시 용의자에게 다가갔다."

용의자가 헤날로페에게 "총을 겨눠 또 한 발을 쐈다."

마닐라경찰청 치사수사과는 "자기 목숨을 보호하고 반격하는 것 말고는 헤날로페에게 달리 방법이 없었다"고 적었다.

용의자는 "현장에서 사망했다."

보고서는 현장에서 찾아낸 증거를 하나하나 열거했다. 용의자가 소지하고 있었다고 추정되는 총기 한 정―일련번호가 297076인 45구경 권총으로, 약실 하나에 실탄이 장전되어 있었다―, 탄약통 다섯 개, 9밀리 권총에서 나온 총알 세 발, 결정형 메스암페타민으로 의심되는 하얀 결정성 물질이 든 밀봉된 비닐봉지 하나였다.

기찻길에서 사건이 발생한 지 채 한 달이 지나지 않은 6월 9일, 마닐라경찰청 대인범죄수사부가 자스틴 로페스의 죽음에 대한 경과 보고서를 발표했다. "이 보고서는 함정 수사가 총격 사건으로 전환해 마약 범죄 용의자를 무력화하는 결과를 낳은 작전을 다룬다."

이 보고서에서는 용의자의 갑작스러운 "수상한 행동" 탓에 피살자가 발생했다던 마약 단속 작전이 마약 함정 수사로 바뀌었다. 수상한 인물이라던 자스틴이 알고 보니 마약 용의자 자스틴이 되기 전부터 살인 용의자로 지목되었었다고 밝혔다. 보고서 어디에도 위장 구매자, 거래 성사, 마약 대금과 관련한 언급은 없었다. 살인 사건의 피해자 마이클 투를라의 이름마저 끝내 언급하지 않았다.

내가 로페스 가족을 처음 만난 것은 자스틴의 장례식에서였다. 자스틴이 피살된 지 한 주가 조금 지났을 때였다. 자스틴의 관 앞에 서 있을 때, 나는 경찰 측 설명을 전혀 몰랐다. 우리 야간 취재반 대다수가 경찰 보고서를 입수하려고 씨름하고 있었다. 예전에는 언제 어디서든 볼 수 있던 2쪽짜리 문서가 이제는 CCTV 영상만큼이나 보기 힘들어졌다. 기자가 경찰에 직접 요청했던 일들이 복잡한 관료주의적 절차를 거쳐야 했고 걸핏하면 거부되었다. 특히 래플러에서 보낸 요청서라면 더 그런 것 같았다.

우리는 유가족의 힘을 빌려 문서에 접근하기 시작했다. 로페스 가족이 경찰 보고서 사본을 발급받으려 했는데, 먼저 사망 진단서와 부검 감정서를 제출해야 한다는 답이 돌아왔다. 자스틴을 묻던 날 로페스 가족은 경찰 측 설명을 전혀 몰랐고 공식 보고서도 보지 못했을뿐더러, 자스틴이 실제로 경찰의 총격에 목숨을 잃었는지조차 확신하지 못했다. 경찰에 피살된 수많은 마약 용의자처럼, 자스틴의 죽음도 체포에 저항했다는 이유로 정당화되지 않을까, 라고 생각했다. 자스틴이 숨진 뒤 살인 혐의로 기소되었다는 사실도 알지 못했다.

따라서 로페스 가족은 자스틴을 죽인 살해자들의 이름을 하나도 몰랐다.

코르넬리오는 살해자에게 결투를 신청하려 했다. 집안을 서성

거리며 "입회인을 불러"라고 중얼거렸다. "내 총은 내가 구할 테니, 너희는 너희 총을 가져와."

집에서 가까운 길거리에 자스틴의 관이 놓여 있었다. 시신 바로 옆으로 빨랫줄에 빨래가 널려 있었다. 천으로 만든 임시 벽에는 무표정하게 정면을 응시하는 자스틴의 사진을 확대해 인쇄한 방수포가 걸려 있었다. 자스틴의 얼굴 옆으로 구름 위에 떠 있는 성모 마리아가 걸려 있었다. 자스틴이 태어난 날과 죽은 날이 파란색 이탤릭체로 적혀 있고, 그 위로 장례식장의 로고와 주소, 전화번호가 적혀 있었다.

장례식장 직원들이 자스틴의 관을 검정 SUV 뒤 칸에 실었다. 바랑가이 홀에서 관용 차량을 한 대 보내 주었다. 자스틴의 여동생들이 단정하게 머리를 빗고 립스틱을 바른 모습으로 어린 자녀들을 안고 있었다. 운구차가 서서히 이동하는 동안 조문객들이 짧은 운구 행렬을 옆에서 따라 걸었다. 휴대용 스피커에서 랩 음악이 흘러나왔다.

자스틴의 아버지 리토가 운구차 뒤에서 천천히 발걸음을 옮겼다. 리토는 두 손을 운구차 범퍼에 바싹 붙이고 손목에 단단히 힘을 줬다. 이마를 찡그린 채 온 힘을 쏟아부었다. 차가 엔진의 힘으로 굴러간다는 것은 중요하지 않았다. 리토는 아들의 관을 시립 북부 공동묘지까지 밀고 갈 작정이었다. 누구도 리토를 말릴 수 없었다.

로페스 가족은 인권위원회에서 자스틴의 죽음에 관련된 경찰 수사 보고서 사본을 유족이 받아볼 수 있어야 한다는 서한을 받아냈다. 경찰이 보고서를 공개했다.

보고서는 용의자를 23세, 독신, 무직인 저스틴 카카이 로페스로 기록했다. 이 저스틴이 사망 당시 스물다섯 살이었다는 것 말고도, 보고서에 여러 오류가 있었다.

"우리가 경찰에 그건 우리 아들 이름이 아니라고 말했어요." 노르미가 말했다. "당신들이 우리 아들을 붙잡아 죽이고서, 이름을 잘못 적었다고요. 어쩌면 다른 사람을 찾고 있었을 수 있다고요. 리토가 그 말을 했어요. 당신들, 우리 자스틴이 아니라 저스틴이라는 다른 사람을 찾고 있었던 거 아니야?"

로페스 가족은 자스틴의 이름을 수정해 달라는 요청서를 제출했다. 이 요청서가 나중에 경찰의 경과 보고서에 언급된다. "무엇보다 루이시토 로페스 씨가 고인의 이름을 저스틴 로페스 이 카카이에서 자스틴 로페스 이 바카이로* 정정해 달라는 의사를 밝혔다."

노르미가 실소를 터트렸다.

"내가 그랬어요. 아이고, 일 한 번 참 잘한다. 경찰은 우리 아들을 죽여 놓고 그 애 이름도 잘 몰랐던 거예요. 경찰이 아는 이름은 저스틴이었어요. 바카이가 아니라 카카이였고요. 이 카카이는 도대체 누구일까요?"

2017년 9월, 노르미 로페스가 전국인권변호사연합의 법률 지원으로 옴부즈맨사무국에 경찰을 살인 혐의로 고발했다. 노르미는 '인권을 위해 일어서라'라는 단체에서 자원봉사를 시작했다. 시위에 나가 연설했다. 〈내 가장 사랑하는 아들〉이라는 시를 써 신문에 발표했는데, 살아 있는 여덟 자녀가 제목 때문에 상당히 속을 끓였다.

---

* 스페인식 이름에서는 부계 성 뒤에 'y + 모계 성'을 붙인다.

"자스틴은 아픈 아이였어요. 내 손길이 가장 많이 필요했던 아이요."

노르미가 활동을 시작하자마자, 적어도 노르미가 받아들이기에는 위협인 것이 시작되었다.

시작은 루이라 부른 여덟째 아이 루이노르로, 자스틴이 피살될 때 8학년인 열세 살 소녀였다. 노르미가 경찰을 고소한다는 소문이 바랑가이에 퍼졌다.

루이가 노르미의 심부름 때문에 밖에 나갔는데, 길거리에서 한 남성이 루이에게 다가와 길을 물었다. 남자 옆에는 경찰 제복을 입은 남자들이 있었다.

남자가 물었다. 너 노르미타 로페스 아니?

아뇨.

루이는 이 남자가 자기가 누구인지 모른다고 확신했다. 남자가 노르미의 딸인 자신에게 노르미를 아느냐고 물은 것은 순전히 우연이었다. 루이는 아무 일 없다는 듯 천연덕스럽게 걸음을 옮겼다. 그리고 이들의 시야에서 벗어났다는 확신이 들자 골목길을 미끄러지듯 내달렸다. 혹시라도 남자들이 뒤쫓아올까 두려워 중간중간 뒤를 돌아보았다.

루이는 다급히 들어와 현관문을 쾅 닫았다. 노르미는 손주 하나를 옆에 끼고 잠들어 있었다.

"엄마, 엄마. 그 사람들이 엄마를 죽이러 오고 있어요!"

루이가 노르미에게 안겨 흐느꼈다.

"누가 그래? 누가 나를 죽이려 하는데?"

"경찰이요."

그날 밤 노르미가 집에서 손주를 재우고 있을 때였다. 9시가 조금 지난 시각이었다. 텔레비전은 켜져 있지만, 식구들은 모두 잠자리에 들어 있었다.

현관문이 빼꼼히 열렸다. 노르미가 고개를 들어 쳐다보았다. 두 사람이 문틈에 얼굴을 바싹 붙이고 노르미를 지켜보고 있었다.

한 번도 본 적 없는 얼굴이었다.

무슨 일이에요? 노르미가 외쳤다.

한 남자가 답했다. 아무 일도 아닙니다. 쓰레기 수거원이에요.

현관문 앞에 쓰레기 수거원이 나타난 것은 살다가 처음이었다. 쓰레기를 수거하는 곳은 골목길 어귀였고, 더군다나 저녁 9시에 쓰레기를 수거하는 일은 없었다.

두 사람은 곧 사라졌다.

노르미는 문을 잠그고 기도했다.

오랫동안 혼자 등하교하던 루이가 그런 일이 있은 뒤로는 노르미에게 매일 등굣길에 동행하고 오후마다 학교 앞에서 기다려 달라고 고집했다. 잘 모르는 남자나 제복을 입은 경비원을 보면 경찰일지 모른다고 의심부터 했다. "엄마, 무서워. 경찰이 나를 쳐다보고 있을지 몰라." 루이는 결국 학교에 가기를 거부했다. 어디든 노르미의 뒤를 졸졸 따라다녔다. 엄마를 혼자 남겨두기를 두려워했다. 경찰이 오면 어떻게 해야 할지는 잘 몰랐지만, 그 자리에 있고 싶었다. "어쩌면 내가 엄마를 구할 수 있을지도 모른다고 생각했거든요."

로페스 가족은 신문을 사 보지 않았는데, 어느 날 누군가가 집

밖에 타블로이드 신문 한 부를 두고 갔다. 신문을 집어 든 노르미는 언제나처럼 퍼즐이 있는 맨 뒷면부터 읽은 뒤 신문을 훑어보았다.

"1면까지 가기도 전에 그 기사를 봤어요. 비사법적 처형으로 사망한 뇌전증 환자의 기사가 있었어요. 그래서 읽어봤죠. 자스틴 이야기였어요. 이 신문이 어디서 난 거냐고 물었어요. 신문이 어쩌다 우리 집 앞에 있었는지, 누가 갖다 놓은 건지 궁금했어요. 그 신문이 어쩌다 거기 있었는지 도무지 알 수가 없었어요. … 지금도 궁금해요."

자스틴 로페스의 사연을 다룬 신문은 타블로이드 신문만이 아니었다.

래플러는 〈토캉에 맞선 새로운 승리: 옴부즈맨, 마닐라 경찰에 대한 살인 혐의 기소 명령〉이라는 기사를 썼다.

ABS-CBN은 〈비탄에 빠진 시인 어머니, 옴브즈맨의 '토캉 경찰' 해고 명령으로 작은 승리〉라고 적었다.

《필리핀 데일리 인콰이어러》는 〈'마약 단속' 중 뇌전증 환자 살해한 경찰 해고〉를 헤드라인으로 다뤘다.

《필리핀 데일리 인콰이어러》 기사는 대통령실 대변인 살바도르 파넬로의 발언을 함께 실었다. "조처를 환영합니다. 두테르테 대통령께서 말씀하셨듯이 두테르테 행정부는 경찰관의 권력 남용을 용납하지 않을 것입니다."

공식 문서는 자스틴 로페스가 살해된 지 거의 2년 뒤인 2019년 3월에 옴부즈맨사무국에서 발송한 등기우편으로 도착했다.

수신인은 '노르미타 로페스 씨'였다.

10페이지인 병합 결의문은 고발인 노르미타 B. 로페스가 조조

살랑기트 경감, 헤리G 헤냘로페 경장, 모두 이름이 알려지지 않은 마닐라경찰청 제7경찰서 마약단속반 소속 경찰 14명을 상대로 제기한 OMB-P-C-17-0388(살인, 불법 마약 및 총기 증거 조작 혐의)와 OMB-P-A-17-0461(중대한 권력 남용, 중대한 위법 행위, 강압 및 공직자 품위 유지 위반 혐의)에 대한 결정이었다.

모든 피고발인에 대해 혐의가 기각되었는데, 단 한 사람은 예외였다.

"따라서 피고발인 헤리G 헤냘로페 경장에 대해 살인 혐의로 해당 법원에 공소를 제기하라."

이는 필리핀 옴부즈맨사무국이 마약과의 전쟁 기간에 활동한 경찰을 상대로 내린 첫 결의문이었다.

결의문은 헤냘로페에게 제기된 중대한 위법 행위 혐의도 유죄로 판단했다. 구형된 형벌은 경찰직 해임, 공무원 자격 취소, 퇴직금 몰수, 공직 임용 영구 제한이었다.

공식 사본을 받아본 날, 노르미와 리토는 북부공동묘지를 찾았다. 노르미가 밝은 파란색 묘석 아래 묻힌 아들에게 결정문을 한 장 한 장 소리 내어 읽어줬다. 사본을 읽는 노르미의 얼굴에 눈물이 흘렀다.

자스틴에게 헤냘로페가 더는 경찰이 아니라고 알렸다. 충분한 조처는 아니었지만, 살인 사건이 아직 진행 중이었다. 노르미는 헤냘로페가 감옥에 가기를 바랐다. 다른 경찰도 모두 기소되었으면 좋았겠지만, 언젠가는 그들을 직접 만날 수 있기를 고대했다. 그들에게 왜 그랬냐고, 왜 손을 든 자스틴에게 총을 쐈느냐고 묻고 싶었다.

헤냘로페가 감옥에 간다면, 헤냘로페가 여전히 감옥에 있는지 확인하기 위해서라도 날마다 헤냘로페를 찾아갈 생각이었다.

헤냘로페가 처음 합의를 시도한 대상은 리토였다.

바랑가이 캡틴들이 만남을 주선했다. 한 사람이 헤냘로페를 대리해 합의금을 제시했다. 리토는 생각해 보겠다고 답했다. 결정은 자신이 아닌 아내가 한다고 덧붙였다. 리토는 집으로 돌아가 노르미에게 내용을 전했다.

노르미는 절대 안 된다고 단칼에 거절했다. "그 사람들한테 전해. 내 아들을 살려 낼 수 있으면 합의하겠다고. 그렇다면 괜찮아. 내 아들을 살려 내라고 해. 내 아들을 살려 낼 수 있다면 돈은 안 줘도 된다고."

두 번째로 합의를 종용한 사람은 헤냘로페의 친구인 경찰이었다.

이 경찰이 리토에게 전화해 당구장에서 보자고 했다. 노르미가 막내 이기보이를 데리고 리토의 뒤를 쫓았다. 노르미는 이기보이에게 잘 지켜보라고 일렀다. 열두 살인 이기보이가 아버지를 위협하는 사람이 있으면 때려 주겠다며 무기로 쓸 나무 막대기를 들고 있었다.

두 사람은 리토의 뒤를 쫓아 길모퉁이까지 갔다. 경찰이 다가오는 것이 보였다. 리토가 서서 경찰의 말을 들었다. 노르미에게서 열 걸음 남짓 떨어진 거리였다. 노르미가 귀를 쫑긋 세워 봤지만, 트라이시클의 덜거덕거리는 소리와 자동차의 경적에 한 마디도 들리지 않았다.

대화가 끝나고 리토가 발걸음을 옮겼다. 리토는 노르미를 보지 못했다.

"자기야!" 노르미가 부끄러움을 무릅쓰고 외쳤다.

리토가 발걸음을 멈췄다. 지나가던 사람들도 마찬가지였다. 노르미의 얼굴이 난처함에 붉어졌다.

세 사람은 함께 집으로 걸었다. 리토가 경찰이 다시 합의를 제안했다고 전했다.

경찰은 돈은 준비되어 있다고 말했다. 그냥 돈 받아요. 당신들이 할 수 있는 일은 없으니까.

리토는 앞서 바랑가이 캡틴에게 했던 말을 되풀이했다. 생각해보겠지만, 결정은 아내가 합니다.

노르미는 그때 격분했다고 내게 말했다. "그렇게 말하는 리토에게 화가 났어요. 왜 말 안 했어? '법정에서 봅시다'라고 했어야지. 지금도 남편한테 항상 그렇게 말해요. 또 찾아오는 사람이 있으면 그냥 '법정에서 봅시다'라고 말하라고요."

세 번째이자 마지막으로 합의를 권한 사람은 은퇴한 경관이었다. 나이가 있는 사람으로, 가족과 알고 지내고 리토와 함께 경마를 보러 가곤 하는 사람이었다.

문자 메시지가 왔다. 집으로 와, 안으로 들어오지는 말고.

왜 그런지는 곧 드러났다. 헤날로페가 경관의 집에 있다고 했다. 집 밖으로 나온 경관이 합의하는 쪽이 나을 것이라고 설명했다. 합의하면 소송에 들어갈 돈을 로페스 가족에게 주겠다고 했다.

리토가 집 안으로 들어갔다. 헤날로페는 가고 없었지만, 제안받은 액수가 상당히 컸다.

노르미가 은퇴한 경관에게 번거롭게 해서 미안하다고 사과했다. "경찰에 전해 주세요. 나는 소송을 취하하지 않을 거예요. 우리는 지금 목숨 때문에 다투는 거예요. 우리 아들 목숨 때문에요. 천금을 준들 우리 아들을 살려 낼 수 있을까요? 아니잖아요. 그러니 나는 법정에서 싸울 거예요. 결과가 어떻든요." 노르미는 경관에게 합의금이 얼마이냐는 중요하지 않다고, 돈은 한 푼도 받을 수 없다고 못 박았다. 헤날로페와 다른 경찰들이 자기네가 저지른 짓만큼 처벌받아야 한다고 말했다.

"자스틴이 항복하지 않았다면 그때 그럭저럭 넘어갔을지도 몰라요." 노르미가 내게 말했다. "하지만 경찰은 자스틴이 두 팔을 들었는데도 총을 쐈어요. 게다가 그걸로도 만족하지 못해 쏘고 또 쐈잖아요. 그래서 그 경관에게 말했어요. '내 아들은, 그 깡마른 아이는 한 발만 맞고도 죽었을 겁니다. 그런데도 경찰은 총알을 퍼부었어요.'"

노르미는 경관에게 합의는 절대 없다고 잘라 말했다.

경관은 이해한다고 고개를 끄덕였다.

그로부터 며칠 뒤, 나는 로페스 가족의 집을 찾았다가 그 이야기를 들었다. 우리는 비좁은 바닥에 마주 보고 앉았다. 녹음기가 빨간색 빛을 깜빡이며 작동 중이었고, 내 손에는 노트북이 들려 있었다. 리토가 노르미 옆에 앉아 있었다.

그런데 마지막 제안이 이야기의 끝이 아니었다고 노르미가 털어놓았다. "리토 이야기 좀 해야겠어요."

리토가 눈을 끔뻑거렸다.

"이 사람이 나한테 화를 냈어요. '왜 그렇게 말했어?' 그렇게 말하더라고요."

"누가요?"

"이 사람이요."

이 사람, 리토가 노르미 옆에 조용히 앉아 있었다.

"이 사람이 나한테 화를 냈어요. '아니 왜, 왜 그렇게 말했어? 생각해 보겠다고 말했어야지.' 그래서 내가 말했죠. '내가 왜 생각을 해봐야 하는데?' 울컥 울음이 터지더라고요. '내가 왜 생각을 해봐야 하냐고? 이거 네 아들 목숨 때문에 다투는 거라고, 이 개새끼야.' 사람들이 우리를 쳐다보고 있었어요. '돈이라면 환장하는 이 개새끼야, 짐승만도 못한 놈아.' 그때 디비소리아 재래시장에 있었는데, 내가 이 사람한테 고래고래 소리를 질렀어요. 루이가 사람들이 쳐다본다고 나를 말리더군요. '망할 새끼! 저 새끼는 돈밖에 몰라. 제 아들이 죽었는데, 돈이랑 바꿔 먹으려고 해. 돈은 벌면 되잖아.' 나는 정말 화가 났어요."

내가 액수가 많긴 하네요, 라고 말했다.

"나는 돈 필요 없다고요!" 노르미가 울음을 터트렸다. "생난리가 나도 우리가 밥은 먹고 살 거예요. 하지만 내 아들은 못 살려 내잖아요."

리토가 커다란 손을 허벅지에 올린 채 가만히 바닥만 바라보았다.

내가 리토에게 다음 질문을 던졌다. "아내에게 뭐라고 말했어요?"

"아무 말도요."

"이 사람이 화냈어요." 노르미가 말을 끊었다. "나한테 욕도 했어요. 이 사람은 화가 나 있었어요."

"지금도 돈을 받고 싶으세요?" 내가 리토에게 물었다.

노르미가 말을 이었다. "그래서 내가 변호사들한테 문자를 보냈어요. 이 사람이 무슨 짓을 했는지 하소연을—"

"아닙니다." 리토가 내 질문에 답했다. "아내가 결정할 문제입니다."

노르미가 다시 말을 이었다. "이 사람이 무슨 말을 했는지 변호사들에게 말했어요. 그래서 변호사가 나중에 이 사람과 이야기를 나눴고요. 좋아, 당신은 돈 받아." 노르미가 이 말을 하며 리토를 쏘아보았다.

"아닙니다." 리토가 여전히 바닥에 시선을 고정한 채 어깨를 으쓱했다. "아내 뜻을 따를 겁니다."

"내 마음은 바뀌지 않을 거야."

리토에 따르면 아이들이 합의를 받아들이라고 권했다. 한 아들은 그것이 가족의 미래를 위한 결정이라고 주장했다.

"노르미가 싫다고 하면요?" 내가 리토에게 물었다.

"그럼 어쩔 수 없죠."

"내가 한마디 해도 돼요?" 화가 난, 날 선 목소리가 들렸다.

나는 여섯째인 딸인 에라이가 옆에서 인터뷰를 듣고 있다는 것을 깜빡 잊고 있었다. 에라이는 스무 살이었다. 노르미와 리토와 내게서 살짝 떨어진 곳에 앉아 있었다.

괜찮아, 말해 봐. 내가 말했다.

"우리 중 누가 살해당하면 어떻게 해요?"

"너희한테는 아무 일도 없을 거야. 내가 이미 소송을 걸었어." 노르미가 말했다.

나는 에라이를 돌아보았다. "두렵니?"

"네."

에라이에게 소송을 지지하는지 물었다.

"지금은 두려워요. 왜 아니겠어요. 우리가 다칠지도 모르는데. 자스틴을 잃은 뒤로 엄마한테는 자스틴이 전부인 거 같아요."

노르미가 다시 울음을 터트렸다. "우리에게 필요한 건 기도뿐이에요. 주께서 우리를 버리지 않으실 거야. 나는 주님만 붙잡아요."

리토가 노르미에게 말했다. "물론 헤날로페가 무슨 생각을 하는지 당신이 알 수는 없지. 당연히 헤날로페도 스트레스를 받아. 범죄를 저질렀고, 어리석은 짓을 할지도 모르고—"

에라이가 말을 끊었다. "어차피 파면되었다는 것을 아니까 특히 그렇지."

"있잖아—" 노르미가 말문을 열었다.

에라이가 말을 끊었다. "우리는 경찰과 상대하는 거야. 만약 그 사람이 다시 경찰이 되면 우리를 가만 놔둘 것 같아? 우리를 안 건드릴 것 같냐고?"

BL이 문 앞에 나타나 열쇠를 찾았다.

열쇠는 조펫한테 있어. 에라이가 말했다.

잠시 침묵이 흐른 뒤 노르미가 입을 열었다. "봐, 그 빌어먹을 돈이 우리를 갈라놓고 있잖아."

아무도 말을 못 했다.

내가 물었다. "아이들이 두려워해도 삼 년을 더 기다릴 수 있겠어요?"

노르미가 빠르게 답했다. "나도 애들 생각을 해요. 그래서 어디서 돈을 구할지 계속 생각한다고요. 아이들 때문에요. 내 생각은 하지 않아요. 그 생각만 하면 골치가 아파요. 아무도 내가 무슨 일을 이겨내야 하는지, 무슨 일을 해야겠다고 생각하는지 몰라요. 내가 말을 안 하고 말지. 너는 이 상황이 믿어지니? 네 오빠를 죽인 범인이 멀쩡히 살아서 이런 짓을 벌이고 있는 게? 게다가 경찰이라고! 우리는 75 대 25로 싸우고 있어. 내 생각엔―" 노르미가 말을 멈췄다. "이건 다 돈 때문이야."

"다른 사람들이 무슨 생각을 하는지도 생각해 봐요." 에라이가 말했다.

"헤냘로페가 너희는 건드리지 않을 거야."

"우리 중 한 명이 잡혀가면? 그 사람이 무슨 생각을 하는지 엄마는 모르잖아요."

"형제자매들이 모두 두려워하고 있니?" 내가 물었다.

"그건 몰라요. 하지만 나는, 나는 정말 무서워요."

"삼 년을 계속 버틸 수 있겠어요, 노르미?"

"네. 나는 할 수 있어요. 삼 년이 더 걸려도 좋아요. 절차가 오래 걸리는 건 알아요."

"만약 십 년이 걸린다면요?"

"모르겠어요. 나는 그냥 싸우고 싶어요." 노르미가 별안간 흐느껴 울었다. 자리에서 일어서더니 세 걸음 떨어진 침실로 들어가 문을 쾅 닫았다.

나는 녹음기를 껐다.

아내는 괜찮을 겁니다. 리토가 말했다.

리토는 유족이 합의를 거절했던 또 다른 사망 사건을 안다고 했다. 합의금으로 제안받은 액수는 6000달러였다. 가해자는 감옥에 갇혔고, 유족은 집을 수리할 돈이 필요했다. 마침내 유족이 돈을 받겠다고 결정했을 때, 합의 제안이 없던 일이 되었다.

"나는 일이 그렇게까지 되는 건 원치 않아요."

노르미는 시위 현장에서 발언하고, 진술서에 서명하고, 집마다 찾아다니고, 자식을 잃은 다른 어머니들을 발 벗고 나서 인터뷰했다. 그들을 껴안고 함께 눈물지었고, 아들의 서류를 태워 버린 어머니까지 설득해 함께 싸웠다.

자스틴 로페스 사건의 판결 절차는 더디게만 흘러갔다. 그 와중에 중국 우한에서 "원인 불명 폐렴"을 일으키는 바이러스가 도시 곳곳으로 퍼지기 시작했다.

노르미타를 다시 만난 것은 팬데믹 봉쇄가 시작되고 2년 뒤 거리 시위에서였다. 우리는 그동안 여러 차례 영상 통화를 나눴다. 톤도에 인터넷이 끊겼을 때는 전화로 이야기를 나눴다.

노르미가 웃으며 손을 흔들었다. 우리는 포옹을 나눴다. 이야기를 나누기에는 도로가 너무 시끄러웠다. 우리는 바리케이드 너머로 걸었다. 노르미가 마스크를 벗었다. 나는 녹음기를 건드리지 않도록 고개를 숙였다.

"자스틴 사건은 어떻게 되고 있어요?"

"좋아요. 헤날로페가 수감됐거든요."

내가 걸음을 멈췄다. "네?"

"헤날로페가 자수했어요. 영장이 발부되었거든요."

"그럼, 이제 합의는 없겠네요?"

노르미가 긴장한 듯 피식 웃었다. "모르는 일이죠."

"제안이 오면 받아들일 거예요?"

"있잖아요, 녹음기 끄고 이야기해도 될까요?"

우리는 피플 파워 기념 조형물이 내려다보는 도로 옆에서 10분 동안 조용히 이야기를 나눴다. 녹음은 없었다. 눈물이 있었던 것은 기억한다. 노르미가 진정되자, 나는 그 앞에 쪼그려 앉아 늘 그랬듯 물었다.

"이제 녹음해도 될까요?"

노르미는 내게 털어놓지 않는 편이 나았을지도 모를 이야기를 들려줬다. 여러 달 뒤 다른 시위에서 노르미가 다른 엄마들을 둘러보며 입술에 검지를 갖다 댔다. 나는 노르미가 내게 털어놓은 이야기를 친구들에게는 아직 털어놓지 못했다는 것을 깨달았다. 내가 거기 간 이유는 결말을 알고 싶어서였다. 그리고 결말은 자그마한 이 여성이 녹음기에 대고 모든 것을 후회한다고 속삭였던 조용한 울먹임에 들어 있다는 생각이 들었다.

노르미가 들려준 진상은 이랬다. 어느 날 보니 남편 리토가 주머니에 손을 집어넣어 1000페소짜리 지폐를 한 장 꺼냈다. 아이 하나가 돈이 필요하다고 조르던 참이었다. 리토가 아이에게 1000페소를 건넸고, 그 주가 지날 때까지 1000페소 지폐를 여러 장 더 내놓았다. 그렇게 한 주가 지나서야 리토가 사실을 털어놓았다. 고소를 취소하겠다는 약속을 하고 일단 총 5만 페소를 받았다는 이야기였다. 이야기를 들은 노르미는 울부짖다가 비명을 지르다가 끝내 말문을 닫았다. 부부가 함께 자던 침대 아래 칸에서 내려와 문 앞에 매트리스를 깔고 혼자 울먹이다 잠들었다. 받은 돈을 거의 써

버려 되돌리기에는 너무 늦었다는 생각이 들었다.

"그 뒤로 만남이 있었어요. 나도 따라갔어요. 리토는 나를 데려가지 않았지만, 내가 전에 합의를 중재했던 바랑가이 캡틴한테 가는 리토를 쫓아갔어요. 왜냐면 헤냘로페가 거기 와서 리토를 죽이거나, 아니면 뭔가 나쁜 일이 벌어질지도 모른다고 생각했거든요. 그래서 내가, 아니 우리가 따라갔어요. 나와 딸 루이노르요. 모여 있는 사람들을 봤어요. 나는 합의에 동의하고 싶지 않았어요. 하지만 리토가 거기 있는 데다 이미 돈을 받았으니 무슨 일이 벌어질지도 모르겠고, 뾰족한 수가 없어 보이더라고요. 그러고도 한참이, 시간이 아주 오래 지나서 결국은 동의했어요. 헤냘로페의 딸이 나를 안아 주려 했거든요. 내가 뭘 어쩌겠어요?"

노르미는 자스틴 로페스의 죽음에 관련된 사건에서 손을 떼겠다고 약속하고 돈을 받았다. 노르미와 리토, 헤냘로페의 아내 에드나, 변호사들이 식당에서 마주 앉았다. 서류로 작성한 공식 합의 조건은 없었다. 로페스 가족이 형사 소송을 중단하고, 헤냘로페가 로페스 가족을 건드리지 않는다는 비공식 합의만 있었다. 변호사가 안 된다고 조언했지만, 부부는 협상을 마쳤다.

합의금은 유용했다. 그 돈으로 대가족 전체가 쓰는 전기 요금을 치를 수 있었다. 알루미늄 사업에 필요한 자재를 구매할 수 있었다. 모바일 데이터를 사고, 자스틴의 아이들에게 입힐 옷을 살 수 있었다. 아이들은 아이 엄마를 따라 새 아버지와 함께 살았다. 돈은 빠르게 사라졌다. 노르미에게 돈이 있다는 것을 알고 가족 전체가 노르미를 찾아왔기 때문이다.

법원은 필리핀 국민 대 헤리헤냘로페 경장의 살인 소송 건을 잠정 기각했다. 고발인인 네스토르 로페스와 노르미타 로페스가 법원에 출석하지 않았기 때문이다.* 헤냘로페의 변호사는 피고가 "증인이 출석하지 않는 가운데 피고의 공판 기일이 이미 경과"했다고 주장했다. 검사는 여기에 이의를 제기하지 않았다.

그날 거리에서 노르미가 내게 말했다.

그러지 말았어야 했어요.

동의한다고 말하지 말았어야 했어요.

후회가 후렴구처럼 이어졌다. 후회해요. 지금까지도 후회해요. 자스틴의 사진을 볼 때마다 후회해요. 할 수만 있다면 멈추고 싶어요. 서명만 하지 않았다면 취소했을 텐데. 돈을 받지 않았다면, 돈을 써 버리지 않았다면, 전부 돌려줬을 텐데.

나는 전직 경장인 헤리헤냘로페와 한 번도 이야기를 나눠 본 적이 없다. 헤냘로페의 변호사에게 답변을 요청하는 문자와 서신을 보냈지만, 아무런 응답이 없었다. 나와 이야기를 나눈 사람은 헤냘로페의 아내 에드나였다. 남편이 짧은 복역 기간을 마치고 풀려난 뒤 한참이 지났을 때 전화로 이야기를 나눴고, 통화는 녹음되었다.

에드나는 말했다. 다 끝난 일이에요. 양쪽 모두 용서하기로 했어요.

게리가 자스틴을 쐈는지는 나도 몰라요. 남편에게 물어본 적이 없거든요. 우리는 기찻길에서 일어난 사건을 입에 올리지 않아요.

---

* 필리핀 법원은 중요 참고인이 불출석하는 경우 사건을 잠정 기각Provisional Dismissal한다. 이 유예 기간 동안 소송이 재개되지 않으면 영구 기각된다.

내가 아는 건 텔레비전에서 본 것, 집에 온 소환장에서 읽은 것이 전부에요. 에드나는 헤날로페가 기소되어 체포되어 있는 동안 변호사들과 협상 자리에 참석했을 것이다. 에드나는 돈을 준 것이 맞는지 확답하지 않았다. 그렇다고 부인하지도 않았다. "돈을 주지는 않았을 거예요." 에드나에게 자스틴 사망 사건은 다 끝난 일, 용서받은 일, 마무리된 일이었다.

"저와 통화하는 것을 남편분이 아시나요?"

"아뇨."

나는 에드나에게 내가 헤날로페를 찾고 있다는 것을 알려야 한다고 말했다. 책에 자스틴의 이야기를 실을 테고, 에드나가 말한 내용도 적을 것이므로, 남편에게도 발언권이 있어야 한다고 설득했다.

에드나는 남편에게 전하겠다고 말했다. 내게 결과를 알려 주겠다고 했다.

하지만 지금까지도 나는 헤리헤날로페에게서 연락을 받지 못했다.

에드나는 남편이 좋은 사람이고 좋은 경찰이라고 말했다. 남편이 무척 자랑스러웠다고 했다. 문제가 생긴 것은 이번이 처음이었다. 이건 결코 남편의 잘못이 아니었다. 에드나는 남편이 바라는 것은 좋은 경찰이 되는 것뿐이에요, 라고 말했다.

"기자님, 나는 실제로 무슨 일이 있었는지는 몰라요. 남편은 그저 자기 책무를 다하는 경찰일 뿐이었어요."

우리 아빠는
경, 찰, 이거든!

    세계에서 국내 문제에 전쟁을 선포한 정치인이 로드리고 두테르테가 처음은 아니었다. 두테르테가 말라카냥궁에 들어가기 훨씬 전부터 여러 대통령과 통치자들이 가난, 음란물, 기아, 비만, 암, 마약을 상대로 전쟁을 선포하고 싸웠다. 그리고 지금껏 누구도 이런 전쟁에서 승리하지 못했다. 그런 사실은 중요하지 않다. 정치인에게는 전쟁 선포 그 자체가 승리이기 때문이다. 전쟁 소식이 신문 헤드라인을 장식한다. 선거 운동의 슬로건이 된다. 해법은 후임자나 신의 몫이다. 그런데 로드리고 두테르테의 관심은 은유적 전쟁이 아니었다. 두테르테는 은유를 좋아하는 사람이 아니다. 두테르테는 마약과의 전쟁을 선포했다. 그리고 두테르테가 '죽이라'고 말했을 때 그 말은 진짜 죽이라는 뜻이었다.

    그 여파로 반발이 일었다. 항의가 있었다. 변호사, 성직자, 활동가들이 목소리를 높였다. 하지만 두테르테의 전쟁을 기록하는 우리 언론인이 보기에는 항의의 목소리가 찻잔 속 태풍일 뿐이었다. 국민 대다수에게는 평소와 다를 바 없는 삶이 이어졌다. 사망자 수가 적고 전쟁이 짧게 끝나기를 바라는 마음에 말을 아꼈을 수도 있다. 죽음에 찬성하는 표를 던진 사람들은 자신이 은유적 죽음에 투표했다고 생각했을지 모른다. 무엇보다 우리 필리핀에는 죽음을 관, 꽃다발, 성수 뿌리기 같은 경건한 추상적 개념으로 받아들이는 곳들이 있다. 그런 곳에서는 사람들이 총알을 구경한 적도 없이, 가까운 거리에서 발사된 총알에 맞으면 몸이 어떻게 되는지 모른 채 살다 죽을 수 있다.

2020년 12월 20일, 이 모든 상황이 바뀌었다.

이제 곧 죽음을 맞을 사람의 이름은 안톤이었다.

안톤이 자신의 운명을 알았더라면, 12월 말 어느 일요일 오후 깡마른 몸으로 웃옷을 벗고 서 있는 자신에게 덩치 큰 남성이 빳빳한 자세로 잔디밭을 가로질러 걸어왔을 때 다른 말을 했을지도 모른다. 그러나 안톤은 술에 취해 있었고 화가 나 있었다.

안톤은 화를 못 이기고 성질을 부렸다. "네가 그 총이 없어도 그렇게 용감할 수 있을 것 같냐?"

"이 개자식, 너는 체포야." 덩치 큰 남자가 말했다.

남자가 억센 팔로 안톤을 와락 잡아채는데, 안톤의 어머니가 가로막았다.

키가 작은 백발의 소냐가 스물다섯 살인 아들과 남자 사이로 뛰어들었다. 세 사람은 60센티미터 높이인 포치와 그 아래 깔린 잔디밭 사이의 흙바닥에 서 있었다. 어색한 포옹이었다. 덩치 큰 남자가 안톤의 검은색 반바지 자락을 움켜쥐고 안전한 포치에서 떼내려 했다. 자그마한 소녀가 두 팔로 아들의 허리를 감싸안은 채 흙바닥에서 버텼다. 끌어당기는 남자와 붙잡는 소녀 사이에서, 안톤이 꼭두각시처럼 이리저리 흔들렸다.

누군가가 멈춰요, 제발 멈춰요, 라고 소리쳤다. 누군가는 당국에 연락해 달라고 외쳤다. 한 아이가 자지러지듯 내내 비명을 질렀다. 소녀가 중심을 잃었다. 그래도 한 손으로 포치 기단을 꽉 잡고 다른 팔로는 여전히 안톤의 허리를 감싸안았다. 안톤의 누나가 동생을 보호하려고 뛰어들자, 덩치 큰 남자가 누나를 밀쳐내더니 꽉 쥔 주먹을 목덜미에 내리꽂았다. 안톤의 누나는 덩치 큰 남자가 팔로 목을 휘감아 조이는데도 버텼다.

안톤의 누나는 자그마한 손에 머리채를 잡히고서야 남자의 팔에서 풀려났다. 손의 주인은 남자의 열두 살짜리 딸이었다. 이 소녀가 옆에서 가만히 싸움을 지켜보다 손을 뻗어 안톤 누나의 머리채를 움켜쥐었다. 안톤의 누나는 너무 아파 거의 주저앉다시피 했다. 주저앉을 때 소녀의 머리채를 움켜잡았다.

순식간에 다섯 사람의 팔다리가 뒤엉키는 진흙탕 싸움이 벌어졌다. 덩치 큰 남자의 딸이 울부짖었다. 덩치 큰 남자가 고함을 질렀다. 남자가 오른손으로 안톤을 붙잡았다. 왼손으로는 총을 꺼냈다.

영상은 여기서 끊겼다.

이 책을 쓰기 시작했을 때만 해도 나는 살인이 벌어지는 장면을 본 적이 없었다. 내가 래플러에 실은 기사 속 모든 장면은 취재 내용을 재구성한 것이었다. 경찰 보고서, 전문가 의견, 공포에 질린 목격자들에게서 조심스럽게 얻어낸 증언의 녹취록을 조합한 것이었다. 그래서 문단마다 "~에 따르면"이나 "~가 들려준 이야기로는" 같은 표현을 붙였다. 더러는 총성이 울리고 삼십 분 만에 현장에 도착할 때도 있었지만, 대개는 며칠 뒤에야 도착해 현장의 낙서를 옮겨 적고 희미해지는 핏자국의 개수를 세었다.

나는 되도록 많은 사람을 인터뷰해 놓친 정보를 채우고 모순된 점을 파악해, 무엇이 직접 목격한 사실이고 무엇이 건너 들은 소문인지를 판단했다. 경찰의 공식 보고서에 많은 시간을 들여, 알아듣기 힘든 복잡한 어법에서 단서를 찾았다. 어쩌다 가끔 확보한 짧은 동영상은 결정적 증거보다는 보강 증거에 그쳤다. 암살자는 복면을 썼고, 녹화된 영상은 드물었다. 목격자들은 겁에 질린 나머지 휴대전화를 꺼낼 생각조차 하지 못했고, CCTV 영상은 설사 확보하더라도 대개는 너무 흐릿해 신원을 확인하기 어려웠다.

나는 머릿속으로 모든 단서를 종합한 범죄 현장을 이만하면 됐다 싶을 만큼 오래 곱씹었다. 모든 것이 중요했다. 방송사가 직접 인용해 보도한 관계자의 말. 통신사가 내보낸 공식 성명. 어느 경찰의 아내가 올린 사진 한 장. 내가 알아낸 것은 대부분 기억, 트라우마, 이해관계, 끊임없이 바뀐 내 판단을 거친 결과물이었다. 나는 사무실 벽에 갈색 방습지를 붙이고 뭉툭한 글씨체로 모든 단서를 적었다. 사망 날짜조차 명백한 사실이라고 의심 없이 받아들이기가 어려웠다. 예컨대 한 사망 사건에 대한 경찰 공식 보고서가 두 주 전 일어난 살인 사건과 뒤섞여 있었는데, 두 사건의 연관성은 피해자가 모두 마닐라시에서 처치되었다는 것 하나뿐이었다. 내 기사는 내가 최대한 접근할 수 있는 진실에 가까웠다. 하지만 전체 상황을 완벽하게 보여 준 적은 한 번도 없었다.

하지만 이 이야기는 완벽했다. 무엇보다 영상이 있었다.

야간 취재반 그룹 메시지

오전 12시 20분_ 에스라 아카얀(사진기자): (페이스북 동영상 링크)

오전 12시 20분_ 에스라 아카얀(사진기자): "일요일 오후 5시 10분경 타를라크주 파니키의 카바야오아산 바랑가이 2푸록*에서 파라냐케시 소속 경찰관이 무장하지 않은 피해자 2명을 근거리에서 총으로 쏴 죽였다. (동영상: 경찰청 소식통) 2020년 12월 20일 오후 5시 10분경 타를라크주 파니키 카바야오아산 바랑가이에서 발생한 총격 사건에 대해 봉쇄 작전 1단계 발동됨. 피해자는 쉰두 살 어머니 소냐 안토니 이 루피노와 스물다섯 살 아들 프랭크 안토니 그레고리오 이 루피노로 확인되었고, 이들을 죽인 용의자로 확인된 사람은 파라냐케시 범죄연구소 현장수사반 소속 후넬 누에스카 순경으로 검정 재킷, 검정 티셔츠, 검정 바지, 검정 헬멧을 걸치고 빨간색 야마하 N-MAX를 몰고 타를라크시 방향으로 도주했다."

오전 12시 22분_ 에스라 아카얀(사진기자): 용의자가 파라냐케시 범죄현장수사반 소속이래요.

오전 12시 38분_ 빈센트 고: 젠장. 어제 타를라크에 있었는데.

오전 5시 20분_ 알릭스 아룸팍(영화감독): 방금 영상 다시 봤어요. 세상

---

* 바랑가이의 하위 구역이다.

에, 정말 끔찍하네요. 이 사람, 죽은 여성이 자기 딸한테 소리 질렀다고 총을 쐈더라고요.

오전 5시 22분_ 알릭스 아룸팍(영화감독): 사람을 죽이는 게 이렇게 쉽네요.

오전 9시 29분_ 팻 에방헬리스타: 늦게 일어났어요. 영상이 안 보이네요. 경찰이 내린 건가요?

오전 9시 29분_ 알릭스 아룸팍(영화감독): 그런 것 같은데, 다른 데 올라온 영상을 봤어요.

오전 9시 35분_ 빈센트 고: 내릴 줄 알았어.

오전 9시 35분_ 빈센트 고: (영상 첨부)

빠르게 퍼진 11초짜리 영상은 코로나 팬데믹이 시작된 지 거의 일 년째인 2020년 12월 20일 저녁 9시 52분에 최초로 공개되었다. 살인이 일어난 지 아직 다섯 시간이 지나지 않았을 때였고, 영상이 공개된 곳은 메트로 마닐라에서 발행되는 신문 《데일리 트리뷴》의 페이스북 계정이었다. 진중한 논조의 이 신문은 동영상을 경찰청 소식통에게서 입수했다고 주장했다. 영상 속 인물은 열두 살 소녀를 포함해 모두 흐릿하게 처리되었다. 두 시간이 조금 더 지났을 때 이웃 자치구인 다키간의 구의원 론지 다키간이 더 긴 영상을 개인 페이스북 계정에 공유했다. 프로필에 자신을 출판업자 겸 편집장으로 소개한 다키간은 영상에 이런 설명을 달았다.

타를라크 파니키 출신인 어머니와 아들이 … 파라냐케시 경찰청 범죄현장수사반 소속 경찰인 후넬 누에스카의 총에 맞아 살해되었다. … 두 사람은 지난 일요일 오후 5시 10분경 벌어진 잔혹한 범죄에서 닭처럼 속수무책으로 도살되었다.

다키간은 피해자인 쉰두 살 여성 소냐 그레고리오와 스물다섯 살 남성 프랭크 안토니를 타를라크주 파니키 자치구 주민으로 설명했다. 필리핀의 18개 행정 구역 중 제3구역(중앙루손)에 속하는 타를라크주는 마닐라에서 차로 세 시간 거리다. 영상은 머리채를 잡는 일이 벌어진 뒤 어느 시점에 촬영된 것이었다.

영상은 쏟아지는 아우성으로 시작한다. 여러 갈래의 비명이 들리는데, 주로 젊은이와 청소년 목소리다. 나중에 안톤의 열여섯 살 사촌으로 확인되는 영상 촬영자가 몇 발짝 떨어진 포치에 서 있었으므로, 영상 속 상황이 살짝 위에서 내려다본 모습이다.

영상에서 안톤은 카메라에서 약간 비껴나 잔디밭 쪽을 바라본다. 소냐가 포치를 등진 채 안톤 뒤에서 두 팔로 안톤의 가슴을 꽉 끌어안고 있다. 슬리퍼에 반바지와 짙푸른 반소매 티셔츠를 걸친 건장한 남자가 두 사람 주변을 어슬렁거린다. 남자의 이름은 후넬 누에스카다. 그날 비번이던 누에스카는 그레고리오네 집에서 두 집 떨어진 곳에 사는 경찰이었다. 누에스카의 손아귀가 안톤의 반바지 자락에서 허리춤 중앙으로 옮겨간다.

회색 민소매 티를 입은 남성(나중에 그레고리오 집안의 친척으로 밝혀진다)이 상황을 진정시키려 한다. 이 남성이 누에스카에게 간청한다. "말로 해결합시다." 안톤이 욕설을 내뱉으려 하자, 남성이 안톤의 입을 틀어막는다. 안톤이 입을 다문다. 누에스카는 안톤의 반바지를 꽉 쥐고는 있어도 더는 당기지 않는다. 잠시, 평화가 유지될 것처럼 보인다.

누에스카가 뒤돌아 안톤을 내려다본다. "총을 갖고 싶거든 경찰이 돼."

"내 아들을 놔줘요!" 소냐가 쏘아붙였다.

"놔달라고? 내가 이 녀석을 체포하고 말 거야!"

"못 보내!"

안톤이 옷을 갈아입고 싶다고 말한다. "당신 때문에 찢어졌잖아. 그만 좀 잡아당기라고!"

"그래. 우리 좀 그만 끌어당겨. 당신이 우리를 계속 끌고 가려 하잖아. 우리는 아무 데도 안 가."

이때까지 계속 주변을 맴돌던 누에스카의 열두 살짜리 딸이 가느다란 팔을 쑥 내밀어 소냐를 밀치고 소리친다. "그만 보내!"

소냐가 몸을 휙 돌린다.

안톤이 비웃는다. "네 아빠가 널 어떻게 키웠길래 이 모양이냐?"

아이가 으르렁대듯 날카롭게 소리쳤다. "그냥 보내라고!"

소냐가 쏘아붙였다. "가려면 너희나 가. 우리는 안 가. 여긴 우리 집이라고!"

자그마한 얼굴이 긴 머리칼에 반쯤 가려진 소녀가 고함을 지르는 듯한 목소리로 한 문장을 내뱉는다. 나중에 필리핀의 온라인 공간을 들쑤실 말이었다.

"우리 아빠는 경, 찰, 이거든!"

소냐가 비아냥거리듯 받아친다. "아이 돈 케어, 어, 어 어, 어, 어!"

소냐는 한국 밴드 투애니원이 부른 경쾌한 팝송의 가사와 가락을 그대로 가져와 맞받아쳤다. 열두 살 소녀의 화를 돋우려고 일부러 그런 것이었다.

그런데 여기에 화가 난 사람은 아이가 아니라 경찰이었다. "개새끼, 지금 끝장내 달라는 거지?"

그리고 총성이 울린다.

탕. 소냐가 쓰러진다. 모든 비명이 멎는다.

탕, 탕. 안톤이 쓰러진다.

소냐의 몸이 움찔한다.

탕.

다시 비명이 들린다.

경찰의 딸아이는 가만히 지켜만 본다. 비명도 지르지 않는다.

크리스마스를 나흘 앞둔 날 이 영상을 보았다. 머릿속으로 영상 속 이미지를 빠르게 정리해 보았다. 내가 이미 읽은 책을 원작으로 한 영화를 보는 것 같았다. 영상의 순서는 맞는데, 무언가 빠진 요소가 있었다. 마지막 1분을 돌려 보고 또 돌려 보았다. 내가 무엇을 찾고 있는지 깨달은 것은 영상 속 내용을 글로 적어 보려 할 때였다. 내가 귀 기울여 찾던 것은 천둥소리였다. 내 생각에 목숨을 앗아가는 총성처럼 마지막을 뜻하는 무엇은 더 화려하고 큰 울림이 있어야 했다. 폭발이나 버섯구름처럼, 삶에서 죽음으로의 갑작스러운 전환을 알리는 신호가 어딘가에는 있어야 했다.

그런데 영상 속 총성은 순식간이었다. 총성 네 발이 울리는 데 채 5초도 걸리지 않았다. 타닥, **탕**. 위험하다는 생각이 들지 않는 간결한 소리였다. 총알이 가까운 거리에 있는 사람의 머리를 뚫고 들어가는 소리가 망치로 땅땅 못을 내려치는 소리와 별로 다르지 않았다.

그제야 내가 지난 십 년 동안 죽음을 슬로모션으로 봐 왔다는 것을 깨달았다. 나는 동작 하나하나를 모아 죽음의 순간을 구성했다. 머리를 돌리는 동작, 팔을 올리는 동작, 손가락으로 방아쇠를 당기는 동작. 나는 모든 죽음을 상세하게 정리했다. 부검 보고서와 목격자 진술을 바탕으로 총알의 궤적을 추적했다. 목격자 명단을 만들고, 취재원의 반응을 기록하고, 누군가가 생각하고 보고 들은 내용을 종합해 한 사람의 생명이 꺼지는 마지막 몇 분을 긴 글로 재구성하려 했다.

진실은 더 단순했다. 한 문장을 타이핑하는 데 걸리는 시간보다 한 사람을 죽이는 데 걸리는 시간이 더 짧다.

내가 영상을 봤을 때쯤에는 사이버 공간에 영상이 넘쳐나고 있었다. 조회수가 이미 수백만이었다. 영상이 삭제되었다가 다시 게시되고, 공유되고, 또다시 업로드되었다.

내 타임라인에 댓글이 쏟아졌다. "체포에 저항하길 바란다, 이 개새끼야." 한 유명인은 "어쩌다 이 지경이 되었을까요?"라며 탄식했다.

관련 해시태그가 유행했다. #살상을멈춰라필리핀. #경찰은테러리스트. #우리아빠는경찰이거든. 이 사건은 "가슴 아픈" 일이었다. "분노를 부르는 순간"이었다. "죽음의 문화"였다.

게시물들이 "피해자의 이름을 말해 주세요"라고 간청했다. "소냐와 프랭크 안토니 그레고리오에게 정의를."

그때껏 마약과의 전쟁을 취재한 기자라면 누구나 이런 이야기를 알았다. 그런데 아무리 애써도 모든 피해자의 이름을 말할 수 없었다. 사망 사건이 너무 자주 일어나, 우리 대다수는 하드디스크 드라이브 폴더를 사망일이 아니라 사망 시간순으로 정리했다. 내 친구 빈센트가 지도에 시신의 발견 위치를 표시하려고 노란색 작은 별을 붙이곤 했는데, 결국은 너무 빽빽하게 몰려 어느 별이 어느 시신을 가리키는지 구분할 수 없을 지경에 이르렀다.

영상을 찍은 열여섯 살 사촌에 따르면 경찰과 딸은 그냥 걸어서 현장을 떠났다. 무릎을 꿇지도, 소리 높여 도움을 요청하지도 않았다. 달아나지도 않았다. 경찰은 라이터를 켜듯 태연하게 방아쇠를 당겼다.

게티 이미지에서 일하는 에스라 아카얀이 페이스북에 글을 올렸다. "이런 일은 매일 일어난다. 그런데 그동안 여러분은 **영상**이 없다는 이유로 눈을 질끈 감고 **귀 기울이기**를 거부했다. 정신 차리시라."

방송 기자 바나비 로도 현실을 꼬집었다. "당신들의 아버지가 경찰을 보호하겠다고 했다. 처벌받지 않는데 경찰이 사람을 죽이지 않을 이유가 있을까? 당신들은 매번 당신들의 아버지에게 박수를 보냈다. 다 안전하다고 느끼고 싶어서였겠지? 그래서 이제 안전하다고 느끼나?"

경험 많은 언론인 인데이 에스피나-바로나도 한마디 보탰다. "물론 분노할 일이다. 하지만 필리핀에서는 지난 1년 동안 그런 일이 일어났다. 오늘 보니 마약과의 전쟁을 응원하던 몇몇이 비명을 지른다. 이건 당신들이 저지른 일이다. 당신들의 아버지와 함께."

나도 화가 나지 않았다고는 하지 않겠다. 하지만 동료 언론인 대다수와 마찬가지로, 내 분노는 특정 사건에 머물지 않았다. 분노가 담배 연기처럼 곁을 맴도는 것이 일상이 된 지 오래라, 거의 알아차리지 못했다. 오히려 내가 분노한 대상은 지난 4년 동안 관의 행렬이 이어질 때는 외면하다가 이제야 정의로운 양 분개한다고 알리는 모든 사람이었다. 지난 4년 동안 거리에 피가 흥건했으니, 이들에게 충격을 안긴 것이 피였을 리는 없다. 사람들이 충격에 빠진 이유는 무심하게 방아쇠를 당기는 모습이었다. 영상에는 달리 둘러댈 틈이 없었다. 총성과 사람이 쿵 쓰러지는 소리 사이에, 사망자가 총을 꺼냈다고 주장할 시간이 없었다. 저 남자가 죽을 짓을 했다, 저 여자가 죽을 짓을 했다, 이 모든 소란은 선동일 뿐이다, 라고 주장할 여지가 없었다. 유효한 사실은 이것뿐이었다. 아버지가 경찰이라고 의기양양한 아이. 어머니와 아들에게 죽고 싶냐고 윽박지르는 경찰. 총, 방아쇠, 탕, 탕, 탕, 탕. 순식간에 목숨을 잃은 두 사람.

트위터에서 본 마지막 게시물에 "이건 우리의 진짜 모습이 아닙니다"라는 글이 있었다.

이것이야말로 정확히 우리의 진짜 모습이었다.

사건이 발생하고 한 시간이 조금 지났을 때, 23년 경력의 베테랑 경찰 후넬 누에스카 경장이 필리핀 국가경찰청에 자수했다.

누에스카는 메트로 마닐라의 파라냐케시 범죄연구소에서 근무했고, 그레고리오 가족의 집에서 가까운 땅에 빨간색 대문이 달린 집을 소유하고 있었다. 누에스카는 파니키 자치구 출신이 아니었지만, 아내의 가족이 타를라크주에 살았다. 누에스카가 비번을 맞아 집에 있던 12월 20일은 마침 세계에서 가장 긴 9개월 동안 코로나19 봉쇄를 겪은 필리핀 전역이 조금이나마 연말연시 분위기를 내보려던 시기였다. 누에스카의 개인 화기는 이전 정부의 휴일 지침과 달리 장전되어 있었다. 두 주 전 필리핀 국가경찰청 데볼드 시나스 청장이 언론에 경찰이 총기를 장전하지 않는 탓에 총격 상황에서도 우물쭈물한다고 주장했다. 시나스는 "이제는 우리 경찰관 대다수가 자제력이 있고 규율을 지킬 줄 안다"고 자신했다.

사건이 일어난 일요일 늦은 오후, 그레고리오 집안의 젊은이 몇몇이 집 여기저기 흩어져 있었다. 소냐 그레고리오의 막내딸은 최근 맹장 수술을 받은 뒤 집 안에서 회복 중이었다. 안톤은 다른 젊은이들과 함께 마당에 있었다. 안톤이 **보가**boga를 쏘아 올리는 데 성공한 참이었다. PVC 관이나 대나무를 이용해 만드는 즉석 폭죽 **보가**는 할아버지 천둥, 굿바이 필리핀, 유다의 허리띠 같은 흥미로운 이름의 폭죽과 함께 금지 폭죽 목록에 올라가 있었다. 누에스카와 그의 아내, 딸이 초대도 없이 그레고리오 집안으로 뛰어온 원인이 바로 이 보가의 폭발음 때문이었다.

격렬한 논쟁이 벌어졌다. 그레고리오 가족의 주장에 따르면 누에스카가 술에 취한 안톤을 체포하겠다고 윽박질렀다. 누에스카가 안톤을 잔디밭으로 끌고 가고 있었는데, 소냐가 아들을 껴안고 자신을 방패막이로 삼았다. 누군가가 도움을 청하러 바랑가이 홀로 달려갔다. 누군가는 회복 중인 안톤의 여동생이 겁에 질려 몸부림치다 수술 부위의 실밥이 터질지 모르니 모두 멈추라고 소리 질렀다. 안톤의 누나 한 명이 안톤과 누에스카를 떼어 놓으려 둘 사이에 끼어들었지만 밀려나고 말았다. 머리채를 잡아당기고, 애원하고, 흐느끼는 난장판이 벌어졌다. 이웃과 친척들이 잇따라 나서 양쪽을 말리려 했다.

경찰 보고서에 따르면 안톤과 소냐는 오후 5시 10분에 총에 맞았다. 총격 사건이 공개된 지 채 24시간이 지나지 않아 타를라크주 경찰청장, 내무부 장관, 중앙루손 구역 경찰청장이 누에스카를 특별 대우하지 않고 정의를 구현하겠다는 공개 성명을 발표했다. 타를라크주 검찰이 두 건의 살인 혐의로 누에스카를 기소했다. 상원이 철저한 조사를 촉구했다. 시나스 필리핀 국가경찰청장은 "우리 경찰 인력 중 한 명이 저지른 범죄 행위"를 비난하고 "경찰청은 우리 경찰관의 어떤 범죄 행위도 묵과하지 않으며 앞으로도 그럴 일은 없다"고 국민에게 단호하게 약속했다.

대통령 특별보좌관을 지낸 상원의원 봉 고가 영상을 하나 공개했는데, 두테르테 대통령이 고가 든 휴대전화로 총격 장면을 지켜보는 모습이었다. 고는 기자들에게 "대통령께서 격노하셨습니다"라고 전했다.

경찰은 이례적으로 투명성을 발휘해 누에스카의 근무 기록을 공개했다. 누에스카는 국가수도구역(메트로 마닐라) 경찰청에 신입 경찰로 지원했다. 필리핀의 주요 상업 지구인 타기그시에서 11년 동안 근무한 뒤, 파라냐케시 경찰청으로 옮겨 3년을 근무했고, 이후 파라냐케시 경찰청 범죄연구소로 배치되었다. 이때부터 10년 동안 누에스카에게 적어도 여섯 건의 행정 소송이 제기되었다. 가벼운 소송은 2014년 약물 검사 거부와 관련된 건으로 정직 1개월 처분을 받았고, 다른 소송은 검찰 측 증인으로 법원 심리에 출석하지 않은 건으로 나중에 취하되었다.

다른 두 건은 사망 사건과 관련했다. 두테르테 대통령이 마약과의 전쟁을 선포한 2016년, 국가경찰청 내사국이 함정 수사 중 마약 용의자 두 명을 사살한 치사 혐의로 후넬 누에스카를 조사했다. 내사국은 이 건을 '혐의 없음'으로 종결했다. 지원 인력이었던 누에스카가 현장 근처에도 가지 않았다는 것이 이유였다.

2018년에도 비슷한 혐의가 제기되었는데, 이번에는 마약 용의자 한 명이 사망한 사건이었다. 경찰은 사망한 남성이 경찰과 총격전을 벌였다고 주장했다. 연루 경찰 3인 중 1인이 누에스카였다. 내사국 대변인은 언론에 "세 경찰 중 누가 용의자의 죽음에 책임이 있는지" 확정하기 어렵다고 발표했다. 이 건은 불송치되었다.

12월 21일 늦은 저녁, 두테르테 대통령이 국영 TV 방송에 출연해 소냐 그레고리오와 프랭크 안토니 그레고리오의 살인 사건을 언급했다.

"이 경찰은 예외 사례입니다. 머리가 아픈 사람입니다. 미친 사람이요."

그 뒤로 며칠 동안 정부는 책임을 묻는 호들갑을 연출했다. 타를라크주를 담당하는 제3구역 경찰청이 여러 영상을 짜깁기해 올린 동영상에 이런 설명을 달았다. "우리는 결코 묵인하지 않습니다. 제3구역 경찰청장 발레리아노 T. 데 레온 경무관이 누구도 용납할 수 없는 저촉 행위를 저지른 누에스카를 작살냈습니다."

"작살"냈다는 것은 데 레온 청장이 누에스카에게 성질을 누르지 못했다고 한바탕 훈계를 했다는 뜻이었다. "당신은 심호흡하는 법도 안 배웠어?" 제복 차림으로 꼿꼿하게 앉아 있는 데 레온의 맞은편에서 수갑을 찬 누에스카가 깊이 뉘우치고 있었다.

"청장님, 잘못을 인정합니다. 제가 감정에 너무 크게 휩쓸렸습니다. 제가 한 짓을 뉘우칩니다. 정말 뉘우칩니다. 무엇보다 가족이 안쓰럽습니다."

데 레온 청장은 누에스카에게 파면을 통보했다. "조직 전체를 나락으로 끌어들였기" 때문이었다. "개처럼" 사람을 죽였기 때문이었다. 누에스카는 기소될 예정이었다.

"마약 밀매 조직 말고는 모든 사람이 당신한테 화가 나 있어." 데 레온이 거들먹거리며 말했다. "바로 그게 당신이 뉘우쳐야 할 일이야. 그런 짓을 한 뒤로 아무도 당신 편을 안 들잖아. 그러니까 열심히 기도해야 해. 사람들이 당신한테 정말 화 나 있으니까."

중앙 정부와 치안 병력의 연합 전선은 전체적으로 법 집행의 경계선을 길게 재설정하는 데 성공했다. 사실과 여론이 피해자에 유리하게 동요했던 여러 사례에서 그랬듯, 정부가 죄를 저지른 해당 경찰을 대민 봉사와 보호가 의무인 여러 경찰과는 다른 예외로 빠르게 배제했다. 물론 공식 담화에 어긋나는 사례가 있었다. 한 여성 순찰대원이 페이스북에 살인자들을 옹호하는 게시물을 올렸다. "나한테 짐승같이 구는 건 괜찮은데, 감히 내 아이한테 소리만 쳐봐." 카탄두아네스의 한 경찰서장은 아무리 나이 든 여성이라도 경찰관에게 경의를 표해야 한다고 발표했다가 즉시 직무에서 배제되었다. 국가경찰청 대변인은 언론 브리핑에서 경찰은 누에스카에게 제기된 모든 비난을 존중한다면서도, 국민이 "공평무사하게 특이 사례인 누에스카보다 경찰의 영웅적 행동에 더 관심을 보여 주기를" 바란다고 말했다.

경찰로 잔뼈가 굵은 후넬 누에스카 경장은, 재직 기간 내내 다양한 혐의로 조사받고서도 무혐의 처분을 받았던 백전노장은, 결국 계급장과 배지를 박탈당했다. 정부 측 주장에 따르면 누에스카는 경찰이 아니라 미치광이였다.

두테르테 대통령은 주간 대국민 TV 담화에서 분을 이기지 못하고 화를 쏟아 냈다. "경찰, 이 개자식들. 내가 당신들을 사랑하는 건 당신들이 일을 잘해서야. 내가 당신들을 얼마나 사랑하는지 봤잖아. … 그런데 이 병신들, 미친 또라이들. 이제 그 자식은 밖에 나오지 못하게 해야 해. 이중 살인을 저질렀잖아. … TV에 다 찍혔으니 너는 준엄한 법의 심판을 피할 수 없을 거야. 너는 쓸모없는 녀석이야. 그건 정당하지 못하고 너무 잔인한 짓이었어. 녀석을 감옥에 처넣어. 이 악마를 절대 못 나오게 해."

두테르테는 누에스카를 차라리 산 채로 튀겨 버리는 게 낫겠다고까지 덧붙였다.

타를라크주 파니키에서 소냐의 남편이자 프랭크 안토니의 아버지 플로렌티노 그레고리오가 ABS-CBN 카메라 앞에 섰다.

"엄청난 일이죠. 특히 우리 대통령이 하신 말씀이잖아요. 두테르테 대통령께서 우리 가족을 신경 써 주신다니 감사할 따름입니다. 우리에게는 큰 의미입니다."

크리스마스 이틀 뒤, 우리는 타를라크로 차를 몰았다. 북루손 고속도로를 타고 톨게이트와 드넓은 사탕수수 농장을 지나 세 시간을 달렸다. 팬데믹도 연휴를 맞아 이동하는 차량은 막지 못했다. 휴게소 주차장이 사람과 짐으로 꽉 찬 승합차를 세우고 마스크를 쓴 채 한가로이 스타벅스로 향하는 가족들로 북적였다. 스피커에서 〈참 반가운 성도여〉가 흘러나왔다.

고인이 된 코라손 아키노 대통령이 태어난 곳이 타를라크주의 1등급* 자치구인 파니키였다. 파니키는 2016년 대선에서 두테르테에 반기를 든 몇 안 되는 지역 중 하나이기도 했다. 파니키는 대체로 번창한 곳이었다. 결혼 전 성이 루피노인 소냐 그레고리오는 농지개혁법을 통해 토지를 분배받은 소작농의 딸로 태어났다. 형제자매 중 둘만 대학을 졸업했는데, 소냐가 그중 하나였다. 소냐는 1990년 초 메트로 마닐라에서 필리핀 사범대의 교사로 일하던 중 플로렌티노 그레고리오를 만났다. 플로렌티노는 생수 배달원이었다.

플로렌티노는 소냐가 예쁘다고, 너무 예뻐 배달료를 받지 않겠다고 했다. 그리고 웃으며 말하곤 했다. "나한테 신세 진 게 아주 많으니까, 데이트로 갚는 게 어때요?"

둘은 1991년 결혼했다. 소냐는 남편을 기분이 좋을 때는 아빠라 불렀고 기분이 별로일 때는 플로렌티노라 불렀다. 플로렌티노는 아내가 영리하고 굳세고 상황이 뜻대로 풀리지 않더라도 불평 한마디 하지 않는 모습이 좋았다. 플로렌티노가 돈을 벌러 해외로 떠났을 때는 소냐 혼자 아이들을 키웠다. 필리핀에 돌아온 플로렌티노는 도시를 떠나 더 조용한 삶을 살고 싶었다. 가족은 파니키로 이주했다. 루피노 집안 소유인 빈 땅이 있었기 때문이다. 플로렌티노는 덤프트럭을 몰았고, 소냐는 학교에서 아이들을 가르쳤다. 부부는 일곱 아이를 길렀고, 그중 몇몇이 독립해 결혼한 뒤 택지 한 필지를 샀다. 팬데믹으로 일상이 무너져 정신이 없던 시기가 이들

---

* 필리핀은 지방자치단체(주, 시, 자치구)의 연평균 세입에 따라 등급을 매긴다.

에게는 새집을 지을 기회였다.

우리가 도착해 보니, 뾰족한 양철 지붕을 덮은 집이 넓은 잔디밭 위에 미완성인 채로 우뚝 서 있었다. 기둥 하나에 타를라크 화물기사연합의 파란색 원형 로고가 붙어 있었다. 기자들이 카메라를 들고 대기했다. 주로 친척과 지역민인 조문객들이 지방 정부에서 빌려준 방수 천막 아래에서 서성였다. 포치 위에 울타리를 치고 세워둔 근조 화환에는 보낸 사람 이름을 검은색과 금색 네임펜으로 적은 새하얀 광택 리본이 달려 있었다. 보낸 사람 대다수가 국가경찰청 고위 간부였다. 삼가 고인의 명복을 빕니다, 치안총감 데볼드 시나스. 삼가 고인의 명복을 빕니다, 제3지역 경찰청장 및 직원들. 삼가 고인의 명복을 빕니다, 타를라크주 경찰청장 레난테 C. 카비코 총경. 삼가 고인의 명복을 빕니다, 파티키 자치구 경찰서 직원 일동. 상원의원, 하원의원, 내무부 장관, 주의회 의원, 그리고 몇 안 되는 파니키 자치구 의원들이 조화를 보냈다.

사진기자들과 함께 포치에 서 있는데, 라피 레르마가 내 어깨를 툭 쳤다. 포치 아래, 잔디밭이 흙바닥으로 바뀌는 곳에 이십 대로 보이는 젊은 남성이 바람에 금방이라도 꺼질 듯 흔들리는 촛불 두 개 위로 몸을 웅크리고 있었다.

"라이터 좀 빌려줄래요?" 젊은이가 내게 물었다. 손으로는 내 주머니에서 삐져나온 파란색 Bic 라이터를 가리켰다. 내가 라이터를 건넸다. "촛불을 꺼트리면 엄마가 나를 죽일 거예요." 젊은이가 옅은 미소를 지으며 말했다. 포치의 시멘트벽 아래쪽에 여전히 거무튀튀한 핏자국이 남아 있었다.

"이름이 뭐야?"

"루이스요. 막내아들이에요." 카메라 셔터 소리가 여섯 번쯤 울렸다.

커다란 근조 화환이 계단을 따라 거실까지 줄지어 늘어서 있었다. 그곳에 안톤의 아내가 말없이 가만히 앉아 있었다. 페인트칠을 하지 않은 벽에 관 두 개가 나란히 놓여 있었다. 안톤의 이마에 생긴 별 모양의 총상 자국이 여러 겹 바른 화장에도 뚜렷이 보였다. 두 관 사이의 상석에 로드리고 두테르테 대통령이 보낸 화려한 꽃바구니가 놓여 있었다. 양쪽 관에 좁은 거실을 드나드는 모든 조문객과 카메라 여섯 대가 못 보고 지나칠 수 없는 커다란 컬러 스티커가 붙어 있었다. '삼가 고인의 명복을 빕니다, 시장 막스 로하스' '삼가 고인의 명복을 빕니다, 부시장 비엔 로하스.'

필리핀에서는 정치 홍보물을 흔히 볼 수 있다. 방수포 현수막에 적힌 졸업 축하 인사와 크리스마스 인사는 연휴마다 보는 풍경이다. 지자체가 장례식, 급식 프로그램, 합동결혼식에 빌려주는 비닐 천막에 현직 관료의 얼굴이 인쇄되어 있는 경우가 숱하다. 내가 사는 도시의 보도 타일에는 시장의 이니셜이 박혀 있다. 아무리 그래도, 관 뚜껑에 정부의 연민을 광고하는 것은 우리 모두 처음 보는 광경이었다.

조문객을 맞이한 사람은 소냐의 남편 플로렌티노 그레고리오였다. 플로렌티노는 필리핀 가정에서 흔히 볼 수 있는 남성이었다. 가족이 모인 저녁 식사 자리에서 조용히 앉아 있다가, 분위기를 주도하는 아내에게 따뜻한 미소를 보내는 남편. 플로렌티노가 인터뷰를 나눈 기자는 내가 처음이 아니었다. 나와 세 걸음쯤 떨어져 마주 앉았을 때는 진이 다 빠진 상태였다. 내 등 뒤로는 아들 안톤의 관이, 그의 등 뒤로는 아내 소냐의 관이 있었다.

트라우마를 겪는 사람과 인터뷰하기란 그 자체로 쉽잖은 일이다. 그런데 팬데믹 기간에는 기자와 인터뷰 대상 사이에 생겨나기도 하는 친밀감이 전혀 형성되지 않아 까딱하면 식은땀이 나는 분위기로 빠졌다. 플로렌티노에게 **저를 믿어 보세요**라고 말하고 싶었지만, 마스크를 쓴 낯선 사람이 부랴부랴 빌린 90센티미터짜리 셀카봉에 녹음기를 매달고서 그렇게 장담하면 이상하게 들릴 것 같았다. 나는 소냐에 대해 물었다. 두 사람이 처음 만난 이야기, 사랑에 빠진 이야기, 소냐가 새벽마다 가족이 애지중지한 세탁기를 돌린 뒤 남편을 깨운 이야기, 소냐가 커피를 내려준 이야기("늘 두 잔을 내렸어요. 새벽 세 시쯤 테라스로 나가곤 했죠. 우리 둘이서만요."), 두 사람이 집, 아이들, 플라스틱 화분에 키우는 식물을 주제로 나눈 이야기들을.

"내가 외출한다고 하면 아내가 '아빠, 올 때 식물 좀 사다 줘요'라고 말하곤 했습니다." 플로렌티노의 눈이 붉게 충혈되어 있었다. "그러면 내가 식물을 사 왔어요. 정원에 쓸 자갈도요. 아내가 원하는 것은 뭐든요."

정원에 쓸 흙을 사 오라고 할 때도 있었다. 플로렌티노는 팡가시난에서부터 파니키까지 흙자루를 가져왔다.

소냐는 "참 잘했어요"라고 말하곤 했다. 소냐가 기분이 좋을 때 쓰는 말이었는데, 교사로 일할 때 생긴 버릇이었다. "당신, 참 잘했어요."

"상 줄 거야?"

"그럼."

상은 대개 키스였다.

파란색 마스크 위로 플로렌티노의 눈이 미소를 짓고 있었다. 내가 웃음을 터뜨렸다. 플로렌티노도 웃음을 터뜨렸다. 그때 고함이 들렸다. 장례 지원을 나온 경찰이 어린 여자아이를 안고 성큼성큼 거실로 들어섰다.

플로렌티노가 벌떡 일어섰다. "내 손녀예요." 공포에 질려 갈라진 목소리였다. "무슨 일입니까?"

"밖에서 기절했습니다."

그레고리오 가족과 누에스카 가족 사이에 증오가 싹 튼 원인은 토지 분쟁이었다. 다른 도시에 사는 소냐의 언니 메리 로즈가 소냐에게 자기를 대리해 작은 주택 필지를 팔아 달라고 부탁했었다. 그 땅을 산 사람이 누에스카 가족이었다.

이미 돈이 오갔는데, 거래가 틀어졌다. 통행권을 둘러싼 분쟁이 있었다. 갈등이 고조되었다. 소유권 문제, 신의를 저버렸다는 비난, 나중에 거짓으로 드러났으나 해당 토지가 저당 잡혀 있다는 주장, 법원까지 간 사기 소송, 메리 로즈에 따르면 그레고리오 가족에게 유리했던 법원 판결. 그레고리오 가족에 따르면 두 가족의 관계는 후넬 누에스카의 위협 때문에 한 번쯤 경찰을 불러야 하는 지경에 이르렀다.

12월 20일 플로렌티노가 배달을 마치고 비나로난에서 파니키로 차를 몰고 있는데 휴대전화가 울렸다. 전해 들은 소식은 거의 없었다. 들은 말은 안톤이 총에 맞았다는 것뿐이었다.

소냐가 총에 맞았다는 사실은 아무도 알려 주지 않았다.

이 사건이 전 세계 언론의 헤드라인을 장식했다. 《워싱턴 포스트》는 살인 사건이 "로드리고 두테르테 대통령 정권에서 만연한 경찰의 권력 남용을 적나라하게 드러낸다"고 보도했다. 《뉴욕 타임스》는 "분노의 물결이 정부, 그리고 불처벌을 악용해 활보한다는 비판을 받는 경찰에게로 향하고 있다"고 묘사했다. 마약 거래 혐의로 억울하게 수감 중인 레일라 데 리마 상원의원은 이 사건이 "처형 방식"의 학살이라고 맹렬히 비난했다. "두테르테의 살기 어린 살해 조장 발언 때문에 경찰이 별것 아닌 도발에도 사람을 죽이고 있다!" 두테르테가 비웃고 비난했던 인권 단체들이 성명을 발표했다. "최근 발생한 여러 경찰 폭력 사건과 마찬가지로, 누에스카가 소냐 그레고리와 아들 프랭크를 살해한 사건은 뻔뻔스러운 짓이자 필리핀에 만연한 불처벌을 뚜렷이 보여 준다." 휴먼라이츠 워치 아시아 부국장 필 로버트슨은 "이 사건은 두테르테 대통령 자신이 조장한, 경찰 폭력을 합법화하는 환경을 배경으로 일어났다"고 발언했다.

나는 그레고리오 가족의 집 잔디밭으로 나가 소냐의 맏이인 마크와 이야기를 나눴다. 몰려드는 기자들을 상대해야 했던 가족은 스물아홉 살인 식료품점 계산원 마크를 대변인으로 정했다. 이 무렵 정부가 그레고리오 가족의 집을 보호하겠다고 군대를 보냈다. 사회복지개발부가 겁에 질린 어린 목격자들에게 치유 프로그램을 제공했다. 마크는 자기 어머니와 동생을 살해한 남자를 고소하자마자 가해자와 똑같은 제복을 입은 경찰에 둘러싸인 것이 불안했지만, 결국은 마음을 놓았다. 제복 차림인 경찰 하나가 몸을 숙여 이렇게 말했기 때문이다. "걱정 마세요. 실망시키지 않겠습니다."

내가 마크에게 말을 걸었다. "이 사건이 대통령 잘못이라고 말하는 사람들이 있어요. 많은 사람이 죽었는데, 그게 불처벌 문화 때문이라고요."

"아뇨, 아뇨." 마크가 단호히 부인했다. "그건 아닙니다. 모든 사람을 탓할 수는 없습니다. 지도자들이 아무리 대단해도 구성원이나 아랫사람이 불량하면 아무 소용이 없어요. 이건 높은 자리에 있는 사람, 최고위직이 책임질 문제가 아니에요. 조직은 어디든 다 똑같습니다. 사장이든 회장이든 회사를 이끄는 사람을 비난하면 안 돼요. 다 아랫사람 하기 나름이잖아요."

마크가 자기 아버지와 이야기하러 자리를 뜨자, 옆에 앉아 있던 젊은 사진기자가 기가 차다는 듯 눈을 치켜떴다. "저런 말을 하다니, 기가 막히네요."

"조용히 해." 내가 쏘아붙이듯 말을 잘랐다. "여기서 할 이야기는 아니야."

살인 사건이 일어난 지 한 주 뒤, 나는 장례식에 참석하고자 다시 타를라크를 찾았다. 국내 언론사에서 나온 여러 기자가 잔디밭을 어슬렁거렸다. 그레고리오 부부의 자녀와 손주들이 기다란 플라스틱 탁자에 앉아 있었다. 위장복 차림인 경호대가 이웃집 포치 앞에 진을 치고 있었다. 가족들도 몰랐던 먼 친척들이 주변에 서서 장례식을 지켜보았다. 나는 그중 세 사람을 만났다. 은퇴한 경찰, 정부 사무원, 트라이시클 운전사였는데, 모두 단체 채팅방에서 한 집안 출신이라는 것을 알게 되었다고 했다.

한 사람이 고개를 가로저으며 말했다. "우리에게 일어난 일은 끔찍했어요." 다른 사람이 "우리도 사진에 찍혔어요"라고 말했다.

수십 명의 남녀가 잔디밭을 가득 메웠다. 대다수가 휴대전화를 들고 동영상과 셀카를 찍었다. 모두 벨트에 휴대용 무전기를 차고, 검정 바지에 밝은 파란색 반소매 티를 입은 것이 경찰 순찰대원 제복과 비슷한 차림이었다. 깃이 달린 셔츠에 노란색 블록체로 글씨가 새겨 있었다. 이들은 사실 경찰이 아니라 전력 증강 조직, 즉 국가경찰청이 인가한 의용단이었다. 대다수가 이웃한 누에바 에시하 주에서 30분을 운전해 온 사람들이었다. 단체 이름은 필리핀 핫라인운동주식회사PHMI라고 했다. "실제로는 핫라인이 없어요"라고 했으니 **핫라인**은 부적절한 명칭 같았다. 한 여성 회원이 커다란 목소리로 단체 기도를 이끌며 간청했다. 주 하나님이시여, 주님의 백성에게 지혜를 내려 주시옵소서.

장례식이 열리는 축축한 잔디밭에 갑자기 PHMI가 나타난 이유는 불분명했다. 이들이 가족과 함께 애도하려고 왔다는 말도 들렸고, 플로렌티노와 아들 한 명이 단원이어서 왔다는 말도 들렸다. 사촌이나 친척, 또는 소냐가 단원이었다는 주장도 나왔다.

"우리는 경찰과 협력합니다." PHMI의 지역국장 리사 라모스가 내게 말했다. "우리 좌우명이 '함께하면 범죄를 막을 수 있다'입니다. 우리는 경찰과 협력해 감시하고 신고해요. 이것이 경찰 핫라인에서 가장 중요한 일입니다."

오전 9시가 거의 다 되었을 때 2킬로미터 떨어진 묘지로 향하는 운구 행렬이 시작되었다. PHMI가 운구차로 이어지는 진흙탕 길을 따라 늘어섰다.

함께 묘지로 가는 차 안에서 빈센트 고가 말했다. "저 사람들,

진짜 덜떨어져 보인다. 필리핀 사람들은 저게 문제야. 제복만 걸쳤다 하면 갑자기 왕이라도 된 줄 안다니까. 팬데믹 때도 그랬고, 바랑가이에서도 그래. 심지어 한낱 경비원조차 말이야. 옷 한 벌, 조끼 하나에 우쭐대다 마음속에서 변화가 일어나는 거지. 아무것도 모르는 천치 바보들이 자기네가 법을 집행한다고 생각하는데, 실제로는 자기네가 무슨 짓을 하는지 터럭만큼도 몰라."

"저 사람들은 경찰이 아니잖아요." 내가 말했다.

"응, 그냥 천치 바보지."

우리는 파니키 엔젤가든 건너편에 차를 세웠다. 공동묘지 구역이 대단히 넓었다. 정문에 걸린 현수막에 현장에서 현금으로 결제하면 묘지 이용료를 20퍼센트 할인해 준다고 적혀 있었다.

빈센트에게 유족들과 나눈 인터뷰 내용을 들려줬다. 가족들이 대통령에게 아무런 책임도 없다고 생각한다고.

빈센트는 "큰 그림을 볼 줄 모르는 일반인들을 완벽하게 보여 주는 사례지"라고 말했다. "그런 사람들은 어쩌다 이 지경이 되었는지 아예 몰라. 평범한 사람들이라 지난 사 년간 우리가 보아 온 그 모든 사망자, 그 모든 사연, 뒤에 남겨진 모든 유족이 겪는 그 모든 고통을 본 적이 없잖아. 아마 이 가족은 정당한 대우를 받고 만족하겠지. 그런데 지금도 진실을 찾고 있는 삼만 명 넘는 사람들은? 그 사람들은 언제쯤 평화를 찾을까?"

묘지 정문에 전투복을 입은 경찰 몇 명이 경비를 서고 있었다.

내 옆에 있던 사진기자가 기가 차다는 듯 중얼거렸다. "이게 방탄조끼에 탄띠까지 걸칠 일이야? 전쟁이라도 났어?"

관들이 대형 천막 아래 놓였다. 관이 들어갈 못자리 주변으로 초록색 인조 잔디가 깔려 있었다. 천막 안이 사람들로 북적였다. 유족이 관을 에워싸고, 기자들이 유족을 에워싸고, 경찰들이 기자들을 에워쌌다. 서로 밀치며 자리다툼 중인 이 무리를 휴대전화를 높이 든 구경꾼들이 에워쌌다. 한 나이 든 여성이 소냐 그레고리의 열린 관 위로 주먹 쥔 손을 휘두르며 통곡했다. 소냐의 자녀들이 하나둘씩 흐느껴 우는 가운데, 붉어진 눈시울로 여전히 마스크를 쓴 플로렌티노 그레고리오가 단단한 팔로 한 아이를 끌어안더니 또 다른 아이를 끌어안았다. 찰칵, 사진 찍는 소리가 들리고, 카메라가 영상을 찍기 시작했다. 그레고리오 가족을 둘러싼 사람들이 점점 관 쪽으로 다가왔다.

"제발요, 제발 뒤로 물러나 주세요." 마크가 눈물을 흘리며 애원했다.

이런 일이 벌어질 때 나는 천막 바깥에서 다른 기자들과 여섯 걸음 정도 거리를 유지하려 했다. 그래도 몇 분마다 앞으로 나가 카메라맨들의 어깨 사이로 휴대전화 녹음기를 들이밀지 않을 수 없었다. 마크가 애원하자 뒤로 물러섰지만, 내가 도덕적으로 우월해서 그랬다고는 할 수 없다. 우리는 초대받지 않은 불청객이고, 유족에게 조용히 애도할 권리가 있다는 사실을 잘 알았지만, 12월 27일의 거친 애도식을 취재할 때 느낀 죄책감은 코로나19에 걸릴까 봐 두려워한 것도 원인이었다. 상황이 달랐다면, 팬데믹도 없고 다큐멘터리를 제작하지 않아도 됐다면, 나는 유족이 언론에 물러나라고 애원하는 와중에도 자리다툼에 뛰어들어 파나소닉 AF100으로 영상을 찍고 있었을 것이다.

"찍을 만큼 찍었잖아요. 제발 물러나 주세요." 경찰의 현장 지휘관이 기자들에게 지시했다.

나는 그 뒤로 무리 안쪽으로 들어가지 않았다. 영상을 찍는 카메라가 적잖았으므로 몇 시간 지나지 않아 온라인에 공개될 것이 뻔했다. 그 덕분에 한 발 떨어져, 그레고리오 부부의 집 앞에 아주 정성스럽게 배열되어 있던 화환들이 보낸 사람의 지위를 거의 고려하지 않은 채 추모 공원 잔디밭에 아무렇게나 놓여 있는 사실을 여유 있게 기록할 수 있었다.

한 남자가 외치는 소리가 들렸다. "소냐와 프랭크 안토니에게 정의를!"

"정의를!" 다른 사람들이 복창했다.

관 바로 뒤편에 있는 묘역 잔디밭에 PHMI 소속 남녀가 반원 모양으로 모여 있었다. 카메라 두 대가 조문객과 취재진 무리에서 빠져나와, 나와 함께 축축한 잔디밭을 가로질러 PHMI 쪽으로 갔다.

구호를 외친 남성은 PHMI의 밝은 파란색 셔츠를 입었고 키가 작았다. 손에 든 휴대전화를 이리저리 움직여 동영상을 찍었는데, 나중에 보니 페이스북에 실시간으로 스트리밍하고 있었다. 남자는 우리 쪽을 향해, 그러니까 렌즈와 카메라를 향해 씩 웃더니 손가락 하나를 들어 물었다. **한 번 더?**

남자는 스스로 답을 얻은 것 같았다. 기다리고 있는 단원들을 향해 지휘자처럼 팔을 들어 올리고 다시 외쳤다.

"소냐와 프랭크 안토니에게 정의를!"

"정의를!" 의용단이 우렁차게 복창했다.

그레고리오 가족 몇몇이 막 안치를 끝낸 묘지에서 발길을 돌려 천천히 천막 밖으로 나오는 사이, 남자가 두세 번 더 구호를 외쳤다.

남자는 자신을 헤로나 자치구 의원이자, 타를라크 언론협회 회장 겸 프라임 알라이언스 출판사 사장, 론다 뉴스 편집장, "필리핀의 기자"인 론지 다키간으로 소개했다. 소냐와 안톤의 피살 장면을 찍은 휴대전화 영상을 페이스북 페이지에 공개한 론지 다키간이 바로 이 사람이었다.

다키간은 PHMI의 자랑스러운 단원이었다. 이들의 임무가 한둘이 아니었지만, 그중에서도 평화, 질서, 치안, 교통 지원, 감시, 구조 작전이 중요했다. 이들에게는 원대한 계획이 있었고, 그중 하나가 프랭크 안토니와 소냐 그레고리오를 위한 정의 구현이었다.

다키간이 내게 장담했다. "우리는 이 단체를 '어머니 소냐를 위해 정의를, 프랭크 안토니를 위해 정의를, 모두를 위해 정의를'로 부를 겁니다. 단체는 어머니 소냐와 프랭크를 위한 정의뿐 아니라, 이렇게 널리 퍼진 영상 때문에 드러난 사건과 달리 발생은 했으나 드러나지는 않은 잔혹한 범죄의 수많은 피해자를 위한 정의를 추구합니다."

나는 PHMI 단원들에게 그레고리오 모자를 죽인 사람이 경찰이라는 사실을 어떻게 생각하는지 물었다. 지역국장이라고 자신을 소개한 여성이 답했다. "내가 아는 한 이 사건은 잘못을 저지른 이 경찰의 순간적인 충동 때문에 일어났을 뿐입니다."

"이 경찰만의 문제다?"

"네, 이 경찰만요."

"여기서 정부는 아무 잘못이 없다는 거죠?"

"네, 전혀, 전혀 없죠."

프랭크 안토니 그레고리오는 경범죄를 저질렀다. 폭죽 사용을 금지하는 명령에 따라 경찰에 체포 권한이 있었지만, 안톤의 위반 행위는 대개 경고로 해결되고 기껏해야 이따금 벌금을 부과하는 수준이었다. 무엇보다 새해를 며칠 앞두고 사유지 뜰 한가운데서 직접 만든 폭죽 하나를 터뜨렸을 뿐이었다. 그런데 후넬 누에스카는 이를 범죄로 판단했고, 법이 후넬 누에스카의 편이었다. 안톤은 저항했고, 소냐도 마찬가지였다.

살인이 일어나기 3주 전인 2020년 12월 3일, 로드리고 두테르테 대통령이 연설 중 경찰의 노고를 격려했다. 두테르테는 경찰이라면 정당방어 상황에서 사람을 죽이는 것을 두려워해서는 안 된다고 부추겼다. "그런데 확신이 서지 않거나 상대가 먼저 총을 뽑겠다는 의심이 든다면, 그냥 죽여 버리면 됩니다. 그럼, 세상에 바보 하나가 줄어드는 겁니다." 두테르테는 자주 했던 발언들을 다시금 쏟아냈다. 마약이 젊은이들을 망가뜨린다, 모든 마약상은 무기를 지니고 있다. 인권은 나약한 자를 위한 것이다. 경찰은 범죄에 맞서는 최후의 보루다.

대통령 두테르테는 명령했다. "법 집행기관에, 제복을 입은 이들에게 알립니다. 여러분의 의무를 다하십시오. 법에 따라 행동하되, 경계를 늦추지 말고 현명하게 판단하십시오. 저자들이 한 번이라도 실수하면, 쏴 버리십시오."

두 사람을 쏴 죽일 때 후넬 누에스카 경장은 최고사령관의 명령을 따르고 있었다.

녹화된 영상이 없었다면 어땠을까? 내 생각에는 이런 일이 벌어졌을 것 같다. 후넬 누에스카가 파란 제복의 동료들에게 연락했을 것이다. 그리고 십중팔구 술이나 약물에 취한 것 같은 젊은 안톤이 체포를 거부하며 반항했다고 주장했을 것이다. 소냐 그레고리오가 체포를 방해했다고 주장했을 것이다. 국가경찰청 수뇌부가 보낸 하얀 안스리움이 그레고리오 집안의 잔디밭을 채울 일은 없었을 것이다. 수사가 없었을 테고, 설사 어떤 방식으로든 수사를 진행했더라도 후넬 누에스카는 앞서 두 번의 수사에서 그랬듯 무혐의 처분을 받았을 것이다. 로드리고 두테르테 대통령 각하께서 그레고리오 가족에게 그렇게 정의 구현을 약속하지도 않았을 것이다. 파니키 자치구의 미완성 주택 잔디밭에서 일어난 살인 사건은 지역 언론이 보도하는 여러 사건 소식 중 하나에 그쳤을 것이다. 내가 기사를 접했다면 정부 측 발표를 의심은 했겠지만, 크리스마스 이틀 뒤 나무가 늘어선 케손시의 비교적 안전한 서재를 떠나 KN-95 마스크를 쓴 채 세 시간 동안 차를 몰고 타를라크로 가 흐느껴 우는 남성에게 죽은 아내의 커피 취향을 묻겠다는 생각은 하지 않았을 것이다.

"사람들이 당신들 싫어하는 거 알아요?" 그날 오후 한 프리랜서 기자가 내게 말했다.

"우리를요?"

"다른 언론들이요. 야간 취재반 기자들을 싫어해요. 자기들만 옳은 줄 아는 꼴통들이라고 생각하거든요."

나는 어깨를 으쓱했다. 우리는 마닐라와 타를라크 사이 중간쯤에 있는 쇼핑몰 바깥에서 담배를 피우고 있었다. 한 기자가 담배 연기를 내뿜으며, 두테르테 정부를 지지하는 것처럼 보이는 그레고리오 가족을 거칠게 비난했다. 그레고리오 가족이 두테르테처럼 주먹을 들어 올려 경의를 표했다는 확인되지 않은 소문이 퍼졌다.

사망자를 추적하는 우리 같은 기자들은 빈센트가 그랬듯 유가족이 "큰 그림을 보지" 못하는 데 탄식할 여유가 있었다. 운구 행렬을 뒤따르며 두 사람의 죽음이 예상되었던 일, 상부의 폭력적인 언사와 하부의 전면적 불처벌이 낳은 자연스러운 결과라고 상상하기는 쉽다. 하지만 마이크와 트위터 피드, 파란색 셔츠 차림의 의용단을 모두 제거하면, 그때는 어느 일요일 오후 어머니와 형제가 살해되는 모습을 지켜본 한 가족만이 남을 뿐이다. 시야를 조금 넓히면, 그 집 잔디밭에 놓인 의자에 앉아 자기 어머니의 관에서 6미터쯤 떨어져 있는 마크 그레고리에게 2016년 대선에서 누구에게 투표했느냐고 묻는 내 모습이 보인다. 이때는 이야기가 이렇게 흘러갈 것이다. 슬픔에 젖은 유가족 곁에서 사적인 비극을 소재로 가르침을 전달하려는 고발 전문 언론. 나도 거칠게 비난하고 분노하고 탄식할 수 있었다. 하지만 결국은 나도 외부의 관찰자, 슬픔에 젖은 유족의 어깨에 민주정의 짐을 지우려 하는 제삼자일 뿐이었다. 유족에게는 애도해야 할 망자가 있었고, 내게는 책임져야 할 일이 있었다.

2021년 1월 첫 주, 후넬 누에스카가 살인 혐의로 판사 앞에 섰다.

누에스카는 무죄를 주장했다.

감옥으로 돌아가 판결을 기다렸고, 여덟 달 뒤 유죄 판결을 받았다. 파니키에서 사건이 발생한 지 거의 1년 가까이 된 2021년 11월

30일 오후 6시 44분, 전직 경찰 후넬 누에스카가 뉴빌리비드 교도소 병원에서 사망 선고를 받았다. 교정국 보고에 따르면, 누에스카는 동료 수감자와 함께 걷던 중 의식을 잃고 쓰러졌다.

두테르테 정권 시절 의심스러운 상황에서 죽음을 맞은 유명 수감자는 누에스카가 처음이 아니었다. 국가수사국의 예비 보고서는 "누에스카가 심장마비로 사망한 것으로 보인다"고 밝혔다. 교정국 대변인은 고문이나 폭력의 흔적은 없다고 발표했다. 누에스카는 적이 없고, 사망 전 의심스러운 사건이 있었다는 기록도 없다고 덧붙였다.

"살해된 것이 아니냐는 분들에게 답하자면, 초기 조사와 동료 수감자들의 진술을 토대로 볼 때 누에스카의 죽음은 자연사로 보입니다."

나는 로드리고 두테르테의 마약과의 전쟁으로 발생한 실제 희생자 수를 확실하게 보도할 수 없다. 게다가 수치로는 이 전쟁의 인명 피해를 설명하지 못할뿐더러, 개인의 자유가 잔혹한 국가 폭력에 밀려날 때 무슨 일이 벌어지는지를 제대로 가늠할 수 없다. 가장 높은 추정치—사망자 3만 명 이상—도 이 과제를 해결하기에는 부족할 것이다.

거짓말을 하려는 의도가 있을 때 수치는 놀라운 거짓말쟁이를 낳을 수 있다. 정부 기관조차 경찰이 이른바 마약 단속 작전 중에 얼마나 많은 사람을 죽였는지에 동의하지 못한다. 국가경찰청 작전국은 2020년 8월 기준 사망자 수를 7884명으로 추산했다. 2년 뒤인 2022년 5월 정부 공보실은 수치를 6252명으로 낮췄다. 수사 중 사망자 수치는 2019년에 마지막으로 발표되었지만, 모든 치사 사건과 함께 뭉뚱그린 수치라 마약 관련 사망자 수를 확인하는 데는 의미가 없다.

실제 수치는 더 높을 것이 거의 확실하다. 컬럼비아대학교 스태빌 탐사보도연구소의 연구는 필리핀 정부의 발표 수치가 "필리핀에서 발생한 광범위한 마약 관련 살해를 심하게 과소평가"했다고 평가했다. 대법원은 "두테르테 행정부의 마약 소탕 전쟁 기간에 발생한 사망자 총 2만 322명"에 대해 모든 문서를 제출하라고 요구했다. 인권위원회 위원장 치토 가스콘은 마약 관련 사망자 수가 "최대 2만 7000명"까지 갈 수 있다고 발표했다. 국제형사재판소 검사 파투 벤수다는 마약과의 전쟁과 관련해 "1만 2000명에서 2만 명이 살해"되었다고 추정했다.

내무부 장관은 이를 "근거 없이 부풀려진" 수치라고 깎아내렸다. 국가경찰청 대변인은 "선동 시도"라고 주장했다. 정부가 "리얼 넘버스Real Numbers" 캠페인을 시작했을 때 의도는 "혼란과 균열을 일으키는 수치를 명확히 하는" 것이었다. 사회복지부 차관보가 국제 사회에 "명백한 허위" 정보가 퍼지고 있다고 불만을 쏟아냈다. "오늘 우리가 여기 모인 이유는 어떤 담론을 받아들이라고 강요받아서입니다. 안 그래요?"

델라 로사 국가경찰청장은 "우리가 언론에 유일하게 호소하는 것이 공정한 보도입니다. 데이터를 너무 부풀리지 말아 주십시오. 마약과의 전쟁을 완전한 악으로 그리지 말아 주십시오"라고 간청했다.

델라 로사가 퇴임할 무렵, 나는 그에게 본인이 감독한 마약과의 전쟁이 성공했다고 생각하느냐고 물었다. 델라 로사는 국민들의 감사 표시에서 성공을 확인했다고 답했다. 국민들이 자기에게 감사하다고 말하고, 안아주고, 때로는 매우 고마운 나머지 흐느끼기까지 했다고 했다. "필리핀 국민은 이제 자국 경찰을 사랑하게 되었습니다. … 자국 경찰을 사랑하고 신뢰하고 존경해요."

자리에 앉은 경찰관이 자기가 현장에서 얼마나 용감한지를 뽐내려 할 때마다 쓰는 표현이 있다. 바로 이 표현이 특정 경찰 보고서에 꼬박꼬박 등장한다. 이런 보고서에서는 용의자가 이른바 총격전 중에, 또는 경찰을 위협하다가 사살된다. 용의자는 사망하거나 죽음이 코앞인 상태로 발견되는데, 이런 발견은 "총격의 연기가 가라앉은" 뒤에야 일어난다. 예컨대 비논도에서는 "총격전의 연기가 가라앉은 뒤" 보니 두 용의자가 "작은 집의 방 안에 쓰러져 죽어 있었다." 산타크루즈에서는 "총격의 연기가 가라앉았을 때" 용의자가 "시멘트 포장도로에 치명상을 입은 채 누워 있었다." 톤도에서도 한 남성이 "총격의 연기가 가라앉은" 직후 숨진 채 발견되었고, 호세 아바드 산토스에서도 용의자가 시멘트 포장도로에서 총상을 입고 쓰러져 숨진 채 발견되었다. 역시 "총격의 연기가 가라앉은 뒤"였다.

꽤 화려한 이 바로크풍 문구는 실제 사실과 극적 과장의 경계를 흐린다. 무엇보다 경찰이 사용하는 현대식 콜트 45구경은 발포 뒤 연기를 전혀 내뿜지 않는다. 성인 남성의 시신을 가린다는 것은 어림도 없는 일이다. 그런데도 이 문구가 공식 기록에 필수 항목처럼 기록되고 제출되고 등록된다. 마닐라경찰청 범죄수사과의 여러 치사 수사관이 서명한 경찰 보고서 10건도 마찬가지였다.

관료식 언어로 포장된 살육은 감각을 무디게 해, 시간이 지나면 온 국민이 바로 자기가 살고 있는 곳에서 벌어지는 참사에도 무감각해지게 할 수 있다. 객관적 현실은 잇달아 정부 보고서가 나올 때마다 걸러져 사라진다. 죽은 자는 이제 소멸해 존재하지 않는 상태가 된다.

"오직only"은 한정어다. 두테르테 정부는 의미를 축소하는 용도로 이 단어를 사용한다. 국가경찰청 대변인 베니그노 두라나 주니어가 2018년 리얼 넘버스 포럼에서 경찰이 마약 용의자 4410명을 죽였고 하루 평균 용의자 6명을 죽인 셈이라고 인정하며 내놓은 답변을 예로 들어 보자. 두라나 대변인은 "마약 용의자는 무장 상태일 수 있고, 마약에 취한 자들은 중무장 상태일 수 있는" 문제가 있다며, 경찰에게 "이런 범죄자들을 위해 목숨을 내놓으라고" 할 수는 없다고 답했다.

"그래도 다시 말씀드리건대 우리 경찰은 매우 민감하게 대응 중이며, 경찰의 불법 마약 소탕 작전에 대해 일부에서 제기하는 제안과 논평은 물론이거니와 비판까지 적극적으로 경청하고 있습니다." 두라나는 바로 그런 이유로 그해 경찰에 피살된 사망자가 줄었다고 주장했다. 한 주 평균 105명이던 사망자가 69명으로 줄었고 최근에는 23명으로까지 줄었다며, "평균 사망자 수가 오직 23명뿐"이라고 말했다.

경찰의 민감한 대응에 박수를 보낸다. 경찰의 자제력에 경의를 표한다. 사망자는 오직 6000~7000명뿐이다. 3만 명 중 마약 연루자는 오직 2000명뿐이다. 105명 중 오직 23명만이 경찰에게 살해되었다. 이들은 칠판에 적힌 숫자, 명부에 적힌 업적이다. 오직 범죄자일 뿐 온전한 인간이 아니다. 정부가 어떤 사망자 수에 "오직"이라는 한정어를 붙일 수 있을 때 우리가 잃은 것이 무엇인지 파악할 수 있다.

아홉 아이의 어머니인 노르미타 로페스에게 "오직"은 의미를 축소하는 단어가 아니다. 자스틴은 오직 하나뿐인 아들은 아니었다. 하지만 노르미타가 잃은 아들은 오직 하나뿐인 자스틴이었다. 물난리를 뚫고 병원에 데려갔던 아이, 경찰이 죽인 아이, 가장 사랑한 아들이라 부를 아이였다.

2021년 9월 15일, 국제형사재판소가 불법 마약 소탕 활동에 대한 조사 개시를 승인하며, "인도에 반한 살인 범죄가 저질러진 것으로 보인다는 점에서" 조사를 진행할 타당한 근거가 있다고 판단했다.

페테르 코바치 재판장, 레인 아델라이드 소피 알라피니-간수 판사, 마리아 델 소코로 플로레스 리에라 판사가 서명한 결정문은 "로드리고 두테르테 대통령이 비사법적 처형을 진정한 법 집행 활동과 양립할 수 없는 방식으로 공개적으로 조장했다"고 지적했다.

2023년 3월, 두테르테는 이렇게 발언했다. "내가 다시 한번 강조해서 말하지. 국제형사재판소 이 개자식들아, 나는 신경 안 써. 왜인 줄 알아? 내가 임기 초기에 말할 때 제대로 안 들었나 본데, 내가 내 이름과 명예, 대통령직까지 걸겠다고 말했잖아."

나는 자스틴처럼 제대로 꽃피우지 못한 목숨이 얼마나 많은지 알지 못한다. 하지만 노르미타는 살아 있고 자스틴을 기억할 것이다. 수치의 진실은 정부의 거짓말에 묻힐지 모른다. 부적절하게 공식화되고, 부정확하게 증명되고, 역사적 기록에 틀리게 적힐 수도 있다. 하지만 그 진실은 영원히 알 수 없는 것이 아니라 오직 지금, 오늘만 알려지지 않았을 뿐이다. 어쨌든 진실은 진실이다. 진실은 살해자보다 오래 살아남을 것이다. 기억되고 거듭 언급될 것이다. 충격의 연기는 가라앉을 것이고, 앞으로 한 세대, 두 세대가 지난 어느 날 단결한 사람들이 당당히 자리를 박차고 일어나 손을 들고 공식적으로 말할 것이다. **저들이 내 가족도 죽였다.**

3부
진혼곡

이것이 우리의
참회입니다

　아부다비에 사는 하손 키손은 도하행 비행기표를 예약했다. 도하로 날아가 그곳 대사관에서 로드리고 두테르테에게 투표했다. 하손은 자유주의자였고, 무신론자였고, 진보적 가치관을 지닌 엔지니어였고, 이성적 사고를 옹호했고, 가족이 현재 누리는 안락함을 위해 평생을 바쳤다. 하손에게는 두테르테의 언어가 귀에 거슬리지 않았다. 두테르테는 술꾼처럼, 간밤에 레드호스 맥주를 단숨에 들이킨 자기 아버지처럼 말했다. 두테르테가 위협을 하든, 횡설수설하든 상관없었다. 모든 것은 속기 쉬운 대중을 노린 미끼일 뿐이었다. 하손은 로드리고 두테르테가 행동하는 사람이라는 점이 마음에 들었다.
　땅바닥에 시신들이 쓰러지기 시작했을 때도 하손은 자신의 선택을 후회하지 않았다. 괜찮아요, 이건 마약과의 전쟁이잖아요, 라고 말했다.

마약과의 전쟁 초기이던 어느 날, 하손은 사진 한 장을 보았다. 거의 모든 사람이 본 사진이라 어쩔 수 없이 보게 된 것이었다. 오른쪽 어깨에 문신을 새긴 맨발의 여성이 고속도로 교차로에 앉아 다리 사이로 남성의 시신을 안고 있는 사진이었다. 손 글씨로 '마약 밀매꾼'이라고 쓴 찢어진 골판지가 아스팔트 위에 나뒹굴고 있었다.

사진을 찍은 사람은 라피 레르마였다. "흐느끼는 제넬린 올라이레스가 30세인 남자 친구 마이클 시아론을 껴안고 있다. 페디캡 운전사이자 마약 밀매업자로 지목된 마이클은 에드사에 있는 파사이 로톤다 교차로 근처에서 오토바이를 탄 괴한들이 쏜 총에 맞아 사망했다. 마이클은 어제 파사이와 마닐라에서 마약 관련 사건으로 살해된 여섯 명 중 한 명이었다."

그 뒤로 몇 날, 몇 주, 몇 달이 지나는 동안 이 사진이 두테르테의 마약과의 전쟁을 대표하는 상징이 되었다. 사람들은 사진에 〈라 피에타〉라는 제목을 붙였다. 성모 마리아가 축 늘어진 그리스도의 시신을 안고 있는 모습을 대리석에 새긴 미켈란젤로의 조각상을 떠올리게 하는 제목이었다. 사진이 하손의 소셜미디어 타임라인에까지 올라왔다. 죽은 남성, 울부짖는 유족, 남자 친구는 조금도 죄가 없다고 절규하는 여성. 하손은 충격적인 사진이라면서도 기사를 믿지 않았다. 사진에 나온 사람들을 "이런 부류의 사람들"이라 불렀다. 빈곤층, 주거지 불법 점유자들, 비이성적이고 생각 없는 사람들, "마약 사용자, 하면 떠오르는 사람들."

그런 어느 날 동영상으로 다른 소식을 접했다. 이번에도 거의 모든 사람이 본 영상이라 어쩔 수 없이 보게 되었다. 죽은 소년은 11학년인 열일곱 살 학생 키안 델로스 산토스였다. 경찰은 키안이 우발적인 총격전 중 **난라반**으로 사살되었다고 주장했다. 이 주장과 달리 CCTV 영상에서는 경찰관들이 키안을 농구장 옆으로 질질 끌고 갔다.

목격자들이 입을 열었다. 이들은 경찰관들이 키안에게 총 한 자루를 건넨 뒤 뛰라고 지시했다고 알렸다. 키안이 뛰어가려다 머리에 총을 적어도 두 발을 맞았다고 했다. 목격자들은 키안의 마지막 말을 증언했다.

하지 마요.

제발 멈춰요.

내일 시험 봐야 해요.

"있잖아요, 얘는 어린애잖아요." 하손이 말했다. 키안은 마약 중독자처럼 보이지도, 불법 점유자처럼 보이지도 않았다. 하손의 형제자매나 아들일 수도 있는 무고한 학생이었다. "그때는 뒤돌아보지 않을 수 없었어요. 그 **피에타**처럼 앞서 죽은 사람 중 얼마나 많은 이가 키안과 비슷한지 의심을 품게 됐고요. 설사 키안처럼 보이지 않는 사람들이라도요."

바로 그날, 하손 키손은 로드리고 두테르테에 대한 믿음을 거뒀다.

하손은 그 뒤로 이유를 묻는 사람 누구에게나 말한다. 자신의 실수를 인정한다. 자기 경험을 이야기한다. 솔직하다는 이유로 자신을 재단하든 말든 콧방귀도 뀌지 않고 신경 쓰지 않는다. 필리핀인들은 계급주의자이고 더러 인종차별주의자인데, 다만 누구도 말하지 않을 뿐이라고 대놓고 말한다. 그런 하손이 내게 이렇게 말했다. "허름한 셔츠를 입고 쇼핑몰에 있으면 어떤지 알죠? 경비원이 어떻게 쳐다볼지, 판매원이 어떻게 대할지요. 그건 현실이에요. 실제 벌어지는 일이요. 나도 그런 일들에서 예외가 아니에요."

이것은 하손 키손의 고백이자 참회다. 하손은 속아 넘어갔다. 자초한 일이었다. 하손이 실망한 사람은 두테르테가 아니라 자기 자신이었다. 하손은 자신의 투표를 후회한다. 자신이 두테르테에게 투표하라고 설득해 적어도 열 명이 두테르테에게 투표하게 한 일을 후회한다.

하손이 보기에 로드리고 두테르테는 거짓말쟁이이자 "그 자리를 차지했던 사람 중 가장 비겁한 사람"이다.

다음 대선 투표에서 하손 키손은 두테르테의 딸에게도 마르코스의 아들에게도 표를 주지 않았다. 이제는 자신뿐 아니라 필리핀 국민에게도 실망한다. 선거에 관한 한 필리핀인은 지금도 지독한 천치 바보라고 말한다.

돈돈 찬은 로드리고 두테르테에게 투표했다. 그리고 일찌감치 두테르테에게 등을 돌렸다. 두테르테가 오랫동안 논란이었던 페르디난드 마르코스의 국립 영웅묘지 안장을 허용한 직후였다. 돈돈은 두테르테 지지자였고 두테르테를 변호하느라 때로 거짓말도 했지만, 독재자 미화를 지지할 마음은 전혀 없었다. 그래서 시위에 나갔고, 다음 시위에도 참석했다. 뉴스를 챙겨 보았다. 두테르테가 계속해서 야당을 고립시키는 과정을 지켜보았다. 그러다 의회가 ABS-CBN 방송국을 폐쇄하는 것을 보았다.

돈돈은 자신의 선택을 후회한다. 하지만 돈돈은 자신이 예수회가 운영하는 명문 사립학교를 졸업한 치과의사로서 특권과 안락한 삶을 누린다는 것을 인정하는 현실적인 사람이다. 두테르테에게 반대하지만, 마음 깊이 자신을 자책하는 감정을 느끼지는 않고 다만 자신이 틀렸다는 것을 인정할 뿐이다. 2020년 여름, 돈돈 찬과 친구 둘이 페이스북에 그룹을 만들었다. 그룹 이름은 'Kwentong Ex-DDS', DDS였던 사람들 이야기라는 뜻이다. 이곳은 두테르테에게 투표했다가 후회하는 사람들이 일종의 고해성사를 할 수 있는 곳이다. 사실 이 프로젝트 전체가 돈돈 자신의 고해실이었다. "그런 일을 겪지 않았다면 이 프로젝트를 진행할 생각을 하지 못했을 겁니다."

처음 몇백 명으로 시작한 이 단체는 현재 회원이 7만 명이 넘는다. 돈돈은 회원들을 세심하게 대하고 되도록 보호하려 한다. 한때 두테르테에게 투표했던 사람들은 DDS뿐 아니라 처음부터 두테르테를 경멸했던 사람들에게까지 공격받고 비난받는다. 꼴 좋다. 이게 다 네 업보다.

두테르테에게 투표했다가 후회하는 사람들이 돌아선 이유는 다양하다. 이들은 필리핀과 중국의 관계가 깊어지는 데 분노한다. 마르코스 독재 정권 시절 폐쇄되었다가 이제 제휴 방송사 없이 독자 생존하느라 고군분투하는 ABS-CBM 방송국이 결국 문을 닫는데 불만을 느꼈다. 정부의 코로나19 팬데믹 관리 실패에 괴로워했다. 어떤 가톨릭 신자들은 대통령이 하느님을 멍청이라 부른 사실에 충격받았다. 어떤 이들은 마약과의 전쟁이 어떤 것인지 모른 채 마약과의 전쟁을 지지했다고 말한다.

돈돈은 자기들이 자주 사용하는 단어가 있다고 한다. 바로 **파그시시시**pagsisisi다. 파그시시시에는 여러 의미가 있다. 누군가에게는 후회를, 누군가에게는 죄책감을 뜻한다. 필리핀어 **pagsisisi**를 가장 완벽하게 번역한 영어 단어는 contrition이다. "멍들고 짓눌린, 마찰로 닳거나 바스러진"을 뜻하는 라틴어 contrītus에서 유래한 contrite는 《옥스퍼드 영어 사전》에 따르면 현대적인 비유에서 "죄의식으로 영혼이 짓눌리거나 쇠약해져 완전한 회개에 이르다"라는 뜻이다.

돈돈 찬의 고백이자 참회는 이것이다. 지난날 돈돈은 잘못 판단했고, 지난날 잘못 판단했으므로 이제 행동해야 한다.

앤 발데스는 로드리고 두테르테에게 투표했다. 두테르테에게서 아버지를 발견했기 때문이다. 앤에게는 한 번도 아버지가 없었다. 아버지 디공은 그런 앤이 선택한 사람이었다. 두테르테가 취임하던 날 앤은 새집으로 이사했고, 5페소짜리 동전 여섯 개를 현관 앞의 덜 굳은 시멘트에 박아 넣어 집의 토대에 두테르테를 새겨 넣었다. 30페소는 Du30를, 6월 30일을, 이사일을, 대통령 취임일을, 앤이 기대를 저버리지 않은 덕분에 아버지가 대통령이 된 날을 뜻했다.

두테르테가 당선되었을 때 앤은 행복했다. 새집이 생긴 것도 행복했다. 둘째를 임신했다는 사실을 알았을 때도 행복했다. 하지만 공립 병원에서 분만하던 중 아이를 잃었다. 제대로 힘을 주지 못하는 앤을 의사들은 무심히 대하고 간호사들은 비웃었다. 그 뒤 앤은 언젠가는 사립 병원의 의료비를 감당할 수 있도록 새집과 고국을 떠나 해외에서 가사 도우미로 일했다.

코로나19 팬데믹이 닥쳤을 때 앤은 마카오에 있었다. 시간이 많이 남았고, 그 시간을 소셜미디어, 특히 고향 발레르 자치구의 공식 홈페이지에 쏟았다. 누가 두테르테를 공격하면 앤이 나서 옹호했다. 자신이 아버지라 부르는 사람을 비판하는 사람들을 트롤링했다. 그들의 사진을 훔쳐 자기 타임라인에 올리고 이름을 공개하고 모욕했다. 급기야 이들의 아내와 아이들까지 소환했다. 앤은 "그 사람들을 거칠게 비난했어요"라고 고백했다. 상황은 점점 더 나빠졌다. 앤은 생전 처음으로 다른 이름을 이용해 가짜 계정을 만들었다. 두테르테를 비판하는 사람이라면 배우, 유명 인사를 가리지 않고 물어뜯었다. **이 개새끼들. 이 바보들. 이 똥멍청이들**. 앤 발데스의 이름으로는 절대 하지 않았을 말들을 뱉어 냈다.

어느 날 문득, 자신이 틀렸을지도 모른다는 생각이 들었다. 비판 의견을 읽기 시작했고, 비판자들의 말이 일리 있을 수 있다는 것을 깨달았다. 한 번은 불쑥 호기심이 들어 그중 한 명, 미국에 사는 어느 필리핀인 남성에게 메시지를 보냈다. 혹시 돈을 받는 대가로 두테르테를 비난하는 것은 아니냐고 물었다. 남성이 답장을 보냈다. 아닙니다, 절대 아니에요. 나는 편히 잘 먹고 잘삽니다. 마음만 먹으면 돈을 주고 트롤을 쓸 수 있어요. 이 남성의 말이 설득력 있게 들렸다. 그러자 죄책감이 들었다. 자신이 괴롭혔던 사람들에게 사과하려 했는데, 막상 알고 보니 그중 일부에게 차단당한 상태였다.

필리핀에서 코로나 봉쇄가 강화되자, 앤은 아들과 남편이 걱정되었다. 고향의 주정부가 힘 있는 사람들에게는 예외를 둬, 관리들은 신속 항원 검사조차 없이 발레르로 여행하게 허용하면서도, 정작 주민들은 주 경계선 밖에서 오랫동안 격리 기간을 거치게 한다는 소식을 들었다. 갈수록 더 화가 났다. 마침내 소셜미디어를 열어 주지사를 멍청이라 비난했다. 그러다 생각했다. 보건부 장관도 방역에 실패했는데, 왜 주지사만 비난해야 해? 지휘권은 대통령한테 있는데, 왜 보건부 장관만 비난해야 해?

이때부터 앤은 정부를 비난하는 글을 썼다. 줄기차게 썼다.

빠르게 공격이 시작되었다. 너무 빨라 개인 사진을 숨길 시간이 없었다. 가짜 대화록이 돌기 시작했다. 그들은 앤이 5000달러를 받고 정부를 비난한다고 주장했다. 앤이 남편 몰래 바람을 피운다는 소문을 퍼뜨렸다. 터무니없는, 끔찍하게 터무니없는 말들을 쏟아내 한동안은 앤의 남편조차 그들의 말을 믿었다.

"그 사람들은 나에 대해 무슨 말이든 지어낼 수 있어요." 앤이 내게 한 말이다. "하지만 나는 가짜가 아닌, 진정으로 말하는 사람이라 저 사람들이 무슨 짓을 해도 소용없어요. 그게 내가 싸우는 이유에요. 나는 거짓에 속아 넘어간 사람이에요. 두테르테를 사랑했지만, 거짓에 속았어요. 모든 것을 믿었지만, 모두 거짓이었어요. 두테르테를 사랑했기 때문에 마음이 찢기듯 아팠어요. 이제는 거기서 힘을 얻어요. 내 게시물을 보면 누구나 내 분노를 느낄 거예요. 나는 정말 화가 나요. 나는 믿음을 지켰는데, 정부가 그 믿음을 저버렸으니까요. 나는 이용당했어요."

앤은 계속 글을 올렸다. 주마카오 필리핀 대사관을 찾아 유권자 등록을 하고, 두테르테 대통령을 향해 가운뎃손가락을 치켜든 사진을 게시했다. 알고 보니 남편도 두테르테에게 등을 돌렸을뿐더러, 앤을 비난하는 사람들에게 한 달 내내 메시지를 보내 앤을 변호하고 있었다.

앤의 고백이자 참회는 이것이다. 앤은 아버지를 사랑했지만, 그는 앤을 사랑하지 않았다. 앤은 화가 났다. 너무 화가 나, 돈을 충분히 모은 뒤 남편에게 보내, 두테르테를 위해 현관 앞에 박아 넣은 동전과 함께 자신이 지은 집을 허물어 버리라고 했다. "남편에게 '허물어 버려. 부숴 버려. 완전히 쓸어 버려. 다시 짓자'라고 말했어요."

호이 탄은 두테르테가 약속한 마약과의 전쟁을 믿었기에 두테르테에게 투표했다. 호이는 민다나오에서 나고 자랐다. 다바오를 방문한 적도 있었다. 가족 중에 불법 마약에 연루된 사람도 있었다. 두테르테가 출마를 선언했을 때는 마치 예수가 말하는 것 같았다. 호이는 두테르테가 어떤 사람인지, 무엇을 옹호하는지 잘 알았고, 가톨릭 신자이면서도 두테르테가 내뱉는 욕설, 협박, 수많은 강간 농담을 꾹 참고 받아들였다. 로드리고 두테르테는 자신 같은 평범한 사람들을 위해 필리핀에 필요한 인물이었기 때문이다.

처음 몇 달 동안은 두테르테가 연설할 때마다 호이의 남편이 집에 오라고 문자를 보냈다. 두테르테가 연설 중이야. 그때마다 호이는 서둘러 집으로 달려가 TV 앞에 앉아 연설을 지켜봤다. 페이스북 페이지에 두테르테의 발언을 올렸다. 두테르테의 발언을 온라인에서 이야기했다. 두테르테에게 투표한 것이 자랑스러웠다.

두테르테에게 먼저 등을 돌린 사람은 남편이었다. 두테르테의 명령으로 독재자가 영웅묘지에 묻힌 날이었다. **개자식, 그럴 줄 알았어.** 남편의 할아버지는 계엄령 시절 살해되었다. 가족들은 그가 이멜다 마르코스 가문의 정적이었기 때문에 살해되었다고 믿었다. 남편은 **어떻게 반역자를 거기 묻어?**라고 물었다.

호이는 여전히 두테르테를 믿었지만, 잇달아 충격이 날아왔다. 두테르테가 하느님을 멍청이라 불렀을 때는 폭행당하는 기분이었다. 키안이 살해되었을 때는 흐느껴 울었다. 키안은 호이가 직접 가르치고 있는 아들처럼 시험을 앞둔 소년이었기 때문이다. 두테르테가 코로나19 바이러스를 심각하게 여기지 않았을 때는 공포에 휩싸였다. 두테르테는 "그놈의 빌어먹을 코로나. 이 멍청한 놈을 찾아내면 귀싸대기를 날려 버릴 거야"라고 화만 냈다. 그러더니 갑자기 방향을 틀어 필리핀 전역에 가혹하리만큼 강력한 봉쇄령을 내렸다. 호이가 천식으로 숨을 헐떡이는 아들에게 먹일 약을 구하기 어려울 정도였다. 이것이 호이의 인내심을 바닥냈다.

마침내 호이가 불만을 입 밖으로 드러냈다. 온라인에 글을 적었다. 죽은 사람들, 사라진 사람들, 어머니들을 이야기했다.

즉시 파장이 일었다. 친척들이 호이와 친구 관계를 끊었다. 할머니가 친구 관계를 끊었고, 형제자매들이 친구 관계를 끊었다. 고향 민다나오에도 갈 수 없었다. 친구들이 공항을 벗어나기도 전에 죽은 목숨일 거라는 경고를 보냈다. 한 남자 형제가 호이를 공산주의자라고 공개적으로 비난한 뒤로, 호이는 공공의 적이 되었다. 친척 아주머니 한 명이 명절에 호이 아버지에게 전화해, 딸내미 입을 다물게 하지 않으면 자기가 그렇게 만들겠다고 큰소리쳤다. 더는 생일 축하 인사도, 크리스마스 전화도, 해외에 사는 가족의 안부 전화도 없었다. 그리고 온라인에서 거칠고 빠르게 위협이 쏟아졌다. 익명인 사람도 있었고, 호이가 아는 사람도 있었다.

산 채로 네 껍질을 벗겨 버리겠다.

네가 집을 나설 때 대가리에 총알을 박아 주마.

디공이 너를 강간하길 바란다.

디공이 네 질에 손가락을 쑤셔 넣기를 바란다.

처음 몇 달 동안은 이런 말들이 호이의 마음을 할퀴었다. "나는 그냥 전형적인 가정주부니까요." 그러다 거리에서 벌어지는 시위를 봤다. 시위자들이 체포되어 감옥에 가는 모습도 봤다. 호이는 두려웠다.

내일은 내가 다음 피해자가 될지도 몰라. 그 사람들이 나를 테러리스트든 마약 중독자든 뭐라고도 부를 수 있어.

한 어머니가 피살되었다는 소식을 들었다. 활동가였는데, 아이들에게 먹일 음식을 사러 가게에 가던 길이었다.

그러다 호이는 생각했다. 더 용감해질 거야.

호이는 스스로 야당에 들어갔다. 무료 급식 프로그램에 참여했다. 밤늦게까지 온라인 게시판에서 논쟁했다. "내가 그렇게 말했어요. '야당이 설사 두테르테 상대로 도마뱀을 내세우더라도 도마뱀한테 투표할 거예요.' 지금도 그렇게 생각해요. 누군가가 '너는 내일이면 죽은 목숨이야'라고 말하면, 나는 '뭐, 사람은 누구나 죽지. 나는 적어도 DDS로 죽지는 않을 거야'라고 말하고요."

팬데믹 기간에 집에서 일하던 어느 날, 아들이 혹시 로드리고 두테르테에게 투표했느냐고 물었다. 호이는 그랬어, 라고 답했다.

"엄마, 이건 엄마 탓이에요."

호이는 고개를 끄덕였다. 엄마도 때로는 틀릴 수 있다고 말했다.

호이는 어린 아들의 엄마이자 사랑하는 남편의 아내인 자기 때문에 엄마들이 아이들을 잃고 아내가 남편을 잃었다고 말한다. 그래서 자신이 할 수 있는 일을 하려 한다. 자신의 죄를 고백하고, 굶주린 이들을 먹이고, 피해자들을 위해 자원봉사에 나서고, 되도록 자주 밖으로 나가 발언할 것이다. 협박을 견디고 위험을 감내할 것이다. 언젠가는 호이의 아이가, 호이의 아들이, 죄를 지었으나 그 잘못을 참회한 어머니의 이야기를 들려줄 것이다.

"아들이 하나 있어요." 호이가 내게 말했다. "그 아이 살갗에 모기 한 마리도 앉지 못하게 할 거예요. 이제 다 컸지만, 지금도 내가 모기 기피제를 온몸에 몇 번이고 발라줘요. 그러다 문득 이 아이가 비사법 처형의 피해자가 될 수도 있다는 생각이 들어요. 그게 내가 지금 두려워하는 일이에요. 피해자들 이야기를 계속 읽는데, 내가 왜 이 모든 일을 그냥 넘어갔는지 이해가 안 돼요. 그저 시험을 보고 싶어 했을 뿐인 키안 같은 아이가 왜 죽어야 했을까요?"

호이 탄의 고백이자 참회는 이것이다. 호이는 로드리고 두테르테를 믿었다. 믿었기에 두테르테에게 투표했다. "두테르테는 악귀예요. 그런데 내가 그런 사람한테 힘을 실어 주었던 거예요." 그런 탓에 아들 또래인 어린 소년들이 목숨을 잃었다.

두테르테의 충실한 지지자들이 호이를 죽일 수도 있겠지만, 그것도 충분한 형벌은 아닐 것이다. 호이는 무엇으로도 "내가 한 일을 속죄하지 못할 거예요"라고 말했다.

에필로그

지금은 아침 8시 4분, 에드사 혁명이 일어난 지 정확히 삼십육 년이 되는 날이다. 색종이 대포 두 대가 머리 위로 색종이 조각을 쏘아 올린다. 나는 떨어지는 색종이 조각을 한 움큼 집어 들었다. 색깔이 빨간색, 파란색, 하얀색이다. 노란색은 없다.

나는 노트북과 잉크가 새는 펜을 들고 에피파니오 데 로스 산토스 대로에, 에드사에 서서 정부는 추도식이라 부르고 신문은 기념식이라 부르는 행사를 기록하고 있다. 하지만 행사는 어느 쪽도 아니다. 내가 취재하고 있는 것은 장례식이다. 조문객은 아직 도착하지 않았다. 언론은 구경꾼이다. 국민은 집에 있다.

대통령은 전직도, 현직도 참석하지 않는다. 에드사 기념일에 참석한 마지막 대통령은 코라손 아키노의 아들, 노이노이 대통령이었다. 로드리고 두테르테가 셔츠의 단추를 풀어 헤치고 최고 통수권자가 되기 일 년 전이었다. 오늘은 내무부 장관이 주빈이다. 마닐라 시장과 국가역사위원회 위원장도 참석했다. 필리핀 공군 제15타격비행단의 전 사령관도 참석했다. 이름은 안토니오 소텔로.

1986년에 시위 중인 저항 세력을 공격하라는 페르디난드 마르코스의 명령을 묵살한 사람이다. 안토니오는 공대지 로켓, 헬리콥터 몇 대, 군인 수십 명을 이끌고 시민들의 대의에 합류했다. 오늘 나이 든 안토니오의 참석은 "에드사 정신이 강력하게 살아 있다"는 것을 보여 주는 증거로 주목받는다.

국가가 울려 퍼진다. 국기가 올라간다. 국기에 대한 맹세가 낭송된다. 헌화가 이어진다. 예식에 따른 기도문이 스피커로 흘러나온다. 니노이로 불리는 베니그노 아키노 주니어는 언급되지 않는다. 니노이는 하얀 옷차림으로 비행기에서 내려 피투성이로 땅에 쓰러졌고, 그의 아내는 노란색 옷을 입고 수백만 명의 민중 항거를 이끌었다.

추도식이든 기념식이든, 행사는 채 칠 분이 지나지 않아 끝난다. 기념 조형물의 노란색 받침대를 따라 늘어선 화환 네 개 중 가장 작은 흰색 화환이 임시로 깔린 붉은색 카펫 중앙에 놓여 있다. 리본에 아무런 문구도 없이 이름만 적혀 있다. '로드리고 로아 두테르테.' 리본에 찍힌 금색 인장이 아침 햇살에 반짝인다. 축 늘어진 리본 아래로 둥근 국화꽃 화환이 보이고, 그 아래 장미꽃 조화에는 듬성듬성 겨자색 브로멜리아드가 꽂혀 있다. 주로 로디, 때로 디공, 때로 Du30로 불리는 로드리고 로아 두테르테의 승인 아래, 정부가 독재자 페르디난드 마르코스의 국립 영웅묘지 안장식을 스물한 발의 예포로 예우했다.

심드렁한 표정으로 늘어선 경찰들이 허리춤에 곤봉을 차고 진압 방패에 구부정하게 기대 서 있었다.

내 고국의 모래사장에 처음 발을 들인 페르디난드는 페르디난드 마젤란이었다. 탐험가 페르디난드, 모험가 페르디난드, 스페인 왕의 함선과 스페인 왕의 군사를 필리핀제도로 데려온 페르디난드. 스페인 왕실은 이후 이곳에 십자가를 전파하고, 왕실의 깃발을 세우고, 펠리페 2세의 이름을 붙였다. 라스 이슬라스 필리피나스는 백인 왕에게서 백인 대통령을 거쳐 황인 대통령에게로, 페르디난드에서 페르디난드에게로, 마젤란에게서 마르코스로, 정복자에게서 독재자에게로 넘어갔다. 북부 출신인 페르디난드 에드랄린 마르코스의 통치기는 필리핀을 피 흘리게 하고 뛰어난 젊은 인재들을 죽였다. 여기 페르디난드 2세가 한 손을 성경에 올리고 다른 손을 들어 올린 채 선서한다. 나, 페르디난드 로무알데스 마르코스 주니어는 엄숙히 선서한다. 여기 페르디난드들이 있다. 영웅으로 안치된 대통령 페르디난드, 그가 애지중지한 아들인 현직 대통령 페르디난드, 미소를 머금고 자기 차례를 기다리고 있는 젊은 하원의원 페르디난드.

투표가 시작된다. 환호하는 군중이 마르코스-두테르테 선거 운동 본부의 진입로로 밀려들었고, 에피파니오 데 로스 산토스 대로로, 한때 에드사 혁명을 이끈 시민들이 페르디난드 마르코스를 타도하기 위해 행진했던 곳으로 쏟아져 나왔다.

나는 아버지의 산물입니다. 아버지의 아들이 말했다.

나는 아버지의 아들입니다. 같은 이름을 쓰지요.

2022년 페르디난드가 당선된 날, 두 팔을 번쩍 든 승리의 환호성과 웃음, 춤의 향연이 펼쳐졌다. 차들이 활기차게 거리를 지났다. 작은 깃발들이 펄럭였다. 선거 운동에 참여한 어느 자원봉사자가 흐느꼈다. 장차 변호사가 될 범죄학 전공 학생이었다. 이 학생은 마르코스의 오명을 벗기는 것이 자기 평생의 사명이라고 말했다. 한 외침이 경적을 뚫고 울려 퍼진다. "에드사는 우리 것이다."

1986년 어느 일요일 아침, 햇살이 쏟아지는 똑같은 왕복 5차로 고속도로를 떠올려 보라. 이 도로를 수 킬로미터에 걸쳐 꽉 채운 채 행진하는 남녀노소를 떠올려 보라. 청바지에 집어넣은 흰 티셔츠 위로 땀이 배어난다. 손에는 십자가와 휴대용 라디오, 우산을 들고 있다. 머리에는 야구모자, 크리스티앙 디오르 보터햇, 때묻은 밀짚모자를 썼고, 올려 묶은 머리칼이 땀에 젖어 있다. 아스팔트를 질주하는 탱크를 떠올려 보라. 머리 위를 맴도는 헬리콥터를 떠올려 보라. 모래주머니, 나무 둥치, 가로등 기둥, 전봇대로 뚝딱 만들어 낸 임시 요새를 떠올려 보라. 저항 세력의 본거지인 캠프 크라메를 에워싸 저지선을 형성한 군중들을, 굳은 표정의 수녀들, 트랜지스터라디오에 귀를 기울인 노인들, 샌드위치를 나눠 주는 나이 지긋한 여성들, 꽃 한 다발을 움켜쥔 앳된 얼굴의 소녀들을 떠올려 보라. 마지막으로 청바지에 부츠를 신고 선두에 선 젊은 사제를, 한 손에 하얀 사제복 자락을 움켜쥐고 독재자의 병사들에게 맞서 우렁차게 고함치는 사제를 떠올려 보라. **그대들은 같은 필리핀 동포들에게 총을 쏘려 하는가?**

그렇다. 답은 그렇다, 였다.

로드리고 두테르테도 "그렇다"고 답했다. 저들을 쏴 죽여라. 이미 경고했으니 나를 비난할 일은 아니다. 무슨 일이 벌어질지 중독자들에게 경고했다. 경찰서에 알려라, 모든 사람이 알게 하라. 너희들이 내 눈에 띄면 내가 직접 잡아서 처리하겠다. 파시그강에 바지선을 마련해 놓았다. 거기에 너희들을 태워 강에 던져 버리겠다.

그때는 차라리 이미 죽어 있는 편이 더 나을 거다.

"있잖습니까, 저자들에게 이 판에서 자기네가 악을 독점하지 않는다는 걸 알게 해야 합니다. 우리가 정권을 쥐고 있다고 해서 선한 역할 말고는 아무것도 못 하는 게 아닙니다. 적은 악마입니다. 지금 덜 사악한 쪽이 누구입니까? 마약을 만들어 우리 아이들에게 먹이는 자들입니까, 아니면 그자들을 죽인 우리입니까?"

현장에는 핏자국이 없다. 시신은 다리의 가장 높은 곳, 시멘트 난간이 드리운 그림자 속에 버려져 있다. 덩치가 컸고, 커다란 맨발이 드러나 있다. 빨간색 농구 반바지에 파란색과 흰색이 섞인 민소매 셔츠를 입었다. 남자의 머리를 헬멧처럼 두껍게 칭칭 동여맨 포장 테이프 위로 트럭 헤드라이트의 빛이 비친다. 누군가가 글씨를 휘갈겨 쓴 갈색 골판지를 시신 옆에 남겨 놓았다. '마약 밀매꾼. 나를 따라 하지 말 것.'

카메라 불빛이 번쩍인다. 라디오 리포터가 다급히 속보를 전달한다. 10륜 화물 트럭들이 구경꾼들 옆을 덜컹거리며 지나간다. 마닐라의 범죄 현장이라는 소란스러운 서커스장 한가운데, 죽은 남자가 완벽히 대칭된 자세로 고요히 바닥에 누워 있다.

내가 노란색 경찰통제선 바깥에 무릎을 꿇고 앉아 있을 때 여성의 비명이 들렸다. 말로 표현할 수 없는 처절한 울음이었다. 멀리서도 창백해 보이는 얼굴이 먼저 들어왔다. 경찰 경광등의 붉은 빛과 푸른빛이 여성의 머리카락 위로 어지러이 반사되었다. 다리 아래에서부터 달려온 여성이 내 옆 인도에 풀썩 주저앉았다.

"제발 만질 수 있게 해 주세요." 여성이 경찰에게 빌었다. "왜 못

만지게 하는데요?"

여성의 이름은 아이비였다. 죽은 남성이 남편이라고 했다. 남성의 이름은 레네였다. 아이비는 발로 남편을 알아봤다.

수사관이 얼굴을 칭칭 감은 포장 테이프를 잘라 내려 했다. 가위가 부러졌다. 수사관이 커터칼을 꺼냈다. 칼날이 한쪽 귀 가장자리에서부터 턱선과 턱을 지나 반대편 뺨을 거쳐 반대편 귀 쪽으로 향했다.

테이프 아래로 맥없이 늘어진 축축한 얼굴이 드러난다. 목에 가늘고 검은 자국이 보인다. 레네 데시에르토는 열아홉 번 칼에 찔렸다. 사인은 교살에 의한 질식사로 기록되었다. 레네는 목 졸려 죽었다. 레네의 죽음은 처형이었다.

마닐라에 오신 것을 환영합니다. **마부하이**Mabuhay. 착륙하는 비행기 안에서 승무원이 하는 말이다.

마부하이. "살다." 필리핀어 사전에 따르면 환영의 인사다. 여행 가이드들은 필리핀식 알로하라고 말한다. 마부하이는 관광업계, 모든 미인대회 여왕의 발랄한 인사, 공항 라운지에 필기체로 적힌 표지판, 필리핀식 미국 식당의 월요일 특선 메뉴에서 볼 수 있는 말이다. 필리핀에서 태어난 필리핀인은 문을 열고 들어가 **마부하이**를 외치지 않는다. 우리는 전화기를 들고 이렇게 말한다. 여보세요? 안녕하세요? 좋은 아침입니다. 잘 지내죠? 무엇을 도와드릴까요? **마부하이**는 연출이다. 바깥세상에 드러내는 대외용 얼굴이다. 니노이 아키노가 암살된 지 십 년이 지난 1993년, 한 식당이 "우리 필리핀인의 따뜻한 성품"을 보여 주고 "애국심을 고취하도록" **웰컴**

을 **마부하이**로 바꾸자는 운동을 벌였다. 니노이가 알았다면 웃음을 터트렸을 테지만, 이미 고인이 된 지 오래였다. 암살 전 비행기 안에서 니노이가 자신의 기사를 쓸 기자단에게 한 조언은 카메라를 켜 놓으라는 것이었다.

자동사 die에서는 전치사가 중요한 역할을 한다. Died of, died on, died at. 어떤 원인으로 죽었는가, 어디서 죽었는가, 언제 죽었는가. 니노이 아키노는 총상으로, 후두부를 저격한 총알 한 발로 죽었다. 공항 활주로에서 붉은 피가 하얀 옷 위로 스며드는 가운데 죽었다. 필리핀 기준 오후 1시 14분에 죽었다. 나중에 그의 이름이 붙을 공항에서, 자신이 이끌고자 했던 고국에서 죽었다. 이 전치사들은 적절하지만 충분하지 않다. 언론인 출신인 아키노는 이야기에 목적이 필요하다는 것을 알았다. Died for. 무엇을 위해 죽을 것인가? 니노이는 말했다. "필리핀 국민을 위해 목숨을 바치는 것은 가치 있는 일입니다." 니노이가 혁명의 십자가에 못 박혀 희생된 그리스도가 된 것은, 종교가 된 것은 그가 목숨을 바친 대상 때문이었다.

마부하이. 비행기가 활주로를 따라 움직일 때 승무원이 말한다. 마부하이, 마닐라에 오신 것을 환영합니다. 편히 즐기세요. 어깨를 쫙 펴고 고개를 살짝 기울인 채 미소 띤 얼굴로 무릎을 살짝 구부린 승무원의 인사말을 들어 보라. 필리핀에서 자동문이 열리듯 관행처럼 저절로 튀어나오는 이 말, 마후바이를 제대로 표현할 방법은 비명이다. 여기 마닐라에서 마부하이는 지혜이자 경고다. **당신이 무사히 살아남기를 바랍니다.**

주로 로디, 때로 디공, 때로 Du30로 불리는 로드리고 두테르테가 필리핀공화국 대통령으로서 마지막 연설을 한 곳은 다바오였다. 장소는 로드리고의 막내아들이 자기 아버지처럼, 이제는 마르코스의 아들과 손잡고 부통령으로 당선된 누나처럼 다바오 시장으로 당선되어 취임식을 하는 연단이었다.

두테르테가 말했다. 잠깐이지만 필리핀의 현직 대통령과 부통령 당선자가 모두 두테르테라니, 참으로 기막힌 우연입니다.

마르코스라는 이름은 잊어버려라. 두테르테라는 이름은 잊어버려라. 아키노라는 이름은 잊어버려라. 두테르테는 두테르테를 낳았고, 아키노는 아키노를 낳았고, 마르코스는 마르코스를 낳았고, 그 마르코스는 다시 마르코스를 낳았다. 대통령은 대통령을 낳았고, 부통령을 낳았다. 한 집안끼리 권력을 물려주다가, 다른 집안이 가져가 물려주기를 반복했다. 공항, 공연장, 경기장, 지폐, 거리 표지판, 그리고 지금도 시신이 발견되는 고속도로에 이들의 이름이 붙었다. 그러니 이들의 아들과 딸들 이름은 잊고, 죽은 이들을 기억하라.

자스틴을 기억하라. 첫 글자가 D로 시작하는 자스틴. 저스틴이 아닌 자스틴. 특별한 사람이 되라고 고른 D로 시작하는 자스틴. 경련과 발작을 일으킬 때마다 어머니 노르미타가 무릎까지 차오른 홍수를 뚫고 병원까지 데려갔던 자스틴. 경찰이 보고서에 이름을 잘못 적고, 그 죽음을 거짓으로 보고한 D로 시작하는 자스틴. 자스틴의 첫 글자 D는 소리가 나지 않는다. 자스틴도 앞으로 영원히 목소리를 내지 못할 것이다. 영원히 스물다섯 살일 테고, 영원히 기찻길 옆에 있을 것이다. 총에 맞고 두들겨 맞고 다시 총에 맞은 뒤

숨을 헐떡이며 말할 것이다. 엄마, 제발 도와줘요, 엄마.

우리가 이름조차 부를 수 없는 모든 아이를 기억하라. 마지막으로 남긴 말이 '러브', 딸아이의 이름이었던 아버지를 기억하라.

총을 든 남자는 말했다. **우리가 두테르테다.**

이 이름들을 기억하라. 쿠션에 총알이 박힌 푸른색 소파에서 숨진, 크리스틴의 아버지 콘스탄티노 데 후안. 본명이 라이언 에더인 산타아나의 부와야. 하트, 키안, 토요, 조셉, JC, 안토니오, 피누노, 그리고 목에 수류탄을 매달고 다녔던 시토이를 기억하라. 사라지기 전날인 새해 전야에 공원에 앉아 하늘에 펼쳐진 불꽃놀이를 바라보던 찰리 살라다가를 기억하라.

마크 앤디 옥딘을 기억하라. 두테르테 정권의 마지막 사망자 앤디는 두테르테가 임기를 마치기 나흘 전, 자스틴이 목숨을 잃은 바로 그 기찻길에서 살해되었다. 노르미 로페스가 눈을 감을 때마다 자스틴이 죽었다 살아나고 다시 죽는 그곳에서. 마크 앤디 옥딘은 자신을 포함해 형제 셋이 마약과의 전쟁으로 목숨을 잃었다. 앤디는 마약 연루 혐의로 구치소에 수감되었다가 풀려난 뒤, 복면을 쓴 남자들이 쏜 총에 배를 맞았다. 좁은 골목길로 달아나던 앤디는 문을 열고 앤디를 잡아끈 어느 여성의 품에 쓰러졌다. 앤디가 할머니 집에서부터 거리를 내달리는 동안 여섯 발의 총을 맞고 살해되었을 때, 앤디의 부모는 어떤 병원에 총상 치료 시설이 있는지를 알았다. 물론 자식 중에 응급실에서 살아 나온 아이는 없었다. 경찰이 공식 보고서 공개를 거부했을 때 고집부리지 말아야 한다는 것을, 사망 원인이 적혀 있지 않으면 교회가 장례 지원을 하지 않으니 사망 증명서 발급에 더 전력을 쏟아야 한다는 것을 알았다. (앤디는 형제 JR과 마찬가지로 여러 군데 총상을 입었다. 다른 형제 안토니가 손톱을 뽑히고 처치된 채 발견된 지 이 년 뒤였다.)

옥딘 부부는 바랑가이 의원 중 누가 장례용 천막을 빌려줄지, 하늘색 잉크로 '우리는 마크 앤디를 사랑한다'를 인쇄할 풍선(열 개에 5달러였다)을 어디서 살 수 있을지를 알았다. 장례식장에서 망자에게 입힐 프리사이즈 정장을 속옷, 양말과 함께 18달러에 팔고, 신발은 필요 없다는 것을 알았다. 이웃 중 누가 팔을 걷어붙이고 관을 들어줄지 알았다. 크리스티나는 내게 "내 아들들 관은 모두 애들 친구들이 들어줬어요"라고 말했다. 여기 마크 앤디가, 마지막으로 죽은 아들이 누워 있다. 페인트를 칠한 합판으로 만든 관과 시들어가는 하얀 국화꽃이 덜커덩거리며 지나가는 기차에 흔들리는 가운데, 지지직거리는 라디오에서 독재자의 아들이 연설하는 소리가 들려온다. "**나는 필리핀 대통령으로서 의무를 성실히 양심에 따라 수행할 것을 …**"

옥딘 부부는 장례식에 검은색이 아닌 흰색 상복을 입어야 한다는 것을 알았다. 흰색은 신성한 색, 깨끗한 색, 품위 있는 색이므로, 죽은 아들들도 그러한 존재였다는 것을 모든 사람이 알기를 바랐다. 묘지까지 가려고 빌린 지프 한 대에 몇 명이 탈 수 있는지도 알았다. 안토니의 묘지를 다시 열어 앤디를 안장할 공간을 마련하는 비용은 100달러면 충분했다. 옥딘 부부는 모든 것을 알았다. 이따금 남은 자식이 몇 명인지 잊어버려 한 이웃이 넷이 아니라 다섯 명이라고 알려주긴 했지만, 크리스티나는 정부가 아들 몇 명을 죽였는지는 잊지 않을 것이다.

빈센트와 내가 우리 집 부엌 식탁에 앉아 있었다. 빈센트가 담배에 불을 붙였다. 나는 진을 한 잔 더 따랐다.

"구백구십 개요?" 내가 물었다.

"최소한."

빈센트는 신문들이 매일 발생하는 살육 현장의 사진을 더는 싣지 않기로 한 뒤로도 오랫동안 현장에 남아 죽은 이들을 기록했다. 때로는 혼자 범죄 현장을 찾았고, 시신 운구용 트럭을 뒤쫓는 유일한 기자였다. 실종자들의 이름을 인쇄해 식탁 옆 벽에 붙여 놓았는데, 밥을 먹으러 방문한 라피가 불평했을 정도로 소름 돋는 광경이었다. 한 번은 일요일 밤에 사건이 발생했다는 전화가 오자, 갓 걸음마를 뗀 딸과 아내를 차에 남겨두고 취재에 나섰다. 모든 범죄 현장을 지도에 표시했는데, 자신이 목격한 시신은 노란색 별로 표시했다. 페르디난드 마르코스 주니어가 당선되었을 무렵 빈센트가 붙인 별이 최소한 구백구십 개였다. "최소한"이라는 문구는 중요하다. 빈센트가 범죄 현장을 표시하기 시작한 것이 시신이 급증한 뒤로 무려 일곱 달이 지난 뒤였기 때문이다.

빈센트는 2016년 로드리고 두테르테에게 투표하지 않았다. 빈센트는 투표라는 것을 아예 하지 않는다. 그래도 만약 투표했다면, 빈센트는 두테르테에게 표를 줬을 것이다. 두테르테가 부정부패를 척결하겠다고 약속했기 때문이다.

"두테르테가 부정부패에 집중했다면, 맞아, 지지했을 거야." 빈센트가 의자에 기대며 말했다. "필리핀 사람들에게 정말 필요한 게 그런 일이니까. 두테르테 같은 사람이 작정하고 그런 일을, 관습의 굴레에서 벗어나는 일을 해야 해. 그저 인기에 영합해서가 아니라

에필로그

공익을 위해서.”

"두테르테는 벌써 공익을 위해 중독자와 마약상을 죽였다고 주장하고 있어요. 아이들의 미래를 위해서라고. 선배 아이들도요."

"그 사람은 마약 사용자를 죽였어. 사용자를. 그들도 피해자야. … 약물 중독은 질병이잖아. 그런데 두테르테는 마약 공급원은 절대 죽이지 않아. 지금도 시장에 마약이 넘쳐나. 공급이 멈췄나? 아니잖아."

내가 조심스럽게 물었다 "하지만 두테르테가 부패한 인사들을 죽였다면 개의치 않았겠네요?"

"전혀." 빈센트는 잠시 말을 멈췄다. "지금도 그 생각은 마찬가지야. 그랬다면 살해 사건에 지금처럼 깊이 집중하지 않았을 거야. 두테르테한테 그냥 '잘했어요'라고만 말했겠지."

"그거 내가 에필로그로 써야겠어요."

빈센트가 웃음을 터뜨렸다.

어떤 사람들은 죽어야 합니다 Some people need killing. 자경단원 사이먼이 내게 했던 말이다.

이 문장을 곱씹어 보라. Some people need killing. 수동태가 아니라 능동태다.

주어는 people이다. 목적어는 killing이다. 여기서 동사는 **killing**이 아니라 **need**다. 그들은 살해를 요구했다. 스스로 죽음을 택했다. 죽음을 자초했고, 죽어 마땅했고, 살 권리와 죽음을 맞바꿨다. 어떤 사람들은 죽여야 할 인간이기 때문에 살해되었다. 이것이 적법성 추정, 원인에 따른 결과가 나타난다는 추정이다. 이 표현은 책임 추궁을 허용하지 않는다. 자의적인 이 기준이 포괄적으로 받아들여진다. 어떤 사람들은 중독자이고, 마약상이고, 범죄자다. 이들에게 죽음을 집행하는 것은 공무를 수행하는 것이다. 이제 필요한 것은 누가 살 자격이 있는지를 결정하는 것뿐이다.

그런데 **kill**은 타동사다. 주어를 지정할 수 있다. 경찰이 자스틴 로페스를 죽였다. 마약과의 전쟁이 자스틴 로페스를 죽였다. 로드리고 두테르테가 자스틴 로페스를 죽였다. 노르미 로페스에게 물어보라. 명령에서 방아쇠, 총알, 죽음으로 이어지는 일직선을 그을 수 있다. Kill의 주어는 죽였고, 목적어는 죽었다.

동사의 타동성을 판단하려면 주변을 살펴봐야 한다. 동사 대다수가 문장에 따라 타동사에서 자동사로 바뀌지만, 어떤 동사는 바뀌지 않는다. She arrived(그녀가 도착했다), he sneezed(그가 재채기했다), it fell(그것이 떨어졌다), we sat(우리는 앉았다), they laughed(그들이 웃었다), you fainted(네가 기절했다). 이때는 동사가 영향을 미치는 대상이 주어다. 사람은 기절한다. 기절당하지 않는다. **You died**(너는 죽었다)에서 die는 자동사다. 자스틴 로페스는 죽었다. 이 문장은 마침표로 끝난다. 자스틴 로페스의 모든 것은 톤도의 기찻길에서 끝났다.

그대들은 같은 필리핀 동포들에게 총을 쏘려 하는가?

니노이 아키노가 한 회의에서 이런 말을 했었다. "나 자신에게 여러 번 물었습니다. 필리핀 국민을 위해 고통받고, 더 나아가 죽을 가치가 있는가? 필리핀 국민은 외국인이든 자국민이든 식민 지배자에게 쉽게 굴복하는 겁쟁이가 아닌가? 필리핀 국민은 선택의 자유라는 짐을 지려 하지 않으므로 권위주의 지도자의 통치를 더 마음 편하게 느끼지 않을까? 필리핀 국민은 대통령제든 내각제든 민주정을 받아들일 준비가 되어 있지 않거나, 더 나쁘게는 민주정에 부적합하지 않을까?"

삼십칠 년 전, 내가 태어나고 다섯 달 뒤, 우리 필리핀 국민은 누구도 독재자가 지목했다는 이유로 죽어서는 안 된다고 외쳤다. 우리 필리핀 국민은 탱크 앞에서 외쳤다. 총부리 앞에서 외쳤다. 무릎을 꿇고 노래하고 기도했다. 우리 필리핀 국민은 용감했고, 그 덕분에 나는 자유롭게 태어났다.

1980년 한 연설에서 니노이 아키노는 말했다. "필리핀 국민의 장점과 단점을 신중히 따져보았습니다. 그리고 필리핀 국민은 목숨을 바칠 가치가 있다는 결론에 다다랐습니다."

니노이는 필리핀 국민이 용감하다고 설명했다. 필리핀 국민은 생명을 소중히 여깁니다. 참을성 있고 품위 있고 선량합니다. 필리핀 국민은 잘 따르는 사람들이니, 좋은 지도자를 만나면 대단한 성장을 이룰 수 있습니다. 필리핀 국민은 필리핀에서 가장 대단한 미개발 자원이니, 희생을 받을 자격이 있습니다.

나는 희미한 불빛 속에 니노이를 바라보았다. 니노이가 우리 필리핀인을 마음속으로 저울질하고, 필리핀인의 장점을 떠올리고, 필리핀인의 가치를 발견한다. 빳빳한 리넨 정장에 피가 배어 나온 모습으로 니노이가 말한다. 필리핀 국민은 목숨을 바칠 가치가 있습니다.

나는 니노이에게 죽은 이들의 이야기를 들려줬다. 범죄 용의자, 마약 중독자, 마약 판매상, 도둑, 자기 목에 수류탄을 매달고 다닌 사람들, 아이들에게 메스암페타민을 판 사람들, 웬만한 기준으로는 미개발 자원으로 분류하기 어려운 사람들. 이들을 위해 목숨을 바치는 것이 가치 있는 일일까요? 나는 니노이에게 살해자에게 투표하고, 독재자의 아들에게 박수를 보내고, 그러면서도 정작 자기 아들은 겁쟁이라 부르는 산 자들에 대해서도 이야기한다. 이들을 위해 목숨을 바치는 것이 가치 있는 일일까요?

니노이 아키노가 필리핀인의 단점도 저울질한다. 필리핀인의 가치를 계산한다. 답이 나오지 않는다.

니노이의 맞은편 의자에 다른 남자가 기대앉아 있다. 격자무늬 셔츠의 단추를 풀어 헤치고 다리를 쩍 벌리고 허리춤에 총을 차고 있다. 개자식, 시장이 말한다. 이 멍청한 개자식. 필리핀 국민을 위해 누군가를 죽이는 것은 가치 있는 일이다. 죽은 자들은 중요하지 않다. 그들은 살 자격이 없다.

할아버지가 내 머리를 쓰다듬었다. 살아남거라. 성냥으로 던힐에 불을 붙이고 재를 타일에 털어낸 뒤 내게 담뱃갑을 건네 준다.

죽어가는 사람이 중요한 게 아니란다. 나는 생존에 충실한 다수야. 몸을 사려, 그리고 살아남아.

그대들은 같은 필리핀 동포들에게 총을 쏘려 하는가?

우리 필리핀 사람들이 답한다. 우리가 두테르테다.

사이렌이 누구를 위해 울리는지 묻지 말라.

아이비는 머리에 포장 테이프가 칭칭 감긴 남편 레네를 다리 위에서 발견했다. 발을 보고 남편을 알아봤다. 평생 그랬듯, 남편의 커다란 두 발이 맨발이었다.

남편이 죽은 뒤 몇 년 동안 많은 일이 벌어졌다. 아이비는 직장을 잃었다. 죽으려고 두 번이나 손목을 그었다. 가끔은 죽은 남편을 떠올리며 자기 머리에 포장 테이프를 감았다. 어떤 느낌인지 알고 싶었다. 남편의 죽음이 자기 잘못이라고 생각한 날들이 있었다. 그럴 이유는 많다. 자신이 조금만 더 빨리 다리 위로 뛰어올라갔더라면 제때 심폐소생을 했을지 모른다. 자신이 실종 신고를 하지 않았다면, 살해자들이 남편을 살려 주었을지 모른다.

마지막 이유는 어린 아들이 일깨워줬다. 언젠가 부부 싸움을 하다 아이비가 레네에게 차라리 죽어버렸으면 좋겠다고 말했다. 아들이 그 말을 기억했다. "엄마 잘못이야. 엄마가 아빠가 죽었으면 좋겠다고 했잖아."

책을 쓰는 중이에요. 내가 아이비에게 말했다.

사람들한테 우리 이야기를 해 주세요. 아이비가 말했다.

나는 몇 달에 한 번씩 아이비를 만난다. 그때마다 아이에게 줄 치킨 한 상자나 도넛을 가져간다. 아이비가 비닐 식탁 매트에 재떨이를 놓는다. 나는 담뱃갑과 녹음기를 식탁 건너편에 올려놓는다.

우리 둘 다 담배에 불을 붙인다. 그리고 내가 녹음 버튼을 누른다. "녹음 시작할게요."

감사의 말

이 책은 로드리고 두테르테 대통령 행정부 시절인 2016년부터 2022년까지 육 년 동안 벌어진 마약과의 전쟁을 기록한 것이다. 하지만 내 글의 원천은 필리핀에서 십 년 넘게 현장을 취재한 경험이다. 기꺼이 자신의 이야기를 나눠준 수백 명에게 고마움을 전한다. 특히 아이비 데시에르토, 크리스틴 데 후안, 노르미 로페스, 에프렌 모리요, 크리스티나 살라다가, 레이디 러브, 다아 가족과 데 차베스 가족에게 고마움을 전한다. 이들은 상상도 하지 못할 참상을 겪은 뒤에도 증언하기로 마음먹었다. 나는 이들에게 빚졌고, 이들의 용기에 경외심을 느낀다.

내가 마약과의 전쟁을 처음 보도한 것은 탐사 전문 기자로 몸담은 온라인 언론 래플러에 '불처벌Impunity'이라는 제목으로 연재를 실으면서다. 그 연재 기사의 일부가 이 책 곳곳에 등장한다. 협박과 한정된 자원에도 지원을 아끼지 않은 래플러는 마약과의 전쟁 초기에 큰 도움이 되었다. 특히 세심한 통찰로 현장에서 나를 보호해 준 멀티미디어 책임자 베스 프론도소, 이 이야기를 기록하는 데 시간과 노력을 아끼지 않은 탐사 취재 책임자 차이 호필레냐, 엄청난 개인적 희생을 무릅쓰고 독립 언론을 응원한 최고 경영자 마리아 레사, 래플러의 전시 고문답게 언제나 나침반처럼 나를 진북으로 이끌어 준, 지칠 줄 모르는 뉴스룸 관리자 글렌다 글로리아에게 고마움을 전한다.

내가 두테르테의 전쟁이라고 부르게 된 사건을 기록하는 데 기여한 수많은 이들의 헌신은 어떤 말로도 이루 표현할 수 없다. 이 책에 이름을 올린 이들도 더러 있지만, 많은 사람이 여러 타당한 이유로 이름을 밝히지 못했다.

나는 운 좋게도 필리핀 언론계에서 가장 용감하고 뛰어난 이들과 함께 일하는 행운을 누렸다. 특히 사진기자 에스라 아카얀, 라피 레르마, 빈센트 고, 그리고 시신이 수습된 뒤로도 자신이 취재한 이야기들을 오랫동안 소중히 간직한 영화감독 알릭스 아룸팍, 외신 기자 카르스텐 슈퇴르머에게 고마움을 전한다.

나는 ABS-CBN 뉴스, CNN 필리핀, GMA 통합뉴스, 민다뉴스, 필리핀 탐사보도센터 Philippine Center for Investigative Journalism, 《필리핀 데일리 인콰이어러》, 《필리핀 스타》, 로이터 통신, TV5, 《베라파일 Vera Files》의 보도에도 많은 도움을 받았다. 이들의 활동이 이 책을 쓰는 데 매우 귀중한 자료가 되었다. 또한 국제앰네스티, 휴먼라이츠워치, 필리핀 국가인권위원회의 조사에도 빚졌다. 고인이 된 국가인권위원장 치토 가스콘은 평생을 자유의 투사로 살아가며 보여 준 조용한 강단으로 맡은 바 책무를 수행했다. 마약과의 전쟁 뒤로 계속 후유증을 겪고 있는 많은 유가족을 묵묵히 보살펴 준 말씀의 선교 수도회 Society of the Divine Word 선교사 플라비아노 빌라누에바, 빈센시오회 사제 대니 필라리오, 구속주회Redemptorists 신도 준 산티아고에게도 큰 감사를 전한다.

이 책에 실린 많은 사례는 인권 변호사들의 뛰어난 활동 덕분에 나올 수 있었다. 필리핀 국제법센터, 무료법률지원단, 전국민중변호사연합NUPL, 그중에서도 특히 틴 안토니오, 힐 안토니 아키노, 호엘 부투얀, 크리스티나 콘티, 첼 디오크노에게 감사를 전한다. 무엇보다 어떤 상황에서도 합리성과 경각심을 놓치지 않고 진실만을 말해 준 내 법률 자문 테오도레 테에게 특히 고마움을 전한다.

이 책을 쓰는 동안 여러모로 친절을 베풀어 준 많은 이에게 고마움을 전한다. 카리나 볼라스코, 히나 추아, 칼로이 콘데, 세일라 코로넬, 키리 달레나, 혼 몰로, 베르헬 산토스, 미겔 시후코, 알프레드 유손, 그리고 고인이 된 루이스 테오도로와 멜빈 칼데론의 아낌없는 지도에 감사드린다. 예리한 눈길로 원고를 미리 읽어준 루페르트 콤프스톤, 혼 모랄레스, 라피 티마, 마리스 우말리, 이데 반데르와에게 고마움을 전한다. 《에스콰이어 필리핀》의 편집장으로 격려를 마다하지 않았던 에르윈 로물로, 창의성을 불어넣어 준 릭시 찬, 헬로이 콘셉시온, 마르크 닉다오, 그리고 에옌 라모스에게 감사한다.

세계 곳곳에서 우정과 조언을 보내 준 동료 작가 수전 버필드, 앤드루 숀 그리어, 수지 핸슨, 시드니 진 최, 파디스 케브리아에이, 멕 키신저, 어맨다 올리버, 사피야 싱클레어, 스토보 스나이더먼, 앤드루 솔로몬, 그리고 타라 웨스트오버에게 고마움을 전한다.

나를 믿고 자신의 사연을 들려준 돈돈 찬, 호이 탄, 하손 키손, 앤 발데스, 호의와 솔직함으로 대해 준 부 창코, 로우이에 창코, 잉

그 창코, 마리아 테레사 창코-굿리치, 마리아 창코-투르네르, 그리고 따뜻한 환대로 간절했던 휴식을 선사해 준 마리아 필라르 데이브손과 마르크 에방헬리스타에게 진심으로 감사한다. 킴베를리 델라 크루스, 알렉스 에방헬리스타, 아이아 페르난데스, 비앙카 프랑코, 호데스 가빌란, JC 고팅가, 모니카 오리요, 니콜레 레비타는 자료 조사에 매우 중요한 역할을 해 주었다. 세실 산토스와 로케 앙굽은 업무 범위를 훌쩍 넘어서까지 물자를 지원해 주었다. 역사가 파울로 알카자렌, 마키 블랑코, 브라이언 히론, 아론 말라리, 로이 멘도사는 정통한 평가를 해 주었다. 사실 확인을 담당한 미셸 아바드, 리안 부안, 크릭시아 수빙수빙, 람보 탈라봉이 꼼꼼한 검토로 부정확한 부분과 내 기억 오류를 바로잡아 주었다. 수고를 마다하지 않고 사려 깊은 조언으로 이 책의 기반을 더 굳게 다져 준 기자 마이크 나발로에게 특히 감사한다.

에비타스 크리에이티브 매니지먼트의 내 에이전트 데이비드 그레인저에게 대단한 감사를 전한다. 그레인저는 내가 책을 쓸 수 있다고 믿어 주고, 내가 쓰지 못하겠다고 낙담했을 때 아니라고 다독이고, 몇 년 동안 용기를 북돋는 목소리로 형편없는 초고와 안절부절못하는 전화 통화를 견뎌 주었다. 내가 랜덤하우스와 계약할 수 있었던 것도 그레인저의 확실한 판단력 덕분이었다.

랜덤하우스 발행인 앤디 워드, 부발행인 톰 페리, 보조 편집자 차예네 스케테, 디자인 담당자 그렉 몰리카, 홍보 담당자 런던 킹, 마케팅 담당자 마이클 호크, 법률 고문 캐럴린 폴리에게 감사한다. 특히 총괄 편집자 크레이그 애덤스와 본문 편집자 재닛 비엘에게 특히 고마움을 전한다. 두 사람은 끝없는 인내심과 꼼꼼한 편집으로 이 책의 완성도를 최고로 끌어올려 주었다.

　내 편집자 마크 워런에게 가장 깊이 감사한다. 마크는 이 책의 의미를 나보다 훨씬 먼저 이해했다. 쉬운 길을 모두 마다하고 불가능해 보이는 것을 요구해 영어의 무한한 가능성을 증명했고, 마침내 내가 책을 망치지 않게 해줬다. 마크와 작업하는 것은 배움이었고, 또 영광이었다.

　이 책의 일부를 쓴 곳인 로건 논픽션 장학 재단과 헤드랜드 아트센터에 감사를 전한다.

　예술가 공동체에 안전한 안식처가 되어 준 치비텔라 라니에리 입주 작가 프로그램과 야도 코퍼레이션, 막대한 필수 지원을 베풀어 준 드라살대학교 민주주의 담론 시리즈, 뉴아메리카 펠로우 프로그램, 와이팅 크리에이티브 논픽션 지원금, 전쟁의 윤리적 보도에 필요한 자원을 제공해 준 다트 트라우마&저널리즘 센터, 영광스럽게도 따뜻한 환대를 베풀어 준 예일대학교 휘트니&베티 맥밀런 국제 및 지역 연구센터의 동남아시아 연구위원회에 감사의 뜻을 전한다.

　이 책의 구조와 전달 방식에 깊은 영향을 준 스베틀라나 알렉시예비치의 《전쟁은 여자의 얼굴을 하지 않았다》, 조앤 디디온의 《우리는 살기 위해 이야기한다》, 존 더스 패서스의 《1919》, 벤 파운틴의 《빌리 린의 전쟁 같은 휴가》, 마사 겔혼의 《전쟁의 얼굴》, 필립 고레비치의 《내일 우리 가족이 죽게 될 거라는 걸, 제발 전해주세요!―아프리카의 슬픈 역사, 르완다 대학살》, 팀 오브라이언의 《그들이 가지고 다닌 것들》, 조지 오웰의 《1984》, 진 웨인가튼이 《워싱턴포스트》에 기고한 〈치명적인 산만함〉, 그리고 톰 울프의 《적임자》에 고마움을 전하고 싶다.

내게 이야기를 들려준 어머니 펠리시아와 내 모든 이야기에 귀 기울여 준 아버지 바비에게 감사한다.

나는 운 좋게도 로욜라 공동체의 친구들과 계단을 오르내리며 가족처럼 지낸다. 시인 미카엘 데 라라 코는 진실의 역동적 등가 dynamic equivalence*를 이해해 주었다. 사진기자 엘로이사 로페스는 나와 함께 어두운 거리와 자신의 거리를 걸어 주었다. 작가 포촐로 고이티아는 풀리지 않는 문장 때문에 시간을 가리지 않고 전화하는 내 질문에 답해 줬다. 베이시스트 조코 메이메이는 정확히 어디서 용기를 되찾을지를 알려줬다. 활동가 볼테르 투파즈는 내 단견과 달리 기쁨과 노을을 선사해 주었다. 기자 소피아 토마크루즈는 모든 오류를 찾아내고 모든 단어를 두 번씩 읽고 스물세 개 넘는 단어를 추가해 줬다. 내 인생의 큰 행운은 시야를 세계로 넓혀 주고 나를 학교에서 십칠 년간의 언론계 생활로 이끌어 준 사회학자 니콜 큐라토, 그리고 십 년 넘게 함께 글을 쓰는 동안 탁월한 통찰력으로 지금까지 좌절과 영감의 원천이 되어 주는 영화감독 파올로 빌랴루나와 우정을 쌓았다는 것이다.

무엇보다 마약과의 전쟁 기간은 물론 그 뒤로도 내 손을 잡아 준 도미닉 가브리엘 고의 분별력과 연민에 고마움을 전한다. 도미닉은 나를 실제보다 더 용감하고 좋은 사람으로 믿어 주었다. 그 믿음이 없었다면 이 책은 세상에 나오지 못했을 것이다.

---

* 번역에서 원문의 형식을 지키기보다 독자가 원문의 본질을 느낄 수 있게 옮겨야 한다는 이론.

필리핀 약사

1521 페르디난드 마젤란이 필리핀에 도착하고, 이후 막탄에서 사망한다.

1565 미겔 로페스 데 레가스피 원정대가 비사야제도에 도착하여 정착지를 건설한다. 이로써 스페인의 식민 지배가 본격화된다.

1571 콩키스타도르에게 점령당한 마닐라가 왕립 도시의 지위를 부여받는다. 이후 마닐라는 스페인의 극동 식민지의 수도가 된다.

1892 카티푸난의 창립. 이는 스페인 식민 통치로부터 필리핀을 해방시키는 것을 목표로 한 비밀 조직이었다.

1896 카티푸난이 스페인 당국에 발각되고, 필리핀 혁명이 발발한다.

1898 미국이 스페인에 전쟁을 선포한다. 필리핀이 스페인으로부터 독립을 선언하지만, 미국과 스페인 간 체결된 파리 조약으로 스페인의 남은 식민지가 미국에 양도된다.

1899 필리핀-미국 전쟁이 발발한다.

1902 미국 대통령 시어도어 루스벨트가 필리핀의 '반란'이 종료되었다고 선언했으나, 필리핀 다른 지역의 저항은 지속되었다.

1934 타이딩스-맥더피 법(필리핀 독립법) 서명. 이 법은 필리핀을 미국 영토에서 독립 국가로 전환하는 10년 계획과 미군 주둔을 허용하는 조항이 포함되었다.

1935 새 헌법 제정과 마누엘 케손의 대통령 취임으로 필리핀은 10년 간의 전환기를 맞이한다.

1941 일본이 필리핀을 침공한다.

1946 필리핀은 미국으로부터 공식적 독립을 획득한다.

1965 페르디난드 마르코스가 대통령에 당선된다.

1968 자비다 학살 사건 폭로. 무슬림 훈련생들이 살해된 이 사건은, 필리핀 정부가 말레이시아의 사바Sabah에 침투하여 영토 주권 주장을 강화하려던 계획의 일부였음이 드러나며 파문을 일으켰다. 같은 해 호세 마리아 시손이 개편된 필리핀 공산당을 창당한다.

1969 페르디난드 마르코스 대통령이 재선에 성공한다. 공산당이 신인민군NPA을 창설한다.

1972 마르코스 시니어가 계엄을 선포한다. 베니그노 아키노 주니어 상원 의원을 포함한 야권 정치인 체포가 시작된다. 민다나오, 팔라완, 술루 군도의 분리를 주장하는 모로 민족해방전선MNLF이 결성된다.

1980 베니그노 아키노 주니어 상원의원이 석방되어 심장 수술을 위해 미국으로 갈 수 있게 된다.

1983 귀국하는 베니그노 아키노 주니어 상원의원 암살. 정의를 요구하는 시위가 확대된다.

1985 마르코스 대통령은 여론 악화와 계속되는 시위 속에서 권력 유지를 위해 예정보다 일찍 대통령 선거를 실시한다고 발표했다. 이에 야권 진영은 베니그노 아키노 주니어의 미망인 코라손 아키노를 단일 후보로 내세웠다.

1986 사전 총선 결과에 따른 에드사 혁명. 코라손 아키노가 대통령으로 당선되고, 마르코스 일가는 하와이로 망명한다.

1992 아키노의 동맹이었던 피델 라모스 참모총장이 대통령에 당선되고, 배우 출신 상원의원 조셉 에스트라다가 부통령에 당선된다.

1998 조셉 에스트라다가 대통령에 당선된다.

2001 에스트라다 대통령이 탄핵 소추와 2차 에드사 혁명으로 불리는 대규모 시위 속에서 권력에서 물러났다. 이어 부통령 글로리아 마카파갈 아로요가 대통령직을 승계하였다.

2004 논란 속에 치러진 선거 결과 마카파갈 아로요가 대통령에 취임한다.

2010 베니그노 아키노 3세가 대통령에 당선된다.

2016 로드리고 두테르테 전 다바오 시장이 대통령에 당선된다.

2022 페르디난드 마르코스 주니어가 대통령에 당선된다. 부통령에는 사라 두테르테가 당선된다.

참고 문헌

영어 번역에 관한 참고 사항

이 책의 영어 번역은 가능한 경우 문자 그대로 이루어졌다. 저자는 특히 자국의 일상 대화에서 사용되는 미묘한 뉘앙스가 영어로 자연스럽게 전달되지 않는다는 점을 인지하고 있었다. 저자와 번역가 미카엘 드 라라코는 원문의 의미를 충실히 전달하는 것이 가장 중요한 원칙이며, 이를 통해 가장 진실된 기록을 구현하고자 했다. 때로는 문자 그대로의 번역을 넘어 역동적 등가 dynamic equivalence로 접근하기도 했다.

이는 특히 욕설 번역에서 두드러지는데, 예를 들어 푸탕이나 Putang ina는 문자 그대로 "엄마가 창녀"로 번역된다. 이 표현은 문맥에 따라 "개자식" "창녀의 자식" "개새끼" "씨발" "좆" "젠장" 등으로 해석될 수 있다. 이러한 경우 저자는 당시 의도를 가장 정확히 포착하는 표현을 사용했다.

경찰 보고서나 법원 제출 서류 같은 공식 문서의 직접 인용문은 원문 영어 그대로 재현되었다.

로드리고 두테르테 인용에 관한 참고사항

로드리고 두테르테 전 대통령은 보통 즉흥적으로 발언한다. 그는 준비된 원고를 읽지 않겠다는 뜻을 여러 차례 밝힌 바 있다. 그의 연설은 때로

산만하고 종종 우회적이다. 다양한 주제를 넘나들며 긴 시간 동안 개인적인 일화, 비판자들에 대한 비난, 그리고 그의 대변인들이 유머나 과장된 표현이라고 묘사하는 노골적으로 모욕적인 발언들을 섞어 말했다. 저자는 대통령의 어조와 주제 전환에 담긴 미묘한 뉘앙스를 충실히 전달하려 노력했으나, 대통령 본인의 의도에 대해서는 해석이 다를 수 있다. 다만 두테르테가 하는 모든 공개적인 발언은 국가 원수의 공식 언어로 받아들여진다는 점을 유념해야 한다.

저자는 두테르테의 발언을 기록한 영상 자료를 주요 출처로 삼았다. 이 책에 수록된 모든 발언은 서술적 목적을 위해 재구성되었든 직접 인용되었든, 공식 정부 채널이나 언론 매체가 공개한 기록물을 바탕으로 팩트체커 미셸 아바드, 리안 부안, 마이크 나발로, 크릭시아 수빙수빙, 소피아 토마크루스가 독립적으로 확인했다.

저자는 연대기 데이터베이스를 이 책의 지침으로 사용했다. 연구원 호데스 가빌란은 대통령궁 기자들에게 배포된 보도자료에서 전문을 추출하거나 대통령 커뮤니케이션 운영실 웹사이트에서 직접 문서를 다운로드했다. 저자의 데이터베이스는 두테르테의 모든 공식 발언을 완벽하게 기록한 것은 아니다. 이 데이터베이스는 2014년 당시 시장이었던 두테르테가 대통령 출마를 촉구하는 신생 민중 운동에 대해 "분명 말씀드리건대, 저는 대통령에 대한 야망이 없습니다"라고 발언한 시점부터 시작하여, 2022년 6월 27일 다바오시에서 열린 신임 정부 관료 취임 선서식까지를 다룬다. 두테르테 행정부 6년으로 한정할 경우, 이 데이터베이스는 1184건의 연설 행사를 다루며, 1만 9204페이지 분량의 문서로 400만 단어 이상을 포함한다.

직접 인용문(번역 여부와 무관)은 각주에 "인용"으로 표기한다. 재구성된 발언은 "발췌"로 표기한다. 공식 기록이 없는 연설, 인터뷰, 기자회견은 이용 가능한 녹음 자료를 개별적으로 전사했다. 영상이나 기록이 없는 경우 저자는 뉴스 보도, 학술 논문, 감시 단체 보고서, 정부 발표 자료를 인용한다.

사전 조사에 관한 참고 사항

본서에서 다양한 활동으로 지목된 모든 인물에게 저자는 사전 인터뷰나 공개된 보고서 인용이 없는 경우 직접 연락을 취했다. 2023년 5월 12일, 6명의 공식 주소로 초청장이 발송되었고, 각 수신자 또는 그 대리인은 본서의 존재와 일반적인 범위에 대해 통보받았다. 저자는 각 수신자에게 인터뷰 또는 이메일 서신을 통한 질의 응답을 제안했다. 모든 대상자에게는 2주 간의 답변 기간과 요청 시 질문 내용을 열람할 권리를 얻었다. 대상자 명단에는 로드리고 로아 두테르테 전 대통령, 로날드 '바토' 델라 로사 전 국가경찰청장, 로베르트 도밍고 경정, 에밀 가르시아 경감, 에드윈 푸간 지구대 장, 알베르토 시파코 주니어 전 인권위원회 지부장이 포함되었다.

두테르테는 임기 종료 후 공직을 맡고 있지 않으며 재단을 설립하지 않았기에, 그의 전 특별 보좌관인 크리스토퍼 로렌스 '봉' T. 고 상원의원 사무실(필리핀 상원 건물 소재)로 요청 서한을 특급 택배로 발송했다. 저자는 서한 전달을 증명하는 공증된 송달 증명서를 보유하고 있다. 사본은 고 상원의원 사무실에서 추천한 현직 보좌관이 제공한 이메일 주소와 고 상원의원 미디어 관계실로도 발송되었다.

이 서한은 전 대통령 또는 그의 대리인이 다바오 암살단과 마약 전쟁에 관련한 질문에 답변할 것을 요청했다. 2023년 5월 16일, 대통령 보좌관은 이메일로 답변을 요청하며 작성자에게 질문을 보내 달라고 요청했다. 질문은 다음 날인 5월 17일에 발송되었다.

질문은 총 13개였다. 많은 질문은 상충되는 주장을 조화시키거나 전 대통령 본인이 제기한 주장을 검증하려는 시도였다. 당신은 범죄자를 살해했다고 자주 언급했지만 그 숫자는 달라진다. 당신이 직접 살해한 사람의 수를 명확히 말할 수 있는가? 주지사를 아버지로 둔 가난한 집안의 아이로 자신을 어떻게 보았는가? 옥타비오 고코 총격 사건은 사고, 결투, 아니면 고의적 총격이었는가? 범죄자들이 암살의 정당한 표적이라고 말했을 때 그가 언급한 암살자들은 누구였는가? 만두그에서 아기를 강간한 혐의를 받은 마약 중독자 용의자에게 어떤 조치를 취했는가? 전 대통령이 주장한 마약 중독자에 의한 7만 7000명 사망의 근거는 무엇인가? 법 집행관이 합법적으로 살해할 수 있다고 믿었는가? 마약 전쟁 중 발생한 수많은 사망을 비사법 살해라고 부르지 않는다면, 대통령이 선호하는 용어는 무엇인가?

다른 질문들은 공개된 의혹에 대한 답변을 요구했다. 대통령이 자경단 '알사 마사'에 보조금을 지원했다는 주장, 다바오 암살단을 통해 표적 처형을 지시했다는 비난, 어머니가 다바오시 검찰청 검사직을 확보해 주었다는 이야기에 대한 입장은 무엇인가?

마지막 질문은 전 대통령이 자신의 마약 전쟁을 성공으로 평가하는지 여부였다.

5월 23일, 대변인은 일정상 답변이 불가피하다면서 전 대통령의 사과의 뜻을 전했다. 저자는 이메일 답변으로도 충분하다는 점을 재차 강조하며 답장했다. 본문 게재 시점까지 추가 연락은 없었다.

제사

7쪽　**공포를 퍼트리는 것이다.** 로드리고 두테르테의 말이 인용된 Jeffrey M. Tupaz, "Where Crime Suspects Live Dangerously," *Philippine Daily Inquirer*, February 15, 2009.에서 발췌함.

프롤로그

11-13쪽　**'피살자 명단Kill List'을 정리했다…두테르테 행정부의 범죄와의 전쟁으로 인한 희생자.** 2016년 7월 7일부터《필리핀 데일리 인콰이어러》는 "피살자 명단"이라 명명한 목록을 게재하기 시작했다. 이 명단은 주 2회 업데이트되었다. 필리핀 국가경찰청PNP이 마약 전쟁에서 처음으로 배제된 직후인 2017년 2월 16일에 마지막으로 업데이트되었다. 명단에는 총 2127명의 이름이 올라와 있으며, 이 중 104명은 경찰에게, 1022명은 "정체불명의 암살자"에게 살해되었다.

12쪽　**조국을 망치려는 자들** 로드리고 두테르테가 'Agrilink/Foodlink/Aqualink 2017 개회식' 인사말에서 인용, 파사이시 월드 트레이드 센터, 2017년 10월 5일.

13쪽　**입을 막고 싶은 마약 조직원** Bea Cupin, "Dela Rosa: Drug Syndicates 'Killing Each Other,'" *Rappler*, July 14, 2016.

13쪽　**비참하게 목숨을 잃은 이들** ABS-CBN Investigative and Research Group, "Map, Charts: The Death Toll of the War on Drugs," *ABS-CBN News Digital*, July 13, 2016.

13쪽　**약식 살해** Office of Senator Leila de Lima, "De Lima Blames Duterte for Rash of Killings in PH" (press release), Senate of the Philippines, March 12, 2021.

13쪽　**자경단 방식의 마약 사범 살해** Department of the Interior and Local Government, "Sueno to Bato: Do Quick Probe on Vigilante-Style Drug Killings" (press release), August 8, 2016.

13쪽　**범죄자 약식 처형** Resolution No. 9, Senate of the Philippines, 17th Congress, 2016.

그들이 인간이기는 합니까

21-27쪽　**내 이름은 레이디 러브예요.…복도 아래쪽에서 문을 세게 차는 소리가 들렸다. …남자는 "우리가 두테르테다"** 러브-러브의 이야기는 저자의 인터뷰를 바탕으로 한다. 2016년 첫 인터뷰는 러브-러브의 보호자가 동석한 상태에서 진행되었다.

두 번째 인터뷰는 러브러브가 성인이 된 2023년에 진행되었다. 러브-러브는 자신의 이야기에서 본명과 별명 사용에 동의했다.

23쪽 **바랑가이** 바랑가이는 "국가 내 가장 작은 행정 단위"이다. 필리핀 통계청(https://psa.gov.ph)에 따르면, 타운이나 시보다 작은 단위를 일컫는다. 마을장 즉 바랑가이 카피탄은 3년 임기의 선출직이다.

23-28쪽 **갓난아이들의 시신을 배낭에 수습했다. …차와 시신이 뒤엉킨 곳에 …입에서 시냇물처럼 주르륵 흘러나온다.** 초강력 태풍 하이옌의 여파, 마마사파노에서 벌어진 반군과 경찰관의 치명적 충돌, 그리고 잠보앙가시 포위전 이후의 상황 묘사는 다음 자료에서 발췌함. 다음을 참조. Patricia Evangelista, "The Baby in the Backpack," Rappler, February 2, 2014; Patricia Evangelista, "The Mourners of Mamasapano," Rappler, February 18, 2015; and Patricia Evangelista, "Blood from the Sky," Rappler, October 17, 2013.

24쪽 **1254번** 이 수치는 로드리고 두테르테 대통령이 "죽이다"라는 단어를 언급한 모든 사례를 집계한 것으로, 저자가 수집한 2016년 7월 1일부터 2017년 6월 30일까지의 데이터베이스를 바탕으로 한 것이다. 실제 횟수는 이보다 더 많을 가능성이 있다.

24쪽 **누구든 죽여 버리겠다고 약속했다.** 로드리고 두테르테, '세계 스카우트 운동 기구 창립 기념일(바덴 파월 데이) 및 필리핀 보이 스카우트 임명식' 연설에서 발췌. 말라카냥궁, 2017년 4월 3일.

24쪽 **국내 마약 중독자를 죽이는 일자리가 있다고** 로드리고 두테르테가 사우디아라비아에서 송환된 해외 필리핀 근로자들에게 한 발언으로, 현장에 있던 언론이 우연히 들은 대화 내용이다. 다음을 참조. Christina Mendez, "Rody's Job Offer to OFWs: Kill Drug Addicts," *Philippine Star*, April 17, 2017.

24쪽 **죄를 뉘우치고 사퇴하지 않으면 죽이겠다.** 로드리고 두테르테, '신임 정부 관료 집단 선서식' 연설에서 발췌, 말라카냥궁, 2017년 1월 9일. 두테르테는 2017년 1월 11일 말라카냥궁에서 열린 시장들과의 일련의 회의에서도 동일한 발언을 했다. 《필리핀 데일리 인콰이어러》는 해당 회의에 참석한 시장들을 인터뷰하여 두테르테의 발언을 보도했다. 다음을 참조. Leila Salaverria, "Duterte Tells Mayors: Repent, Resign or Die," *Philippine Daily Inquirer*, January 12, 2017.

24쪽 **인권 활동가들을 죽이겠다고 위협했다.** 로드리고 두테르테, '팜 콘셉시온 발전소

135메가와트 순환유동층연소CFBC 설비 준공식' 및 시운전 행사 연설에서 발췌. 말라카냥궁, 2016년 11월 28일.

25쪽 **죽이면 훈장을 주겠다고 부추겼다.** 로드리고 두테르테, 선거 후 파티 연설에서 발췌, 다바오시, 2016년 6월 4일.

25쪽 **언론인들에게 합법적 암살 대상이 될 수 있다고 협박했다.** 로드리고 두테르테, 기자회견 중 언론 인터뷰에서 발췌, 다바오시, 2016년 5월 31일.

25쪽 **명령이다. 이 자들을 찾아내 죽여라. 이상.** 로드리고 두테르테, 선언 대회 연설에서 인용, 마닐라 톤도, 2016년 2월 10일.

27쪽 **기자 윌프레드 버쳇이 …세상에 경고가 되기를** George Burchett and Nick Shimmin, eds., *Rebel Journalism: The Writings of Wilfred Burchett* (Cambridge, U.K.: Cambridge University Press, 2007).

28쪽 **일곱 명, 열 두 명, 스물여섯 명.** 이 숫자들은 마약 전쟁 기간 중 세 차례의 별개 밤에 발생한 살해 사건의 희생자 수를 가리킨다. 다음을 참조. Non Alquitran, "7 More Drug Suspects Killed," *Philippine Star*, June 22, 2016; Patricia Evangelista, "The Drug War: Monday," Rappler, October 21, 2016; Reuters, "Another 26 Killed Overnight as Philippine Drug War Gets Bloodier," *South China Morning Post*, August 17, 2017.

29쪽 **중독자를 죽이라고 지시하자** 로드리고 두테르테, '빈곤층과의 연대 만찬' 연설에서 발췌, 마닐라 톤도 델판 스포츠 단지, 2016년 6월 30일.

29쪽 **자치 단체장들을 죽이라고 지시하자** '제25차 필리핀 부시장 연맹 연례 총회', 말라카냥궁, 2018년 6월 28일.

29쪽 **인권 변호사들을 죽이라고 지시하자** Marlon Ramos, "Duterte Warns Drug Lords' Lawyers," *Philippine Daily Inquirer*, December 9, 2016.

29쪽 **아이들이 목숨을 잃기도 했는데** Rebecca Ratcliffe, "War on Drugs Blamed for Deaths of at Least 122 Children in Philippines," *Guardian*, June 30, 2020.

29쪽 **부수적 피해** 로드리고 두테르테, '농림부 국가 색상 코드 농업 가이드맵 발간식' 연설에서 발췌, 말라카냥궁, 2017년 3월 7일.

30쪽 **노인의 이름은 막시모였다.** 막시모 가르시아, 저자와의 인터뷰, 2016년 8월 30일. 다니카 메이 가르시아의 사망에 대한 전면적인 조사는 다음을 참조. Patricia Evangelista, "Danica, My Danica," Rappler, September 6, 2016.

31쪽   **동남아시아에서 가장 오래된 민주국가** Julio C. Teehankee and Cleo Anne A. Calimbahin, "Mapping the Philippines' Defective Democracy," *Asian Affairs: An American Review*, 47:2, 97-125 (2020).

31-32쪽 **언론인 32명을 포함해 58명이 학살된 사건 … 잠보앙가시 폭격 … 경찰 특공대 44명이 몰살당한 사건** 나열된 사건은 2009년 마긴다나오에서 32명의 기자를 포함해 58명이 사망한 학살 사건, 2013년 반군 세력에 의한 잠보앙가시 포위 사건, 그리고 2015년 마마사파노에서 44명의 특수작전대 경찰관이 사망한 충돌 사건을 가리킨다.

32쪽   **로드리고 두테르테가 생각한 세계에서 … 저 두테르테가 여러분 뒤에 있습니다. … 경고를 날린 뒤 … 마약을 뿌리 뽑겠습니다.** Nicole Curato and Patricia Evangelista, "The Punisher," Rappler, February 19, 2016; previously published for the Imagined President series.

33쪽   **히틀러는 유대인 300만 명을 학살했습니다** 홀로코스트 당시 사망자 수를 역사가들은 600만 명으로 기록하지만, 로드리고 두테르테는 베트남 방문 귀국 후 2016년 9월 30일 필리핀 다바오시에서 연설하며 이 수치를 축소했다.

33쪽   **이름은 크리스틴** 크리스틴, 저자와의 인터뷰. 첫 인터뷰는 2016년 크리스틴의 보호자가 동석한 상태에서 진행되었다. 두 번째 인터뷰는 크리스틴이 성인이 된 2023년에 진행되었다. 그녀는 자신의 이름 사용에 동의했다. 콘스탄티노 데 후안의 죽음에 대한 전체 조사는 저자가 작성했다. 다음을 참조. Patricia Evangelista, with additional reporting by Lian Buan, Kimberly dela Cruz, Alex Evangelista, and photographer Carlo Gabuco, "This Is Where They Do Not Die," Rappler, November 25, 2017.

35쪽   **토론한다는 뜻인 rap** "Rappler's Mission Statement," Rappler, February 22, 2021.

35쪽   **2011년 늦여름** 본 기록은 이전에 게재된 바 있다. 다음을 참조. Patricia Evangelista, "Rappler at 10: Employee No. 6," Rappler, December 12, 2021.

37쪽   **가짜 뉴스** Pia Ranada, "Duterte Calls Rappler 'Fake News Outlet,'" Rappler, January 16, 2018.

37쪽   **돈에 팔린 삼류 언론** 로드리고 두테르테, '제2차 국정연설'에서 발췌, 케손시 국회의사당, 2017년 7월 24일.

37쪽 **탈세, 사이버 명예훼손** 래플러에 대한 기소 내용에 대해서는 다음을 참조. Lian Buan, "List: Cases vs. Maria Ressa, Rappler Directors, Staff Since 2018," Rappler, February 25, 2019.

37쪽 **언론사 면허가 취소되어** "Statement on Affirmation of Revocation of Rappler's Corporate Registration," Securities and Exchange Commission, June 29, 2022.

37-38쪽 **대통령 취재를 금지당했다.** "Duterte Himself Banned Rappler Reporter from Malacañang Coverage," Rappler, February 22, 2018.

38쪽 **새로 산 분홍색 비옷 … 바비 인형을 갖고 있었다** Patricia Evangelista, "In the Name of the Father," Rappler, December 15, 2016; Patricia Evangelista, "Execution at Cessna," Rappler, September 21, 2016; and Patricia Evangelista, "Jerico's Angel," Rappler, November 7, 2016.

38쪽 **솔직히 말하겠습니다.** 로드리고 두테르테, '동민다나오군 사령부 창설 10주년 기념식' 연설에서 인용, 다바오시 파나칸, 2016년 8월 26일.

옛날 옛적, 우리는 영웅이었다

39쪽 **필리핀에 최초로 발을 디딘 백인들은 … 때는 1521년** 페르디난드 마젤란의 필리핀 원정에 관한 이 허구적 기록은 Ferdinand Magellan's expedition into the Philippines was drawn from "The Fredding of Ferdinand Magellan," in Mario P. Chanco, ed., *How to Become a Father: A Collection of Humorous Essays, Legends, and Sketches* (Manila: Philippine Book Co., 1951), and Chanco, "Filipinos Laugh Easy," *Sunday Times Magazine*, November 13, 1949.에서 발췌하였다. 1519년부터 1522년까지 지속된 원정대의 원본 기록은 마젤란의 항해에 동참한 이탈리아 학자이자 탐험가 안토니오 피가페타가 작성하였다. For a translation of Pigafetta's *Il primo viaggio intorno al globo*; Antonio Pigafetta, *The First Voyage Around the World, 1519–1522*, ed. Theodore J. Cachey, Jr. (Toronto: University of Toronto Press, 2007).

40-47쪽 **지나치게 자주 즐겨 썼다. … "믿기지 않게 가볍다" … 쾌활하고 성실했다** Carmen Guerrero Nakpil, foreword to Chanco, *How to Become a Father*.

41쪽 **막탄섬의 족장 라푸라푸 … 루이 로페스 데 비얄로보스가 다시 필리핀을 식민지로 삼으려 했지만 실패했다.** Jose S. Arcilla, S. J., The Spanish Conquest, vol. 3 of Kasaysayan:

The Story of the Filipino People, ed. Theresa Ma and Jose Y. Dalisay, Jr. (Mandaluyong City: Asia Publishing Co., 1998). 비교 참조. Jose Amiel Angeles, "The Battle of Mactan and the Indigenous Discourse on War," Philippine Studies 55, no. 1 (2007): 3-52.

41쪽 1565년 레가스피 원정대의 식민화 과정은 토착 엘리트들의 참여를 유도하며 정복과 평화 정착을 신중히 조화시켰다. 또한 원주민 개종을 위해 더 강력한 힘과 체계적인 방식으로 기독교를 도입했다. 칼과 십자가의 공동 작전은 1571년 마닐라가 스페인 통제하에 들어가 신식민지의 수도가 될 때까지 지속되었다. 초기 평정 작전에 대한 논의는 다음을 참조. Abisai Perez Zamarripa, "The *Principales* of Philip II: Vassalage, Justice, and the Making of Indigenous Jurisdiction in the Early Colonial Philippines," in *Norms Beyond Empire: Law Making and Local Normativities in Iberian Asia*, 1500-1800, ed. Manuel Bastias Saavedra (Leiden: Brill, 2022). 마닐라 정복에 참여한 토착 민병대(특히 비사야인)에 관한 논의는 다음을 참조. Stephanie Mawson, "Philippine Indios in the Service of Empire: Indigenous Soldiers and Contingent Loyalty, 1600-1700," *Ethnohistory* 63, no. 2 (2016).

41쪽 우리는 가톨릭 신 앞에 무릎을 꿇고 개종 과정의 정치와 담론에 관한 논의는 다음을 참조. Carolyn Brewer, *Holy Confrontation: Religion, Gender, and Sexuality in the Philippines, 1521-1685* (Manila: Institute of Women's Studies, St. Scholastica's College, 2001).

41-42쪽 필리핀뿐 아니라 다른 식민지도 본국인 스페인에 반기를 들었다. John Offner, "Why Did the United States Fight Spain in 1898?" *Organization of American Historians Magazine of History* 12, no. 3 (1998).

42쪽 1898년 미국이 쿠바 내 자국의 이익을 보호하고자 스페인에 전쟁을 선포했다. 미국은 제국의 멍에에서 벗어나기 시작한 식민지들로 구성된 세계와 맞서 싸워야 했다. 19세기 후반 식민 강국으로 자리매김한 미국은 예외주의 담론을 동원하여 문명화 사명의 진정한 주체임을 표방했다. 기존 제국들과 달리 미국은 식민지들을 19세기 말 미국의 명백한 운명인 "세계의 지배"로 이끌기 위한 보호적 노력으로 식민주의를 수행할 것이라고 주장했다.

42쪽 미국의 '명백한 운명' "The World of 1898: The Spanish-American War," Hispanic Division of the Library of Congress Online Resource, June 22, 2011.

42쪽 의용군 12만 5000명 여러 저자, *American-Spanish War*.

42쪽 **마닐라만 전투…망명했다가 돌아온…인류를 위해** 당시 스페인 식민지였던 필리핀이 미국-스페인 전쟁에 휘말리자, 미국은 스페인 식민 통치를 종식시키려는 필리핀 혁명에 개입했다. 미국은 마닐라의 스페인군과 협상하여 스페인군의 "평화적" 항복을 확보하기 위해 "모의 전투"를 벌이기로 합의했다. 이는 결국 스페인이 미국에 항복하여 전쟁 종식을 알리는 협상 과정 속에서 이루어졌다. "마닐라 모의 전투"는 1898년 8월 13일에 발생했으며, 항복 조약 서명으로 마무리되었다. 이 조약은 미국이 필리핀에 군사 정부를 수립하는 길도 열었다. Teodoro Agoncillo, *History of the Filipino People*, 8th ed. (Quezon City: Garotech, 1990). 비교 참조. Jely Galang, "Ang Pamahalaang Militar ng Mga Amerikano sa Pilipinas Bago ang Digmaang Pilipino-Amerikano," *Philippine Social Sciences Review* 62, no. 1 (2010): 197-229; and Moorfield Storey and Marcial P. Lichauco, *The Conquest of the Philippines by the United States, 1898–1925* (New York: Knickerbocker Press, 1926).

43-44쪽 **마닐라를 포위한 필리핀군은…"자그마한 갈색 형제"** Daniel Immerwahr, *How to Hide an Empire: A History of the Greater United States* (New York: Farrar, Straus & Giroux, 2019).

43쪽 **파리에서 스페인 왕국과 조약을 체결해** 파리 조약이 체결된 후, 미국은 "자비로운 동화 선언"을 발표했다. 이 선언은 제국주의적 점령을 정당화한 미국 예외주의 담론의 청사진이 되었다. 선언문 사본은 다음을 참조. James Blount, *The American Occupation of the Philippines, 1898–1912* (New York: G.P. Putnam & Sons, 1913).

43쪽 **그대의 아들들에게 의무를 지우라** Rudyard Kipling, "The White Man's Burden," *McClure's*, February 1899. 이에 관한 논의는 다음을 참조. Mark van Ells, "Assuming the White Man's Burden: The Seizure of the Philippines, 1898-1902," *Philippine Studies* 43, no. 4 (1995).

44쪽 **미국은 철권통치로 답했다** 필리핀-미국 전쟁은 필리핀 역사상 가장 피비린내 나는 전쟁 중 하나로 남아 있다. 더 자세한 논의는 다음을 참조. Milagros Guerrero and John Schumacher, Reform and Revolution, vol. 5 of *Kasaysayan: The Story of the Filipino People*, ed. Theresa Ma and Jose Y. Dalisay, Jr. (Hong Kong: Asia Publishing Co., 1998).

44쪽 **탈영한 아프리카계 미국인은** Scott Brown, "White Backlash and the Aftermath of Fagen's Rebellion: The Fates of Three African-American Soldiers in the Philippines,

1901-1902," *Contributions in Black Studies* 13, no. 5 (1995). 비교 참조. Immerwahr, *How to Hide an Empire*.

44-60쪽 **할아버지는…중국 상인 산 창 코였다.…성이 창코로 바뀌었다.…일곱 남매 중 여섯째…산안토니오 거리의 널찍한 집에서…집에서는 스페인어를…가족 몇몇 은 마 닐라에 머물며…'마오'라는 별명을 얻었다.…집 일 층에서 지역 신문을 발 행했고…식사 뒤에는 로스만스를…대체로 풍족하게 키웠다.…'아름다운 아내' …손님 중에는 베니그노 아키노 2세라는 전직 종군 기자도 있었다.…구형 메르세 데스-벤츠…많은 언론인 중 한 명…더 평범했다.…"바람과 함께 사라지다"…"마 르코스를 냉소적으로 지지했지."…"개혁에 앞장선 언론인"** 마리오 창코의 생애 에 관한 이 기록들은 저자가 가족 구성원들과의 인터뷰에서 발췌한 것이다. Felicia Evangelista, the author's mother, on May 9, 2022; Louie Chanco, the author's uncles, who provided genealogical records, on July 12 and September 25, 2020; Jose "Ying" Chanco and Pedro "Boo" Chanco III, both on July 4, 2020; Maria Gugay Chanco-Turner, the author's great-aunt, on September 25, 2020; and Maria Teresa Chanco-Goodrich, on October 3, 2020.

45쪽 **미국 73대 연방 의회가 과도기를 두고 필리핀을 독립 국가로 전환할 것을 지시** Milagros Guerrero, Under Stars and Stripes, vol. 6 of *Kasaysayan: The Story of the Filipino People*, ed. Theresa Ma and Jose Y. Dalisay, Jr. (Hong Kong: Asia Publishing Co., 1998).

45쪽 **식민지에서 자치령으로** Patricio Abinales and Donna Amoroso, *State and Society in the Philippines* (Lanham, Md.: Rowman & Littlefield, 2005).

45-46쪽 **웨스트포인트를 졸업하고 미 육군 대령으로…다리를 폭파하고…형은 죽음의 바탄 행진에서 살아남아** 마리아 구가이 창코-투르네르의 이 기록은 1937년 웨스 트포인트를 졸업한 안토니오 '토니' 파발란 창코를 언급한다. 웨스트포인트 총동 창신문이었던 March-April 1998 issue of *The Assembly*에 실린 기록에 따르면, 창코 는 1934년 17세의 나이로 웨스트포인트에 입학했다. 제2차 세계대전 중 일본 점 령기, 그는 필리핀 육군 제91사단 공병대대 지휘관으로 복무했다. 그는 "사실상 신 병들로 구성된 대대를 이끌며…목표는 불태워 버리는 것이었다. 모든 다리, 모든 기관차, 모든 통신 시설을 파괴해야 했다." Louis Morton, *The Fall of the Philippines* (Washington, D.C.: Center of Military History, 1993)는 미군 후퇴 시간을 벌기 위해 바

탄의 라약 교량을 폭파한 것을 포함해 이 사단의 활약을 서술한다. 토니 창코는 1942년 4월 바탄 함락 당시 일본군에 포로로 잡힌 이들 중 하나였다. 그는 죽음의 바탄 행진에서 탈출했으나 일본군 하사관에 재포로되었고, 이후 마닐라의 집으로 보내져 가족들의 간호를 받았다. 그는 에드윈 램지 중령이 이끄는 램지 게릴라 부대에 합류해 1945년 일본 점령이 끝날 때까지 함께 복무했다.

45쪽 **10만 명 넘는 사람** Edward Drea et al., *Researching Japanese War Crime Records* (Washington, D.C.: National Archives and Records Administration, Nazi War Crimes and Japanese Imperial Government Records Interagency Working Group, 2006).

45쪽 **'학살 보고서'** 마리오 창코가 목격한 마닐라 학살에 대한 보고서는 다음을 참조. Mario Chanco is *Report on the Destruction of Manila and Japanese Atrocities* (Washington, D.C.: Office of the Resident Commissioner of the Philippines to the United States, 1945). 점령기 마지막 몇 달 동안 마닐라가 파괴된 것은 일본군과 미군의 폭격 모두에 의한 결과였다. 역사가 리카르도 호세가 표현한 대로, 그것은 "강간과 살인의 난잡한 향연"이었다. 비교 참조. Ricardo T. Jose, *The Japanese Occupation*, vol. 7 of *Kasaysayan: The Story of the Filipino People,* ed. Theresa Ma and Jose Y. Dalisay, Jr. (Hong Kong: Asia Publishing Co., 1998).

46쪽 **'고귀한 사명'을 끝냈다.** Maria Serena I. Diokno, *Up from the Ashes*, vol. 8 of Ma and Dalisay, *Kasaysayan*.

46쪽 **"미국 헌법을 충실히 모방"** Raul Pangalangan, *Law and Newly Restored Democracies: The Philippines Experience in Restoring Political Participation and Accountability*, no. 13 in IDE Asian Law Series (Japan: Institute of Developing Economies, 2002).

46쪽 **신형 자동차** Mario P. Chanco, "U.S. Shipping 'Gets Thur Fustest,'" *American Chamber of Commerce Journal* 12, no. 12 (1945).

47쪽 **내셔널 프레스 클럽의 창립 회원** "Veteran Newsman Passes Away," *Manila Bulletin*, July 19, 2001.

47쪽 **재치 있게 놀림을 뒤섞은 여담** "Chanco, Veteran Scribe; 79," *Philippine Daily Inquirer*, July 19, 2001.

47쪽 **'언론계에서 가장 뛰어난 젊은이'** Felix Bautista, "11. The Most Outstanding Young Man in Journalism," *Sunday Times Magazine,* December 4, 1955.

47쪽　**풀브라이트 장학금** U.S. Foreign Service to Mario Chanco, November 26, 1962.

47쪽　**《오리엔트》라는 잡지** 이 요약본은 에반젤리스타 거리에 위치한 창코의 매너 프레스에서 출판되었다. 매너Manor는 마리오와 레오노르 창코의 이름을 합친 합성어이다.

48쪽　**무공훈장을 가장 많이 받은 전쟁 영웅** 마르코스 정권의 일본 점령기 영웅 주장 허위성은 필리핀 국가역사위원회에 기록되어 있다. *Why Ferdinand E. Marcos Should Not Be Buried at the Libingan ng mga Bayani* (Manila: National Historical Commission of the Philippines, 2016).

49쪽　**계엄령을 선포** *Proclaiming a State of Martial Law in the Philippines*, Proclamation no. 1081, s. 1971, signed on September 21, 1972.

49쪽　**'부부 공동 독재 정권'** "부부 공동 독재 정권"이라는 용어는 전 마르코스 대통령 대변인이자 최측근 보좌관인 프리미티보 미하레스가 1976년 초판 출간된 회고록 제목으로 사용한 이후 널리 쓰이기 시작했다. 미하레스의 저서와 미국 의회 증언은 그와 그의 막내 아들 보예트 미하레스의 죽음으로 이어졌다. Primitivo Mijares, *The Conjugal Dictatorship of Ferdinand and Imelda Marcos* (1976; reprint Quezon City: Bughaw, 2017).

49-52쪽　**이멜다는 로널드 레이건 대통령과 함께 춤췄고 … 종군 기자 … 계엄령 초기에 체포 대상에 포함 … 양쪽 모두** Raymond Bonner, *Waltzing with a Dictator* (New York: Random House, 1988).

49쪽　**265밀리미터인 스틸레토 힐 3000켤레** John Lyons and Karl Wilson, *Marcos and Beyond* (New South Wales: Kangaroo Press, 1987).

49쪽　**소더비를 통해** 1986년 3월 22일, 전 소더비 직원이 《로스앤젤레스 타임스》에 당시 영부인 이멜다 마르코스가 자선가 레슬리 R. 새뮤얼의 아파트 경매 직전 그 안의 모든 물품을 사들였다고 폭로했다. 여기에는 500만 달러 상당의 17-18세기 영국 희귀 회화, 가구, 도자기 컬렉션이 포함되었다. Bob Drogin, "Imelda Marcos' Shopping Gave 'Spree' New Meaning," *Los Angeles Times*, March 22, 1986.

49쪽　**부정부패, 정실 인사, 정치 탄압이 만연 … 50~100억 달러** Jovito Salonga, *Presidential Plunder* (Quezon City: University of the Philippines, 2000); Belinda Aquino, *The Politics of Plunder: The Philippines Under Marcos* (Quezon City: University of the Philippines, National

College Public Administration and Governance, 1999).

49쪽 **7만 명이 투옥되었고, 3만 4000명이 고문당했고, 활동가 3240명이 비사법적 살인으로 숨졌다.** Alfred W. McCoy, "Dark Legacy: Human Rights Under the Marcos Regime," in *Memory, Truth-telling and the Pursuit of Justice: A Conference on the Legacy of the Marcos Dictatorship* (Quezon City: Ateneo de Manila University, 1999). *Report of an Amnesty International Mission to the Republic of the Philippines 22 November–5 December 1975* (Amnesty International, September 1976); and *Report of an Amnesty International Mission to the Republic of the Philippines 11–28 November 1981* (Amnesty International, September 1982).

49-50쪽 **서류상으로는 계엄령이 끝났다.** *Proclaiming the Termination of the State of Martial Law Throughout the Philippines*, Proclamation No. 2045, s. 1981, signed January 26, 1981.

50쪽 **"대통령님이 민주정의 원칙을 충실히 준수하셔서 무척 기쁩니다."** Raul S. Manglapus, "Buttery Toast in Manila," *New York Times*, July 10, 1981.

50쪽 **다시금 깨졌다.** 베니그노 아키노 주니어의 정치 경력, 마르코스 독재 정권과의 관계, 망명 시절에 대한 논의는 다음을 참조. Walden Bello, "Benigno Aquino: Between Dictatorship and Revolution in the Philippines," *Third World Quarterly* 6, no. 2 (1984): 283-309.

50쪽 **미국 출국을 허락받았다. … 삼 년 동안 하버드대학교에서 강연하며 … 목숨을 바치는 것은 가치 있는 일** 베니그노 아키노 주니어의 미국 내 활동에 대한 이 기록은 니노이 앤 코리 아키노 재단의 〈망명의 시작〉(https://www.ninoyaquino.ph/exile-begins.html)에서 발췌한 것이다. 그 외 다음을 참조. "The Scholarly Life of a Leader," *Crimson*, September 21, 1983; and Benigno Aquino, Jr., speech at the Asia Society, New York, August 4, 1980. 아키노의 연설 전문은 다음을 참조. "The Filipino Is Worth Dying For," *Manila Times*, August 22, 2010.

50-51쪽 **흰색 리넨 수트 … 준비하시는 게 좋을 겁니다. … 군인들이 올라왔다. … 터미널로 이어지는 통로로 … 몇 발의 총성이 울렸다.** 아키노의 마지막 비행에 대한 가장 오래 기억되는 기록은 '봉' 고 상원의원과 같은 비행기를 탔던 그의 처남이자 ABC 특파원이 작성했다. 다음을 참조. Ken Kashiwahara, "Aquino's Final Journey," *New*

York Times, October 16, 1983. Also see "Puso at Diwa ni Ninoy" (video), January 31, 2013, RTVMalacanang, YouTube.

51쪽 노란 리본 백 개 Tony Orlando and Dawn, "Tie a Yellow Ribbon Round the Ole Oak Tree," Arista Records, 1973.

51쪽 니노이를 쏜 자가 군인이었다는 사실 Jeannette L. Andrade, "'Crying Lady': It's Destiny That I Saw Ninoy Killing 33 Years Ago," *Philippine Daily Inquirer*, August 21, 2016.

51쪽 저는 망명에서 돌아와 "Undelivered Speech of Sen. Benigno Aquino, Jr., upon His Return from the U.S.," *Offcial Gazette*, August 21, 1983.

52-55쪽 선거 운동이 펼쳐졌다.…취임식으로 막을 내렸다. Alexander Magno, A Nation Reborn, vol. 9 of *Kasaysayan: The Story of the Filipino People*, ed. Theresa Ma and Jose Y. Dalisay, Jr. (Mandaluyong City: Asia Publishing Co., 1998).

52쪽 적어도 80명 Ruben Alabastro, "The Other Philippine Election Tally: The Dead and Wounded," Associated Press, February 13, 1986.

52-56쪽 자원 봉사자들이 구타당했다.…무장한 괴한들이 투표소에 난입했다.…선거위원장 에벨리오 하비에르…야구모자…임시 요새…총을 쏘려 하는가?…탱크 여섯 대, 지프 여덟 대…하지만 도망치지 않았다.…가로막고 두 팔을 쭉 뻗어…어떤 이들은 눈물을 쏟았다.…필리핀인들은 물러서지 않았다.…〈마르코스 도주〉…"고대 그리스에 맞먹는"…잔다르크…바스티유 습격…이들을 본받을…먼저 길을 보여 준 Monina Allarey Mercado, ed., *An Eyewitness History: People Power, the Philip pine Revolution of 1986* (Manila: James B. Reuters S J. Foundation, 1986).

52쪽 "마르코스 물러가라" Mark Fineman, "Killed by Sniper After Rally: 'Foot Soldier' Archie Dies as He Lived—for Aquino," *Los Angeles Times*, February 12, 1986.

52쪽 코리 아키노가 앞섰지만 Reynaldo Santos, Jr., "1986 Comelec Walkout Not About Cory or Marcos," Rappler, February 25, 2013.

52쪽 선거위원회 전산 담당자 30명 이 숫자는 Seth Mydans, "Observers of Vote Cite Wide Fraud by Marcos Party," *New York Times*, February 10, 1986.에서 인용됨. 그러나 대부분의 동시대 자료들은 35명의 컴퓨터 프로그래머들이 파사이시의 필리핀 국제 컨벤션 센터를 떠났다고 전한다. 이들은 이후 "코멜렉 35"와 "마블러스 35"로 불렸다. 다음을 참조. Nancy Carvajal, "1986 Comelec Tabulators Fear Marcos

52쪽   Return," *Philippine Daily Inquirer*, February 24, 2016.

52쪽   **부정이 난무했다고 규탄** Catholic Bishops' Conference of the Philippines, Annex X, International Observer Mission, *Report to the President of the United States of America on the February 7, 1986, Presidential Election in the Philippines* (National Democratic Institute for International Affairs and the National Republican Institute for International Affairs, 1986).

52쪽   **광범위한 부정과 폭력** Ronald Reagan, "Statement on the Presidential Election in the Philippines," February 15, 1986.

53쪽   **참모차장 피델 라모스가 소규모 반군과 함께 마르코스에게 등을 돌렸다.** Jack Reed, "Enrile and Ramos: Former Loyalists Turn on Marcos," United Press International, February 22, 1986.

53쪽   **보름달** Phil Bronstein, "Lessons of Philippines' 'People Power' Revolution, 30 Years Later," *San Francisco Chronicle*, February 29, 2016.

53쪽   **기획한 6개 고속도로 중 하나…54번 고속도로…1950년대 말** John Paul Olivares, "Epifanio de los Santos Avenue, Quezon City: The History of Landmarks along Edsa," *Lakbay ng Lakan*, September 14, 2019; Paulo Alcazaren, "The Road from Highway 54 Toward a More Inclusive and Safe EDSA," *Philippine Star Life*, February 24, 2022; Ambeth Ocampo, "Who Was Epifanio de los Santos," *Philippine Daily Inquirer*, June 29, 2018.

56쪽   **에드사 혁명의 영향으로** Mark Thompson, "Philippine 'People Power' Thirty Years On," *Diplomat*, February 9, 2016.

57쪽   **자동차 유세단** Human Rights Violations Victims Memorial Commission, "The Events Surrounding the 1986 Snap Elections," Human Rights Violations Victims Memorial Commission, February 12, 2021.

57쪽   **전면 광고…11개 의제…COWARD(비겁자) 성명** Human Rights Violations Victims Memorial Commission, "The Events Surrounding the 1986 Snap Elections," Human Rights Violations Victims Memorial Commission, February 12, 2021.

57-58쪽   **반역자, 비겁자, 부역자** E. San Juan, "What Shall We Do with All of Marcos' Hacks?" *Philippine News*, October 22-28, 1986.

58쪽   **서명은 철저히 자발적이었다.** 에르네스토 힐라리오(기자), 저자와의 인터뷰, 2020

년 9월 25일, 그리고 루이스 테오도로(기자), 저자와의 인터뷰, 2020년 7월 8일.

61쪽 **심지어 중산층 은행원, 회계사, 노점상 들까지 밖으로 나갔다.** 마리오 창코의 인민 혁명 반응을 묘사한 칼럼 〈우리 빵집 주인들 중 일부가 사라졌다〉는 《이브닝 포스트》에 게재된 것으로 추정되며, 사본이 액자에 꽂혀 있다.

시작은 칼럼 하나였다

64-71쪽 **서서히 가세가 기울어 … 아로요는 대통령직을 차지했다.** Patricio Abinales and Donna Amoroso, *State and Society in the Philippines* (Lanham: Rowman & Littlefield, 2005).

65-67쪽 **에드사 혁명의 속편이 펼쳐졌다. … 포커판을 벌이고 … 가톨릭계와 경제계의 정치 엘리트 … 국고 횡령과 헌법 위반 혐의 … 반발한 검사들이 사퇴했다. … "통치할 도덕적 권위를 잃었다" … 매우 강력하고 심각하게 … 배를 타고 말라카냥궁을 빠져나갔다. … 떼거리 통치, 즉 중우정치라 불렀다.** Carl H. Landé, "The Return of 'People Power' in the Philippines," *Journal of Democracy* 12, no. 2 (2001): 88-102; Yvonne Chua, Sheila Coronel, and Vinia Datinguinoo, "Can Estrada Explain His Wealth?" Philippine Center for Investigative Journalism, July 24, 2000; Jody C. Baumgartner and Naoko Kada, *Executive Power: Presidential Impeachment in Comparative Perspective* (Westport, Conn.: Praeger, 2003); Paul A. Rodell, "The Philippines: Gloria 'in Excelsis,'" *Southeast Asian Affairs* (2002); "Philippine Leader Resigns, Beset by Scandal," Associated Press, January 20, 2001; Estrada v. Desierto, G.R. No. 146710-15, March 2, 2001; "Erap's Last Stand: Revisiting President Joseph Estrada's Final Days in the Malacañan Palace," *Tatler Philippines*, July 28, 2020; and Seth Mydans, "People Power 2 Doesn't Give Filipinos the Same Glow," *New York Times*, February 5, 2001.

67쪽 **딜리만 캠퍼스** Patricio Abinales, "Fragments of History, Silhouettes of Resurgence: Student Radicalism in the Early Years of the Marcos Dictatorship," *Southeast Asian Studies* 46, no. 2 (2008): 175-99; and Arnel de Guzman, "U.P. After the 'Storm,'" in *Tibak Rising: Activism in the Days of Martial Law*, ed. Ferdinand C. Llanes (Mandaluyong: Anvil, 2012).

69쪽　받았다 Alfred Yuson, "Pinay Wins It Big in London," *Philippine Star*, May 16, 2004.

71쪽　강력한 공화국을 건설하기로 Gloria Macapagal Arroyo, "Second State of the Nation Address," *Offcial Gazette*, July 22, 2002.

71쪽　국가보안법이 폐지된 상태 개정된 제1700호 법률(일명 반체제 활동 금지법)을 폐지하는 법률, Republic Act No. 7636, September 24, 1992.

71쪽　오랜 내부 숙청 Mark Thompson, "The Decline of Philippine Communism," *Southeast Asia Research* 6, no. 2 (1998): 105-29.

71쪽　외부 테러 조직 Defense Secretary Colin L. Powell, statement, "On the Designation of a Foreign Terrorist Organization," August 9, 2002.

74쪽　1970년대, 사라지다를 뜻하는 스페인어 desaparecer Gail Holst-Warhaft, *The Cue for Passion: Grief and Its Political Uses* (Cambridge, Mass.: Harvard University Press, 2000), 104-5.

74쪽　반정부 인사들이 흔적도 없이 사라졌다. Emilio Crenzel, "Toward a History of the Memory of Political Violence and the Disappeared in Argentina," in *The Struggle for Memory in Latin America: Recent History and Political Violence*, ed. Eugenia Allier-Montaño and Emilio Crenzel (New York: Palgrave Macmillan, 2015).

74쪽　아이를 체계적으로 납치한 Francisco Peregil, "Videla Convicted for Baby Stealing," *El País*, July 12, 2012.

74쪽　사라진 사람들 Amnesty International, *Philippines: Not Forgotten, the Fate of the "Disappeared"* (Amnesty International, 1996).

74쪽　disappear, 타동사 *Oxford English Dictionary* (Oxford: Oxford University Press, 2023), http://www.oed.com/에 지속적으로 업데이트됨.

75-76쪽　셜린 카다판과 … 십 대 소년 … 탈출한 사람 … 손을 묶고 눈을 가린 채 … 임신 상태 … 나무 막대기 … 자기 오줌을 마시게 했다. 셜린 카다판과 카렌 엠페뇨의 실종에 관한 이 기록은 조비토 팔파란 소장에게 제기된 인권 침해 혐의에 대한 저자의 취재 내용을 바탕으로 한다. 팔파란은 2018년 납치 및 중대한 불법 구금 혐의로 유죄 판결을 받았다. 다음을 참조. Patricia Evangelista, "Rage," *Philippine Daily Inquirer*, November 23, 2008; Patricia Evangelista, "The Rape of Raymond Manalo," *UNO Magazine*, September 2008; and Patricia Evangelista, "The Darkness of Fear,"

Esquire Philippines, May 2012. 비교 참조. Kiri Dalena and Patricia Evangelista, "People of the Philippines vs. Jovito Palparan," Rappler, March 29, 2012; and Paolo Villaluna and Patricia Evangelista, "Storyline: Stolen," ABS-CBN News Channel, June 27, 2008.

76쪽 토지 개혁을 요구하던 농부들이 학살당했다 Lisandro E. Claudio, *Taming People's Power: The EDSA Revolutions and Their Contradictions* (Quezon City: Ateneo de Manila University Press, 2013).

77쪽 아주 늦게까지 식민 통치를 받지 않았던 지역 Donna Amoroso, "Inheriting the 'Moro Problem': Muslim Authority and Colonial Rule in British Malaya and the Philippines" in *The American Colonial State in the Philippines: Global Perspectives*, ed. Julian Go and Anne L. Foster (Durham, N.C.: Duke University Press, 2003).

77쪽 '범람원에 사는 사람들' Gwyn Campbell, *Bondage and the Environment in the Indian Ocean World* (Switzerland: Springer, 2018).

78쪽 암파투안 일족의 본거지 Jocelyn R. Uy, "Ampatuan Aide Says Arroyo Ordered Governor to Rig 2007 Senatorial Polls," *Philippine Daily Inquirer*, October 4, 2011.

78쪽 11월 23일 *People of the Philippines v. Ampatuan et al.*, Criminal Case Nos. Q-09-162148-72/Q-09-162216-31/Q-10-162652-66/Q-10-163766/GL-Q-12-178638; Human Rights Watch, *"They Own the People": The Ampatuans, State-Backed Militias, and Killings in the Southern Philippines* (Human Rights Watch, November 16, 2020); Center for Media Freedom and Responsibility, "The Ampatuan Massacre: Summary of Case Trial," Philippine Center for Investigative Journalism, December 18, 2019; Patricia Evangelista, "Carnage," *Philippine Daily Inquirer*, November 29, 2009; Patricia Evangelista, "Killing Bebot Momay," *Philippine Daily Inquirer*, September 29, 2012; Patricia Evangelista, "These Are Their Names," *UNO Magazine*, December 2010; and Kiri Dalena and Patricia Evangelista, "58," ABS-CBN News Channel, November 23, 2010.

82쪽 부모님을, 그리고 저를 이 자리에 세워 주신 여러분을 뵐 낯이 없을 것입니다. 베니그노 아키노 3세, 대통령 취임사에서 발췌, 마닐라 퀴리노 그랜드스탠드, 2010년 6월 30일. English translation in *Official Gazette*, June 30, 2010.

82쪽 **해고에 앙심을 품은 전직 경찰관** 마닐라 인질극 및 베니그노 아키노 주니어의 후속 대응에 대해서는 다음을 참조. "Hong Kong Hostages Killed in Manila Bus Siege," BBC, August 23, 2010; Raissa Robles, " 'I Smile When I'm Fed Up': Benigno Aquino III Defends 'Inappropriate' Grins That Sparked International Outrage," *South China Morning Post*, April 21, 2015; Cris Larano, "Philippine President: No Apology over Hong Kong Hostages," *Wall Street Journal*, October 23, 2013; and Samuel Chan, "Smiling Aquino 'Ridiculous' and 'Lacking Empathy,' Manila Hostage Crisis Survivors Say," *South China Morning Post*, April 21, 2015.

84-85쪽 **인간 방패 … 피가 비처럼 … 민간인 사망자는 열세 명이었다.** 잠보앙가시 포위전 관련 내용은 다음을 참조. "Philippine Rebels Use 'Human Shields' in Stando" with Troops," Agence France-Presse, September 10, 2013; Richard Falcatan, "Zamboanga City Remembers Infamous 2013 Siege, Honors 38 Heroes," Rappler, September 9, 2022; "What Went Before: The MNLF siege of Zamboanga City," Philippine Daily Inquirer, September 8, 2014; Patricia Evangelista, "Blood from the Sky," Rappler, October 7, 2013; Patricia Evangelista, "Zamboanga Still Under Siege," Rappler, January 17, 2015; Paolo Villaluna and Patricia Evangelista, "The Children of Sta. Barbara," Rappler September 26, 2013; and "Santa Catalina," Rappler, October 12, 2013.

84쪽 **숙련된 역량을 증명하지 않았던가요?** 베니그노 아키노 3세, 말라카냥 파트너스 의제 협의 연설에서 발췌, 2014년 9월 12일.

85쪽 **제가 어떻게 대응해야 했을까요?** Katerina Francisco, "Aquino Turns Defensive over Criticism He Lacks Empathy," Rappler, May 26, 2016.

86쪽 **슈퍼태풍 하이옌** 슈퍼태풍 하이옌이 남긴 피해에 대해서는 다음을 참조. UN Office for the Coordination of Humanitarian Affairs, "Philippines: Concern growing for people cut off by Super Typhoon Haiyan," UNOCHA.org, November 10, 2013; "Philippines: Typhoon Haiyan Emergency Appeal Final Report," ReliefWeb, October 5, 2017; Patricia Evangelista, "Land of the Mourning," *Esquire Philippines*, December-January 2014; and Patricia Evangelista, "Are You Still Alive? The Rhetoric of Benigno Aquino III," Rappler, June 25, 2016. 비교 참조. *The Men of Village 88* (video), directed by Gym Lumbera and written by Patricia Evangelista, YouTube.

88쪽 **한 주민이 손을 들었다** Lalaine Jimenea, "Man Who Did Not Abandon Tacloban Passes Away," *Philippine Star*, August 4, 2015.

88쪽 **그래도 여러분은 살아 있잖아요.** Willard Cheng, "PNP Didn't Rebuff Businessman: Palace," ABS-CBN News Digital, August 6, 2015.

88쪽 **나는 대통령을 연기하는 게 아닙니다.** "Me, Lack Empathy? Pnoy Reacts," ABS-CBN News Digital, May 27, 2016.

88쪽 **"나는 모르는 사람의 장례식장에는 웬만하면 가지 않습니다."** Aries Joseph Hegina, "Aquino on Attending Laude Wake: 'I Don't Attend Wakes of People I Don't Know,'" Inquirer.net, October 22, 2014.

88쪽 **미쓰비시를 치켜세우고 있었다.** "PNoy Goes to Car Plant Opening as Fallen SAF Men Arrive," ABS-CBN News Digital, February 4, 2015.

89쪽 **내 아버지도 돌아가셨습니다.** Anthony Taberna, "PNoy Leaves Some Families Hurt," ABS-CBN, February 21, 2015.

89쪽 **반듯한 길** 아키노 2기 행정부는 2010년 7월 26일 국정연설에서 이 표현을 처음 사용했다. "반듯한 길Tuwid na Daan"은 투명하고 책임감 있으며 참여형 통치를 약속하는 아키노의 필리핀 국민과의 사회적 계약을 의미한다.

89쪽 **아키노 대통령이 말라카냥궁에서 보낸 6년…외교 정책…국내총생산GDP이 당선 이전보다 1000억 달러 넘게 증가…오랜 투쟁 끝에 통과된 생식건강법…교육 예산 두 배 증가…대규모 사회 복지 프로그램** 베니그노 아키노 3세의 유산에 대해서는 다음을 참조. Camille Elemia, "Did Aquino Deliver on His Promises?" Rappler, part 1, July 22, 2015, and part 2, July 24, 2015; Antonio T. Carpio, "Aquino and the Arbitration Against China," Inquirer.net, July 1, 2021; Patricia Mirasol, "A Look Back at the PNoy Administration," *BusinessWorld*, June 24, 2021; "President Aquino Signs RH Bill into Law," Rappler, December 28, 2012; Ding Cervantes, "P271.6B 2011 Education Budget Biggest in Phl History- P-Noy," *Philippine Star*, December 9, 2010; Tricia Aquino, "PNoy: 7.7 Million Filipinos Lifted from Poverty Through Conditional Cash Transfer Program," Philippine Institute for Development Studies, January 15, 2016.

89쪽　"국민 여러분이 제 상사입니다." "Speeches of Benigno 'Noynoy' Aquino During His Presidency," ABS-CBN News Channel, June 24, 2021.

징벌자의 등장

91쪽　**스페인 혼혈인 어머니 솔링과 중국계 후손인 아버지 사이에서** 로드리고 두테르테, 선언 대회 연설에서 발췌, 마닐라 톤도, 2016년 2월 10일.

91쪽　**남부 마라나오족이었다고 주장했다.** 로드리고 두테르테, 선거 유세 연설에서 발췌, 리파시, 2016년 4월 14일.

91쪽　**이주 노동자의 아들** 로드리고 두테르테, 필리핀 육군 제4보병사단 병사들과의 만남 연설에서 인용, 카가얀데오로시 캠프 에반젤리스타, 2016년 8월 9일.

91쪽　**저는 가난한 집안에서 태어났습니다.** 로드리고 두테르테, '필리핀 마유 푸소 재단 출범식' 연설에서 인용, 다바오시, 2016년 11월 11일. 다음을 참조. "Duterte Flip-Flops on Family's Wealth," *VERA Files*, February 18, 2017.

91쪽　**우등 졸업**Latin honors**과 와튼스쿨 졸업장에 코웃음을 쳤다.** Germelina Lacorte, "Duterte Hits Back at Roxas, Says Wharton Red Is a Myth," Inquirer.net, December 13, 2015.

92쪽　**"저는 촌놈입니다."** 로드리고 두테르테, 책임 있는 투표를 위한 교구 사목 평의회 이사회, 임원 및 대표단 연설에서 인용, 말라카냥궁, 2016년 8월 3일.

92쪽　**"저는 평범한 필리핀 서민입니다."** 로드리고 두테르테, '제42회 필리핀 상공회의소 비즈니스 컨퍼런스 및 엑스포 총회' 연설에서 인용, 파사이시 마닐라 메리어트 호텔, 2016년 10월 13일.

92쪽　**서민의 정서** 로드리고 두테르테, '변화를 위한 열정' 콘서트 연설에서 인용, 타기그시, 2015년 11월 29일.

92-103쪽　**두테르테는 거친 아이였고…파니니를 주문하지도 않았고…맥줏집…갱단에 들어가고…총을 사고…칼에 찔리고…강제 전학을 당하고, 퇴학당하고…재선 주지사인 아버지…5남매 중 둘째로 태어났다.…토지가 풍부한 민다나오…"깡마르고 작은 체구에 잘생기지는 않은"…"제멋대로고 매력이 없는"…평범하고 눈에 띄지 않는 학생…아버지 비센테 두테르테가 주지사 재선에 성공한 1963년, 로드리고는 열여덟 살…1967년 국회의원 선거에 떨어진 아버지…장례를 치르고자 다바오로 돌아간 로디는…관 앞에서 눈물을 흘린 뒤…사격장을 자주…**

옥타비오를 남을 괴롭히는 불량배라 말한다.…학교 복도에서 총을 가지고…서로 밀치고 떠밀다…권총으로 겨루자고 도전…옥타비오는 수제 리볼버를…옥타비오의 권총이 불발했다.…옥타비오 고코는 목숨을 건졌다.…렉스 탈리오니스 회원들이 똘똘 뭉쳐…학과장은 로디를 퇴학시키려 했지만…파란색 폭스바겐 비틀을 선물 받았다.…솔링 두테르테는 로디가 요즘은 검사라고 부르는 검찰관이 되고 싶어 한다는 것을 알았다.…지지자들은 솔레다드를 솔링이라 불렀다.…'노란 금요일 운동'…나나이 솔링이 그 자리를 거절하더니…아키노 대통령이 담당관 교체를 승인…마흔 살이던 다바오시 검사보…"진실과 정의"의…노상강도 같은 범죄자들을 표적으로 선정해 죽였습니다. 두테르테의 어린 시절과 초기 정치 경력에 대해서는 다음을 참조. Earl G. Parreño, *Beyond Will and Power: A Biography of President Rodrigo Roa Duterte* (Lapulapu City: Optima Typographics, 2019); and Jonathan Miller, *Duterte Harry: Fire and Fury in the Philippines* (Australia: Scribe, 2018). The author has also sought and received written permission from Parreño to except several paragraphs for use in this book. 비교 참조. Sheila Coronel, "The Vigilante President," *Foreign Affairs*, August 12, 2019.

93-95쪽 어머니에게 채찍질을 당하고…특권층의 문제아…막강한 권문세가들과 혈연, 결혼, 친선으로…요리사, 운전사…여러 달 동안 수업을 빼먹어…심근경색…옥타비오의 조롱에…신경을 긁고,…옥타비오가 시비를 걸었다.…로디의 코에 주먹을 날렸다…배를 타고 다바오로 도망쳤다.…로디가 방아쇠를 당긴 공격 로드리고 두테르테의 생애에 대한 세부 사항과 묘사는 다음에서 인용. Miller, *Duterte Harry*.

94쪽 총무부 장관 Miguel Paolo P. Reyes, "The Duterte-Marcos Connection," *VERA Files*, September 29, 2019.

94쪽 감옥과 폭력이 자기를 괴롭히지 못한다고 로드리고 두테르테, 열린 도시 빈민 연대 주간 연설에서 발췌, 만달루용시 아디션힐스 바랑가이 소재 하딘 웅 파가사, 2016년 12월 7일.

94-96쪽 "사격에 익숙"…사람을 쏘는 데…산베다를 졸업할 즈음에 제가 사람을 하나 쐈습니다.…본때를 보여 주마.…빵! 로드리고 두테르테, 선거 유세 연설에서 발췌, 일로일로시 라 파스 광장, 2016년 4월 21일.

94쪽 옥타비오 고코를 총으로 쐈을 때 Fe Zamora, "Law Student Duterte Shot Frat Brod on Campus in '72," *Philippine Daily Inquirer*, April 22, 2016.

96-97쪽 노란 옷을 입은 한 여성이 매주 대규모 시위를 이끌었다. … 로드리고 두테르테도 잠든 아들과 딸을 깨워 함께 시내로 나갔다. … 절대 잊지 말아야 해. … 다바오시 부시장 담당관 자리를 제안했다. … 일흔 살 Pia Ranada, "Meet Davao's Foremost 'Yellow' Activist: Soledad Duterte," Rappler, March 4, 2017; Allan Nawal and Nico Alconaba, "Sara Duterte Fires Back: My Father Understood Spirit of Edsa," *Philippine Daily Inquirer*, February 25, 2017.

97쪽 지방 정부 관료 Ninoy and Cory Aquino Foundation, "Essential Cory Aquino: The Unpaved Road to the Presidency," CoryAquino.ph, 2010.

97쪽 총 22년 "Fact Check: How Long Did Duterte Serve as Davao City Mayor?" *VERA Files*, December 10, 2016.

98쪽 나는 운명이 선택한 사람입니다. … 시장이 되고 싶었던 적은 없었어요. … "나는 국민과 함께했습니다." Carolyn O. Arguillas, "People Power 1986 and Duterte's Destiny," MindaNews, February 26, 2017.

98쪽 빈곤, 폭력, 원한에 찬 복수, 자포자기형 범죄로 시름하는 도시 빈민가 Louise Williams, Paul Grigson, and agencies, "In Rambo Town, Jackie Didn't Have a Chance," *Sydney Morning Herald*, August 17, 1989.

98쪽 "살인의 도시" "범죄의 수도" 다수의 출판물이 다바오시를 "살인의 수도" 또는 "살인 도시"로 묘사했다. 다음을 참조. *Asiaweek* 2, no. 37 (September 13, 1985): 6-18 found in Barbara LePoer and William Shaw, "A Selective, Annotated Bibliography on Philippine Insurgencies," Federal Research Division, Library of Congress; William Branigin, "Davao Known as Philippines' 'Murder Capital,'" *Washington Post*, August 8, 1985; and Michael Peel, "Drugs and Death in Davao: The Making of Rodrigo Duterte," *Financial Times*, February 1, 2017.

98-102쪽 필리핀 하면 떠오르는 모든 문제를 집약해 보여 준다. … 준군사 단체를 조직 … 다바오시에서만도 조직원 수가 9000명 … 반군 용의자 제거 … 자경단이 적어도 200개 … 또 다른 자경단 태드태드Tadtad … 공산 게릴라의 머리 … 1980년대 말 《시드니 모닝 헤럴드》의 리처드 헤이스팅스가 인용한 내용은 다음을 참조. Ronald J. May, "Vigilantes in the Philippines: From Fanatical Cults to Citizens' Organizations,"

Philippine Studies Occasional Paper No. 12 (Center for Philippine Studies, School of Hawaiian, Asian and Pacific Studies, University of Hawaii at Manoa, 1992).

99쪽 **아그다오만큼 공산당의 영향력이 두드러진 곳은 없었던 것 같다.** Col. Franco Calida, testimony, January 13, 1988, quoted in *Report on Vigilantes*, Senate of the Philippines, Committee on Justice and Human Rights, 8th Congress, 1988.

99쪽 **정부가 아니라 공산당** Paul Quinn-Judge, "In Agdao, Not Even 'Baby' Aquino Can Keep the Communists at Bay," *Christian Science Monitor*, March 26, 1985.

99쪽 **베이비 아키노가 비참하게 살해되면서…공산당원으로 의심되는 사람을 사살한 뒤… "마그-알사 나 타Mag-alsa na ta!"** Enriquez Delacruz, Arda Jordan, and Jorge Emmanuel, *Death Squads in the Philippines* (San Francisco: Alliance for Philippine Concerns, 1987).

99쪽 **이 단체의 이름이 바로 '알사 마사'로** 해당 단체 창립에 관해서는 다음을 참조. Brennan Weiss, "Duterte's Death Squads Were Born in America's Cold War," *Foreign Policy*, July 10, 2017.

99쪽 **수도사령부**Metrocom 수도사령부는 필리핀 국가경찰청의 전신인 필리핀 헌병대PC의 한 부대였다. 계엄령 기간 동안 PC는 필리핀 군대AFP의 한 부서로 전국의 시·군 경찰, 소방, 교도소 서비스를 통합했다. 1991년 PC는 새로 창설된 민간 경찰 기관인 필리핀 국가경찰청으로 대체되었다.

99-100쪽 **민주정과 공산주의의 싸움…검문소, 무장 순찰, 세금 징수** Seth Mydans, "Right-wing Vigilantes Spreading in Philippines," *New York Times*, April 4, 1987.

100-102쪽 **카가이는 공산당원으로 의심되는 인물들의 명단을 작성했다…내일쯤은 죽은 목숨일 거라고.…다바오시에서 여러분과 함께하게 되어 무척 기쁩니다. …이들은 제멋대로 행동하는 부류의 자경단이 아닙니다.…암살단들도 노란 옷을 입었다.** 알사 마사에 대한 세부 사항과 코라손 아키노 전 대통령 및 당시 조지 슐츠 미국 국무장관의 녹취된 진술은 다음에서 인용. *A Rustling of Leaves: Inside the Philippine Revolution* (documentary), dir. Nettie Wild (Vancouver: Canada Wild Productions, 1988).

100쪽 **인권 침해를 저질렀다는 "강력한 증거"** Amnesty International, *Philippines: Unlawful Killings by Military and Paramilitary Forces* (Amnesty International, 1988).

100-105쪽 **살인, 학대, 강제 징집…관련자 누구도 얼굴을 가리지 않는다는 것이다.**

Philippine Alliance of Human Rights Advocates, *Right Wing Vigilantes and U.S. Involvement: Report of a U.S.-Philippine Fact-Finding Mission to the Philippines* (Quezon City: Philippine Alliance of Human Rights Advocates, May 20-30, 1987).

100-101쪽 평화 정책을 논할 때 말했듯이 … 테러 행위에 맞설 대응책 Peter Tarr, "Philippine Vigilantes Reflect U.S. Strategy for 'Low Intensity Conflict,'" *Los Angeles Times*, October 11, 1987.

102쪽 연구소의 소식지 … 몇 가지 무력 남용을 저질렀지만 "그것은 별개의 우발적 사건들" … 정부 지원이 없으면 … 알사 마사는 붕괴할 겁니다. 에릭 기요는 1987년부터 1989년까지 커런트 월드 어페어 ICWA의 연구원으로 재직하며 태국과 필리핀에서 특파원 보도를 제출했다. 이 서한은 여러 출판물에 인용되었으며, 커런트 월드 어페어 웹사이트에서 확인할 수 있다. Erik Guyot, "Alsa Masa: 'Freedom Fighters' or 'Death Squads'?" icwa.org, August 6, 1988.

102-114쪽 공산당 내부에서 벌어진 잔혹한 숙청 … 마약 판매 혐의자, 경범죄자, 부랑아 … 크리스토퍼가 칼에 찔렸다는 소식을 들었을 때 깜짝 놀라 어안이 벙벙하더라고요. … 가장 먼저 목숨을 잃은 아들은 리처드였다. … 다시 석 달 뒤에는 바비 차례였다 … 마지막은 클라리타가 다바오에서 멀리 떨어진 학교로 피신시킨 막내아들 페르난도였다. … 다바오 암살단 단원 대다수는 크게 두 부류로 나뉜다. … 젊은 남성 … 누군가가 내 도시에서 불법 활동을 하고 있다면 Human Rights Watch, *"You Can Die Any Time": Death Squad Killings in Mindanao* (Human Rights Watch, 2009).

103-104쪽 범죄자들을 표적으로 선정해 죽였습니다. … 암살 대상은 유명한 마약상이었다. … 신인민군을 지원 병력으로 … "사회의 쓰레기 같은 인간은 되지 말자." … 신인민군과 진지하게 협상 중인 시장 … 기존 메모를 버리고 … 암살단 단장과 투항군 수장 … 대응 사격은 없었다. … 총은 한 자루도 회수되지 않았다. … 압수할 마약도 없었다. … 유일하게 발견한 것은 죽은 가정부뿐 … 거기에 적힌 것은 'Davao Death Squad' 즉 다바오 암살단이었다. 아르투로 라스카냐스(은퇴한 다바오시 경찰관이자 다바오 암살단), 서명 및 공증된 진술서, 2017년 2월 19일.

104쪽 신인민군 유격대 출신 Carlos Conde, "A Season of Death," *Newsbreak*, ABS-CBN News Digital, December 5, 2001.

104-119쪽 전투 방식과 관행 … "살해가 잠잠"해졌다가 … "눈에 띄게 급증"했다. Sheila

Coronel, "The Forever War," in *The Marcos Era: A Reader*, ed. Leia Castañeda Anastacio and Patricio N. Abinales *(Quezon City: Bughaw/*Ateneo de Manila University Press, 2022).

104쪽 **자경단이 저지른 살인이 적어도 84건** 2005년 첫 3개월간 《민다나오 데일리 미러》 보도 기록 보관소 연구에 근거함. 다음을 참조. "Gunmen Kill Victims 82, 83, 84," *Mindanao Daily Mirror*, April 13, 2005.

104쪽 **다바오시 시장 로드리고 두테르테와 연관된 자경단** 상세 내용은 다음에 근거함. U.S. Mission document by Andrew McClearn (political officer), "More Vigilante-Style Killings Reported in Davao City," January 20, 2005, made available through WikiLeaks. 기밀로 분류된 이 문서의 진위 여부는 불확실함. 해당 내용은 다음에 인용됨. U.S. Mission document by Andrew McClearn (political officer), "More Vigilante-Style Killings Reported in Davao City," January 20, 2005, made available through WikiLeaks.

104-105쪽 **최대 500명을 살해 … 눈 하나 깜짝하지 않고 공개적으로 … 암살단의 존재는 태연자약하게 부인하려 했다 … 아무런 영향을 미치지 못했을 것** UN Human Rights Council, *Report of the Special Rapporteur on Extrajudicial, Summary or Arbitrary Executions, Philip Alston, on his Mission to Philippines (12–21 February 2007)* (Geneva: UN Human Rights Council, April 16, 2008).

105쪽 **다바오를 필리핀의 살인 수도라 불러도 상관하지 않습니다. … 범죄자들에게 아주, 아주 위험한 곳 … 언제라도 죽을 수 있는 곳** 로드리고 두테르테, 다음에서 인용. Alan Sipress, "In Philippine City, Public Safety Has a Dark Side," *Washington Post*, November 27, 2003.

105쪽 **다바오를 떠나지 않으면 다음에는 죽여 버리겠다고** 위와 동일.

107쪽 **다바오 암살단은 존재하지 않습니다.** 로드리고 두테르테, interview by Erwin Romulo, for Atom Araullo, "How to Be a Man: The Passions of Rodrigo Duterte," *Esquire Philippines*, March 2015.

108쪽 **공개 조사하겠다고** 필리핀 국가인권위원CHR (IV), Resolution No. A 2009-015, February 12, 2009.

108쪽 **국가인권위원회는** 계엄령 시절 벌어진 잔혹 행위를 계기로 인권 침해를 조사하고자 설립된 독립기구로 1987년 5월 5일 대통령 행정명령 제163호, 말라카냥궁 대통령 관리 직원 도서관.

108쪽 **다바오시를 범죄자에게 가장 위험한 곳으로 만들겠다**…이 공동체에 희망을 불어넣고…**"폭동과 보복"**…사소한 범죄에까지 관여하지는 않습니다.…그들이 독단적으로 저지른 일…정당한 법 절차가 지켜지고 있다고 강조했다.…정당방위일 때만 총을 쏜다…"아니요, 위원장님. 암살단은 하나도 없습니다."…"이유가 드러나지 않은 미해결" 살인 사건들…약식 처형은 한 건도 없습니다. 제가 본 적이 없으니까요…말씀드렸듯이 제가 현장에 없었고…법의 테두리를 벗어나 있죠.…"이름은 정말 모르겠습니다. 보복일 수도 있죠." 로드리고 두테르테, 다바오 암살단에 기인하거나 기인 가능한 법외 살해 사건에 관한 청문회에서 인권위원회 위원장 레일라 데 리마의 질의에 따른 증언, 인권위원회, 다바오시, 2009년 3월 30, 31일.

109-110쪽 **두테르테 시장은 인권위원회 다바오 지부장 알베르토 시파코 주니어에게 살해 사건들을 조사해 달라 부탁했다고 주장했다.**…공동 설립자가 바로 로드리고 두테르테였다. 위와 동일.

110쪽 **'보복의 법칙'** Merriam-Webster.com Dictionary, s.v. "lex talionis," accessed June 9, 2023; A Dictionary of Law, 7th ed. (Oxford: Oxford University Press: 2009); Fe Zamora, "Bond of Brothers: Lex Talionis Frat Members Get Key Gov't Posts," Inquirer.net, May 21, 2017.

110쪽 **지부를 만든 사람 중 하나** 알베르토 시파코, 이력서, 필리핀 광업 개발 공사PMDC 공식 웹사이트, 2023년 4월 17일 확인. 시파코는 PMDC에서 사장, 이사회 의장 및 CEO 직책을 맡고 있다.

110쪽 **알베르토 시파코(철저히 보호해야 함)** 다음에서 공개. Kristie Kenney (former U.S. ambassador to the Philippines), confidential cable to the secretary of state, May 8, 2009, made available through Wikileaks. 2016년 9월, 래플러의 논평 요청에 대해 필리핀 주재 미국 대사관은 문서의 진위 여부를 확인해 주기를 거부했다. 대사관 보도 담당관 몰리 코스치나는 "유출되었을 가능성이 있는 기밀 문서로 추정되는 자료를 포함해 자료의 내용이나 진위 여부에 대해서는 논평하지 않는다"라고 말했다. 자세한 내용은 다음을 참조. Paterno Esmaquel II, "Duterte 'Admitted Complicity' in Davao Killings—WikiLeaks," Rappler, September 25, 2016. On May 12, 2023. 이 책 출판 전에 저자는 시파코에게 의견 요청서를 보냈다. 요청서는 배달원을 통해 파

시그시에 있는 필리핀 광업 개발 공사PMDC 내 시파코 사무실로, 직접 택배로 다바오시 사무실로, 그리고 시파코의 개인 이메일 주소로 각각 발송되었다. 출판 당시 PMDC의 회장이자 사장이었던 시파코는 답변하지 않았다.

111-112쪽 얼마나 많은 피해자가 증인 눈앞에서 약식 처형으로 살해되었고, 증인과 범죄단속반 동료들에 의해 관내 땅에 매장되었습니까?…모두 손발이 묶이고 눈이 가려진 채…호세는 한 사무소에서 일했다.…사무소가 다바오시 경찰청 소속…임무는 다바오시의 평화와 질서 유지…한때 로드리고 두테르테 시장의 것이었던 이스즈 푸에고…경찰청 범죄단속반…호세가 맡은 일은 시신 암매장이었다.…칼은 절대 들지 않았다…시장에서 호바니를 납치해…호바니의 눈을 가렸다.…경찰 한 명이 호바니의 목과 어깨 사이를 칼로 찔렀는데…시신을 들고 가라고…단속반이 집으로 찾아가…목격자도 살해해야 한다는 뜻…호세는 총 열세 명을 매장했고, 이들이 숨을 거두는 모습을 모두 지켜보았다.…처음 묻은 사람은 호바니였다.…알렉스와 돈돈…토니와 보봉, 토토, 페핑, 알빈, 그리고 경찰이 갱단 두목으로 지목한 십 대 소년 제이…이들에 대해서는 호세도 잘 몰랐다…숱하게 밤잠을 설쳤다…누군가가 자기 입까지 막을지 모른다는 두려움 호세 바실리오(가명), 진술서, 그리고 동일 인물의 서명되었으나 공증되지 않은 진술서, 2009년 6월. 바실리오는 서명 대신 엄지손가락 지문을 공증서에 찍었다. 2009년 5월 30일 케손시에 있는 국가인권위원회 본부에서 이 서류가 작성된 것으로 보이지만, 관련 세부 사항은 삭제되었다. 이 진술서와 증언록은 모두 래플러가 국가인권위원회로부터 입수한 문서 모음집의 일부이다. 래플러는 이 책에 해당 문서 사용을 허가했다.

112쪽 비엔베니도 라우드 *Laud v. People of the Philippines*, G.R. No. 199032, November 19, 2014; Rappler Investigative Team, "Why the Laud Quarry, 'Mass Grave' for DDS Victims, Haunts Lascañas," Rappler, November 13, 2021.

113-114쪽 제가 표적 옆에 앉았습니다.…쿨롯이 다가와 표적을 찔렀습니다.…라몬은 돈을 받고 정보원 노릇을 했다.…대다수가 마약 중독자와 절도범이었다.…말론이라는 도둑…라몬은 "슬픈" 일이었다고 진술했다. 라몬 에반젤리스타(가명), 공증된 진술서, 다바오시, 2009년 7월 4일, 래플러가 국가인권위원회로부터 입수한 문서에 포함되었다.

114쪽 이들은 합법적인 암살 대상입니다. 로드리고 두테르테, 다음에서 인용. Human

Rights Watch, *"You Can Die Any Time."*

114-116쪽 새 일을 시작했습니다. … 수배자들의 명단을 받았습니다. … 신인민군 출신인 크리스핀이 두테르테 시장의 집에 도착했다. … 사람을 죽일 의향이 있냐고 물었다. … 때로는 두테르테 시장이 직접 내리기도 했다. … 두테르테가 크리스핀에게 375구경 리볼버를 줬다. … 처음 살해한 표적은 열아홉 살 소년이었다. … 살인 수당은 한 건당 1만 5000페소 … 수표 앞면에는 두테르테의 이름이, 뒷면에는 두테르테의 서명이 … 모두 40명을 살해했다. … 두테르테가 직접 이 표적을 추적했다. … 경찰이 두테르테에게 두려움을 느꼈다. 크리스핀 살라자르(가명), 엄지손가락 지문이 첨부된 진술서, 2009년 6월 24일. 2009년 5월 30일 케손시 국가인권위원회 본부에서 작성된 것으로 보이지만, 관련 세부사항은 삭제되었다. 이 진술서는 래플러가 인권위원회로부터 입수한 문서 모음의 일부이다.

116-117쪽 시신 운반을 도왔습니다, 판사님. … 고용된 일꾼이었다. … 시신 여섯 구를 매장하는 일을 도왔는데 … 한 명은 페드로 … 총이 아니라 칼로 살해한 … 한 굴에 시신이 두 구씩 묻혔다. … 자신이 목격한 것들을 조사관들에게 알리고 싶었던 에르네스토 … 땅에서 뼈 하나가 툭 튀어나온 구덩이 에르네스토 아바솔라(가명), 서명 및 공증된 진술서, 2005년 7월 10일; 윌리엄 사이먼 P. 페랄타 판사 앞 심문 기록(속기록), 마닐라 지방법원 제40지부, 2009년 7월 10일. 두 문서 모두 래플러가 국가인권위원회로부터 입수한 자료에 포함되었다.

117쪽 수색 영장을 새로 발부했다. "More Human Bones Found at the Site Covered by the Search Warrants: New Video Clips and Photos Released," CHR, July 14, 2009.

117쪽 조사관들이 사람 유골을 찾아냈다. 필리핀 국가경찰청 법의학 보고서 제A09-506호, 루비 그레이스 D. 사비노 디앙손 경정, 의학박사, 법학박사(법의학부 부장), 살로메 델로스 레예스 호세 총경, 행정학 석사(국장 보좌관), 조셉 C. 팔레르모 경감, 의학박사(법의학 담당관), 필리핀 국가경찰청 본부 범죄연구소, 2009년 7월 27일.

117쪽 라우드의 변호사들이 수색에 이의를 제기했다. PNP Medico-Legal Report No. A09-506, signed by Police Lt. Col. Ruby Grace D. Sabino Diangson, M.D., L.L.B. (chief of Medico-Legal Division), Police Col. Salome Delos Reyes Jose, MPA (chief of Directorial Staff), Police Maj. Joseph C. Palermo, M.D. (medico-legal officer), Crime Laboratory, PNP National Headquarters, July 27, 2009.

117쪽 **마닐라 법원의 판사가 수색 영장을 철회했다.**…이 판사에서 저 판사로 돌고 돌았다.…**지목한 구역을 수색해야 할 상당한 근거** Malou Mangahas, "SC on Davao Death Squad Case: PNP Can Search Quarry for Bodies," Philippine Center for Investigative Journalism, September 23, 2016.

117-118쪽 **직접 연루를 뒷받침할 증거는 부족**…**용인으로 해석할 수 있다.**…**다바오 암살단이 존재하고 이들이 연쇄 살인을 저질렀음**…**비사법적 살해가 체계적으로 일어났고** CHR Resolution Re: Extra-Judicial Killings Attributed or Attributable to the So-Called Davao Death Squad, Davao City, June 28, 2012.

118쪽 **2014년 명확한 결과 없이 인권위원회 다바오 지부장 알베르토 시파코 주니어의 선언에 따라 종결**…**암살단이 존재한 다는 증거를 찾지 못했다.**…**"소문과 낭설"** Office of the Ombudsman Field Investigation Office disposition form, January 15, 2016; transmittal letter from the assistant ombudsman to CHR, October 3, 2016; Ombudsman Field Investigation Office, *Fac-Finding Report*, May 5, 2014.

118쪽 **필리핀 국가경찰청이 이 판결에 따라 수색을 실행했는지는 지금까지도 불분명** 2016년 10월 3일 청문회에서 당시 상원의원이었던 데 리마는 2014년 대법원 판결에 대해 알지 못했으며 법무부 장관 재임 기간 동안 이를 모니터링하지 못했다고 진술했다. 데 리마는 "저는 알지 못하며, 이는 단지 추측일 뿐입니다. 그런 일은 결코 없었습니다"라고 말했다. *Hearing to Investigate the Recent Rampant Extrajudicial Killings and Summary Executions of Suspected Criminals, Before the Senate Committee on Justice and Human Rights and Committee on Public Order and Dangerous Drugs* (video recording and transcript), Senate of the Philippines, 17th Congress.

118쪽 **다바오 암살단에 목숨을 잃은 사람을 1424명으로 추산한다.** Carolyn Arguillas, "2011 to 2016 Killings in Davao City Among Those to Be Probed by International Criminal Court," MindaNews, September 16, 2021.

119-123쪽 **다바오 암살단입니다, 의원님.**…**두테르테 시장이 DDS를 만들었어요.**…**평범해 보이는 백발의 증인**…**다바오시 외곽에서 태어난**…**마약 밀매업자, 강간범, 유괴범**…**다바오시 자율방범대 대원**…**두테르테 시장이 이따금 이곳에 들러**…**1993년까지만 해도 흉악범죄단속반은 작은 조직이었다.**…**사람을 죽이는 것을 딱히 좋아하지 않았지만**…**명령은 경찰이 내렸다.**…**죽은 사람의 옷을 벗겨 사지**

를 절단하고…법원이나 판사는 없었다.…수사는 보여주기용…잔챙이들을 처리했다.…마토바토는 백전노장…거물들이 표적…공공연하게 작전을 수행…납치하려고 검정 밴을 떡하니 대놓고…모스크를 공격해 총을 난사했다.…표적을 붙잡아…암살단 소속 경찰은 누구나 총을 두 자루씩 들고 다녔다…하나는 머리와 가슴에 탕탕 쏘아댈 살인용…하나는 증거용…누군가가 살해되면, 경찰에게 총이 생겼다.…증거를 심는 작업을 경찰 몫으로 남겼다.…총을 들어 쏘는 것…절단해 채석장에 묻거나…피 흘리는 남자를 습지로 밀어 넣었다.…다바오시 한 곳에서만도 최소 1000명…제가 살해를 시작한 뒤로 몇 명을 죽였는지는 기억합니다.… 찰리 마이크는 암살단 팀장들에게 명령을 내렸다.…표적을 승인했고…찰리 마이크가 형제처럼 대할 만큼…암살단의 현장 책임자…오른팔이라면, 마토바토는 라스카냐스의 오른팔…목을 조른 사람이 아르투로 라스카냐스…시계는 선물이었다.…모든 단원이 그 사람에게, 아르투로 라스카냐스에게 보고했습니다.…경찰 수뇌부조차 아르투로 라스카냐스에게 고개를 숙였습니다.…자네가 없었다면…찰리 마이크는 암호명이었다.…두테르테 시장이었습니다 *Hearing to Investigate the Recent Rampant Extrajudicial Killings and Summary Executions of Suspected Criminals, Before the Senate Committee on Justice and Human Rights and Committee on Public Order and Dangerous Drugs* (video recording and transcript), Senate of the Philippines, 17th Congress, September 15, 2016; 에드가르도 마토바토, 서명되었으나 공증되지 않고 날짜 미기재된 진술서; 에드가르도 마토바토, 서명 및 엄지손가락 지문이 첨부된 진술서, 2014년 9월 4일.

120쪽 **다바오시에서 벌어진 일들과 연결할 수 있습니다.** 구금 중인 전 상원의원 레일라 데 리마는 아로요 정부와 아키노 2기 정부에서 법무부장관을 역임했으며 인권위원회 위원장을 지냈다. 후자의 직책에서 그녀는 2009년 다바오 암살단 사건 수사를 주도했다. 2016년 상원의원 당선 후, 그녀는 두테르테 정부하의 초법적 살해 의혹을 조사했다. 그녀는 2017년 로드리고 두테르테 대통령의 공개 고발 이후 제기된 마약 관련 혐의 3건으로 구속되었다. 주요 증인들이 진술을 번복한 후 한 건은 무죄 판결을 받았고, 나머지 두 건에 대해서는 보석을 신청했다. 데 리마는 2023년 2월로 구속 6년 차를 맞이했다. 다음을 참조. Carmela Fonbuena, "CHR to Probe 'Davao Death Squad,'" *Newsbreak*, ABS-CBN News Digital, February 14, 2009;

Julie McCarthy, "Jailed Under Duterte, Philippine Politician Sends Dire Warnings on Democracy," NPR, October 5, 2022; and Amnesty International, *Philippines: Six Years On, Arbitrary Detention of Former Senator Leila de Lima Continues* (Amnesty International, February 23, 2023); *Hearing to Investigate the Recent Rampant Extrajudicial Killings and Summary Executions of Suspected Criminals, Before the Senate Committee on Justice and Human Rights and Committee on Public Order and Dangerous Drugs*, Senate of the Philippines, 17th Congress, September 15, 2016.

123쪽 **경사** 2019년 2월, 공화국법 11200호가 제정되어 1990년 공화국법 6975호(내무지방자치부법)를 개정함에 따라 필리핀 국가경찰청 간부의 계급 체계가 변경되었다. 변경된 계급 체계에 따라, Police Officer I은 순경(Patrolman/Patrolwoman)으로, Police Officer III는 경정(Police Staff Sergeant)으로, Inspector는 경위(Police Lieutenant)로, Superintendent는 경찰 총경(Police Lieutenant Colonel)으로, Chief Superintendent는 경무관(Police Brigadier General)으로 변경되는 등, 기존의 독자적 계급 명칭에서 군대식 계급명을 도입한 체계로 전면 개편되었다. 본 문서에서는 이러한 혼란을 방지하기 위해 모든 경찰 계급 관련 표현을 2019년 개정법에 따른 새로운 계급명으로 하였다.

124-125쪽 **대개는 CM입니다, 위원장님.** … **대개는 로디 시장님이라고 부릅니다.** … **에드가르도 마토바토는 거짓말쟁이였다.** … **다바오 암살단이란 것은 없습니다.** … **마토바토와 함께 일한 것은 맞다고** … **라스카냐스의 집에서 잤고** … **라스카냐스의 시계** … **자신이 우리 시장님이라 불렀던 선량한 사람** Arturo Lascañas (former police chief master sergeant), in *Hearing to Investigate the Recent Rampant Extrajudicial Killings and Summary Executions of Suspected Criminals, Before the Senate Committee on Justice and Human Rights and Committee on Public Order and Dangerous Drugs* (transcript), Senate of the Philippines, 17th Congress, October 3, 2016.

125-128쪽 **다바오 암살단은 실재합니다.** … **계기는 신부전이었다.** … **"좀비처럼"** … **악몽** … **저는 바로 그때 예수 그리스도라는 이름을 받아들였습니다.** … **살인을 하나하나 열거했다.** … **살인을 지시한 사람** … **살인 지시자는 다바오시 시장이었다.** … **모스크에 폭탄을 던지라고** … **언론인을 살해하라는** … **중국인 마약상들을 죽이라고도** … **가족 전체를 "제거"해야 한다고** … **"좋아, 깔끔하게 처리하게"** … **네 살짜리 아들은**

살려 주는 게…여섯 명이 사살되는…채석장에 깊이 판 구덩이…포상금은 암살단 전체가 나눠 가졌다…시신을 덮은 흙에 파리가 꼬이지 않도록 석유를 부었다.… 절대적으로 충성하느라…저는 제 형제 둘을 죽였습니다.…저는 신의 뜻에 복종합니다. Arturo Lascañas in *Hearing conducted by the Senate Committee on Public Order and Dangerous Drugs* (transcript), Senate of the Philippines, Pasay City, March 17, 2017; Arturo Lascañas, handwritten confession, July 10, 2005; Arturo Lascañas, filed affidavit, February 19, 2017; press conference organized by then Senator Antonio Trillañes IV and the Free Legal Assistance Group at the Senate of the Philippines, Pasay City, February 20, 2017.

126쪽 저는 DDS를 만들지 않을 겁니다. 로드리고 두테르테, 기자회견, 말라카냥궁 리잘 홀, 2017년 3월 7일.

128쪽 내가 암살단이냐고요? 로드리고 두테르테, TV 토크쇼 '대중으로부터 대중을 위해' ABS-CBN News, May 24, 2015. 민다뉴스의 캐롤린 아르길라스에 따르면, '대중으로부터 대중을 위해'는 두테르테가 다바오시 의원이던 1998년 시작되었다. 이후 그의 정치 경력을 따라다니며, 그가 공직에 있지 않거나 정기 방송을 약속할 수 없을 때는 방송이 중단되었다. 그가 대통령이 되자 프로그램은 '국민으로부터 국민을 위해'(원래 세부아노어 제목의 타갈로그어 번역)로 재탄생했으며 정부 소유의 인민 텔레비전 네트워크PTVN에서 방영되었다.

우리 시장은 우리가 지킨다

129-166쪽 주민 대다수가 곧 두테르테였어요.…두테르테가 된다는 것은 소속을 뜻했다.…시장의 기사를 읽었다.…모기장을 친 낡은 침대…선거 운동에 나서는 것이 쉬운 일이었다.…앤은 두테르테를 '아버지'라 불렀다.…열혈 지지자…날마다 지인을 죄다 두테르테 지지자로 만들…아버지 같은 두테르테…Du30를 기리는 30페소 앤 발데스(두테르테 지지자), 저자와의 인터뷰, 2021년 8월 1일.

131쪽 암살단 수사 Human Rights Watch, *"You Can Die Any Time": Death Squad Killings in Mindanao* (Human Rights Watch, April 6, 2009).

131-134쪽 시장이 어느 법원 집행관에게 주먹을 날렸다.…폭동으로 시작한다.…어깨가 구부정한 집행관이 다가왔다.…"집행관님, 이리 와 봐요"…첫 주먹은 집행관

의 눈을 때렸다.…그대로 카메라에 담겼다.…가운뎃손가락을 치켜올리고…"쏴 버릴 겁니다."…인권 단체들은 경악 "Duterte Punches Court Sheriff amid Demolition Ops in Davao City," ABS-CBN News Channel, July 1, 2011; Jeffrey M. Tupas, "Davao Mayor Duterte Punches Sheriff Over Demolition of Shanties," *Philippine Daily Inquirer*, July 1, 2011; Juan L. Mercado, "Dirty Finger Drill," *Philippine Daily Inquirer*, July 15, 2011; David Dizon, "Rudy Duterte: Punch Me and I'll Shoot You," ABS-CBN News, July 5, 2011; David Dizon, "CHR: Duterte Abuse of Sheriff Inexcusable," ABS-CBN News, July 4, 2011; Sara Duterte, interview by the author in "The Mayors Duterte" (documentary), by Kiri Dalena, Patricia Evangelista, and Karlos Manlupig, Rappler, April 4, 2012.

131쪽 **최대 세 번까지만 연임** 1987년 헌법, 제6조 제5항 (2).

131쪽 **투표용지에 같은 성이 적힐** Steven Rood, "Families, Not Political Parties, Still Reign in the Philippines," Asia Foundation, May 22, 2013.

132쪽 **어머니 솔레다드…회의장은 지루하기 짝이 없어…다시 고향으로 돌아가 시장직에 출마…시장은 부시장이 되어** Miguel Paolo P. Reyes, "The Duterte-Marcos Connection," *VERA Files*, September 29, 2019; K. D. Suarez, "How Did Rodrigo Duterte Fare as Congressman?" Rappler, May 28, 2016; "Duterte-De Guzman Battle Looms in Davao City in 2001 Elections," *Philippine Star*, November 21, 2000; and Cheryll D. Fiel, "2010 Elections: Dutertes Proclaimed as Winners in Davao Polls," Bulatlat.com, May 13, 2010.

132쪽 **검사로 일했습니다.** 로드리고 두테르테, 필리핀 변호사 협회 지역 대회 연설에서 인용, 마닐라 호텔, 2016년 11월 4일.

135쪽 **"우리 시장은 우리가 지킨다."** Duterte Defense Squad, "We Defend Our Mayor Because They Defend Us," Facebook, July 5, 2011.

135쪽 **두테르테 열혈 지지자** 저자는 2020년 표본으로 선정된 각 페이스북 그룹의 존재와 내용을 확인했다. 다음을 참조. Allan Nawal, "Facebook Groups Add Meaning to DDS," *Philippine Daily Inquirer*, May 27, 2015.

136-165쪽 **15분…로디 두테르테 선생님!…"대박 좋다."…출마를 선언했나요?…출마하지 않는다면…"모두가 시장님이 출마하겠다고 말하기를 기도해요!"…"시장님은 똑똑하니까"…모로코와 탄자니아…애국심에 열광하지는 않았다.…루네타공원에서**

엄청난 인파와 함께 프란치스코 교황을 맞이했고…신선한 얼굴…계엄령의 해악…죽느냐 사느냐…충돌한다고 생각하지 않았다.…마약은 해 본 적이 없었다.…자신의 안녕에 딱히 필요 없는 부류…국가 자원이 허비되지 않을 것…필리핀이 다바오처럼 될 것…다바오에 가 본 적이 없다 돈돈 찬, 저자와의 인터뷰, 페이스북 게시물 및 온라인 대화; 돈돈 찬, 2021년 7월 23일, 2021년 8월 8일, 2023년 3월 11일.

138쪽 "출마해요, 두테르테. 출마해요." "Libo-libo, Sumali sa 'Run, Duterte, Run,'" ABS-CBN News, May 23, 2015.

139쪽 피비린내가 진동할 겁니다. Maria Ressa, "Duterte, His 6 Contradictions and Planned Dictatorship," Rappler, October 6, 2015.

139쪽 대통령이 되고 싶은 마음이 없다 로드리고 두테르테, "국민에게 보내는 공개 서한", 2015년 10월 12일.

139-140쪽 나이가 너무 많았다…필리핀은 자신이 필요하지 않다고 로드리고 두테르테, '제37회 마스카라 축제' 연설에서 발췌, 바콜로드시, 2016년 10월 2일.

139쪽 돈도 없고, 조직도 없고…은퇴 말고는 아무런 열망이 없다 로드리고 두테르테, 다음 인터뷰에서 발췌. Jessica Soho (broadcast journalist), *State of the Nation*, GMA Integrated News, May 26, 2015.

139-140쪽 노골적인 야망…포스터와 광고판과 전화를 그만두라고…위선자가 되고 싶지 않다…"허심탄회하게 이야기하려는 목적" 로드리고 두테르테, 기자회견에서 발췌, 다바오시, 2014년 11월 11일.

139쪽 의회를 폐쇄 "How to Be a Man: The Passions of Rodrigo Duterte," *Esquire Philippines*, March 2015.

139-140쪽 독재자처럼 필리핀을 통치하겠다…신의 뜻이라면 모를까 로드리고 두테르테, 래플러 "#내가원하는리더" 대선 포럼 연설에서 발췌, 마닐라 드라살 대학교, 2016년 1월 20일.

139쪽 사형제를 도입 로드리고 두테르테, 마틴 안다나르 필리핀 대통령실 공보실장과의 인터뷰, 2015년 3월 15일.

139쪽 더 많은 장례식장 로드리고 두테르테, 연방주의 정상회의 연설에서 발췌, 바기오시, 2015년 2월 19일.

140쪽 경청 투어 로드리고 두테르테, 연방주의 정상회의 연설에서 발췌, 부투안시, 2015

년 1월 22일.

140쪽 **거듭 열세 번이나** 로드리고 두테르테, 기자회견에서 발췌, 다바오시, 2014년 12월 1일.

140쪽 **거절할 때마다 일간지들이** "Duterte: I Won't Run for National Post in 2016," ABS-CBN News Digital, May 23, 2015; Yuji Vincent Gonzalez, "Duterte's Final Answer: I Won't Run for President," Inquirer.net, September 7, 2015; "Duterte Insists: I'm Not Running," *Philippine Star*, October 12, 2015; "Duterte: I'm Not Running but if I Were the President…" *Philippine Daily Inquirer*, July 4, 2015.

140쪽 **당 사무차장 마틴 디뇨** "VACC Chair Martin Diño Files COC for President," GMA News Online, October 16, 2015; Allan Nawal and Tina Santos, "Door Still Open for Duterte Run," *Philippine Daily Inquirer*, October 30, 2015; Paterno Esmaquel II, "Duterte Placeholder Diño Withdraws Presidential Bid," Rappler, October 29, 2015; and Pia Ranada, "Explainer: Can Rodrigo Duterte Run for President?," Rappler, November 24, 2015.

141쪽 **"이그나시오를 대통령으로"** "Ignacio Files CoC for President," Rappler, October 12, 2015; "Archangel Lucifer, Other 'Nuisance' Candidates Soar on Twitter," Rappler, October 13, 2015; Michael Sullivan, "In Philippines' Presidential Race, a Chaotic Cast of Characters," NPR, November 7, 2015; "Man Who 'Talks to Aliens' Wants to Be President," ABS-CBN News Digital, October 14, 2015.

141-143쪽 **문제의 미국인 … 필리핀계 미국인과 결혼 … 버지니아에 안락하게 정착 … 이중 국적을 신청 … "누가 생각이나 했겠습니까?" … 여당인 자유당의 구애를 받았고 … 후보로 택했다. … 확성기를 타고 쾅쾅 울려 퍼졌다. … 삼파전에서 선호도 47퍼센트로 경쟁자들을 따돌리고 선두를 … 자격 박탈 청원 … "저들은 제가 업둥이고 친부모가 누구인지 모르니 필리핀 사람이 아니라고 주장합니다." … 5대 4로 그레이스의 손을 들어줬다.** "Timeline: Grace Poe's Citizenship, Residency," Rappler, September 4, 2015; Miriam Grace A. Go, "What We Know About Grace Poe's Former House in Virginia," Rappler, March 8, 2016; Patricia Evangelista, "The Independence of Grace Poe," Rappler, November 15, 2012; "State Media: Philippines Charges Arroyo with Election Fraud," *CNN World*, November 18, 2011; "Fernando

Poe Jr., 65, Philippine Actor-Politician, Dies," Associated Press, December 14, 2004; Ramon Farolan, "Amazing Grace," *Philippine Daily Inquirer*, December 8, 2014; "When Grace Poe Found Out She Was Number One," Rappler, May 17, 2013; Camille Elemia, "Grace Poe: I Offer Myself as Your President," Rappler, September 16, 2015; K. D. Suarez, "Grace Poe Could Propel NPC as PH's Biggest Political Party," Rappler, August 10, 2015; Miriam Grace A. Go, "Grace Poe Overtakes Binay in Latest Presidential Survey," Rappler, June 18, 2015; "A Second Chance: Grace Poe Urges Comelec to Reconsider DQ Case," *Politiko*, December 7, 2015; "New Philip-pine Senator Poe Widens Lead in Presidential Opinion Polls," Reuters, September 21, 2015; Tina G. Santos, "Comelec Disqualifies Grace Poe," *Philippine Daily Inquirer*, December 2, 2015; "SET Votes 5-4 in Favor of Grace Poe," ABS-CBN News Digital, November 17, 2015; and Grace Poe, speech to Filipino migrant workers, Hong Kong, December 26, 2015.

143쪽 **정치적 문제가 아닙니다.…출마도 고려하겠습니다** 로드리고 두테르테, 의사 포럼 연설에서 인용, 일로일로시, 2015년 11월 21일.

143-144쪽 **미국인 대통령…빈자리를 자신이 채우겠다고…'대선에 출마하겠다.'** Pia Ranada, "Rodrigo Duterte: I Am Running for President," Rappler, November 21, 2015.

143쪽 **주사위는 던져졌습니다.** 로드리고 두테르테, 기자회견에서 인용, 산후안시, 2015년 11월 23일.

144-145쪽 **망할 놈의 정부…망할 놈의 공항…망할 놈의 술주정뱅이들… 두 여자 친구…사람을 죽인 적이 없다…사실 아주 많이 죽이지는 않았다.…마약이 이 세대를 망쳐놓았다.…경고한다.…결국은 죽고 말 거다.…인권 활동가들더러 마음대로 떠들라고 해라.…책임을 받아들일 것이다.…전국의 마약 중독자를 모조리 죽이라고…스스로 목숨을 끊어야 할 것이다.…활동가들이 내 뒤를 캐겠다면 그러라고 해라.…의회가 나를 조사 하고…전차를 보내 대기시키겠다.…저 멍청이들을 쏴 버리라고…한 번 해보든가…기꺼이 감옥에서 썩겠다.…경찰 둘을 죽였다.…사람을 죽이지 않고서는 국민을 보호할 수 없다.…저 새끼들을 끝까지 쫓아가…항복하겠다고 해도 내가 받아들이지 않을 것…경찰에 저 개새끼들을 총으로 쏴…죽은 놈들 양손에 총을 쥐여 주라고…저 개새끼들이 총을 쏘며 저항했다고…다바오가 안전한 거다…**

가슴이나 팬티를 움켜쥐지도, 지갑을 훔치지도 않았다.…그냥 감옥에 있어라.…누구든 두려워할 것이 없다.…두려워할 이유가 없다. 로드리고 두테르테, '변화를 위한 열정' 콘서트 연설에서 발췌, 타기그시, 2015년 11월 29일.

146쪽 '도살자' '징벌자' "Duterte on Drug War: 'I Might Go Down in History as the Butcher,'" *Sunstar*, January 9, 2017; see also Charlie Campbell, "The Next President of the Philippines Could Be 'The Punisher,'" *Time*, April 7, 2016.

147쪽 엠마누엘 '매니' 피뇰이 이 상황을 매우 염려해…불안정하고 무례하고 오만불손하고…'두테르테 똘마니'…여전히 망설이는 Jason Quizon (overseas Filipino worker), Facebook posts and online interactions; Jason Quizon, interviews by the author, July 30, 2021, and March 11, 2023.

147-165쪽 하손 키손은 메트로 마닐라에서 북부로 조금 올라간 팜팡가주에서 태어났다.…새벽같이 일어나 개구리를 잡아…엄청난 화산 폭발…하손에게는 가장 멋진 사람인 아버지…돈이 이끄는 데로…또라이 자유주의자는 아니었습니다.…마약 중독은 질병이므로…총알 하나 때문이었다.…당신이 니노이 아키노 국제공항에 갔다고 치죠.…비행기를 놓칠래요…여행 가방을 비닐로 꽁꽁 싸맸다.…아키노와 대통령 홍보팀의 문제…큰 문제…행동하는 사람…필리핀인은 잘 속아 넘어가는 사람들…하나같이 멍청하고…어수룩한 유권자…두테르테의 발언이 농담이라고…도하행 비행기표를 예약했다.…정치적으로 온건한 하손 키손(해외 필리핀 근로자), 저자와의 인터뷰, 페이스북 게시물 및 온라인 대화; 하손 키손, 2021년 7월 30일 및 2023년 3월 11일.

149-152쪽 레인 마이클 화이트…무단 탄약 소지는 범죄다.…이런 사기극을 라그라그-발라laglag-bala…가방에 탄환이 하나 들어 있네요.…대가로 요구한 액수는 500페소…서울에서 열리는 노래 경연에 참여하려고 비행기를 타려던 십 대 소녀…붉은색 천으로 감싼 총알 하나…보석금으로 8만 달러…여행 가방에 자물쇠를 채우고…피해자가 일곱 명…선정성 때문에 크게 부풀려졌다고…시장님, 제발 우리 변호사가 되어 주십시오.…단순한 금품 갈취…닷새 안에 그렇게 하셔야…과감하게 조처해야 "After Long Ordeal, U.S. Missionary 'Tanim-Bala' Victim Leaves PH," ABS-CBN News Digital, December 15, 2015; *An Act Providing for a Comprehensive Law on Firearms and Ammunition and Providing Penalties for*

Violations Thereof, Republic Act No. 10591, 15th Congress; Resolution No. 1644, Senate of the Philippines, 16th Congress, November 3, 2015; Rhed Austria de Guzman, "Nakakaloka Talaga ang NAIA!!! I Just Got Off a Flight from Manila to LAX at Talaga Namang ang Pangongotong sa Pilipinas e Hindi Natatapos!!!" Facebook, Sep- tember 19, 2015; "'Tanim-Bala' Victim Files Raps vs 4 OTS Men," ABS-CBN News, November 24, 2015; "Timeline: Recent Cases of Alleged Bullet Scam at NAIA," Rappler, November 2, 2015; Jeannette I. Andrade, "Japanese Carrying 2 Bullets in Bag Arrested at NAIA," *Philippine Daily Inquirer*, October 27, 2015; "Tanim-Bala? 68-Yr-Old Woman in Trouble for Bullet in Bag," ABS-CBN News, November 1, 2015; Aie Balagtas et al., "PAO Gets 12 'Tanim-Bala' Suspects Freed," *Philippine Daily Inquirer*, November 10, 2015; Patricia Lourdes Viray, "PNoy Says 'Laglag-Bala' Issue Sensationalized," Philstar.com, November 23, 2015; Editha Caluya, "Duterte Vows to Lawyer for Laglag-Bala Victims," Rappler, November 2, 2015; Germelina Lacorte, "Duterte Urges Aquino to 'Take Drastic Step' in Stopping 'Tanim-Bala,'" *Philippine Daily Inquirer*, November 3, 2015.

153쪽 시장이야말로 첫 강간자여야 한다고 로드리고 두테르테, 선거 유세 연설에서 발췌, 케손시 아모란토 스포츠 단지, 2016년 4월 12일; "Duterte Says Sorry to Filipinos; 'Rape Remarks Not a Joke,'" ABS-CBN News, April 17, 2016.

153-154쪽 이야기를 하나 해 보겠습니다.…오스트레일리아 대사관에서 계속 전화가 왔거든요.…그 여자가 강간당해서냐고요?…내가 처음으로 했어야 했는데…정말 아까워요. 로드리고 두테르테, 선거 유세 연설에서 인용, 케손시 아모란토 스포츠 단지, 2016년 4월 12일. 두테르테가 대선 후보 시절과 대통령 재임 기간 동안 재클린 해밀의 이야기를 언급한 것은 이번이 유일하지 않다. 다음을 참조. Lindsay Murdoch, "Philippines: Rodrigo Duterte Condemned for Comments on Rape of Australian Missionary," *Sydney Morning Herald*, April 17, 2016; Patricia Lourdes Viray, "Australia: Rape Should Never Be Joked About," Philstar.com, April 17, 2016; Charlie Campbell, "Philippine Presidential Candidate Defends Remarks on Rape: 'This Is How Men Talk,'" *Time*, April 18, 2016.

154-156쪽 호이 탄은 신을 믿었다.…신이 강간과 살인을 지지하지 않는다고…두테르

테가 범죄자들을 죽일 수 있다고는 생각했다. …두 시간 거리인 다바오시 …마리화나를 피웠고 …이따금 무장 강도에 가담했다. …"잘 들어, 친구." …사촌이 잘못했다고 …코타바토로 돌아갈 차량을 구했다. …몸을 사리지 않았다. …대포 소리를 심심찮게 들었다. …MILF(모로 이슬람해방전선) …모든 것을 잃었다. 그래도 목숨은 건졌다. …아키노 정부의 안이한 대처에 화가 났다. …편지를 쓰기 시작했다. …오빠와 사촌들을 체포해 달라고 …마치 예수님을 보는 느낌이었다. …두 번째 D가 무엇을 뜻하는지 알았다. …아수스 K424 노트북 …5000페소를 받고 전당포에 넘겼다, 호이 탄(북코타바토 출신 아내이자 어머니), 온라인 대화; 호이 탄, 저자와의 인터뷰, 2021년 7월 29일 및 2023년 3월 11일.

159쪽 **미국과의 군사 협정을 폐기할 것이라고** 로드리고 두테르테, '제37회 마스카라 축제' 연설에서 발췌, 네그로스 옥시덴탈주 바콜로드시, 2016년 10월 2일.

159쪽 **버락 오바마가 개자식이라고** 로드리고 두테르테, '제28·29차 아세안 정상회의' 참석을 위해 인도네시아와 라오스로 출발하며 언론과 진행한 인터뷰에서 발췌, 다바오시, 2016년 9월 5일.

159쪽 **제트 스키를 타고 공해로 나가** 로드리고 두테르테, '필리핀 토론회 2016' 연설에서 발췌, 팡가시난주 링가엔, 2016년 4월 24일.

159쪽 **두테르테가 살인자라고** 로드리고 두테르테, '월러스 비즈니스 포럼 만찬' 연설에서 발췌, 말라카냥궁, 2016년 12월 12일.

159쪽 **사람을 죽인다는 두테르테의 말이 농담이라고** 로드리고 두테르테, '코로나19 국민과의 대화' 연설에서 발췌, 말라카냥궁, 2016년 10월 5일.

159쪽 **마약 국가가 될 위험** 로드리고 두테르테, 경찰서 방문 중 연설에서 발췌, 미사미스 옥시덴탈주 오자미즈시, 2017년 8월 17일.

159쪽 **지지세를 늘리려고** 로드리고 두테르테, '코로나19 국민과의 대화' 연설에서 발췌, 다바오시, 2021년 5월 10일.

159쪽 **마약 중독은 범죄이고** 로드리고 두테르테, '필리핀 도시 연맹 및 필리핀 주 연맹 신임 임원 취임식' 연설에서 발췌, 말라카냥궁, 2016년 7월 27일.

159쪽 **마약 중독자는 사람이 아니라고** 로드리고 두테르테, '동민다나오군 사령부 창설 10주년 기념식' 연설에서 발췌, 다바오시, 2016년 8월 26일.

159쪽 **학살하는 것은 용인할 수 있는 공공 정책** 로드리고 두테르테, '제4A지역 공산주

159쪽 **짧게는 석 달, 길어야 여섯 달 안에** 로드리고 두테르테, '필리핀 토론회 2016' 연설에서 발췌, 카가얀데오로시, 2016년 2월 21일.

159쪽 **우범자들에게 시에서 떠나라고 명령해** 로드리고 두테르테, 'V. 루나 및 코타바토 전투 부상 군인들과의 만찬' 연설에서 발췌, 말라카냥궁, 2016년 8월 29일.

160-165쪽 **저격수들의 표적 … 여기서 죽이는 게 좋을 거야 … 국기에 입을 맞췄다. … 나는 내가 대단하다고 주장하지 않습니다. … 죽음에는 전문가입니다. … 여자가 다른 데를 움켜쥐었으면 … 누군가는 책임을 져야 합니다. … 선박이 한 척도 없었습니까? … 왜 통근자들이 날마다 2킬로미터나 길게 줄을 서야 하고, … 지켜지는 약속이 하나도 없는 겁니까? … 굶주리고, 슬퍼하고, 애원해야 합니까? … 개 같은 정부 … 나를 지켜보세요. … 두드려 패고 죽이고 … 여러분이 찾는 후보가 가난한 사람이라면 내게 투표하세요. … 먹고살 길을 찾고 있다면 … 엘리트주의자들에게서 여러분을 보호하겠습니다. … 지금 저자들은 두려워하고 있습니다. … 부패한 개자식들 … 학교에서 우등 학위를 받은 사람 … 우리 같은 사람은 많습니다. … 하늘을 올려다보십시오. … 하느님의 영원한 정의 … 메스암페타민을 만든답니까? … 열두 달, 열여덟 달, 열두 살짜리 … 사탄의 꼬리를 잡아당기겠습니다. … 집무실에 들어가는 첫날부터 … 내가 너희들을 죽여 버릴 거야. … 나를 죽이든가, 내가 너희를 죽이든가 … 멍청한 범죄자들을 보호합니다 … 범죄자들을 죽일 수 있습니다. … 그렇게 하겠습니다. … 귓구멍 열고 눈깔 크게 뜨고 잘 들어.** 로드리고 두테르테, '선거 유세 마지막 대회' 연설에서 발췌, 2016년 5월 7일, 저자의 현장 취재로 보완.

167쪽 **미리 그려 본 대통령 … 로드리고 두테르테가 승리한다면 … 거리가 붉게 물들 것이다. … 당신이 다음 표적이 될 수 있다는 것을** Nicole Curato and Patricia Evangelista, "The Rapture of Rodrigo Duterte," *Rappler*, May 2, 2016.

처치, 일상이 되다

171쪽 **다섯 명이 출마한 선거 … 1660만 표 … 아키노의 측근인 레니 로브레도** "Rodrigo Duterte Officially Wins Philippines Presidency," *Al Jazeera*, May 27, 2016.

171쪽 **재검표를 요청했지만 … 이의 제기를 기각** "Supreme Court Unanimously Junks

Marcos' VP Poll Protest vs Robredo," *CNN Philippines*, February 16, 2021.

172쪽 **전직 대통령들, 그리고 내빈으로 참석한 고위 인사들에게 감사 인사를 전했다.**…**에 이브러햄 링컨과 프랭클린 루스벨트를 인용해**…**"증상일 뿐"** 로드리고 두테르테, '제16대 필리핀 공화국 대통령 취임식' 연설에서 발췌, 말라카냥궁, 2016년 6월 30일.

172쪽 **'빈곤층과의 연대 만찬'**…**오렌지색 벽의 체육관** PTV, "Heads Up: President Rody Duterte to Hold Solidarity Dinner with the Poor at Del Pan Sports Complex, Tondo, Manila Tonight," Facebook, June 30, 2016; "Duterte Holds Solidarity Dinner in Tondo," *ABS-CBN News*, July 1, 2016.

172쪽 **인구가 63만 363명이던 톤도** 마닐라시 통계표, 필리핀 통계청, 2015년.

173쪽 **빈민촌 관광 상품** "Smokey Tours," TripAdvisor.com.

173쪽 **개자식들은 죽음을 맞을 것이다.**…**내가 죽여 버리겠다.**…**경고는 선거 운동 기간에 할 만큼 했습니다.**…**그들이 자초한 일이에요.**…**중독자라면, 여러분 손으로 그 아이를 죽이세요.** 로드리고 두테르테, '빈곤층과의 연대 만찬' 연설에서 발췌, 마닐라 톤도 델판 스포츠 단지, 2016년 6월 30일.

174쪽 **첫 피살자**…**'나는 중국인 마약왕이다'**…**"약식 처형의 피해자로 추정되는 남성"** Spot Report Re: Murder (by Gun Shooting), signed by Police Cpl. Dennis N. Turla (investigator-on-case), Crimes Against Person Investigation Section (CAPIS), Manila Police District, July 1, 2016.

174쪽 **비사법적 살해** UN은 비사법적 살해를 "사법 또는 법적 절차 밖에서, 즉 적법 절차를 위반하거나 단순히 적법 절차 없이 자경단이나 비밀 정부 요원 등에 의해 자행된 살해"로 정의한다. 필리핀 맥락에서 사용되는 용어의 유사성에 대한 보다 상세한 논의는 다음을 참조. Peter Bouckaert, "License to Kill," *Human Rights Watch*, March 2, 2017; Solita Collas-Monsod, "Amnesty International Received Nobel Peace Prize in '77," *Philippine Daily Inquirer*, February 4, 2017.

175-177쪽 **salvage 항목**…**콩키스타도르가 들여온**…**필리핀에서는 salvage가 다르게 쓰입니다.**…**salbahe가 salvage로 바뀌어 영어처럼 쓰였다.**…**"시각적 유사성"**…**상습범에 대한 적법 절차**…**'살해'하지 않았다. '처치'했다.**…**"정치 활동가 303명"** 'salvage'라는 단어에 대해서는 *Oxford English Dictionary* (Oxford: Oxford University Press, 2023), http://www.oed.com/에서 지속적으로 업데이트됨. 단어의 역사적 진

화에 대해서는 다음을 참조. Ambeth Ocampo (historian), discussion with the author, September 23, 2021; Jose F. Lacaba, "Carabeef Lengua," *Manila Times*, August 3, 1995. 국제 간행물들도 동일한 정의를 따르고 있다는 내용은 다음을 참조. William Branigin, "Graft, Abuse of Power Corroding Philippine Institutions," *Washington Post*, January 30, 1994; Iain Guest, *Behind the Disappearances: Argentina's Dirty War Against Human Rights and the United Nations* (Philadelphia: University of Pennsylvania Press, 1990); *Globe and Mail*, July 2, 1980, as cited in the OED.

176-177쪽 정부 요원이 적법 절차를 위반하거나 침해하고 저지르는 처형 …1217명이 처치당했다고 …3240명으로 추산 …알프레드 맥코이는 3257명으로 집계 …국제법률가위원회 Nathan Ela, "On Salvaging," *Task Force Detainees of the Philippines* (2016); Task Force Detainees of the Philippines, *Task Force Detainees' Glossary of Human Rights Terms* (1991); ABS-CBN Investigative & Research Group, "By the Numbers: Human Rights Violations During Marcos' Rule," ABS-CBN News Digital, September 21, 2018; Thomas Maresca, "Marcos Victory Opens Old Wounds for Martial Law Victims in Philippines," UPI, May 13, 2022; Alfred W. McCoy, "Dark Legacy: Human Rights Under the Marcos Regime," in *Memory, Truth-telling and the Pursuit of Justice: A Conference on the Legacy of the Marcos Dictatorship* (Quezon City: Ateneo de Manila University, 1999); Virginia Leary, A. A. Ellis, and Kurt Madlener, *The Philippines: Human Rights After Martial Law* (Geneva: International Commission of Jurists, 1984).

177쪽 필리핀어 사전 대다수에서는 살인이라는 뜻의 salvage를 찾아볼 수 없다. 현지 사전들은 살인이라는 뜻의 'salvage'에 대한 정의를 제공하지 않는다. *Vicassan's Pilipino-English Dictionary* abridged ed. (Pasig City: Anvil, 2006); *Filipino-English English- Filipino Dictionary* consulting ed. Luis S. Santos (Manila: Merriam & Webster Bookstore, 2020); *Diksyunaryong Filipino*, ed. Aurea Jimenez Santiago and Manuel Franco (Manila: Merriam & Webster Bookstore, 2008); *The Official Webster's English-Filipino Dictionary with Thesaurus* (Manila: W.S. Pacific Publications, 2017). 예외는 *UP Diksyonaryong Pilipino* 2nd ed. (Manila: Sentro ng Wikang Filipino, 2010)으로, 'salvage' 를 필리핀에서 "범죄자나 수감자 처리에 법이 요구하는 적법 절차를 위반하여 국

가 기관이 행하는 살해"로 정의하며, 즉결 처형과 비교하고 있다.

178-179쪽 마닐라의 야간 특종 사냥꾼 … 최전선에서 보낸 하룻밤 … 비에 젖은 빈민가 … 불쾌해 보입니다. … "한 방" Jonathan Kaiman, "Meet the Nightcrawlers of Manila," *Los Angeles Times*, August 26, 2016.

179-193쪽 그런 꼬리표 … 비윤리적인 사진기가 … 정반대지. … 라피는 이미 2007년 … 카메라를 들고 마닐라경찰청을 찾았다. … 그게 시작이었어 … 개새끼들 … 속보가 터졌다. … 다음은 네 차례야. … '당신들은 심장이 없어?' 라피 레르마(사진기자), 저자와의 인터뷰, 2020년 11월 23일.

179쪽 살벌하고 위험한 세계 영화 〈나이트크롤러〉 시놉시스, Open Road Films, 2014.

179-182쪽 헛소리일 뿐이야 … 아침 5시 3분이었다. … 1997년산 낡은 미쓰비시 랜서 … 언론사 국장들 … 중국계 이민자 … 개머리판 … 시신이 없었기 때문이다. 빈센트 고(사진기자), 저자와의 인터뷰, 2022년 8월 27일.

182쪽 **2016년 7월 6일 새벽, 마닐라** 빈센트 고, "Manila July 6, 2016, A Body Bound with Duct Tape Was Dumped at Dawn on Top of Delpan Bridge," Facebook, July 6, 2016.

182쪽 태 *Chicago Manual of Style*, 17th ed. (Chicago: University of Chicago Press, 2017).

183쪽 '능동태를 준수하라' George Orwell, *Politics and the English Language* (1946; reprint London: Penguin Modern Classics, 2013).

183쪽 힘 있는 글 … "능동태를 사용하라" William Strunk, *The Elements of Style*, 4th ed. (New Jersey: Pearson, 1999).

183쪽 '능동태를 사용하라' John Bremner, *Words on Words: A Dictionary for Writers and Others Who Care About Words* (New York: Columbia University Press, 1980).

184-185쪽 톤도 지구에서만 … 살해된 마약 용의자가 벌써 최소한 열여덟 명 … 네 명은 정체불명인 무장 괴한이 쏜 총에 맞았고 … 열네 명은 체포에 저항했다는 이유로 경찰에 사살되었다. "The Kill List," *Philippine Daily Inquirer*, July 7, 2016.

185-186쪽 4차선 도로인 마닐라항 국제컨테이너미널MICT 진입로 … 스물일곱 살 청년 제롬 로아 … 64번 게이트 … 맨발 하나 … 위장복 무늬 카고 바지 … 노란색 출입 통제 테이프 … 조세핀 … 길거리에서 생활했고 … 입에 풀칠하기도 바빴다. … 우리를 위해 기도해 주렴. … "여기 살면 위험하지 않나요?" … "처신만 잘하면 안전해요." 조세핀(제롬의 할머니)과 범죄 현장 목격자들, 저자와의 인터뷰, 2016년 8

월 20일; Spot Report Re: Murder (by gun shooting), signed by Police Cpl. Dennis N. Turla (investigator on case), CAPIS, Manila Police District, August 20, 2016.

186-188쪽 시신 다섯 구로 시작되었다. … 리본이 묶인 삽을 들고 … 야간 취재반을 따라 … 피해자가 마약상일 줄 알았어요. … 알몸에 피투성이 … 그 남자가 모든 걸 부인했지만 … 나도 그 용의자가 죽기를 바랐어요. 엘로이사 로페스(사진기자), 저자와의 인터뷰, 2022년 2월 26일.

189쪽 엘살바도르 내전 … 칠레사회당 당원 … 해방된 아프리카계 미국인들이 당한 린치 Amnesty International, *El Salvador: The Spectre of Death Squads* (Amnesty International, December 1, 1996); Human Rights Watch, *When Tyrants Tremble* (Human Rights Watch, 1999); and Equal Justice Initiative, "Lynching in America: Con‐fronting the Legacy of Racial Terror" (Equal Justice Initiative, 2017).

189쪽 "빈틈없이 골라내고 계획적으로 표적으로 삼아" UN Human Rights Council, *Report of the Special Rapporteur on Extrajudicial, Summary or Arbitrary Executions, Philip Alston: Addendum: Mission to Philippines* (UN Human Rights Council, April 16, 2008).

189쪽 "비사법 처형과 살인이 급증 중" "UN Experts Urge the Philippines to Stop Unlawful Killings of People Suspected of Drug-Related Offences," Office of the High Commissioner, August 18, 2016.

190쪽 899명이 살해 … 수로를 따라 떠다니다 Bea Cupin, "Dela Rosa: PNP Investigating 899 Drug-Related Deaths," Rappler, August 18, 2016.

190쪽 "단속 중 사망자" Maila Ager, "Deaths 'Under Investigation' Now at 899—Dela Rosa," Inquirer.net, August 18, 2016.

190쪽 "단속 중 치사 사건" Bianca Dava, "PNP-IAS: Call Them 'Homicides Under Investigation,' Not EJKs," ABS-CBN News Digital, October 9, 2017.

190쪽 단순 치사라 부릅니다. Cecile Suerte Felipe, "Bato: Drug Deaths Homicide, Not EJK," *Philippine Star*, March 27, 2017.

190쪽 하원 부대변인 그웬돌린 가르시아 Yuji Gonzales, "House Body Drops Use of 'Extrajudicial Killing,'" Inquirer.net, September 18, 2016.

191쪽 피살자는 세 명이었다. Kevin Manalo, "3 Patay sa Buy-Bust Operation sa Pandacan," ABS-CBN News Digital, July 16, 2016.

이 땅을 망치려는 자들에게

194쪽 **살해하라고 촉구한 적이 없다.** 로드리고 두테르테는 범죄자 살해를 명시적으로 요구하지는 않았다. 그러나 자신이 직접 살인을 저지를 시간을 달라고 요청했다. 그는 2017년 이렇게 말했다. "내가 마약을 통제하지 못하고 테러를 물리치지 못한다면, 나는 사임할 것이다. 믿어라. 솔직히 말하겠다. 하지만 그들을 하나씩 죽일 기회를 달라. 살인을 저지르는 건 쉽지 않다." 두테르테, '필리핀 개발 포럼: 수룽 필리피나스 2017' 연설에서 인용, 만달루용시 DSA 상그릴라 호텔, 2017년 8월 9일.

194쪽 **비참한 죽음을 맞아야 합니다.** 로드리고 두테르테, '미란다 2호 교량 개통식' 연설에서 인용, 다바오 델 노르테, 2017년 5월 18일.

194쪽 **지구 상에서 쓸어 내야 합니다.** 로드리고 두테르테, '필리핀 국가경찰청 창설 116주년 기념식' 연설에서 인용, 케손시, 2017년 8월 9일.

194-207쪽 **멍청이들을 도륙해 버리겠습니다.…인심을 더 써보세요.** 로드리고 두테르테, 국정 연설에서 인용, 케손시 국회의사당, 2016년 7월 25일.

194쪽 **배에 태워 태평양에서** 로드리고 두테르테, ABS-CBN *ANC Headstart* 인터뷰에서 발췌, 2015년 6월 24일.

194쪽 **헬리콥터 밖으로 밀어 버리자** 로드리고 두테르테, 카아물란 축제 연설에서 인용, 말라이발라이시, 2017년 3월 25일.

194쪽 **밧줄이 아니라** 로드리고 두테르테, 마틴 안다나르 앵커와의 인터뷰에서 인용, TV5, 2015년 4월 7일.

195쪽 **묶인 채 살려달라 애원하는 사람** 로드리고 두테르테, '국가주택청 파트너 커뮤니티와의 대화' 연설에서 발췌, 케손시, 2017년 2월 9일.

195-197쪽 **나는 전쟁을 선포합니다.…그게 범죄입니까?…나는 뒤에서 사람을 죽이라고 말한 적이 없습니다.…나는 현직 대통령입니다.** 로드리고 두테르테, 언론 인터뷰 중 인용, 카가얀데오로시, 2017년 3월 3일.

195쪽 **로드리고 두테르테는 자신을 암살자** 로드리고 두테르테, 마리아 레사(래플러 CEO 겸 기자)의 "#내가원하는리더" 인터뷰에서 발췌, 다바오시, 2015년 10월 29일.

195쪽 **"그저 평범한 암살자"** 로드리고 두테르테, 연방주의 정상회의 연설에서 인용, 바기오시, 2015년 2월 19일.

195-197쪽 **때로는 농담일 뿐이라고…연옥에 떨어질 것이다.** 로드리고 두테르테, '빈곤

층과의 연대 만찬' 연설에서 발췌, 마닐라 톤도 델판 스포츠 단지, 2016년 6월 30일.

195쪽 **자신을 사면하겠다** 로드리고 두테르테, 마카티 비즈니스 클럽 연설에서 발췌, 마카티시, 2016년 4월 27일.

195쪽 **내가 퇴임하면 기소하십시오.** 로드리고 두테르테, 필리핀 군인 협회 동문회 만찬 연설에서 인용, 말라카냥궁, 2018년 10월 4일.

195쪽 **필리핀 개정 형법 제248조** 개정 형법 제248조.

195-196쪽 **사람을 죽이는 행위가 보석으로 풀려날 수 있는 … 징역 12년에서 20년 형** 개정 형법, 제249조.

196쪽 **살인 면허가 아니었다.** 로드리고 두테르테, 위험 약물 소각 행사 중 연설, 트레세 마르티레스시, 2020년 12월 3일. 이 연설은 두테르테가 살인과 살해homicide를 어떻게 구분하는지 보여 준다. 그는 경찰들에게 "고의적으로 죽이거나 살해하지 말라. 그건 살인이다. 하지만 상대가 총을 가지고 있거나 꺼내려고 한다면, 혹은 허리에 차고 있다면 쏴라. 그가 정말로 총을 꺼낼 것이고, 그러면 네가 죽을 테니까"라고 조언했다.

196쪽 **단 하루라도 감옥에서** 로드리고 두테르테, '제9지역 신임 바랑가이 카피탄 취임식' 연설에서 발췌, 잠보앙가 델 수르, 2018년 6월 26일.

196쪽 **사람을 죽이는 임무** 로드리고 두테르테, '관세청 창설 115주년 기념식' 연설에서 인용, 마닐라 항구 지역 BOC 체육관, 2017년 2월 8일.

196쪽 **형법 제11조 … 자기 인격이나 권리를 지키고자 행위한 자 … 권리 또는 공직을 행사한 자 … 지시에 따른 자** 개정 형법 제11조, 제11.1조, 제11.5조, 제11.6조.

197-210쪽 **대통령에 취임하면 마약왕을 잡거나 죽인 사람에게 포상금을 지급하겠다. … 내가 여러분의 뒷배가 되어 주겠습니다 … 더는 유용한 선택지가 아니다 … 반격하면 쏴 버리십시오.** 로드리고 두테르테, 감사절 파티 연설에서 발췌, 다바오시, 2016년 6월 4일.

197-201쪽 **그런 자들을 사냥해 죽이라 … 7만 7000명이 사망했다고 … 강도 강간 치사 … 4년 동안 7만 7000명 사망** 로드리고 두테르테, '메트로 마닐라 위기 모니터링 및 관리 센터 개소식' 연설에서 발췌, 마카티시, 2017년 4월 5일.

197쪽 **물에 빠져 죽고 … 마닐라만에 던져지고, 물고기 밥이 되고** 로드리고 두테르테, '골든 토퍼 기업 출범식' 연설에서 발췌, 파라냐케시, 2019년 9월 25일.

197쪽 **칼에 찔려 죽고, 총에 맞아 죽고** 로드리고 두테르테, '바랑가이 공무원 대상 평화 및 질서 정상회의' 연설에서 발췌, 알바이주 레가스피시, 2019년 2월 8일.

197쪽 **땅에 묻혀 죽고** 로드리고 두테르테, '봉' 고 상원의원 감사 만찬 연설에서 발췌, 다바오시, 2019년 5월 27일.

197쪽 **"이건 단순한 정의 구현입니다. 절대 살인이 아닙니다."** 로드리고 두테르테, 술루주 졸로 대성당 폭탄 테러 희생자 대상 연설에서 인용(공식 기록), 2019년 1월 29일. 해당 기록은 대통령 커뮤니케이션 운영실이 업로드했으며, 연구원 호데스 가빌란이 2019년 확인했다. 2023년 3월 현재 해당 기록은 더 이상 접근할 수 없으나, Archive.org의 보관된 웹페이지에서 확인할 수 있다. 저자의 사본에는 번역본으로 "다바오에서 시장으로 있을 때 나는 이렇게 말했다. '다바오에서 나가라. 내 도시를 파괴하지 마라. 그렇지 않으면 너희 모두를 죽이겠다. 지금 다바오를 보라. 내 아이들에게 마약을 먹이지 말라고 경고했다. 내 아이들을 망가뜨리면 죽이겠다고. 단순한 정의다. 살인 같은 건 아니다. 조직을 파괴하라고 명령한 것이다.'" 공식 라디오 텔레비전 말라카냥RTVM 유튜브 채널에 업로드된 30분 분량의 영상에는 이 대사의 일부가 포함되지 않았다. 공식 대본의 약 4분의 1이 영상에서 생략되었으며, 여기에는 "단순한 정의다. 살인이 아니다"라는 부분도 포함된다. 두테르테의 죽음의 대가에 관한 관점은 다음을 참조. "사실 이건 억제책이 아니다. 내 생각엔 범죄에 대한 대가다. 네가 겁먹든 말든 난 상관 안 한다. 하지만 잡히면 그게 마땅한 대가이다. 그게 사회의 양심을 달래 줄 것이다." "How to Be a Man: The Passions of Rodrigo Duterte," *Esquire Philippines*, March 2015.

197-198쪽 **있는 그대로 이야기하겠습니다. … 문제의 중독자도 왔지요. … '애가 내 조카군.' … 아이는 배가 갈린 채 죽어 있었다.** 로드리고 두테르테, 책임 있는 투표를 위한 교구 사목 위원회 이사회, 임원 및 대표단 연설에서 발췌, 말라카냥궁, 2016년 8월 3일. 대통령은 세부 사항이 달라지는 이 이야기의 변형 버전을 최소 여섯 번 이상 언급했다.

197-199쪽 **온 가족이 한자리에 모였습니다. … 짧은 루거 리볼버 … 마침 경찰서에 있었으니까.** 로드리고 두테르테, 제10보병사단 아길라 부대 연설에서 발췌, 다바오 데 오로주 마왑시 투보란 소재, 2016년 9월 20일.

198-199쪽 **아이는 태어난 지 열여덟 달째였다. … 여러분이 시장이라면** 로드리고 두테

르테, '법무부 창설 120주년 기념식' 연설에서 발췌, 파사이시 필리핀 국제 컨벤션 센터, 2017년 9월 26일.

198-199쪽 **경찰이 아이 삼촌을 붙잡아 … 그냥 염소랑 하거든요. … 그런 대답을 듣는다면 … 뭔가 하기는 했습니다. … 언론이 여기 있으니** 로드리고 두테르테, '제29회 필리핀 검찰 연맹 전국 대회' 연설에서 발췌, 팜팡가 앙헬레스시, 2017년 4월 6일.

198쪽 **기자들은 이 사건을 절대 잊지 못했다.** 이 증언은 만두그시에서 발생한 영아 강간 사건을 취재했던 다수의 기자들로부터 다바오 기반 팩트체커가 수집한 것이다. 기자들은 기억을 바탕으로 사건을 회상했으며 익명을 요구했다.

199-200쪽 **"제가 어떻게 했을 것 같습니까?" … 한 번, 두 번, 세 번 … 매일 필리핀 전역에서** 로드리고 두테르테, 선언 대회 연설에서 발췌, 마닐라 톤도, 2016년 2월 10일.

199-200쪽 **저까지 정신이 나가** 로드리고 두테르테, '민다나오 환경의 날' 연설에서 인용, 다바오시 아테네오 데 다바오 대학교, 2016년 8월 4일.

200쪽 **고약한 냄새가 납니다.** 로드리고 두테르테, '제43회 필리핀 상공회의소 비즈니스 컨퍼런스 및 엑스포' 연설에서 인용, 마닐라, 2017년 10월 19일.

200쪽 **문제성 마약 사용자** "Drug Statistics and Trends," United Nations Office on Drugs and Crime Prevention, 2010.

200쪽 **죄다 마약 때문에 … 메스암페타민 중독자는 재활할 가망이 없다는** 로드리고 두테르테, '제1회 카팜팡간 음식 축제 개막식' 연설에서 발췌, 팜팡가, 2017년 12월 7일.

201쪽 **메스암페타민을 열두 번 이상 투약한** 로드리고 두테르테, '술롱 필리피나스: 지방 거버넌스 시리즈' 연설에서 발췌, 다바오시, 2016년 9월 20일.

201쪽 **"파괴될" 것** 로드리고 두테르테, 산 베다 법대 동문회 감사 리셉션 연설에서 발췌, 산 후안시, 2016년 7월 14일.

201쪽 **아이들을 강간하고 있다** 로드리고 두테르테, '필리핀 도시 연맹 및 필리핀 주 연맹 임원 취임식' 연설에서 인용, 말라카냥궁, 2016년 7월 27일.

201쪽 **"유행병"** 로드리고 두테르테, 파나칸 공공사업고속도로청 대통령 관저 기자회견에서 발췌, 다바오시, 2016년 8월 21일.

201쪽 **역병 때문에** 로드리고 두테르테, 베이트 야아코브 회당 유대교 새해 기념 연설에서 발췌, 마카티시, 2016년 10월 4일.

201쪽 **7만 7000명 … 열한 차례 연설** 로드리고 두테르테는 2017년 3월부터 7월 사이 최소 열세 차례에 걸쳐 마약 중독자들에 의해 살해된 인원이 7만 7000명이라고 언급했다: 3월 23일, 3월 24일, 3월 중 특정 날짜, 3월 30일, 4월 4일, 4월 5일, 4월 6일, 4월 12일, 4월 19일, 4월 23일, 5월 18일, 5월 19일, 7월 24일. 이 집계는 저자가 수집한 연설만을 기준으로 하며, 실제 수치는 더 높을 수 있다.

201쪽 **마약에 오염된 여파로** 로드리고 두테르테, '제29회 필리핀 검찰관 연맹 연례 전국 대회' 연설에서 인용, 팜팡가 앙헬레스시, 2017년 4월 6일.

201쪽 **살인 사건은 총 3만 7039건** 2012년부터 2015년까지의 총 살인 및 살해 사건 수는 필리핀 통계청이 공개한 연간 총 살인 및 살해 사건 수를 합산하여 산출한 것이다. *Philippine Statistical Yearbook* (Quezon City: Philippines Statistics Authority, 2012, 2013, 2014, 2015).

202쪽 **정말로 미쳤고…제정신이 아니라…인지적 평가를 할 줄 모르므로…더는 인간답게 살아갈 능력이 없는 자들** 로드리고 두테르테, '제115회 경찰 창설 기념식' 연설에서 발췌, 케손시, 2016년 8월 17일.

202쪽 **"구제 불능"** 로드리고 두테르테, '라오스·베트남·필리핀인 커뮤니티와의 만남' 연설에서 인용, 2016년 9월 5일.

202쪽 **연민보다는 자살이 더 어울렸다.** 로드리고 두테르테, 필리핀 불법 마약 거래 조직에 관한 기자회견 연설에서 발췌, 말라카냥궁, 2016년 7월 7일.

202쪽 **아들딸들을 폭행합니다.** 로드리고 두테르테, 필리핀 육군 제4보병사단 장병들에게 한 연설에서 인용, 카가얀데오로시 캠프 에반젤리스타, 2016년 8월 9일.

202쪽 **소아성애자와 미치광이들** 이는 대통령 측에서 지속적으로 제기하는 주장으로, 마약중독자들을 종종 "제대로 된 뇌"가 없어 아이들을 강간하는 강간범으로 지칭한다.

202쪽 **기괴하기가 짐승 같은 자들** 로드리고 두테르테, '범죄 및 부패 척결 자원봉사단 창립 18주년 기념식' 연설에서 발췌, 말라카냥궁, 2016년 8월 29일.

202쪽 **마약에 빠지면…덮어놓고 사람을 죽입니다.** 로드리고 두테르테, '국가수사국NBI 창립 80주년 기념식' 연설에서 발췌, 마닐라 NBI 체육관, 2016년 11월 14일.

203쪽 **"세상에나, 나는 약을 혐오합니다."** 로드리고 두테르테, 래플러 "#내가원하는리더" 대선 포럼 연설에서 인용, 마닐라 드라살 대학교, 2016년 1월 20일.

203-204쪽 **"현재 마약 사용자"로 규정…불법 마약 사용자 추정치…170만 명…130만 명…180만 명…메스암페타민 사용자는 절반도 되지 않았다.** 이 마약 사용자 정

의와 정부 추정치 출처는 필리핀 위험 약물 위원회DDB의 2008년, 2012년, 2015년 전국 마약 남용 현황 조사이다.

204쪽 **2015년 조사는 베니그노 아키노 3세 대통령 임기 중에 완료되었다.** Jodesz Gavilan, "DDB: Philippines Has 1.8 Million Current Drug Users," Rappler, September 19, 2016.

204쪽 **직업 관료 출신** 벤자민 레예스의 정부 경력은 다음을 참조. "His Excellency Dr. Benjamin P. Reyes, Secretary-General of the Colombo Plan," Colombo Plan.

204쪽 **제가 잘 모르겠습니다** Benjamin Reyes, statement at the forum "Drug Issues, Different Perspectives: The Philippine Drug Situation," University of the Philippines, Quezon City, May 6, 2017.

204-205쪽 **레예스는 자기 상관과 원칙 사이에 끼여 … 레예스는 위원장직에서 해임** Benjamin Reyes, interview by Christian Esguerra (broadcast journalist), *Early Edition*, ABS-CBN News Channel, May 24, 2017.

205쪽 **자기가 일하는 정부를 반박하면 안 되는 겁니다. … 위험약물위원회가 틀렸다** 로드리고 두테르테, 러시아 귀국 후 기자회견 발췌, 파사이시 니노이 아키노 국제공항, 2017년 5월 24일.

205쪽 **산티아고는 2016년 상원의원 선거에 출마했는데** Pia Ranada, "Duterte 'Offended' by Santiago's Criticism of Drug Rehab Approach," Rappler, November 8, 2017.

205쪽 **산티아고를 바라보며 확인을 요청했다.** Pia Ranada, "Is Duterte's '4 Million Drug Addicts' a Real Number?" Rappler, May 6, 2017.

206쪽 **"어림짐작한 값"** Regine Cabato, "Dangerous Drugs Board: 3 Million Figure for Drug Users 'a Guesstimate'," CNN Philippines, July 13, 2017.

206쪽 **통계를 근거로 이 수치를 산출** Jonathan de Santos, "Duterte Fires Drug Board Chair for 'Contradicting Government,'" Philstar.com, May 24, 2017.

206쪽 **6510만에 0.052를 곱하면** Camille Diola, "Duterte Hikes Drug Use Figure Anew Despite Little Evidence," Philstar.com, September 23, 2016.

206쪽 **300만에서 800만 명** Daryl John Esguerra, "Palace: Duterte's 7-8 Million Drug Users Estimate Refers to 'National Figure,'" Inquirer.net, March 1, 2019.

206쪽 **전 세계 마약 보급률 추정치** Jose Ramon Albert (former chief statistician of the

Philippines), interviews by Lian Buan (journalist), October 2022 and February 2023.

207쪽 **보수적인 추정치** 로드리고 두테르테, 베단스 동문회 71·72기 전국 법률 조정관들과의 재회 및 친교 행사 연설에서 발췌, 말라카냥궁 히어로홀, 2016년 7월 17일; 마약 치료 및 재활 센터 기공식, 말레이발라이시 부키드논, 2017년 3월 25일; 필리핀 민주당-국민의 힘PDP-Laban 잠보앙가 선거 유세, 잠보앙가시 테투안 시장 비탈리아노 D. 아간 경기장, 2019년 3월 3일.

207쪽 **300만에 100만을 더하면** 로드리고 두테르테, 필리핀 국가경찰청 제10지역경찰청 연설에서 인용, 카가얀데오로시 비센테 G. 알라가르 캠프, 2016년 9월 22일.

207쪽 **로이터 통신은…두테르테 대통령님은 그저 문제가 매우 심각하다는 것을** Clare Baldwin and Andrew R. C. Marshall, "As Death Toll Rises, Duterte Deploys Dubious Data in 'War on Drugs,'" Reuters, October 18, 2016.

208쪽 **총 4만 2065곳 중 1만 1321개…빈곤한 지역을 제물로 삼는…마약 관련 종사자가 존재한다고 증명된…증명된이라는 말도 정의가 명확하지 않았다.…첫 6개월 안에** 지휘 각서 회람 제16-2016호, 메트로 마닐라 필리핀 국가경찰청, 2016년 7월 1일. 이는 두테르테 정부의 마약 전쟁하에서 '더블 배럴 프로젝트'의 시작을 알리는 공식 경찰 문서이다.

208쪽 **충직한 병사** 로날드 '바토' 델라 로사(경찰청장), 저자와의 인터뷰, 문틴루파시 뉴빌리비드 교도소 구역 내 교정청BuCor, 2018년 9월 3일. 2012년부터 2013년까지 델라 로사는 당시 시장 로드리고 두테르테 아래 다바오시 경찰청장을 역임했다. 2016년 선거에서 승리한 후 두테르테는 델라 로사를 필리핀 국가경찰청장으로 임명했다. 2018년 두테르테는 델라 로사를 교정청BuCor 수장으로 임명했다. 그는 2019년 중간 선거에서 상원의원으로 당선되었다. 로날드 '바토' 델라 로사의 정부 경력은 필리핀 상원 제19대 의회 소속 로날드 '바토' 델라 로사 상원의원 페이지를 참조.

209쪽 **우리는 일석이조를 노릴 겁니다.** Bea Cupin, "Warning to Drug Dealers: PNP Has 'Double Barrel' Plan," Rappler, June 29, 2016.

209쪽 **토캉은 필리핀의 어떤 언어에도 없는 말이었다.** "The True Spirit of TokHang," *Philippine Daily Inquirer*, January 24, 2018.

209쪽 **델라 로사의 작품인 토캉은** Hana Bordey, "Bato to Continue 'Oplan Tokhang' If

Elected as President in Eleksyon 2022," GMA News Online, October 11, 2021.

210쪽 **석 달에서 여섯 달 안에 마약 문제를 뿌리 뽑겠습니다** 로드리고 두테르테, 성명, 《필리핀 데일리 인콰이어러》와 GMA 통합 뉴스 주최 대통령 후보 토론회 '필리핀 디베이트 2016', 캐피톨대학교(카가얀데오로시), 2016년 2월 21일.

210쪽 **실패하면 사임하든가 죽겠습니다. … 입만 열면 착한 척하는 인권 활동가들** 로드리고 두테르테, 제1 스카우트 레인저 연대(FSRR) 창설 67주년 기념 연설에서 발췌, 불라칸, 2017년 11월 24일.

210쪽 **난폭하게 저항하면 죽여 버리십시오** 로드리고 두테르테, PDP-Laban 선거 유세 연설, 이사벨라, 2019년 3월 13일.

210쪽 **저들이 여러분을 죽이기 전에, 저들을 먼저 죽이십시오.** 로드리고 두테르테, 에르윈 툴포와의 TV쇼 '사 토투 랑' 인터뷰에서 발췌, 피플스 텔레비전 네트워크, 2017년 9월 29일.

210쪽 **마르코스 정권이 계엄령 선포 이후 처음으로 국회의원 선거를 … 그래도 우리는 싸울겁니다!** 다음을 참조. "The Fall of the Dictatorship," *Official Gazette*, February 25, 2016. See also "From Senator to Prisoner: The Story of Ninoy Aquino," Martial Law Museum, project by the Ateneo de Manila University, Quezon City.

211쪽 **라반당은 1978년 선거에서 단 한 석도 건지지 못했다** *The Philippine Electoral Almanac, Revised and Expanded Edition* (Manila: Presidential Communications Development and Strategic Planning Office, 2015).

중독자를 죽이는 법

215-216쪽 **진하게 흘러내린 피. … 테이프로 입을 막고 … 경찰이 손에 묻은 피를 자기 셔츠에 닦음. … 지갑에서 나온 고급 백상지 … 반바지, 하와이안 셔츠** 현장 취재 중 저자의 메모, 2016년 10월 26일, 11월 21일, 12월 1일.

217쪽 **거래가 성사된 뒤** "마코이라는 가명" 살해 사건에 관한 필리핀 국가경찰청 현장 보고서, 산타마리아 경찰서의 라니엘 M. 발로네스 경정 서명, 2017년 8월 15일.

218쪽 **24시간도 지나지 않아 시신 서른 구를 더 수습했다.** 필리핀 국가경찰 현장 보고서 참조. 지미 곤곤과 바르톨로메 마리 사망 사건, 마릴라오 경찰서; "알빈이라는 자" 사건, 발라타스 경찰서장 나폴레온 D. 크루즈 경위 서명; 크리스토퍼 텍슨 사건,

산미겔 경찰서장 이사가니 V. 엔리케즈 총경 서명; 윌프레도 알라피데 사건, 말로로스시 경찰서장 헤릴 L. 브루노 총경 서명; 헤시에 안달레스 사건, 산후안 델 몬테 경찰서장 피츠 A. 마카리올라 총경 서명; 제프리 미란다 사건, 말로로스시 경찰서장 헤릴 리와나그 브루노 총경 서명; "마코이라는 가명" 사건, 산타마리아 경찰서장 라니엘 M. 발로네스 총경 서명. 불라칸 학살 사건 관련 대부분의 보고서는 8월 15일에 제출되었다. 오반도 경찰서만 예외로 8월 17일에 추가 보고서를 냈으며, 이 추가 보고서를 통해, 이전에 아르눌포 S. 탕골 경위가 서명한 문서에서 '에난'과 '저스틴'이라고 적은 사람들이 버나드 리자르도와 저스틴 부카카오라는 사실이 드러났다.

219-220쪽 **사망한 서른두 명** … **67건의 함정 수사** Andrew R. C. Marshall and Manuel Mogato, "Duterte's War on Drugs: Death of a Schoolboy," Reuters, August 25, 2017.

220쪽 **마약상 피살** … **제정신이 아니었던** … **백 명 넘는 용의자가 "순순히 굴복해"** Emil Gamos, "11 Drug Dealers Killed, 45 Others Nabbed in Bulacan," Philippine News Agency, August 16, 2017.

220쪽 **로메오 카라마트 주니어 총경** … **스물다섯 건의 총격전** Rambo Talabong, "32 Dead, 107 Arrested in Bulacan 'One-Time, Big-Time Operation,'" Rappler, August 16, 2017.

220쪽 **97퍼센트** Clare Baldwin, Andrew R. C. Marshall, and Damir Sagolj, "Police Rack Up an Almost Perfectly Deadly Record in Philippine Drug War," Reuters, December 5, 2016.

220쪽 **리우데자네이루 경찰의 사살** Human Rights Watch, *"Good Cops Are Afraid": The Toll of Unchecked Police Violence in Rio de Janeiro* (Human Rights Watch, July 7, 2016).

220쪽 **경찰 쪽에서는 한 명의 사상자도 없었다.** "마코이라는 가명" 살해 사건에 관한 필리핀 국가경찰청 현장 보고서, 산타마리아 경찰서의 라니엘 M. 발로네스 경정 서명, 2017년 8월 15일.

221-226쪽 **두테르테 대통령은 잘됐다고 격려했다.** … **더 많은 사람이 죽기를 바란다** … **붉은 카펫이 깔렸다.** … **Maganda 'yun.** … **우리가 앞으로 날마다 서른두 명씩 더 죽인다면** … **기강이 잡힌 국민** … **필리핀이라는 국가는 다바오시와 너무 다르다.** … **정부 기관들이 부패했다.** … **단결할 줄 모른다.** … **지방자치단체장들이 마약왕들에 매수되었다.** … **나를 두들겨 패고** … **너무 많은 소란을 일으킨다.** … **마약 문제는 해**

결하지 못했다. …또다시 떠들썩한 항의가 일어날 겁니다. …언젠가는 이 명단이 사망 증명서가 될 것입니다. 로드리고 두테르테, '범죄 및 부패 척결 자원봉사단 창립 19주년 기념식' 연설에서 발췌, 말라카냥궁, 2017년 8월 16일.

222쪽 **마간다**maganda는 영어로 'beautiful'이라는 뜻 *Vicassan's Pilipino-English Dictionary*, abridged ed. (Pasig City: Anvil, 2006).

222쪽 **곧이곧대로 보다는 그 아래 깔린 진심을** "Understanding Duterte 101? 'Take Him Seriously but Not Literally,'" Rappler, December 17, 2016.

222쪽 **"창의적인 상상력"** Patricia Lourdes Viray, "Palace: Use 'Creative Imagination' to Interpret Duterte Remarks," Philstar.com, October 5, 2016.

222쪽 **"고조된 감정에서 나온 허세"** D. J. Yap, "Duterte 'Rape Joke' Just 'Heightened Bravado'—Palace," *Philippine Daily Inquirer*, May 27, 2017.

223쪽 **한 독자가 거기에 댓글을 남겼다.** "기록을 위해 말하지만, 그는 32명이 죽은 것이 좋은 일이라고 말한 적이 없다." 2017년 8월 19일, 저자의 공개 페이스북 페이지에 게시된 댓글.

223쪽 **잠옷도 아름답고 …자기 여자 친구 중에는 …다바오시의 딸들도** 로드리고 두테르테, '변화를 위한 열정' 콘서트 연설에서 발췌, 타기그시, 2015년 11월 29일.

223-224쪽 **도로도 아름다웠다. …미란다 다리** 로드리고 두테르테, '미란다 주지사 다리 개통식' 연설에서 발췌, 다바오 델 노르테 타검시, 2017년 5월 18일.

223쪽 **연방제** 로드리고 두테르테, '신임 정부 관료 취임 선서식' 연설에서 발췌, 말라카냥궁, 2019년 10월 28일.

223쪽 **스카우트 레인저 연대의 숙소** 로드리고 두테르테, '칸돈시 우회도로 개통식' 연설에서 발췌, 일로코스 수르주 칸돈시, 2019년 7월 25일.

223쪽 **캄보디아 국왕의 어머니** 로드리고 두테르테, 캄보디아 출국 연설에서 발췌, 파사이시 니노이 아키노 국제공항, 2016년 12월 13일.

223쪽 **강간당한 여배우** 로드리고 두테르테, PDP-Laban 선거 유세 연설에서 발췌, 이사벨라 주 카와얀시 돈 파우스티노 L. 디 기념 콜로세움, 2019년 3월 13일.

223쪽 **백인 선교사** 로드리고 두테르테, 《마닐라 타임스》 제5차 비즈니스 포럼' 연설에서 발췌, 다바오시, 2017년 2월 10일.

223쪽 **민다나오섬 …자신의 딸들 …두테르테를 찬양한 노래** 로드리고 두테르테, '선거 유세 마지막 대회' 연설에서 발췌, 마닐라, 2016년 5월 7일.

223쪽 **설사 모든 사람이 죽더라도** 로드리고 두테르테, 'V. 루나 및 코타바토 전투 부상 군인들과의 만찬' 연설에서 발췌, 말라카냥궁, 2016년 8월 29일.

224쪽 **통제위원회 International Narcotics Control Board의 안내 책자** 로드리고 두테르테, 카 팜팡간 음식 축제 연설에서 발췌, 팜팡가 클락 자유무역지대 아세안 컨벤션 센터, 2017년 12월 7일.

224쪽 **독일계인 전 부인** 로드리고 두테르테, PCL 제2분기 전국 집행관 및 이사회 회의 및 제5차 지속적 지방 입법 교육 프로그램 연설에서 발췌, 일로일로시 만두리아오, 2018년 6월 20일.

224쪽 **대통령이 아니라 시장으로 불리는 것** 로드리고 두테르테, '필리핀 도시 연맹 및 필리핀 주 연맹 임원 취임 선서식' 연설에서 발췌, 말라카냥궁, 2016년 7월 27일.

224쪽 **군경과 자신의 신뢰 관계** 로드리고 두테르테, 대통령 경호팀 감사 만찬 연설에서 발췌, 말라카냥궁, 2016년 7월 31일.

224쪽 **필리핀 여성들은 아름다울 뿐더러** 로드리고 두테르테, 특수작전대 44대원 유가족과의 만남 연설에서 발췌, 말라카냥궁 히어로홀, 2017년 1월 24일.

224쪽 **권총도 아름다웠고** 로드리고 두테르테, 해병대 제2여단 대상 연설에서 발췌, 술루주 졸로, 2016년 8월 12일.

224쪽 **두테르테 교파** 로드리고 두테르테, 필리핀 커뮤니티와의 회의 연설에서 발췌, 라오스 비엔티안, 2016년 9월 5일.

224쪽 **부정부패, 범죄, 마약을 뿌리 뽑으면** 로드리고 두테르테, 기자회견에서 발췌, 중국 베이징 그랜드 하얏트 호텔, 2016년 10월 9일.

224쪽 **버락 오바마 미국 대통령** 로드리고 두테르테, '제42회 필리핀 비즈니스 컨퍼런스 및 엑스포' 연설에서 발췌, 파사이시 뉴포트시티 컴플렉스 메리어트 그랜드 볼룸, 2016년 10월 13일.

224쪽 **타기그시의 여성 시장** 로드리고 두테르테, '필리핀 커뮤니티와의 회의' 연설에서 발췌, 브루나이 다루살람 하사날 볼키아 국립 스포츠 단지 실내 경기장, 2016년 10월 16일.

224쪽 **멜라니아 트럼프도 아름다웠다** 로드리고 두테르테, '필리핀 지방자치단체 연맹 비사야스 클러스터 회의' 연설에서 발췌, 세부시 라디슨 블루 호텔, 2018년 8월 21일.

224쪽 **오토바이 …그중에서도 할리데이비슨 스포스터 750이 아름다웠다** 로드리고 두테르테, '2016년 6월 오토바이 운전 과정 졸업식' 연설에서 발췌, 다바오 마티나 아플라야 펠리즈 비치 리조트, 2016년 12월 2일.

224쪽 **경제도** 로드리고 두테르테, '2016년 우수 공무원 선발식' 연설에서 발췌, 말라카냥궁 히어로홀, 2016년 12월 19일.

224쪽 **머리에 총구가 하나뿐인** 로드리고 두테르테, 지역사회 마약 감시 활동 '나나이 자원봉사자 모임' 연설에서 발췌, 팜팡가 앙헬레스시 클락필드 퍼레이드 그라운드, 2016년 12월 22일.

224쪽 **비사야제도의 해변** 로드리고 두테르테, '제69회 필리핀의 날 기념식' 연설에서 발췌, 잠보앙가 시부가이, 2018년 7월 26일.

224쪽 **일로일로의 극장들** 로드리고 두테르테, '바랑가이 공무원 선물 전달 행사' 연설에서 발췌, 다바오시, 2016년 12월 27일.

224쪽 **제65회 미스 유니버스 대회 참가자들** 로드리고 두테르테, '제65회 미스 유니버스 대회 참가자 및 미스 유니버스 조직위원회 소개 행사' 연설에서 발췌, 말라카냥궁, 2017년 1월 23일.

224쪽 **포경수술을 한 자기 성기도** 로드리고 두테르테, '국가주택청 정상회의: 파트너 커뮤니티와의 대화' 연설에서 발췌, 케손시 딜리만 엘립티컬 로드 소재 NHA 다목적 실내 코트, 2017년 2월 8일.

224쪽 **러시아인과 결혼한 필리핀 여성들** 로드리고 두테르테, '필리핀 커뮤니티와의 회의' 연설에서 발췌, 러시아 모스크바, 2019년 10월 5일.

224쪽 **"카가얀데오로의 뽀얗고 나긋나긋한 여성들"** 로드리고 두테르테, '제26회 민다나오 비즈니스 컨퍼런스' 폐회 총회 연설에서 발췌, 카가얀데오로시 업타운 마스터슨 로드 자비에르 스포츠 앤드 컨트리 클럽 자비에르 에스테이트 컨벤션 홀, 2017년 9월 9일.

224쪽 **해 질 무렵 하늘** 로드리고 두테르테, 신규 인도 항공 자산 시찰 및 군인 대상 연설에서 발췌, 팜팡가 클락 공군 기지, 2021년 2월 12일.

224쪽 **국방부 장관의 머리칼** 로드리고 두테르테, 서명된 비즈니스 협정 교환식 연설 장면에서 묘사, 중국 베이징 그랜드 하얏트, 2019년 4월 26일.

224쪽 **대통령 전담 간호사** 로드리고 두테르테, 필리핀 커뮤니티와의 회의 연설 장면에서 발췌, 태국 방콕 해군 본부, 2017년 5월 22일.

224쪽 **중국과 자신의 관계** 로드리고 두테르테, 보아오 포럼 아시아 연차회의 참석을 위한 출국 기자회견에서 발췌, 다바오 국제공항, 2018년 4월 9일.

224쪽 **나이트호크 45구경 권총** 로드리고 두테르테, 기자회견에서 발췌, 파사이시, 2017년 3월 23일.

224쪽 **페닌슐라 호텔의 침구** 로드리고 두테르테, '필리핀 통합 변호사 협회 제16차 전국 대회' 연설에서 발췌, 파사이시 메리어트 호텔, 2017년 3월 23일.

224쪽 **부통령의 무릎을 언급하며** 로드리고 두테르테, 초강력 태풍 요란다 3주년 추모 연설에서 발췌, 타클로반시 바스퍼 바랑가이 타클로반 집단묘지, 2016년 11월 8일.

224쪽 **기자가 신은 빨간 구두** 로드리고 두테르테, 캄보디아. 홍콩, 중국 방문 귀국 연설에서 발췌, 다바오시 F. 방고이 국제공항, 2017년 5월 16일.

224쪽 **마라위시** 로드리고 두테르테, 제1기계화보병(마아사한)여단 기계화보병사단 방문 연설에서 발췌, 타쿠롱시 칼란다간 바랑가이 레오노 캠프, 2017년 6월 7일.

225쪽 **중동 사람들…"멋진 무슬림 부족"** 로드리고 두테르테, 이드 알피트르 축제 연설에서 발췌, 말라카냥궁 리잘홀, 2017년 6월 27일.

225쪽 **중국산 저격총…미국산 바렛 저격총** 로드리고 두테르테, 필리핀 국가경찰청 제11지역경찰청 방문 연설에서 발췌, 다바오시 부항인 카티티판 퀸틴 M. 메레시도 캠프, 2017년 6월 29일.

225쪽 **제리코 권총** 로드리고 두테르테, 필리핀 육군 제1보병사단 제103보병(하리본)여단 연설에서 발췌, 마라위시 캄포 라나오, 2017년 7월 20일.

225쪽 **글록 권총** 로드리고 두테르테, '소방국 창설 26주년 기념식' 연설에서 발췌, 케손시 캠프 아기날도 내 필리핀군 극장, 2017년 8월 2일.

225쪽 **리아라는 여성** 로드리고 두테르테, '다바오 델 노르테주 창립 50주년 기념식' 연설에서 발췌, 다바오 델 수르 디고스시 마티 바랑가이 소재 다바오 델 수르 콜리세움, 2017년 7월 1일.

225쪽 **아름다워지는 데는 돈이 많이 들지 않습니다.** 〈Imelda〉 (documentary), dir. Ramona Diaz (Maryland: CineDiaz Inc., 2003).

225쪽 **"변명의 여지가 없다"** 로드리고 두테르테, '10대 남녀 우수 청년 시상식' 연설에서 인용, 말라카냥궁 리잘홀, 2016년 12월 12일.

226-227쪽 **마약 중독자를 죽이려면 … 주머니에 손을 넣거든 … 총알이 어디로 가는지** 로드리고 두테르테, 필리핀 국가경찰청 제12지역경찰청 방문 연설에서 발췌, 제너럴산토스시 탐블러 지구, 2016년 9월 23일.

226-227쪽 **영장을 갖고 있거나 … 여러분의 권한을 밝혀야 합니다. … 체포를 위해 출동했다고 … 중독자에게 포기하고 투항해 … 같이 경찰서로 가서 … 임무는 중독자를 구금하는 것 … 목숨을 건지는 것 말고는 여러분에게 어떤 의도도 없어야 합니다.** 로드리고 두테르테, '제17회 디고스 기념식' 연설에서 발췌, 다바오 델 수르 디고스시 체육관, 2017년 9월 8일.

226쪽 **메스암페타민을 거래하는 현장을 지켜봐야 해요. … 중독자가 저항할 때는 굴복시키는 것이 여러분의 임무입니다.** 로드리고 두테르테, 크리스마스 트리 점등식 연설에서 발췌, 말라카냥궁 칼라얀 광장 대통령실, 2018년 12월 3일.

226-227쪽 **여러분의 총에 손을 뻗으세요. … 낮술의 영향으로** 로드리고 두테르테, 전사한 군인들 추모식 방문 연설에서 발췌, 다바오시 피나칸 동민다나오 해군사령부, 2016년 8월 7일.

226-227쪽 **중독자의 무기가 여러분의 목숨을 위협한다면 … 중독자 뒤에 있는 다섯 사람을 죽이더라도 … M-16 소총의 방아쇠를 꾹 당겨** 로드리고 두테르테, 격년으로 주관하는 '제9회 전국 여성 경찰 간부 회의' 연설에서 발췌, 다바오시 아포 뷰 호텔, 2016년 9월 30일.

227쪽 **모든 중독자한테는 무기가 있으니까요** 로드리고 두테르테, '그랜드 하얏트 마닐라 표지석 제막식' 기자회견에서 발췌, 타기그시 BGC 그랜드 하얏트 마닐라, 2017년 9월 5일.

227쪽 **두려움을 느껴야 합니다.** 로드리고 두테르테, 코로나19 관련 국민 연설에서 발췌, 말라카냥궁, 2020년 4월 3일.

227쪽 **분노나 편견** 로드리고 두테르테, 'V. 루나 및 코타바토 전투 부상 군인들과의 만찬' 연설에서 발췌, 말라카냥궁, 2016년 8월 29일.

227쪽 **아내가 과부가 되는 것 … 아이들이 고아가 되는 것** 로드리고 두테르테, '코로나19 관련 국민 연설'에서 발췌, 말라카냥궁, 2020년 4월 3일.

227쪽 **권총이 아닌 기관총** 로드리고 두테르테, 마다야우 주거 단지 수여식 연설에서 발췌, 다바오시 카다야완 홈스, 2022년 6월 2일.

227쪽 **총알이 중독자에게 명중합니다.**⋯중독자 뒤에 있는 사람 다섯을 맞힙니다.⋯다른 다섯 명도 죽습니다.⋯열 명, 백 명이 죽습니다. 로드리고 두테르테, 군인 대상 연설 중 발췌, 마라위시 바라강 킬라라, 2017년 8월 24일.

227쪽 **총알이 팅팅 튕겨 나갑니다.** 로드리고 두테르테, 신인민군 전 포로 SP02 조지 카네테 루핀타와의 만남 연설에서 발췌, 다바오시 마티나 엔클레이브스, 2017년 9월 16일.

227쪽 **여러분의 임무는 명확합니다.** 로드리고 두테르테, 관세청 창설 115주년 기념 연설에서 인용, 마닐라 항구 지역 BOC 체육관, 2017년 2월 8일.

228쪽 **이것이 합법이다.** 로드리고 두테르테, 필리핀 커뮤니티와의 회의 연설에서 발췌, 베트남 인터컨티넨탈 호텔, 2016년 9월 28일.

228쪽 **적법성을 추정** Rambo Talabong, "PNP to SC: Presumption of Regularity Is on Our Side," Rappler, April 12, 2018.

228-234쪽 **현장은 우리가 적법성을 추정받는 곳**⋯**치명적 충돌이 일어나는 경우는 6퍼센트뿐** Guillermo Eleazar (Quezon City Police chief), interview by the author, November 7, 2017.

228쪽 **반박되지 않는 한 충족된다** Rules of Court, Section 3, Rule 131.

228쪽 **임무를 이행하거나** Revised Penal Code, Article 11, Section 5.

229쪽 **수많은 사건 가운데 기소된 사건이 거의 없는** Lian Buan, "In Nearly 2,000 Deaths in Police Drug Operations, Only 10 Reached Courts," Rappler, January 16, 2021.

229쪽 **내가 경찰에게 말했습니다.** 로드리고 두테르테, 크리스마스 트리 점등식 연설에서 인용, 말라카냥궁, 2018년 12월 4일.

229쪽 **적어도 6252번** Zacarian Sarao, "6,252 Drug Suspects Killed as of May 31—PDEA," Inquirer.net, June 22, 2022.

230쪽 **열일곱 살인 사촌** Patricia Evangelista with research by Kimberly dela Cruz, "Where the Drug War Began," Rappler, April 24, 2017.

230쪽 **경찰 서른한 명** Patricia Evangelista et al., "This Is Where They Do Not Die," Rappler, November 25, 2017.

230-235쪽 **열일곱 해를 근무한 베테랑 경찰**⋯**중독자들은 그러니까요.** 아얀 포르미예사(경장, 케손시 제6경찰서), 저자와의 인터뷰, 2017년 10월 10일. 에프렌 모리요가

제기한 고소는 포르미예사가 형사 혐의로 처음 연루된 사건이 아니었다. 2013년 포르미예사와 다른 경찰관은 강도, 불법 체포, 중대한 위협, 신체 상해 혐의로 그들을 고소한 34세 노점상을 살해한 혐의로 기소되었다. 포르미예사는 이후 제6경찰서에 배속되었으며, 그곳에서 4명이 사망하고 에프렌 모리요가 부상당한 치명적인 토캉 작전이 진행되는 동안 근무했다. 포르미예사는 이후 수도권 경찰청 소속 지역 경찰 구금 및 행정 부서로 재배치되었다. 그는 2017년 다시 살인 혐의로 기소되었는데, 이번에는 케손시 파야타스 출신 39세 경비원이 피해자였다. 케손시 경찰청장 기예르모 엘레아자르는 기자들에게 포르미예사가 "행방불명 상태"이며 무단결근으로 간주된다고 밝혔다. 그럼에도 포르미예사는 법정에 세 차례 출석했다. 그는 한 번의 심리 후 저자와 대화할 당시 동부경찰서 제복을 입고 있었다. 자신의 행방에 대해 묻자 그는 "휴가나 휴가를 내는 것은 일반인, 심지어 민간인이라도 당연한 일"이라고 말했다. 포르미예사가 언제 해임되었는지는 불분명하다. 그는 2020년 완전히 다른 사건, 즉 국세청 공무원 납치 및 강도 사건으로 체포된 바 있다. 필리핀 국가경찰청은 포르밀레사를 알려진 청부살인범이자 범죄 조직원이라고 묘사했다. 다음을 참조. "2 Cops Charged with Vendor's Killing Relieved," *Philippine Daily Inquirer*, September 15, 2013; Reiner Padua, "2 Cops Charged with Vendor's Murder," *Philippine Star*, September 15, 2023; Jhesset Ennano, "QC Cop in 'Tokhang' Case Faces New Murder Charge," *Philippine Daily Inquirer*, July 11, 2017; Daphne Galvez, "Ex-Cop Linked to Kid-nap Gang Nabbed in Bulacan," Inquirer.net, June 16, 2020; and Doris Franche-Borja, "Ex-Police Dawit sa Kidnapping ng BIR Officials, Timbog," *Pilipino Star Ngayon*, June 17, 2020.

230-231쪽 포르미예사는 혼자가 아니었다. … 이들은 모두 난라반 … 권총 다섯 자루 … "포상 및 표창 추천." 케손시 바타산 제6경찰서 요원 간 재교전으로 인한 4명 남성 마약 관계자 사망 및 1명 남성 부상에 관한 필리핀 국가경찰청 현장 보고서, 케손시 경찰청 수사단, 로멜리오 B. 마르셀로 경정 서명, 2016년 8월 22일; 체포에 관한 공동 진술서, 케손시 경찰청, 에밀 데 로스 산토스 가르시아 경감, 아얀 포르미예사 경장, 제임스 아가라오 순경, 멜초르 나비사가 순경 서명, 2016년 8월 28일; 본 경찰서 소속 요원 재교전 결과 R.A. 9165(토캉 작전 재개) 및 직접적 폭행 혐의 남성 용의자 4명 사망에 관한 현장 보고서, 바타산 제6경찰서 리토 엥키그 파타이 경정

서명, 2016년 8월 21일; 바타산 제6경찰서 소속 PCP 4 요원과 5명 남성 간 교전 결과 4명 남성 사망 및 1명 부상에 관한 작전 종료 후 보고서, 바타산 제6경찰서 마약 범죄수사 특별 전담반, 리토 엥키그 파타이 경정 서명, 2016년 8월 23일.

231쪽 **뉴스 제작진과 인터뷰한 에밀 가르시아 경감** … **갑자기 용의자들이 나와 우리에게 총을 쐈습니다.** Kevin Manalo, TV news report on *Umagang Kay Ganda*, ABS-CBN News, August 22, 2016; Tek Ocampo, TV news report on *Balita Pilipinas*, GMA Integrated News, August 22, 2016.

231-232쪽 **규칙성 이론** regularity theory of causation … **규칙적으로 연결되어야 한다** Helen Beebee, Christopher Hitchcock, and Peter Menzies, eds., *Stathis Psillos: The Oxford Handbook of Causation* (Oxford: Oxford University Press, 2009).

232쪽 **자, 누군가가 총을 꺼내면** … **어떤 수단을 써서라도** 로드리고 두테르테, 에르윈 툴포와의 TV쇼 '사 토투 랑' 인터뷰에서 인용, 피플스 텔레비전 네트워크, 2017년 9월 15일.

233쪽 **편집증에 시달렸고** … **일반적인 행동** 로드리고 두테르테, 기자회견에서 인용, 다바오시, 2016년 8월 21일.

233쪽 **그자들은 정말로 대응 사격합니다.** 로드리고 두테르테, 래플러 "#내가원하는리더" 대선 포럼 연설에서 인용, 마닐라 드라살 대학교, 2016년 1월 20일.

234쪽 **죽을 수도 있었던 수백만 명** … **논리상 비사법적 살해는 배제됩니다.** Jhoanna Ballaran, "PNP Dispels Insinuations That Drug Deaths Are Gov't Sanctioned," Inquirer.net, April 12, 2018.

235-245쪽 **그날 거기 용의자 다섯 명이 있었다.** … **마르셀로, 헤시에, 에프렌은 당구를 쳤다** … **일곱 명이 서 있었다.** … **모두 경찰 제복 차림이 아니었다.** … **"다들 꼼짝 마."** … **친구들이 두 팔을 들었다.** … **수갑을 채우고 두들겨 팼다.** … **수갑이 모자라자** … **전기선을 뜯어냈다.** … **샅샅이 뒤지더니 휴대전화, 태블릿, 라이터** … **뒤뜰로 데려갔다.** … **방수포로 얼기설기 만든 창고 안으로** … **총구를 겨눴다.** … **나는 아무것도 몰라요.** … **결백해요.** … **과일을 파는 노점상일 뿐이에요.** … **다른 건 전혀 손대지 않아요.** … **"정말이야?" 포르미예사가 물었다.** … **에프렌의 가슴팍, 심장 바로 아래** … **잇달아 빠르게 세 발을** … **뒤뜰에서 총소리가 더 들렸다.** … **용의자가 모두 반격했다고 하고.** … **맞은편에 앉은 남자는** … **불법 마약에 손댄 적이 없다고** … **두 아이**

의 아버지인 과일 노점상 …돈을 돌려받으려는 참이었다. …피가 쏟아져 속옷을 적시는 …사지를 축 늘어뜨린 채 …총성이 들리는 가운데 에프렌은 기도했다. …어린 두 아이 …에프렌은 기다렸다. …비틀거리며 일어섰다. …나 좀 도와줘 …비탈길 아래로 몸을 던졌다. …죽을 수도 있다는 생각은 들지 않았다. …도망쳐야 한다는 생각뿐 …비탈길을 벗어나 고속도로로 …고속도로를 찾아낸 시각은 오후 4시가 넘어서였다. …엄두가 나지 않았다. …자기를 찾아내 끝장을 낼까 …옛 친구를 발견했다. …병원에 태워다 달라고 …지프 뒷자리에 …의사가 없었다. …붕대를 감으려 했지만 …에프렌은 의식을 잃지 않았다. …어머니를 데려와 달라고 …10시 반 …에프렌이 죽었다는 소식 …리잘시 경찰이 찾아왔다. …에프렌에게 도와주겠다고 약속했다. …구급차가 케손시 제6경찰서로 …일부러 난리를 쳤죠. …'아직도 살아 있어.' …구급차는 반 시간 가까이 …에프렌이 응급실로 옮겨진 시각은 자정이었다. …케손시 경찰이 에프렌을 수갑으로 …폭행 혐의로 기소 …왼쪽 손목이 병상에 묶인 채 …에프렌의 가족은 집을 팔아 …보석금 에프렌 모리요(충격 생존자), 옴부즈맨사무국에 제출된 고소장 진술서, 2017년 3월 2일; 에프렌 모리요, 서약 진술서, 2016년 8월 26일; 대법원에 제출된 아만포 영장 발부 공동 청원서, 2017년 1월 26일; 에프렌 모리요, 톰 란토스 인권 위원회(미국 의회) 진술, 2017년 5월 5일; 에프렌 모리요, 저자와의 인터뷰, 2017년 8월 1일.

235-239쪽 **트럭 운전기사의 보조** …자신이 태어난 허름한 판잣집 …마르셀로의 어머니가 길에서 남편을 만났다. …아들이 곤경에 처한 것 …마르셀로가 태어난 해에 그녀가 심은 타마린드 나무 …오른쪽 다리가 왼쪽 다리 위에 포개져 …총알구멍이 까만 별 같았다. …입에서는 피가 흘러나왔다. …우리가 왜 떠나야 하는데요? 마리아 벨렌 다아(마르셀로 다아의 어머니), 저자와의 인터뷰, 2017년 8월 21일.

235-236쪽 **텔레비전을 보았다.** …아이들은 풀숲에서 거미를 쫓았다. …내 보청기를 가져갔어요. …"아무것도 못 찾았어." 프란체스카 코르데로(마르셀로 다아의 고모), 저자와의 인터뷰, 2017년 8월 21일.

236-239쪽 **예순아홉 살이던 마르셀로의 아버지** …마당이 시장통처럼 붐볐다. …마르셀로의 아버지를 밀쳤다. …마르셀로의 아버지를 가리켜 주모자라며 …"자기네가 경찰이라고도 했고요." …"제가 해결할게요." …회한으로 남는 결정이었다. …부모는 집에서 잤다. 마르셀로 다아 시니어(마르셀로 다아의 아버지), 저자와의 인터뷰, 2017

년 8월 21일.

237-248쪽 목격자들이 아얀 포르미에사라고 … 영화, 비극, 신파 … 주장을 모두 철회 … 용의자는 사실 다섯이 아니라 일곱이었다. … 하나가 아니라 셋 … 가르시아 경감은 현장에 없었다. 에밀 가르시아 경감, 옴부즈맨사무국에 제출한 입장문, 2017년 9월 14일.

238쪽 여성들은 집 안에 갇혀 있었다 … 소란스러운 소리를 듣고 다아 가족의 집 경계에 … 라피와 안토니가 땅바닥에 축 늘어져 … 무릎을 꿇고 있는 헤시에 쿨레도 봤는데 … 아마도 경찰이었을 남자 … 악을 썼지만, 남자에 밀려 … 철망을 재활용해 … "한 명이 아직 살아 있습니다." … 총소리가 두 번 더 들렸다. 로웨나 코르데로 진술서, 2017년 1월 13일, 에프렌 모리요의 고소장-진술서 부록으로 제출, 옴부즈맨사무국, 2017년 3월 2일.

238-239쪽 위에서 총격 장면을 지켜보았다. … 헤시에가 마지막으로 죽었다고 … 헤시에가 총을 든 경찰의 바짓가랑이를 두 손으로 … "그게 도저히 이해가 안 돼요." … 살려달라고 애원했어요. 마릴린 말림반(헤시에 쿨레의 여자친구), 저자와의 인터뷰, 2017년 8월 21일.

239쪽 마르셀로의 동거녀가 집 밖으로 뛰쳐나왔다. 마리베스 바르톨레이(마르셀로 다아의 아내), 진술서, 2017년 1월 13일, 에프렌 모리요의 고소장-진술서 부록으로 제출, 옴부즈맨사무국, 2017년 3월 2일.

240쪽 경찰업무편람 7조 … 무장 대치가 벌어지는 동안 인명과 재산 … 합당한reasonable이라는 단어가 매우 자주 … 경찰은 "건전한 재량권"을 행사 … 경찰의 목적은 명백 하고 임박한 위험을 "진압"하는 것뿐 … 실제로 실재하고 임박한 … 예방, 격퇴, 저지 … 되도록 빨리 PNP, *Revised Philippine National Police Handbook* (PNP Directorate for Operations, 2013).

241-244쪽 쏴 버리세요. … 뭐, 참 안됐긴 합니다. … 움직이면 죽이세요. 로드리고 두테르테, 전사한 군인 추모식 연설, 다바오시 파나칸 동민다나오 해군사령부, 2016년 8월 7일.

241-244쪽 무기가 있다면 … 그냥 죽여야 합니다 … 항복을 거부하면 죽이세요. 로드리고 두테르테, 격년으로 주관하는 '제9회 전국 여성 경찰 간부 회의' 연설에서 발췌, 다바오시 아포 뷰 호텔, 2016년 9월 30일.

241쪽 난폭한 저항을 맞닥뜨렸을 때 … 그게 내 명령입니다. 로드리고 두테르테, '동민다나오군 사령부 창설 11주년 기념식' 연설에서 인용, 다바오시 파나칸 펠릭스 아폴리나리오 해군 기지 동민다나오 해군사령부 실내 경기장, 2017년 9월 1일.

242쪽 **임무 수행 중 사람을 죽였다고 주장하면 믿겠다고.** 로드리고 두테르테, 퇴임하는 필리핀군 참모총장 리카르도 비사야를 기리는 '지휘권 이양식 및 공로 검토식' 연설에서 발췌, 케손시 캠프 아기날도, 2016년 12월 7일.

242쪽 **두려워하지 마세요. … 쉿, 경찰이죠.** 로드리고 두테르테, '필리핀 도시 연맹 및 바랑가이 연맹 신임 임원 집단 선서식' 연설에서 인용, 말라카냥궁, 2019년 8월 6일.

243쪽 **가슴팍에 생긴 거무스레한 상처** Patricia Evangelista, with additional reporting by Lian Buan, Kimberly dela Cruz, and Alex Evangelista, "The Fifth Man," Rappler, December 5, 2017.

244-252쪽 **머리를 쏘고 … 하지만 나는 늘 여러분에게 말했습니다. … 최고의 변호사를 선임합니다.** 로드리고 두테르테, '제116회 경찰 창설 기념식' 연설에서 발췌, 케손시 필리핀국가경찰청 본부, 2017년 8월 9일.

245쪽 **국가를 상대로 소송을 제기하고 … 형사 고소도 진행했다 … 혐의는 한두 개가 아니었다. …국제법센터**CenterLaw 에프렌 모리요, 군사 및 기타 법 집행 기관 담당 옴부즈맨사무국에 제출된 고소장 및 진술서, 2017년 3월 2일. 2023년 공직자의 범죄를 수사 및 기소하는 기관인 옴부즈맨사무국은 모리요가 파야타스의 경찰을 상대로 제기한 모든 고소장을 기각하는 결정을 발표했다. 옴부즈맨은 사망 사건이 "유감스럽다"고 인정하면서도, 경찰이 "합법적인 경찰 작전" 수행 중 의무를 이행한 것이며 이는 정당화 사유가 된다고 주장했다. 또한 유일한 목격자인 모리요의 진술은 "사건 직전 진행된 바로 그 경찰 작전의 대상자 중 한 명이었다는 점을 고려할 때 신뢰하기 어렵다"고 덧붙였다. 공동 결의안은 다음을 참조. Morillo, et al. v. P/SInsp. Garcia, et al., Office of the Ombudsman, November 28, 2022, approved by Ombudsman Samuel R. Martires on June 5, 2023.

245-246쪽 **인권의사회**PHR **…100건 넘게** Dr. Homer Venters (director for programs, Physicians for Human Rights) to Gil Anthony Aquino (attorney at CenterLaw), November 8, 2017.

246쪽 **인권의사회는 1997년 노벨평화상을 수상한** 세부 사항은 의사회 인권옹호협회 공식 웹사이트 정보를 기반으로 함. 다음을 참조. Office of the High Commissioner for Human Rights, *Istanbul Protocol: Manual on the Effective Investigation and Documentation of Torture and Other Cruel, Inhuman or Degrading Treatment or Punishment* (New York and Geneva: Office of the United Nations High Commissioner for Human Rights, June 29, 2022).

246쪽 **주장을 입증할 경험적 증거를 내놓지 못했다 … 여러 실수를 지적했다. … "매우 이례적"인 실수 … 여러 발의 궤적 … 부검 결과가 목격자의 진술을 뒷받침한다.** Dr. Nizam Peerwani (PHR forensic consultant) to Dr. Homer Venters, October 31, 2017.

247쪽 **현장에 출동한 경찰이 네 명이 아닌 세 명이었다.** 아얀 포르미예사, 2017년 10월 10일 케손시 메트로폴리탄 지방법원 제42 재판부 증언; 2017년 9월 14일 아얀 포르미예사, 제임스 아가라오, 멜초르 나비사가 옴부즈맨사무국에 제출한 공동 입장문. 2023년 5월 12일, 본서 출판 전 저자는 파시그경찰청 내 이동순찰팀장 직책을 맡고 있던 가르시아의 사무실로 특급 택배를 통해 요청서를 발송하여 의견을 구했다. 해당 서한의 사본이 파시그경찰청 본부에 제공되었다. 저자는 파시그시에서 같은 날 공증된 송달 증명서를 보유하고 있으며, 두 주소의 수취인 모두 송달을 거부했음을 기록하고 있다. 이후 저자는 이메일로 연락을 시도했다. 가르시아는 답변하며 "적법 절차를 준수할 적절한 포럼에서만 발언하겠다"라며 답변을 거부했다. 그는 참고용으로 에프렌 모리요에 대한 자신의 고소장 사본을 제공하겠다고 제안했다. 저자는 이를 수락했으나, 고소장 사본은 발송되지 않았다.

247쪽 **나는 거기에 없었습니다.** 에밀 가르시아 경감, 저자와의 인터뷰, 2017년 10월 10일.

247-248쪽 **도둑질은 없었다. … 부하 한 명에게 음식을 사 오라고 … 다아 가족의 컵을 사용 … 다아 가족의 숟가락이나 포크, 접시는 손도 대지 않았다고** 아얀 포르미예사, 항소법원에 제출된 사법 진술서, 2017년 2월 7일.

247쪽 **다아 가족의 식량 … 점심을 먹지 못했던 포르미예사** 멜초르 나비사가, 항소법원에 제출된 사법 진술서, 2017년 2월 7일.

248쪽 **단 한 명이었다. … 신입 경찰은 총을 꺼내지도 않았다. … 아얀 포르미예사뿐** 아얀 포르미예사, 제임스 아가라오, 멜초르 나비사가, 옴부즈맨사무국에 제출된 공동 입장서, 2017년 9월 14일.

248쪽 **열네 발 … 머리와 몸통** 2017년 10월 31일, 니잠 피어와니 박사(인권의사회의 법의학 전문 자문위원)가 호머 벤터스 박사에게 전달한 문서에 따르면, 사망한 네 명의 남성에게서 총 13발의 총상 흔적을 확인했다. 12발은 관통탄으로 각각 입출구 상처가 있었다. 안토니 코멘도의 견갑골 부위 왼쪽 하부 폐엽에서 단일 탄환이 회수되었다. 피어와니 박사는 또한 입출구 상처의 위치를 열거했다. 11발은 머리와 몸통을 관통했다. 2발은 라피 가보의 왼쪽 상지(근위부 왼쪽 팔과 왼쪽 팔뚝의 말단 3분의 1)를 관통했다. 관통탄 총수는 콜린 아르카이나(센터로우 변호사)가 저자에게 확인해 주었으며, 그녀는 또한 에프렌 모리요가 가슴에 맞은 총탄의 위치도 확인해 총 14발의 관통탄(머리 및 몸통에 발사된 12발 포함)임을 밝혔다. 콜린 아르카이나, 저자 및 팩트체커 마이크 나발로에게 보낸 이메일, 2023년 3월 4일.

248-251쪽 **검사가 포르미예사에게 물었다. …맞습니까? …네, 검사님 …모리요에게 일행이 있었는데 …모리요와 일행인 사람은 어떻게 됐습니까?** 아얀 포르미예사, 법정 증언(녹음), 국가수도사법구 케손시 메트로폴리탄 지방법원 제42 재판부, 2017년 10월 10일.

249쪽 **더블 배럴 프로젝트** 지휘 각서 회람 제16-2016호, 메트로 마닐라 필리핀 국가경찰청, 2016년 7월 1일.

249쪽 **무력화하다**neutralize**가 "저항을 제압하다"라는 뜻** "중립화"된 개인들에 대한 세부 정보는 공식 경찰 보고서를 참조하였다. 관련 현장 보고서 목록은 다음과 같다. 레이먼드 유물 사망 사건, 카파스 경찰서, 아리엘 레반코스 레드 총경 서명, 2016년 10월 22일; 제프리 크루즈 사망 사건, 마닐라경찰청, 수사관 조너선 L. 바우티스타(담당 수사관) 및 로멜 S. 아니세테 경감 서명, 2016년 11월 26일; 윌프레도 차베니아 사망 사건, 케손시 바타산 제6경찰서, 로델리오 B. 마르셀로 경정 및 르네 T. 발마세다 경위 서명, 2017년 6월 14일; 존 라이언 발루옷 사망 사건, 올롱가포시 경찰서, 2016년 7월 14일; 흰색 및 회색 셔츠를 입은 미상 남성 용의자 2명 사망 사건, 케손시 바타산 제6경찰서, 로델리오 B. 마르셀로 경정 및 르네 T. 발마세다 경위 서명, 2017년 8월 2일; 페르난도 구니오 사망 사건, 케손시 바타산 제6경찰서, 로델리오 B. 마르셀로 경정 서명, 2016년 11월 14일; 아르넬 크루즈 및 올리버 레가닛 사망 사건, 헤로나 경찰서, 프랭클린 팔라시 에스토로 총경 서명, 2017년 7월 27일; 레나토 델라 로사 사망 사건, 케손시 바타산 제6경찰서, 로델리오 B. 마르셀로 경정 서명, 2016년 9월 2일; 저스틴 부카카오 및 버나드 리자르도 사망 사건, 오반도 경찰서, 2017년 8월 17일.

250쪽 **눈치채고** 해당 표현의 예시는 다음 보고서에서 확인할 수 있었다. 지미 곤곤과 바르톨로메 마린의 진술서, "작전 요원의 존재를 감지함", 마릴라오 경찰서, 2017년 8월 15일; 헤라르도 투망 사망에 관한 마약범죄 수사 작전 보고서, "경찰관의 존재를 감지함", 삼발레스주 경찰서, 2016년 9월 16일; R.A. 9165 위반-아르테마스 바일론 주니어 및 신원 미상 남성 사망 현장 보고서, "경찰관의 존재를 감지함", 보톨란시 경찰서, 2017년 3월 28일. 마지막 보고서는 제네리코 M. 비난 경위의 명의로 서명되지 않은 채 제출되었다.

250-251쪽 **비사법 살해에 관여하지 않습니다 … 누가 죽었고, 누가 죽지 않았는지 알 수 있을 겁니다. … 무력화된 사람들입니다. 죽은 사람들이죠.** 로드리고 두테르테, 기자회견에서 인용, 말라카냥궁, 2019년 11월 19일.

252쪽 **에프렌 모리요에게 무죄를 선고했다. … 무죄 추정이 적법성 추정보다 우선 … 일상이 된 경찰과의 치명적인 충돌 상황에서 단 하나의 예외** 필리핀 국민 대 에프렌 모리요 사건, 국가수도사법구 케손시 메트로폴리탄 지방법원 제133 재판부, 2023년 3월 3일.

내 친구 도밍고 서장

254-275쪽 **도밍고는 키가 작고 어깨가 떡 벌어진 … "무관용"이 방침 … "제1의 방어선" … 황금기 … 모두 불법 마약에 연루되었다고 … 제보자가 많다 … 할당량을 기준으로 작전을 수행 … 성큼성큼 걸어 나온 사람은 도밍고 경정이었다. … 귀엽지, 안 그래?** 별도 명시되지 않은, 로베르트 도밍고 경정(마닐라경찰청 제6경찰서 서장)에 대한 이 기록은 2016년부터 2018년까지 저자와의 인터뷰, 대화, 만남을 바탕으로 한다. 여기에는 2016년 9월 6일과 10월 4일 산타아나 제6경찰서에서 진행된 녹음 인터뷰, 2016년 11월 23일 라크샤바고 거리의 제1 경찰서에서의 만남, 2017년 1월 26일 제1 경찰서에서 녹음된 대화, 그리고 2018년 일련의 문자 메시지 대화가 포함된다. 이 기록들의 일부는 이전에 Patricia Evangelista, "Legendary," Rappler, October 10, 2016; Patricia Evangelista, "Welcome to the End of the War," Rappler, February 7, 2017; Patricia Evangelista, "Murder in Manila," Rappler, October 5, 2018.에 보도된 바 있다. 2023년 5월 12일, 이 책 출간 전 저자는 파시그시 동부경찰서 수사·형사관리과장으로 재직 중이던 도밍고에게 메신저를 통해 요청서를 보내 의견을 구했

다. 해당 서신은 그의 사무실에서 접수 및 수령 확인을 받았다. 저자는 이메일을 통해 서신을 추가로 발송하고 도밍고의 휴대전화로 문자 메시지를 보냈다. 도밍고는 답변했다. 그는 진행 중인 법정 소송을 이유로 논평 거부를 사과하며—"내 사랑하는 친구여, 미안하다"—라고 전했다. 저자는 도밍고에게 이 책의 여러 장에 걸쳐 그가 등장할 것임을 알리고 논평을 권유했다. 이 제안 역시 친절한 유감과 함께 거절했다. 경정의 안부로 대화는 마무리되었다. 도밍고는 서명하며 "항상 당신의 마음에 하나님의 축복이 함께하시길. 그리고 항상 안전하시길 바랍니다, 알겠지요? 영원한 친구로부터"라고 덧붙였다.

254쪽 **마닐라시의 경찰 담당 구역은 14개로 나뉜다.** 2016년 도밍고가 산타아나 제6경찰서 지휘관으로 재직할 당시 마닐라시는 11개 경찰 구역으로 나뉘어 있었고, 2019년과 2020년에 3개 구역이 경찰서로 추가 전환되었다.

254쪽 **경찰서마다** 경찰서 지휘 체계는 2004년 9월 3일자 메트로 마닐라 국가경찰위원회Napolcom 공문 제2004-2007호에 명시되어 있다.

254-255쪽 **프란치스코 사제들이 성녀 안나의 이름으로 세운 … 인구가 대략 19만 5000명 … 종을 울렸던 … 산타아나 성당이 드리운 그림자** 산타아나 제6경찰서와 그 주변에 대한 이 묘사는 2016년 저자의 취재 내용을 바탕으로 한 것으로, 당시 도밍고는 산타아나 인구를 18만 5000명으로 추정했다. 그러나 필리핀 통계청PSA 인구 및 주택 조사에서는 19만 5155명이라고 기록했다. 2021년 해당 역은 산타아나강 페리 버스 정류장 인근 새 위치로 이전했다. 다음을 참조. *Built Heritage Tradition of the Sta. Ana Church*, National Museum of the Philippines, accessed March 6, 2023. https://www.nationalmuseum.gov.ph; Jaime C. Laya, *Santa Ana Church of Manila: Parish of Our Lady of the Abandoned: A Historical Guide* (Manila: Cofradía de la Inmaculada Concepción Foundation, 2008).

255-259쪽 **부와야였다. … 우리가 부와야를 맞닥뜨렸습니다. … 8월 28일 아침 … 국제법센터가 대법원에 제출한 탄원서 … 발레리였다.** 라이언 에더(일명 부와야)에 대한 공개적 서사는 다수의 경찰 및 지역 마을 관계자들의 녹취된 인터뷰를 바탕으로 한다. 저자에게 로베르트 도밍고는 처음에 에더 사건을 효과적인 지역사회 치안 활동의 사례로 언급했다. 이후 데이브 아바라 경위, 알리 피타일란 바랑가이 캡틴, 그리고 익명을 요구한 정보원들은 2016년 10월 4일 산타 아나 야간 순찰 중 저자

와의 인터뷰에서 이 서사를 확장했다. 또한 2016년 8월 28일 마닐라 산타아나 제6경찰서의 아폴로니오 N. 발루발 경감(행정관)이 인증한 '총격 사건이 발생한 마약 단속 작전 현장 보고서'를 참조. Valerie Aguilan's opposing narrative of Eder's death is drawn from Annex-T of *CenterLaw v. PNP*, Supreme Court of the Philippines, Manila, October 18, 2017.

255쪽 **부와야는 별명으로** "부와야"는 "지나치게 탐욕스러운 사람"을 의미하기도 한다. *Vicassan's Pilipino-English Dictionary*, abridged ed. (Pasig City: Anvil, 2006).

257쪽 **단어 encounter의 항목에** *Oxford English Dictionary* (Oxford: Oxford University Press, 2023), http://www.oed.com/에 지속적으로 업데이트됨.

261쪽 **수도권 경찰청 대변인으로 승진했고 … 야구 모자 착용 금지** Jaymee T. Gamil, "9,000 New Metro Cops Wanted," *Philippine Daily Inquirer*, May 22, 2014; Kristine Angeli Sabillo, "Caps, Cops in Uniform Banned in Metro Malls," *Philippine Daily Inquirer*, December 23, 2013.

261-272쪽 **독일인 외신 기자에게 … 프리랜서 기자로서 《내셔널 지오그래픽》에 … 아주 진저리가 납니다 … 그리고 체포하러 가지요.** 도밍고에 관한 여러 묘사와 진술은 카르스텐 슈퇴르머(외신 특파원)의 녹취 인터뷰에서 발췌한 것이다. 마닐라 산티아나 제6경찰서, 2016년 7월 28일.

261쪽 **이 소식이 빠르게 퍼졌다.** Kaibigan Ermita Outreach Foundation, "Kaibigan Foundation Condemns the Killing of Jefferson Bunuan, a 20-Year-Old Student Beneficiary," Facebook, July 19, 2016.

262쪽 **순찰차에 동승했을 때 … 원본 영상을 보았다.** 슈퇴르머가 촬영한 원본 영상은 저자에게 제공되었으며, 이는 2016년 7월 28일 도밍고의 토캉 작전 기록의 근거가 되었다.

268쪽 **나는 이미 사망자들의 사진을 봤었다.** 제퍼슨 부누안, 마크 안토니 부누안, 투통 마나오이스 살해 사건 현장을 담은 사진은 익명을 요구한 사진기자가 저자에게 보냈다. 동일 사건의 유사한 사진은 프리랜서 사진기자 에스라 아카얀이 촬영했으며 Paalam.org에 게재되었다.

269쪽 **두테르테 대통령에게도 자신만의 명단이 있었다.** 로드리고 두테르테, 로드리게스 그랜드스탠드 필리핀 국가경찰청 제13지역경찰청 방문 연설에서 발췌, 부투안

시 리베르타드 소재 캠프 라파엘 C, 2016년 10월 6일; 로드리고 두테르테, '필리핀 경찰청·필리핀군 골프 대회 시상식' 연설, 케손시 캠프 아기날도 내 필리핀군 총사령부, 2016년 12월 20일.

269쪽 **죄를 뉘우치고 사임하거나, 아니면 죽음을 택하라고** 로드리고 두테르테, '신임 정부 관료 집단 선서식' 연설에서 발췌, 말라카냥궁, 2017년 1월 9일.

269쪽 **텔레비전 방송에 나가 그 명단을 공개했다.…판사, 경찰관, 의원, 장군, 시장…마약 거래에 연루** 로드리고 두테르테, '전사 군인 추모식' 방문 연설에서 발췌, 다바오시, 2016년 8월 7일.

269쪽 **"첩보"가 있다고 말했는데** 로드리고 두테르테, 대규모 선서식 연설에서 발췌.

269쪽 **참모들은 이런 첩보를 알지 못한다면서** Bea Cupin, "PDEA, NBI, PNP Quizzed: Where Did Duterte Get Drug List Info?" Rappler, September 2, 2016.

269쪽 **대통령이 한 말이니 맞을 가능성이 크다** 수년간 로드리고 두테르테 전 대통령의 수많은 대변인들은 마약 거래자 및 반체제 인사에 대한 대통령의 주장과 마약 문제에 대한 그의 평가가 사실임을 옹호해 왔다. "대통령께서 말씀하신 내용을 제가 확인할 필요는 없습니다. 대통령이시니까요. 대통령은 그런 일에 대해 거짓말을 하지 않습니다"라고 대변인 살바도르 파넬로는 외국 동맹국들이 대통령실에 제공했다는 쿠데타 음모자 명단과 관련해 이같이 말했다. "대통령은 어떤 중대한 사안에서도 거짓말을 하지 않습니다. 그는 매우 정직한 분입니다." Pia Ranada, "'The President Does Not Lie'—Panelo," Rappler, May 2, 2019; Salvador S. Panelo (president spokesperson and chief presidential legal counsel secretary), press briefing, March 29, 2019; Rambo Talabong, "Duterte Narco List Now 6,000 Names Long and Counting—Panelo," Rappler, December 13, 2017; Kyle Aristophere T. Atienza, "Duterte Claim vs Narco-Politician Based on Intel," *BusinessWorld*, November 19, 2021; and "Duterte Says He Deliberately Read Old List of 'Narco Officials,'" Philstar.com, August 10, 2016.

269쪽 **명단 중 몇몇이 사망했다.** Jodesz Gavilan, "Mayors, Vice Mayors Killed Under Duterte," Rappler, July 12, 2018.

270쪽 **두 번이나 습격받았는데** 로드리고 두테르테, PDP-Laban 선거 유세 연설에서 인용, 푸에르토 프린세사 콜리세움, 2019년 4월 4일.

270쪽 **네 이름이 여기 있으면** 로드리고 두테르테, '신임 정부 관료 집단 선서식' 연설에서 인용, 말라카냥궁, 2017년 1월 9일.

270-271쪽 **마약남용방지위원회로 알려진 단체** BADAC은 "바랑가이 마약남용방지위원회Barangay Anti-Drug Abuse Council"의 약자이다. Department of the Interior and Local Government MC No. 2015-6, June 16, 2015.

271쪽 **눈을 보면 알 수 있습니다.** 줄리엣 페냐(파야타스 주민위원회 위원장), 저자와의 인터뷰. 다음을 참조. Patricia Evangelista, "The Red Mark," Rappler, November 30, 2017.

272쪽 **적어도 14만 4202명** 로날드 델라 로사 경찰청장, 진술서, 최근 만연한 사법 외 살해 및 범죄 용의자 즉결 처형 조사 청문회, 필리핀 상원 사법인권위원회 및 공공질서·마약위원회, 제17대 국회, 2016년 8월 23일.

278-290쪽 **거의 일곱 달째로 접어들었을 때** … **이름을 하트로 정하고** … **감시 대상자 명단에 올랐다.** … **2017년 1월 10일** … **두 손으로 총을 붙잡고 있었다** … **남성 시신이 발견** … **나보타스시는 책임을 부인했다.** … **그 여자는 여기로 안 왔습니다.** … **영상에서 누구인지 지목해 봐요!** … **하트를 "수상한" 인물이라 불렀다.** … **이쪽은 찢어지게 가난하다고** … **"돈을 요구하는 경찰에 대해 전혀 몰랐다"** 하트 데 차베스의 사망 및 상황에 관한 이 기록은 공식 경찰 보고서, 경찰관, 데 차베스 가족 구성원, 그리고 익명의 증인들과의 인터뷰를 바탕으로 작성되었다. 관련 자료는 다음과 같다. 남성 시신 발견 관련 현장 보고서, 나보타스 경찰청장 단테 노비시오 서명, 2017년 1월 11일; 아리안 데 차베스(하트 데 차베스의 언니) 및 엘레나 데 차베스(하트 데 차베스의 모친)와의 저자 인터뷰, 2017년 1월 21일 및 30일; 단테 노비시오와 나보타스 경찰청장의 저자 인터뷰, 2017년 1월 26일; 아도니스 수지 당직 경관과의 저자 인터뷰, 마닐라경찰청 제1경찰서, 2017년 1월 26일; 도밍고 및 에드윈 푸간 경감(프리틸 경찰지구대 소장)와 엘레나 데 차베스와의 논의, 마닐라경찰청 제1경찰서, 2017년 1월 26일. 이 논의는 저자와 영화 제작자 파올로 비랄루나가 참석한 가운데 진행되었다. 에드윈 푸간 경감과의 저자 인터뷰, 마닐라경찰청 제1경찰서, 2017년 2월 4일 참조. 하트 데 차베스 사망 사건에 대한 전체 조사 내용은 이전에 게재된 바 있다. 다음을 참조. Impunity: Welcome to the End of the War," Rappler, February 7, 2017. 2023년 5월 12일, 본서 출간 전, 저자는 푸간에게 의견을 요청하

기 위해 그의 근무지인 산타아나 제6경찰서(당시 푸간은 영장 및 소환장 계장 직위에 있음)로 메신저를 통해 요청 서한을 발송했다. 해당 서한은 경찰서에서 수신 완료되었다. 저자를 위한 연구원 또한 공식 이메일 주소를 확보하여 정식 초청장을 보내기 위해 푸간에게 연락을 시도했다. 해당 연구원은 저자에게 보낸 메모에서, 푸간이 인터뷰의 성격을 문의하였으며, 마약 전쟁과 관련된 인터뷰라면 거절하겠다고 밝혔다고 보고했다. 푸간은 전화 통화에서 필리핀어로 "이미 끝난 일입니다. 저는 그에 관한 인터뷰를 원하지 않습니다. 그 사건은 현재 법정에 계류 중이며, 우리가 제출한 모든 서류는 이제 법정에 있습니다"라고 했다. 저자는 후속 조치로 푸간 경감에게 문자 메시지를 발송하였다. 푸간은 아직까지 답변하지 않았다.

291쪽 **잇달아 사살** 이 처형 의혹은 이전에 발표된 모리오네스 제2경찰서 조사에 근거한다. Patricia Evangelista, with research by Kimberly dela Cruz, "Where the Drug War Began," Rappler, April 24, 2017.

291-292쪽 **학생 운동을 했던 치토 가스콘…아키노 대통령이 지명한 인물** 다음을 참조. Gavilan, "In Fight vs. Rights Abuses Under Duterte, Chair Chito Never Backed Down," Rappler, October 9, 2021; K. D. Suarez, "Aquino Names LP Official as New CHR Chair," Rappler, June 18, 2015.

292-294쪽 **비밀 구금 시설이 감춰져 있고…우리 좀 꺼내 주세요.…함석판…길게는 8일까지…인질로 잡았고…10만 페소를 요구…구타로 생긴 멍 자국…우리를 죽여버리겠다 했어요.…새로 지은 유치장…'임시 대기 구역'…도밍고는 직무에서 잠시 배제되었다.…옴부즈맨사무국에 고소했다.…고소는 2020년 기각되었다.** 제1경찰서에서 비밀 구금 시설이 발견된 이 기록은 수색 현장에 있던 기자들, 특히 사진기자 라피 레르마와 빈센트 고와의 인터뷰를 바탕으로 한다. 이 이야기는 공개된 보도로 보완된다. "Secret Jail Nadiskubre sa Manila Police District," ABS-CBN News, April 27, 2017; "Hidden 'Jail' Discovered in Manila," CNN Philippines, April 28, 2017; Alyx Ayn Arumpac, *Aswang*, Cinematografica Films, 2019; Jenny Dongon, "12 Preso, Sisiksikan at Itinago Daw sa Likod ng Aparador sa Isang Kulungan sa Maynila," TV5, April 28, 2017; Eloisa Lopez, "CHR Team Finds Detainees in 'Secret' Police Cell," Rappler, April 27, 2017; Dindo Flora, "'Secret Jail' Umano sa Manila Police District Station 1, Nadiskubre Sa Inspeksyon ng CHR," TV5, April 28, 2017;

Bea Cupin, "Police Station Chief Relieved over Secret Jail Cell," Rappler, April 28, 2017. For the verdict, 더불어 참조. *CHR v. PSupt. Domingo et al.*, Office of the Ombudsman, July 28, 2020.

어떤 사람들은 죽어야 합니다

295-299쪽 한국인 사업가 …차에 밀어 넣은 뒤 달아났다 …괴한들이 경찰이었고 …경찰관들이 마약 단속을 가장해 …대한민국 대사관이 수사를 요청 …유골을 변기에 버렸다 …"내부 자정에 집중" …연루된 경찰들을 차라리 죽였을 것 …쥐구멍에라도 숨고 싶은 심경 …창피한 일 …델라 로사의 사의를 반려 …하얀 정복을 입고 지익주 사망에 관한 기록은 다음을 참조. Tarra Quismundo, "Is Sokor Businessman Victim of 'Tokhang for Ransom'?" *Philippine Daily Inquirer*, January 8, 2017; AJ Bolando, "De Lima: CCTV Footage Fail to Show Sta. Isabel in Jee Kidnapping," Philstar.com, January 26, 2017; Maila Ager, "Maid Relates Last Moments She Saw Jee Ick-Joo Alive," Inquirer.net, January 26, 2017; "Kidnapped South Korean Was Killed By Filipino Cops," ABS-CBN News Digital, January 18, 2017; Evelyn Macairan, "Kidnapped Korean Killed at Crame," *Philippine Star*, January 20, 2017; Embassy of the Republic of Korea in the Philippines, *Statement of the Embassy of the Republic of Korea to the Republic of the Philip- pines on the Memorial Service of Korean Businessman Jee Ick-joo* (press release), Ministry of Foreign Affairs, Republic of Korea, February 6, 2017; Nancy Carvajal and Davinci Maru, "Korean Cremated as 'Jose Ruamar Salvador, Filipino,'" Philippine Center for Investigative Journalism, January 24, 2017; Kristine Angeli Sabillo, "I Want to Melt in Shame— Bato," Inquirer.net, January 19, 2017; "A Slap on the Face: Panelo Admits Duterte Embarrassed by Jee's Killing," *Politiko*, February 2, 2017; Gerg Cahiles, "Duterte Turns Down Dela Rosa's Offer to Resign," CNN Philippines, January 23, 2017.

296쪽 마약과의 전쟁에 참여하는 것을 중단시켰다. Tricia Macas, "Duterte Slams PNP as 'Corrupt to the Core,'" GMA News Online, January 30, 2017.

296쪽 "중심부까지 완전히 썩어 빠진 집단" 로드리고 두테르테, 기자회견에서 인용, 말라카냥궁, 2017년 1월 30일.

297쪽 **어떤 이름도 추가되지 않았다.** 저자가 현장에서 관찰한 내용. Clarissa David et al., "Building a Dataset of Publicly Available Information on Killings Associated with the Antidrug Campaign," The Drug Archive Philippines, noted that December 25, 2016, and January 30, 2017, were the first two days free of media-reported drug war deaths during the Duterte administration.

297쪽 **사망자 수가 7080명에서 멈췄다.** Human Rights Watch, *License to Kill: Philippine Police Killings in Duterte's "War on Drugs"* (Human Rights Watch, March 2, 2017).

298쪽 **일부러 거짓말을 하면서도** George Orwell, *Nineteen Eighty-four* (London: Penguin Classics, 1949).

298쪽 **가짜 사건** pseudo-event Daniel J. Boorstin, *The Image: A Guide to Pseudo-events in America* (New York: Harper Colophon, 1964).

299쪽 **대가를 치르게 하겠다.** 로드리고 두테르테, 사랑가니 에너지 공사 마심 발전소 1구역 가동식 및 2구역 착공식 연설에서 인용, 2017년 1월 26일.

299쪽 **경찰이 성과금을 목적으로 증거를 조작해** Amnesty International, Philippines: "If You Are Poor You Are Killed": Extrajudicial Killings in the Philippines' "War on Drugs" (Amnesty International, January 2017).

299-302쪽 **최고위 간부들이 회견장에 총출동…그 자들이 그 아이를 죽였습니다.…파수꾼연맹이 찰리의 가족을…여러 물품을 압수했다.…이게 파수꾼연맹 유니폼입니다.…아이가 도둑질을 했다고 주장하더군요.…경찰에 책임을 묻는** PNP, press conference, CNN Philippines, February 9, 2017.

302쪽 **문자 메시지와 전략 심문을 통해** 체포된 CSG 구성원들이 자신들의 책임을 시인했다는 국가경찰청의 주장은 마닐라경찰청 정보작전과 과장인 로살리노 이바이 경위에 의해 확인되었다. 이바이 경위는 저자와의 인터뷰에서 용의자들이 자백했다고 말했다. 그러나 이는 용의자들에게 변호인이 제공된 후 서명된 진술서가 없었기에 단지 "우리 내부용"에 불과했다. 이바이는 또한 압수된 휴대폰에 "누구를 추가로 살해할 계획인지, 다음 표적은 누구인지"를 포함한 범죄 증거 메시지가 있음을 확인했다. 이 자백의 일부는 《필리핀 스타》가 공개한 CSG 급습 현장 독점 영상에도 기록되어 있다. 이 영상에는 수갑이 채워진 용의자 중 한 명이 자신들이 자경단이며 "많은 사람을 죽였다"고 자백하는 모습이 담겼다. 전체 영상은 다음을 참조. *Philippine Star*, "Exclusive: Three Suspected Members of Vigilante Group Responsible for Conducting 'Tokhang' Operations in Tondo Were Arrested," Facebook, February 9, 2017.

302쪽 **대통령 자신이 흔쾌히 인정한** 로드리고 두테르테, '필리핀 독립 120주년 기념식' 연설에서 발췌, 카비테, 2018년 6월 12일.

303-321쪽 **경찰이 쇼를 하는 것 같았어요.** ··· **우리 임무가 도둑과 마약상을 제거하는 것** ··· **집합이 있다.** ··· **누군가를 죽인다는 뜻** ··· **나는 대비가 되어 있지 않았어요.** ··· **약 20명에서 40명 사이** ··· **두테르테가 이끄는 마약과의 전쟁에 나선 군인** ··· **경찰의 주목을 받아** ··· **파야타스에서 남자 둘** ··· **칼루오칸에서 하나** ··· **마지막 하나는 블루멘트리트에서** ··· **마닝이 보상금을 정했다.** ··· **우리는 표적을 죽였을 때만 돈을 받았어요.** ··· **경찰은 알았어요.** ··· **마닝이 누구를 죽이라고 지시하면** ··· **내가 작업을 마무리해요.** ··· **우리 모두 죽은 목숨이라고요.** ··· **죽이라고 지시한 사람이 도밍고** ··· **서장한테서 그것 좀 받아 와.** ··· **그것은 돈을 뜻했어요.** ··· **도밍고는 유명했어요.** ··· **심지어 떠벌리기까지 했어요.** ··· **2000, 어쩌면 3000페소를 줬겠죠.** 이 자경단 활동 기록은 저자가 앙헬과의 인터뷰에서 얻은 내용이다. 앙헬은 자칭 자경단원이며 CSG 톤도 지부 2번 회원으로, 마닐라, 칼루칸, 케손시에서 표적 처형을 자백했다. 2018년 7월 24일 진행된 이 인터뷰는 모든 출판물에서 신원 확인 정보를 공개하지 않는다는 조건하에 녹음되었다. 저자는 앙헬의 신분증을 보유하고 있으며 그 진위성에 대해 확신하고 있다. 앙헬이 제공한 세부 사항 다수는 다른 출처들(대부분 익명)에 의해 확인되었다. 본 인터뷰 일부 및 CSG에 관한 추가 내용은 원래 7부작 시리즈로 발표된 바 있다. Patricia Evangelista with additional reporting by Lian Buan and Rambo Talabong, "Murder in Manila," Rappler, October 4-11, 2018.

305쪽 **파수꾼연맹주식회사가** ··· **사회 복지와 발전** 2009년 및 2014년 증권거래위원회에 제출된 등록 서류. CSG의 공식 페이스북 그룹은 이후 '파수꾼연맹Confederate Sentinels of God'으로 명칭을 변경했다.

305-307쪽 **"약하고 궁핍한 자들의 보호자"** ··· **우리가 하느님께 바치는 겁니다.** ··· **자경단식 살해를 지지하지 않았다.** 앨빈 콘스탄티노(CSG 전국 단체 창립자), 저자와의 인터뷰, 2018년 8월 30일.

306쪽 **신입 교육을 받을 준비** 콘스탄티노는 CSG 톤도 지부 2의 구성원 모집에 대해 어떠한 책임도 없다고 주장했다. 그는 스모키 마운틴 전 관할 경찰서장인 조나르 카르도소 경위를 지목하며, 그가 리카르도 빌라몬테(일명 커맨더 마닝)를 직접 소개하고 CSG에 영입한 인물이라고 밝혔다. 스모키 마운틴과 빌리지 105는 도밍고의 제1경찰서 관할 구역에 속한다. 카르도소는 저자와의 인터뷰를 거부했으나 2018년 9월 2일 일련의 문자 메시지에 답장했다. "우리 역할은 범죄, 테러 및 기타 형태의 무법 행위에 맞서 단결된 전선을 구축하기 위해 다양한 지역사회 부문을 조직하는 것이었습니다." 여기에는 "지역사회 참여를 위한 주민 역량 강화를 통한 전투력 증강 요원 양성"도 포함되었다. 카르도소는 CSG 톤도 2지부 회원 모집 사실을 부인하지 않았다. "지역사회 봉사 및 공공 안전에 기여하고자 하는 모든 이들을 환영하며 초대합니다." 그는 "특히 더 이상 활동하지 않거나 필리핀 국가경찰청 요원이 현장에 없으면" 전투력 증강 요원들이 "방치되고 지도받지 못할 때 문제가 발생할 수 있다"고 인정했다. 필리핀 경찰국이 CSG 톤도 2지부를 자경단으로 규정하는 데 동의하느냐는 질문에 카르도소는 10월 3일 "노 코멘트"와 "신의 가호가 있기를"이라고 답했다. 한편 마닝 사령관은 저자에게 과거 카르도소를 "좋은 친구"로 여겼다고 말했다.

307쪽 **경찰의 살상 무기** ··· **저 사람들이 파수꾼연맹이야.** ··· **바랑가이 경비원마저 그 사람들을 두려워했어요.** ··· **자경단은 꼭 카우보이처럼 총을 찼어요.** ··· **사람을 죽였습니다.** 2018년 4개월간 저자는 CSG 톤도 2지부의 활동을 알고 있는 최소 5명을 인터뷰했다. 이들의 신원 보호를 위해 세부 정보는 공개하지 않았다.

308쪽 **톤도 사망자 중 한 명인 에르네스토 사바도** "Sputnik Man Slain," *Tempo Online*, November 16, 2016; "Sputnik Member, Pinatay sa Harap ng Nagmamakaawang Ina," *Abante Tonite*, November 16, 2016.

308-323쪽 **사람을 죽이는 게 무서웠지만** ··· **"사람을 미치게 한다"** ··· **당신들이 자경단이라 부르는 조직입니다** ··· **살해가 한 명, 한 명 기계적으로 일어났습니다.** ··· **나는 정말이지 나쁜 놈이 아닙니다.** ··· **어떤 사람들은 죽어야 합니다.** ··· **우리는 자신만만했습니다.** ··· **지역 주민이 '마미'라 부르는** ··· **표적이 털썩 쓰러집니다. 중대한 실수는 없어요.** ··· **그 과정에서 실수를 저질렀다.** ··· **그렇게 시토이를 해치웠어요.** ··· **위험하기 짝이 없는 인물** ··· **경찰의 명령에 따라** ··· **엉덩이 쪽을 쐈습니다.** ··· **안 됐다는 생각이 들더군요.** ··· **범죄자들을 죽인 사람은 우리였습니다.** ··· **우리가 죽였어**

야 할…"골칫덩어리라서"…붙잡은 게 한두 번이 아닙니다.…사망자의 유족이 도
망쳐야 한다니 자칭 자경단원이자 CSG 톤도 2지부 회원인 '사이먼'과의 인터뷰,
저자 진행, 2018년 7월 29일. 그는 마약 용의자로 지목된 자들의 처형에 가담했다
고 자백했다. 인터뷰는 모든 출판물에서 신원 확인 정보를 공개하지 않는다는 조
건으로 녹음되었다. 여기서 인용된 많은 세부 사항은 다른 출처와도 일치한다. 이
인터뷰의 일부와 CSG에 대한 추가 내용은 원래 7부작 탐사보도 시리즈에 게재되
었다. Patricia Evangelista, "Murder in Manila," Rappler, June 3, 2018.

314쪽 **시토이가 "사람을 죽일 마음을 먹고"** Spot Report Re: Follow-up Police Operation Resulting to Gun Shooting Incident(DOS), signed by Police Chief Master Sgt. Milbert Balinggan(investigator on case), CAPIS, Manila Police District, February 1, 2017.

316쪽 **수류탄을 든 사망자** 로베르트 도밍고(마닐라경찰청 제1경찰서 서장), 본 아키노 인터뷰, Vonne Aquino, in "Umano'y Holdupper, Patay sa Operasyon ng Pulis," *Unang Balita*, GMA Integrated News, February 1, 2017.

317쪽 **이메일을 확인했다고** 저자는 2018년 10월 1일 도밍고가 제공한 이메일 주소로 서신을 발송하며 "당신이 마닐라경찰청 제1경찰서 서장으로 재직 중 발생한 인권 침해 혐의에 관한 조사 중인 기사에 대한 의견을 묻기 위한 인터뷰"를 요청했다. 저자는 같은 날 도밍고에게 휴대폰 번호로도 메시지를 보냈으며, 그는 이메일 수신 확인을 했다.

318-320쪽 **정말 부당한 처사입니다.…답변하지 않겠습니다.** 리카르도 빌라몬테(일명 쿠만데르 마닝), 저자와의 인터뷰, 빌리지 105, 2018년 10월 3일.

322-323쪽 **그래서 대통령께 고맙죠.…네. 암살자들이 있었어요.…엄마가 애들한테 무심해서** 레니 레예스(빌리지 105 선출 대표), 저자와의 인터뷰, 2018년 8월 28일.

324-328쪽 **크리스티나가 아들 찰리를 마지막으로 본…우리를 죽이는 사람들…그리고 온 가족이 도망쳤다.…선서 진술서를 철회했다.…"오해"에서 비롯했다는** 크리스티나 살라다가, 저자와의 인터뷰, 2019년 8월 15일 및 11월 1일. 크리스티나의 딸 엑스밀라가 인터뷰에 동석했다. 크리스티나 살라다가의 진술 철회 서약서(2017년 2월 15일자)는 리안 부안(래플러 사법부 기자)이 2018년 7월 마닐라시 검찰청에서 조사 과정에서 열람함. Patricia Evangelista et al., "Some People Need Killing," Rappler, October 2018.

326쪽 **그런 이야기를 들었던 사람** 로살리노 이바이 경위는 살라다가 가족을 지원한 사실을 확인했다. 그는 크리스티나의 주장대로 위협을 받을 당시 자신의 돈으로 지원을 제공하고 가족이 MPD 사무실에서 잠을 자도록 허용했다고 저자에게 확인했다. 그는 잠재적 증인을 지원할 필요성에 대해 일반적으로 언급했다.

328쪽 **경찰이 연루된 게** 델라 로사(교정국 국장), 저자와의 인터뷰, 문틴루파시 뉴빌리비드 교도소 구역 내 교정국, 2018년 9월 3일.

오직 하나 뿐인 자스틴

330-338쪽 **총을 쏜 다음 때리더니** …경찰 셋이 돌아가면서요. …몇 미터 떨어진 곳에… 젊은 남성 한 명이 달아나는 모습…총을 들고 있었다 …쓰러진 사람이 조카라는 사실을 미처 알아 차리지 못했다 …비명조차 지르지 못했다. …뺨을 때리더니 총을 쐈습니다. …다시 자스틴을 쏘고 …뺨을 갈기고 발로 찬 뒤, 다시 총을 쏘고 네스토르 로페스(저스틴의 삼촌), 저자와의 인터뷰, 마닐라 톤도, 2017년 5월 28일. 이 인터뷰는 로페스 가족 변호사가 제공한 네스토르의 서명된, 공증되지 않은, 날짜 미기재 진술서의 세부 사항을 뒷받침한다.

330-363쪽 **JR을 시작으로 자스틴** …리토 로페스는 수년 동안 매일 밤 1번부터 9번까지 …제정신이야? 자스틴은 죽었잖아 …삐뚤빼뚤 지은 단층 …식구는 모두 열여섯 명 …선불제 전기 계정 …주석을 긁어모았다. …총 스물여덟 명인 로페스 가족 …묶음인 D를 붙였어요. …네 살 때 첫 발작 …마닐라에 물난리가 난 와중에도 …페노바르비탈 …학교는 초등학교 3학년 때 그만뒀는데 …체포되었다. …딱히 두려움을 느끼지 않았다 …판매는 하지 않았기 때문 …마지막 경련이 있은 지 겨우 하루가 지난 상황 …식구들이랑 밥 먹고 있어서요. …아무도 아니야. …노란색 나이키 셔츠 …여자 친구가 집을 나갔다. …글로리아가 자스틴을 따라가고 …젖은 수건으로 몸을 닦았을 것 …피쉬볼 …스물다섯 살 …휴대전화가 고장 나 …티렉이 갔어요. …노란색 나이키 티셔츠를 입고 있었어. …들어가면 안 됩니다 …"엄마, 자스틴 맞아요." …"이 피도 눈물도 없는 새끼들" …우리 형한테도 총이 있었어야 했는데 …장례비 …아캉헬장례식장 …자스틴은 아픈 아이였어요. …그 사람들이 엄마를 죽이러 오고 있어요! …문틈에 얼굴을 바짝 붙이고 …언제나처럼 퍼즐이 있는 맨 뒷면부터 읽은 뒤 …뇌전증 환자의 기사 …북부공동묘지를 찾았다. …시

위 현장에서 발언하고 … 거리 시위에서 … 헤냘로페가 수감됐거든요. … 영장이 발부되었거든요. … 이제 합의는 없겠네요? … 모르는 일이죠. … 일단 총 5만 페소 … 내가 뭘 어쩌겠어요? … 가족이 형사 소송을 중단하고 … 합의금은 유용했다. … 그러지 말았어야 했어요. 노르미타 '노르미' 로페스(자스틴의 어머니), 저자 인터뷰, 2017년 5월 28일; 2019년 7월 7일, 15일, 22일; 2019년 8월 13일; 2020년 4월 7일, 8일, 13일; 2023년 2월 25일, 28일.

332-346쪽 1980년대에는 … 셋방 임대 … 미스 유니버스가 직접 … 집안 형편이 기울기 시작 … 주석 가게에서 심부름 … 어머니의 재촉에 자스틴을 뒤따라온 … 우리 애는 못 데려가. … 팔꿈치로 세게 쳤다. … 물소도 살아남지 못했을 겁니다. … 살해자에게 결투를 신청하려 했다. 코르넬리오 로페스(저스틴의 할아버지), 저자와의 인터뷰, 2017년 5월 28일.

334-335쪽 어느 날 한 의사가 … 두 아이를 둔 스물한 살의 아버지 … 시장에게 투표하지 않았지만 … 근처 농구장에 나타나 국민들을 약식 처형하겠다고 리토 로페스(자스틴의 아버지), 저자 인터뷰, 2017년 5월 28일.

337쪽 자스틴에게 총을 겨눈 … 제발 쏘지 마세요. 메리 로즈 델라 크루즈(목격자), 선서 진술서, 2017년 9월 14일.

338쪽 어린아이 엄지손톱만 한 … 갈가리 찢어 놓았다. 법의학 보고서 번호 M-2017-243, 메사린 밀라그로스 리파 프로바도라 경감(법의학관) 서명, 마닐라경찰청 범죄연구소 본부, 2017년 5월 19일.

338쪽 사건 기록부 2017년 5월 18일 오후 6시 40분 사건 기록부 기재 사본은 2017년 12월 15일자 노르미타 로페스의 반박 진술서에 첨부됨.

343-344쪽 "우발적 무장 충돌" … "수상한 행동을 하는 남성을 목격" … "수상한 인물을 검문" … 경찰에게 두 발을 쐈지만 모두 빗나갔다. … 자신과 단속반을 방어하고자 … 마약 감시 대상자 무장 대치 사건 현장 보고서, 알렉스 다니엘 경정(서장) 서명, 마닐라경찰청 제7경찰서, 2017년 5월 18일.

344-345쪽 마이클 투틀라 … 자기 피로 범벅이 된 채 … "범죄 소탕 작전 및 후속 작전" … "체포를 피해 달아날 수 있는" … "총을 겨눠 또 한 발을 쐈다." … "현장에서 사망했다." … 저스틴 카카이 로페스 … 보고서는 현장에서 찾아낸 증거를 하나하나 열거했다. 현장 보고서, 경찰 작전(범죄 척결 캠페인 및 후속 작전) 마약 혐의자 DOS 중

립화 결과, 알딘 크루즈 레가스피 경정(사건 수사관) 서명, 마닐라경찰청 CAPIS, 2017년 5월 18일.

345-348쪽 **마약 범죄 용의자** … **마약 단속** … **고인의 이름** 진행 보고서 1, 알딘 크루즈 레가스피 경정(사건 수사관) 서명, 마닐라경찰청 CAPIS, 2017년 6월 9일 서명.

348쪽 **살인 혐의로 고발** 고소장은 2017년 9월 27일자로 작성되었으며, 그 사본은 2017년 9월 28일 옴부즈맨사무국에 접수되었다.

350쪽 **어쩌면 내가 엄마를 구할 수 있을지도 모른다고** 루이노르 로페스(노르미 로페스의 막내딸), 저자와의 인터뷰, 2019년 8월 13일.

351쪽 **토캉에 맞선 새로운 승리** Lian Buan, "New Win vs. Tokhang: Ombudsman Orders Murder Charges vs. Manila Cop," *Rappler*, April 4, 2019.

351쪽 **비탄에 빠진 시인 어머니** Inday Espina-Varona, "Grieving Poet Mother Gets Sliver of Victory as Ombudsman Orders Dismissal of 'Tokhang Cop,'" ABS-CBN News Digital, April 3, 2019.

351쪽 **뇌전증 환자 살해한 경찰 해고** … **조처를 환영합니다.** "Cop Axed for Killing Epileptic in 'Drug Raid,'" *Philippine Daily Inquirer*, April 5, 2019.

352쪽 **살인 혐의로 해당 법원에 공소를 제기** … **중대한 위법 행위 혐의** 옴부즈맨 공동 결의안, 2018년 8월 13일.

353-359쪽 **처음 합의를 시도** … **절대 안 된다** … **내 아들을 살려 낼 수 있으면** … **두 번째로 합의를** … **리토의 뒤를 쫓았다.** … **사람은 함께 집으로 걸었다.** … **리토에게 화가 났어요.** … **세 번째이자 마지막으로 합의** … **합의는 절대 없다.** … **'왜 그렇게 말했어?'** … **나는 돈 필요 없다고요!** … **그래서 내가 변호사들한테 문자를 보냈어요.** … **"아내 뜻을 따를 겁니다."** … **"내 마음은 바뀌지 않을 거야."** … **우리 중 누가 살해당하면** … **지금은 두려워요.** … **우리는 경찰과 상대하는 거야.** … **그 빌어먹을 돈이 우리를 갈라놓고 있잖아** … **다른 사람들이 무슨 생각을 하는지도** … **삼 년을 계속** … **나는 그냥 싸우고 싶어요.** 노르미타, 리토, 에라이 로페스(딸), 가족 논의. 저자가 목격 및 녹음, 2019년 7월 15일.

362쪽 **돈을 받았다.** 노르미타 로페스와의 인터뷰를 바탕으로 한 내용이지만, 노르미타 로페스의 변호사가 저자에게 보여준 서신을 통해 확인됨. 헤날로페 측 변호사가 보낸 이 서신은 합의금 논의를 위한 만남을 요청하며 로페스 가족이 현금 선지급을 수락했음을 확인함.

363쪽 **잠정 기각** 마닐라 지방법원 제7지부 명령, 2022년 2월 15일.

363쪽 **아무런 응답이 없었다.** …**에드나는 말했다.** 저자는 헤리헤냘로페의 변호사 롤란도 B. 아키노에게 2월 21일, 2021년 1월 7일 기준으로 활성 상태라고 기재한 이메일 주소로 편지를 보냈다. 서신에는 "귀하의 의뢰인인 전직 경찰 상사 헤리헤냘로페(또는 그의 대리인)와의 인터뷰를 요청합니다. 기각된 살인 사건에 대한 의견을 청취하고, 자스틴 로페스를 살해한 총격 사건에 대한 그의 입장을 묻기 위함입니다"라고 명시되어 있었다. 저자는 또한 2022년 2월 23일 두 개의 휴대폰 번호를 통해 아키노에게 메시지를 보냈다. 저자는 헤냘로페의 아내 에드나에게 직접 연락하여 2023년 2월 24일 녹음된 전화 인터뷰에 동의받았으며, 헤냘로페 본인과의 인터뷰 요청도 전달하겠다고 약속했다. 그러나 헤리헤냘로페와 에드나 헤냘로페 모두 이후로 응답하지 않았다.

우리 아빠는 경, 찰, 이거든!

366-375쪽 **안톤이었다.** …**깡마른 몸으로 웃옷을 벗고** …**그 총이 없어도** …**너는 체포야.** …**남자가 억센 팔로 안톤을 와락 잡아채는데** …**멈춰요, 제발 멈춰요** …**머리채를 잡히고서야 남자의 팔에서 풀려났다.** …**총을 꺼냈다** …**빠르게 퍼진 11초짜리 영상** …**더 긴 영상** …**닭처럼 속수무책으로 도살** …**쏟아지는 아우성** …**말로 해결합시다.** …"**총을 갖고 싶거든 경찰이 돼.**" …"**내 아들을 놔줘요!**" …**우리 좀 그만 끌어당겨** …**그만 보내!** …**가려면 너희나 가.** …**우리 아빠는 경, 찰, 이거든!** …**아이 돈 케어, 어, 어 어, 어 , 어!**" …**지금 끝장내 달라는 거지?** …**총성이 울린다.** …**모든 비명이 멎는다.** …**다시 비명이 들린다.** …**경찰과 딸은 그냥 걸어서 현장을 떠났다.** 이 타를라크 총격 사건의 서사는 총 네 개의 영상을 바탕으로 한다. 여기에는 저자가 입수한 두 개의 원본 영상이 포함되며, 그 세부 내용은 페이스북에 게시된 두 개의 영상으로 확인된다. *Daily Tribune*, "EXCLUSIVE: (WARNING: Graphic content) A Paranaque City police officer shot dead two unarmed victims at point-blank range," Facebook, December 20, 2020; Ronjie Daquigan, "Mother and son from Paniqui Tarlac," Facebook, December 21, 2020. These videos are confirmed to have been shot by a minor cousin of Frank Anthony Gregorio, TeleRadyo, ABS-CBN News,

December 21, 2020.

368쪽 사망 사건에 대한 경찰 공식 보고 시체 발견 현장 보고서, 리오 C. 아파블 경장(야간 근무 수사관) 서명, 마닐라경찰청 모리오네스 제2경찰서, 2016년 11월 22일.

369쪽 야간 취재반 그룹 메시지 2020년 12월 21일 마약 전쟁 취재 기자들의 그룹 메시지에서 이루어진 대화. 저자는 게시 허가를 받았다.

374-378쪽 한 유명인은 "어쩌다 이 지경이 되었을까요?"라며 … 해시태그 … 이런 일은 매일 일어난다. … 당신들의 아버지가 경찰을 보호하겠다고 했다. … 분노할 일이다. 타를라크 총격 사건에 대한 온라인 반응. 메인 멘도사(@mainedcm) 인용: "왜 그렇게까지 해야 해? 난 감당 못 하겠어, 너무 과해.", 트위터, 2020년 12월 21일 오전 7시 33분; 에스라 아카얀(사진기자), "오래전부터 계속되어 왔지만, 영상이 나왔기 때문에 지금에서야 화가 난 거야.", 페이스북, 2020년 12월 1일; 바나비 로(기자), "영상 없었으면 사람을 죽인 경찰이 책임을 지지 않았을 거야", 페이스북, 2020년 12월 21일; 인데이 에스피나 바로나(@indayevarona), "피를 요구하는 아이", 트위터, 2020년 12월 21일 오전 8시 15분. 타를라크 총격 사건 다음 날 트위터에서 유행한 해시태그 스크린샷은 Iya Gozum, "Rage and Fury Over Cop's Killing of Mother and Son: 'No License to Kill,'" Rappler, December 1, 2020.에서 확인할 수 있다.

376-379쪽 자수했다. … 파라냐케시 범죄연구소 … 누에스카의 근무 기록 … 적어도 여섯 건의 행정 소송 … 다른 두 건은 사망 사건과 관련했다. … 세 경찰 중 누가 용의자의 죽음에 책임이 있는지 다음을 참조. Austria, "Cop in Viral Shooting Video Surrenders to Rosales Police," Philippine News Agency, December 21, 2020; JC Gotinga, "Cop in Tarlac Shooting Faced Two Cases Involving Homicide in 2019," Rappler, December 21, 2020; Cathrine Gonzales, "Cop Who Shot Mother and Son in Tarlac Had Previous Administrative Cases," Inquirer.net, December 21, 2020; Jeannette Andrade, "How Killer Cop Got Cleared in 2 Earlier Homicide Cases," Philippine Daily Inquirer, December 26, 2020.

377-378쪽 자제력이 있고 규율을 지킬 줄 안다. … 내무부 장관 … 두 건의 살인 혐의 … 상원이 철저한 조사를 촉구 … 우리 경찰 인력 중 한 명이 저지 … "대통령께서 격노하셨습니다." 다음을 참조. Christopher Lloyd Caliwan, "No Need to Muzzle Cops' Gun for Holidays: Sinas," Philippines News Agency, December 15, 2020; Pia

Ranada, "Año Condemns Tarlac Shooting but Calls It 'Isolated' Incident," Rappler, December 21, 2020; Lian Buan, "Cop in Tarlac Shooting Charged with 2 Counts of Murder," Rappler, December 21, 2020; P.S. Resolution No. 605, Senate of the Philippines, 18th Congress, January 7, 2021; and Christopher Lloyd Caliwan, "PNP Assures Justice for Victims of Cop in Tarlac Shooting," Philippine News Agency, December 21, 2020.

377쪽 **격렬한 논쟁** 로사리오 루피나 군드란(소냐 그레고리오의 자매), 저자와의 인터뷰, 2020년 12월 23일.

379쪽 **이 경찰은 예외 사례입니다. … 내가 당신들을 얼마나 사랑하는지 봤잖아. … 누에스카를 차라리 산 채로 튀겨 버리는 게 낫겠다.** 로드리고 두테르테, '국민과의 대화' 연설에서 발췌, 다바오시, 2020년 12월 21일.

379-380쪽 **우리는 결코 묵인하지 않습니다. … 심호흡 … 청장님, 잘못을 인정합니다. … 파면을 통보했다. … 아무도 당신 편을 안 들잖아.** Police Regional Office 3, "PRO3 RD PBGEN VAL T DE LEON to PSSg Nuezca," Facebook, December 23, 2020.

380쪽 **감히 내 아이한테 소리만 쳐봐. … 아무리 나이 든 여성이라도 경찰관에게 경의를 표해야 한다. … 경찰의 영웅적 행동** 타를라크 총격 사건에 대한 경찰의 반응에 대한 이 설명은 Tres Mj의 삭제된 게시글에서 발췌한 것이다. "나 신경 쓰지 않아, 에에에! Malamang ganun din ginawa ko tao lang ako," Facebook, 2020년 12월 21일, Ogie Diaz의 "Wag kang OA, I. Sinigawan lang ang anak mo, papatay ka na?"를 통해 접근, 페이스북, 2020년 12월 22일; 아리엘 루에고 부라가의 삭제된 게시글, "내 아빠는 경찰이래!!!", 2020년 12월 21일, 저자가 2021년 1월 10일에 확인함. 다음을 참조. Alexis Romero, "Duterte on 'Crazy' Killer Cop: Feed Him COVID-19," *Philippine Star*, December 23, 2020.

381쪽 **감사할 따름입니다.** Adrian Ayalin, "Gregorio Widower Thanks Duterte as Rights Groups Blame Him for Alleged Culture of 'Impunity,'" ABS-CBN News Digital, December 22, 2020.

382쪽 **1등급 자치구인 파니키 … 두테르테에 반기를 든 몇 안 되는 지역 중 하나** 다음을 참조. Kallie Szczepanski, "Biography of Corazon Aquino, First Female President of the Philippines," ThoughtCo.com, July 3, 2019; Camille Elemia, "Roxas, Robredo

Win by Slim Margin in Aquino Hometown," Rappler, May 25, 2016.

382-386쪽 토지를 분배받은 소작농 … 플로렌티노 그레고리오를 만났다. … 데이트로 갚는 게 어때요? … 1991년 결혼 … 덤프트럭을 몰았고 … 커피를 내려준 이야기 … 아빠, 올 때 식물 좀 사다 줘요. … 토지 분쟁 … 소냐가 총에 맞았다는 사실 로사리오 루피노 군드라(소냐 그레고리오의 여동생)와 플로렌티노 그레고리오(소냐 그레고리오의 남편), 저자 인터뷰, 2020년 12월 23일.

382-388쪽 일곱 아이를 길렀고 … 경찰에 둘러싸인 것이 불안했지만 … 모든 사람을 탓할 수는 없습니다. 마크 그레고리오(소냐 그레고리오의 아들), 저자 인터뷰, 2020년 12월 23일.

383-391쪽 조화를 보냈다. … 페인트칠을 하지 않은 벽에 관 두 개가 나란히 … 정치 홍보물 … 뒤로 물러나 주세요. 저자가 2020년 12월 23일 소냐와 프랭크 그레고리오의 영결식, 2020년 12월 27일 장례식을 취재한 내용을 바탕으로 했다.

387쪽 만연한 경찰의 권력 남용 Regine Cabato, "Philippine Police Office Fatally Shoots Mother and Son on Camera, Reigniting Nation's Debate over Police Impunity," *Washington Post*, December 21, 2020.

387쪽 분노의 물결 Jason Gutierrez, "A Brazen Police Shooting Caught on Video Sparks Anger in the Philippines," *New York Times*, December 21, 2020.

387쪽 처형 방식 Office of Senator Leila de Lima, "De Lima Deplores Cop's Killing of 2 Unarmed Citizens" (press release), Senate of the Philippines, December 21, 2020.

387쪽 경찰 폭력을 합법화 환경 "Rights Watchdog on Tarlac Murder: Many PH Cops 'Simply Out of Control,'" Inquirer.net, December 21, 2020.

389-394쪽 실제로는 핫라인이 없어요 … 우리는 경찰과 협력합니다. … 소냐와 프랭크 안토니에게 정의를! … 정의를! … 필리핀의 기자 … 평화, 질서, 치안, 교통 지원, 감시, 구조 작전 … 어머니 소냐를 위해 정의를, 프랭크 안토니를 위해 정의를, 모두를 위해 정의를 … 이 경찰의 순간적인 충동 … 이 경찰만 … 전혀, 전혀 없죠. 이 내용은 론지 다키간의 생중계, 소셜 미디어 프로필 및 저자와의 인터뷰(2020년 12월 27일)에서 발췌했다.

390쪽 진짜 덜떨어져 보인다. … 그냥 천치 바보지 … 큰 그림을 볼 줄 모르는 일반인들 빈센트 고(사진기자), 저자와의 인터뷰, 2020년 12월 27일.

394쪽 **경찰의 노고를 격려했다.** …경찰이라면 정당방어 상황에서 사람을 죽이는 것을 두려워해서는 안 된다. …그냥 죽여 버리면 됩니다. …세상에 바보 하나가 줄어드는 겁니다. …여러분의 의무를 다하십시오. …경계를 늦추지 말고 현명하게 …저자들이 한 번이라도 실수하면, **쏴 버리십시오.** 로드리고 두테르테, 위험 약물 소각 행사 연설에서 발췌, 키비테주 트레세 마르티레스시 소재 통합 폐기물 관리회사, 2020년 12월 3일.

396-397쪽 **후넬 누에스카가 살인 혐의로 판사 앞에 섰다.** …**무죄를 주장했다.** …**유죄 판결을 받았다.** …**심장마비로 사망** 후넬 누에스카의 유죄 판결과 이후 사망에 관한 이 기록은 다음을 참조. from Kristine Joy Patag, "Court Convicts Ex-Cop Nuezca of Murder in Killing of Mother, Son in Tarlac," Philstar.com, August 26, 2021; Lian Buan, "Killer Ex-Cop Jonel Nuezca Dies Inside Bilibid; Foul Play Probed," Rappler, December 1, 2021; and Benjamin Pulta, "Initial NBI Probe Shows Nuezca Died of Heart Attack: DOJ," Philippine News Agency, December 9, 2021.

397쪽 **사망자 수를 7884명으로 추산** Rambo Talabong, "Unreal Numbers: Around 2,000 Drug War Deaths Missing in Duterte Gov't Tally," Rappler, September 11, 2020.

397쪽 **6252명으로 낮췄다.** Realnumbersph, "#RealNumbersPH Year 6 Toward a Drug-Cleared Philippines from July 1, 2016, to May 31, 2022," Facebook, June 21, 2022.

398쪽 **수사 중 사망자 수치** Emmanuel Tupas, "29,000 Deaths Probed Since Drug War Launched," *Philippine Star*, March 6, 2019.

398쪽 **심하게 과소평가** Sheila Coronel, Mariel Padilla, and David Mora, "The Uncounted Dead of Duterte's Drug War," *The Atlantic*, August 19, 2019.

398쪽 **사망자 총 2만 322명** Lian Buan, "Supreme Court Rules to Re-lease Drug War Documents," Rappler, April 2, 2019.

398쪽 **최대 2만 7000명** Davinci Maru, "CHR Chief: Drug War Deaths Could Be as High as 27,000," ABS-CBN News Digital, December 5, 2018.

398쪽 **1만 2000명에서 2만 명이 살해** "Situation in the Republic of the Philippines Decision on the Prosecutor's request for authorization of an investigation pursuant to Article 15(3) of the Statute," International Criminal Court, ICC-01/21, September 15, 2021.

398쪽 근거 없이 부풀려진 Department of the Interior and Local Government, "DILG: Crime Down by 46.66% Amid COVID-19 Pandemic, Urges Leftists and Critics to Stop Spreading Fake News" (press release), September 22, 2020.

398쪽 선동 시도 Former PNP Spokesperson Benigno Durana, Real Numbers press briefing, November 27, 2018.

398쪽 혼란과 균열을 일으키는 …어떤 담론을 받아들이라고 강요받아서 "PH Gov't Moves to Counter 'False' Narrative on Drug War," Rappler, May 4, 2017.

398쪽 너무 부풀리지 말아 주십시오. Julliane Love de Jesus, "'Bato' Urges Media: Be Fair in Reporting Drug War," Inquirer.net, March 23, 2017.

398-399쪽 델라 로사가 퇴임할 무렵 …국민들의 감사 표시 …국민들이 자기에게 감사하다고 말하고, 안아주고 …자국 경찰을 사랑하고 신뢰하고 존경해요. 델라 로사, 저자와의 인터뷰, 문틴루파시 뉴빌리비드 교도소 구역 교정국, 2018년 9월 3일. 2023년 5월 12일, 이 책 출판 전에 저자는 델라 로사에게 그의 사무실로 특급 택배로 요청서를 보내고, 비서실과 미디어 관계 담당 이메일 주소로도 이메일을 보내 의견을 구했지만, 답변은 없었다.

399쪽 총격의 연기가 가라앉은 …총격전의 연기가 가라앉은 뒤 …시멘트 포장도로에 치명상을 입은 채 누워 있었다. …총격의 연기가 가라앉은 …시멘트 포장도로에서 총상을 입고 쓰러져 이 분석은 마닐라에서 제출된 10건의 경찰 보고서에서 "총격의 연기가 가라앉다"라는 표현의 변형을 검토하여 도출한 것이다. 특히 다음을 참조. Buy-Bust Operation Resulting in a Gun Shooting Incident signed by Police Staff Sgt. Ryan Jay D. Balagtas(Investigator-on-case), CAPIS, January 8, 2017; Spot Report Re: Police Operation (Follow-up Operation) signed by Police Staff Sgt. Jorlan O. Taluban(Investigator), CAPIS, October 1, 2016; Spot Report Re: Gun Shooting Incident signed by Police Chief Master Sgt. Milbert Balinggan (Investigator-on-case), CAPIS, August 16, 2016; Spot Report Re: Follow-up Operation Resulting to a Gun Shooting Incident, prepared by Police Chief Master Sgt. Balinggan, CAPIS, December 14, 2016; and Spot Report Re: Gun Shooting Incident signed by Police Chief Master Sgt. Balinggan, CAPIS, September 19, 2016.

400쪽 하루 평균 용의자 6명을 죽인 셈 …마약에 취한 자들은 중무장 상태 …목숨을 내

놓으라고⋯경찰은 매우 민감하게 대응⋯사망자가 69명으로 줄었고⋯평균 사망자 수가 오직 23명뿐 두라나, 실제 수치 브리핑, 2018년 8월 17일.

401쪽 **2021년 9월 15일**⋯**인도에 반한 살인 범죄**⋯**비사법적 처형을 진정한 법 집행 활동과 양립할 수 없는 방식으로 공개적으로 조장** 필리핀 공화국 상황, 사건 번호 ICC-01/21, 검사의 조약 제15조(3)항에 따른 수사 승인 요청에 관한 공개 결정, 2021년 9월 15일.

401쪽 **국제형사재판소 이 개자식들아** 로드리고 두테르테, '제32회 필리핀 검찰연맹 전국대회' 연설에서 발췌, 다바오시, 2023년 3월 29일.

이것이 우리의 참회입니다

405-408쪽 **하손 키손은 도하행 비행기표를 예약**⋯**자신의 선택을 후회하지 않았다.**⋯**이런 부류의 사람들**⋯**얘는 어린애잖아요.**⋯**피에타처럼**⋯**필리핀인들은 계급주의자**⋯**허름한 셔츠를 입고**⋯**가장 비겁한 사람**⋯**필리핀인은 지금도 지독한 천치 바보** 하손 키손(엔지니어, 해외 근로자), 저자와의 인터뷰, 2021년 7월 30일.

406쪽 **올라이레스가 30세인 남자 친구 마이클 시아론을 껴안고** Raffy Lerma, "Lamentation," *Philippine Daily Inquirer*, July 24, 2016.

407쪽 **키안이 우발적인 총격전 중 난라반으로 사살**⋯**경찰관들이 키안에게 총 한 자루를 건넨 뒤**⋯**내일 시험 봐야 해요.** Rambo Talabong, "How Kian delos Santos Was Killed, According to Police," Rappler, August 20, 2017; Dominic Almelor, "Binatilyo, Patay Nang 'Manlaban' sa Pulis; Pero Iba Ang Kuha sa CCTV," TV Patrol, ABS-CBN News, August 17, 2017; and Marc Jayson Cayabyab, "Witness Bares Kian's Ordeal Before Court," *Philippine Star*, March 20, 2018.

408-409쪽 **돈돈 찬은 로드리고 두테르테에게 투표했다.**⋯**돈돈은 자신의 선택을 후회한다.**⋯**Kwentong Ex-DDS**⋯**그런 일을 겪지 않았다면** 돈돈 찬, 저자와의 인터뷰, 2021년 7월 23일.

408쪽 **페르디난드 마르코스의 국립 영웅묘지 안장** "Duterte Firm on Marcos Burial: 'The Law Is the Law,'" *Philippine Daily Inquirer*, November 13, 2016.

408쪽 **야당을 고립시키는 과정** Ina Andolong and Xave Gregorio, "Duterte Fires Robredo from Anti-Drug Czar Post," CNN, November 24, 2019.

408쪽 **ABS-CBN 방송국을 폐쇄** "Duterte Admits Using Presidential Powers vs ABS-CBN," CNN Philippines, June 27, 2022.

409쪽 **7만 명이 넘는다** 2022년 2월 17일 기준, 5월 총선을 앞두고 페이스북 그룹은 페르디난드 '봉봉' 마르코스를 언급하며 "전 DDS(전 BBM) 이야기"로 이름을 변경했다.

409쪽 **마르코스 독재 정권 시절 폐쇄** Millard Lim, "ABS-CBN Shutdown: 1972 and 2020," *BusinessWorld*, July 13, 2020.

409쪽 **코로나19 팬데믹 관리** Zysa Suzara et al, "In This Pandemic, Duterte Has His Priorities All Wrong," *Al Jazeera*, June 6, 2021.

409쪽 **하느님을 멍청이라 부른 사실** 로드리고 두테르테, 2018년 국가정보통신기술 정상회의 연설, 다바오시 SMX 컨벤션 센터, 2018년 6월 22일.

410-413쪽 **앤 발데스는 로드리고 두테르테에게 투표했다.…아버지 디공…의사들은 무심히 대하고…그 사람들을 거칠게 비난했어요.… 이 바보들. 이 똥멍청이들.…돈을 받는 대가로 두테르테를 비난하는…자신이 괴롭혔던 사람들…나에 대해 무슨 말이든 지어낼 수 있어요.…두테르테를 사랑했지만…완전히 쓸어 버릴** 앤 발데스, 저자와의 인터뷰, 2021년 8월 1일.

413-416쪽 **두테르테에게 투표했다.…민다나오에서 나고 자랐다.…평범한 사람들을 위해…어떻게 반역자를 거기 묻어?…친척들이 호이와 친구 관계를 끊었다.…공산주의자라고 공개적으로 비난…산 채로 네 껍질을 벗겨 버리겠다.…대가리에 총알을 박아 주마.…네 질에 손가락을 쑤셔 넣기를…나는 그냥 전형적인 가정주부니까요.…적어도 DDS로 죽지는 않을 거야…두테르테는 악귀예요.** 호이 탄, 저자와의 인터뷰, 2021년 7월 29일.

414쪽 **그놈의 빌어먹을 코로나** 로드리고 두테르테, 지방 행정 수장 회의 연설, 파사이시 SMX 컨벤션 센터, 2020년 2월 10일.

414쪽 **필리핀 전역에 가혹하리만큼 강력한 봉쇄령** 다음을 참조. "Inside One of the World's Strictest Lockdowns," *Time*, March 15, 2021.

에필로그

417-418쪽 **8시 4분…정부는 추도식이라 부르고…신문은 기념식이라 부르는…안토니오 소텔로…에드사 정신이 강력하게 살아 있다…채 칠 분이 지나지 않아 끝**

난다.…네 개 중 가장 작은 흰색 화환 모든 인상과 세부 사항은 저자가 2022년 2월 25일 케손시 에드사 인민 혁명 기념관에서 취재한 1986년 에드사 인민혁명 36주년 기념행사에서 비롯되었다. 다음을 참조. "Celebrating the 36th Anniversary of the 1986 Edsa People Power Revolution," National Historical Commission of the Philippines, February 24, 2022; Dempsey Reyes and Jeannette I. Andrare, "Lowkey Official Celebration and Dancing to Mark 36 Years After Edsa Revolt," *Philippine Daily Inquirer*, February 25, 2022; Ben Cal, "Turning Point of Historic 1986 People Power Revolution Recalled," Philippine News Agency, February 24, 2019.

418쪽 **두테르테의 승인 아래, 정부가 독재자 페르디난드 마르코스의 국립 영웅묘지 안장식**…**스물한 발의 예포** 페르디난드 E. 마르코스의 장례 세부 사항은 저자가 직접 취재했다. Pia Ranada, "Duterte Gives Go Signal for Marcos Hero's Burial," Rappler, November 9, 2016; and "Outrage as Marcos Gets Hero Burial in the Philippines," *Al Jazeera*, November 18, 2016.

419쪽 **젊은 하원 의원 페르디난드** 2022년 선거에서 페르디난드 알렉산더 A. 마르코스가 일로코스 노르테 제1선거구 하원의원 선거에서 현직 의원 리아 파리냐스를 꺾고 당선되었다. 다음을 참조. John Michael Mugas, "Neophyte Sandro Marcos Defeats Fariñas in Ilocos Norte 1st District," Rappler, May 10, 2022.

419-420쪽 **환호하는 군중이** …**어느 자원봉사자가 흐느꼈다.**…**에드사는 우리 것이다.** 저자가 2022년 5월 9일 케손시 에드사 인민 혁명 기념관에서 페르디난드 마르코스 주니어의 승리 직후 현장을 취재한 내용이다.

419쪽 **나는 아버지의 산물입니다.**…**같은 이름을 쓰지요.** Bongbong Marcos, "BBM vlog #9: Marcos Back in Malacañan," YouTube, April 7, 2018.

420쪽 **경찰서에 알려라** 로드리고 두테르테, 세부 코르도바 링크 고속도로 기공식(비르로 공공시장, 다피탄 바랑가이, 코르도바, 세부) 연설에서 발췌, 2017년 3월 2일.

420-421쪽 **직접 잡아서 처리하겠다**…**파시그강에 바지선을 마련해**…**악을 독점** 로드리고 두테르테, 필리핀 국가경찰청장 로널드 M. '바토' 델라 로사 55번째 생일 축하 연설에서 발췌, 케손시 캠프 크라메 필리핀 국가경찰청 본부, 2017년 1월 22일.

421-422쪽 **현장에는 핏자국이 없다**…**빨간색 농구 반바지**…**누군가가 글씨를 휘갈겨 쓴**…**수사관이 커터칼을 꺼냈다.** 저자의 데시에르토 범죄 현장 취재, 2016년 11월 22

일; 아이비 데시에르토, 저자와의 인터뷰, 2018년 10월 22일. 다음을 참조. 사건 기록부 제16-23089호, 에디슨 오아노 경감(수사국장) 서명, 마닐라경찰청, 2016년 11월 22일 오전 3시 35분; 법의학 감정 보고서 제2016-631호, 제시쿠이 발루욧 경위, M.D.(법의학관) 서명, 마닐라경찰청 범죄감식본부; 시신 발견 현장 보고서, 리오 C. 아파블 경장(야간 근무 수사관) 서명, 마닐라경찰청 모리오네스 제2경찰서, 2016년 11월 22일.

422-423쪽 **환영의 인사** … **필리핀식 알로하** … **마부하이로 바꾸자는 운동을 벌였다.** '마부하이' 단어 사용에 관해서는 다음을 참조. Vicassan's Pilipino-English Dictionary, abridged ed. (Pasig City: Anvil, 2006); Southeast Asian Diaspora in the United States: Memories and Visions Yesterday, Today, and Tomorrow, ed. Jonathan H. X. Lee (U.K.: Cambridge Scholars, 2015); and Luis Luna, "Welcome Rotonda to Have New Name," *Manila Standard*, May 5, 1995.

423쪽 **후두부** … **오후 1시 14분에 죽었다.** Gerard N. Hill and Kathleen Thompson Hill, *The True Story and Analysis of the Aquino Assassination* (Sonoma, Calif.: Hilltop, 1983).

424쪽 **참으로 기막힌 우연** 로드리고 두테르테, 다바오 시장 당선자 세바스티안 '바스테' Z. 두테르테의 취임 선서식 연설에서 발췌, 다바오 시청, 2022년 6월 27일.

425쪽 **숨을 헐떡이며 말할 것이다. 엄마, 제발 도와줘요, 엄마.** 노르미타 로페스, 저자와의 인터뷰에서 발췌, 2023년 3월 1일. 이 사실 확인 인터뷰에서 로페스는 이름이 밝혀지지 않은 한 목격자가 자스틴 로페스의 생애 마지막 순간을 목격했다고 주장하며, 입에서 피가 쏟아져 나오는데도 자스틴이 숨 가쁘게 "엄마"라고 입을 움직이려 했던 모습을 묘사했다고 말했다.

425-426쪽 **두테르테가 임기를 마치기 나흘 전** … **바로 그 기찻길에서** … **형제 셋이** … **마약 연루 혐의로 구치소에 수감** … **배를** … **할머니 집에서부터 거리를 내달리는 동안** … **여섯 발의 총을** … **총상 치료 시설** … **경찰이 공식 보고서 공개를 거부** … **더 전력을 쏟아야 한다는 것을 알았다.** … **JR과 마찬가지로** … **손톱을 뽑히고 처치된 채** … **열 개에 5달러** … **정장을 속옷, 양말과 함께 18달러에 팔고** … **관을 들어줄지** … **시들어 가는 하얀 국화꽃** … **흰색 상복을 입어야** … **100달러면 충분했다.** … **크리스티나는 정부가 아들 몇 명을 죽였는지는 잊지 않을 것** 마크 앤디 옥딘과 그의 형제들 살해에 관한 모든 세부 사항은 저자가 마크 앤디 옥딘의 장례식 현장을 취재하고, 2022

년 6월 30일과 7월 10일에 마크 앤디의 어머니 크리스티나 오몰란, 누나 크리스엘다, 사촌 헤이즐 나부아와 진행한 인터뷰에서 발췌한 것이다.

427쪽 **오랫동안 현장에 남아 죽은 이들을 기록 … 시신은 노란색 별로 표시 … 빈센트는 두테르테에게 표를 줬을 것이다.** 빈센트 고(사진기자), 저자와의 인터뷰, 2023년 3월 31일.

429쪽 **노르미 로페스에게 물어보라.** 노르미타 로페스, 저자와의 인터뷰, 2020년 4월 23일.

429-430쪽 **나 자신에게 여러 번 물었습니다. … 필리핀 국민은 목숨을 바칠 가치가 있다. … 가장 대단한 미개발 자원** 베니그노 아키노 주니어, 뉴욕 아시아 소사이어티 연설에서 인용, 1980년 8월 4일. "The Filipino Is Worth Dying For," *Manila Times*, August 22, 2010.에서 전체 연설문을 확인할 수 있다.

431쪽 **아이비는 직장을 잃었다. … 더 빨리 다리 위로 뛰어올라갔더라면 … 살해자들이 남편을 살려 주었을지 모른다. … 엄마가 아빠가 죽었으면 좋겠다고 했잖아.** 아이비 데시에르토(레네 데시에르토의 미망인), 저자와의 인터뷰, 2016년, 2018년, 2020년.

옮긴이 **김정아**

글밥 아카데미 수료 뒤 바른번역 소속 번역가로 활동하고 있다. 옮긴 책으로는 《용의 불길, 신냉전이 온다》《차이나 유스 컬처》《노동의 시대는 끝났다》《안녕, 인간》《왓츠 더 퓨처》 《지그문트 바우만》《척 피니》《케이브 오브 본즈》《협력의 유전자》《인류 진화의 무기, 친화력》《누구 먼저 살려야 할까?》《살인 미생물과의 전쟁》《5리터의 피》《부자의 심리학》 등이 있다.

어떤 사람들은 죽어야 합니다
대중이 동조한 내 국가의 살인 기록

초판 1쇄 발행 2025년 11월 28일

지은이 파트리시아 에방헬리스타
옮긴이 김정아
책임편집 양하경
디자인 이상재

펴낸곳 (주)바다출판사
주소 서울시 서대문구 신촌로3길 15 6층
전화 02 - 322 - 3675(편집) 02 - 322 - 3575(마케팅)
팩스 02 - 322 - 3858
이메일 badabooks@daum.net
홈페이지 www.badabooks.co.kr

ISBN 979-11-6689-384-1 03300